Die

Prozeßgebühren-Gesetze

für

das Deutsche Reich

in der Neutextirung vom 20. Mai 1898,

umfassend:

das Gerichtskostengesetz,
die Gebührenordnung für Zeugen und Sachverständige,
die Gebührenordnung für Gerichtsvollzieher,
die Gebührenordnung für Rechtsanwälte.

Handausgabe

mit Erläuterungen, Tabellen und ausführlichem Sachregister

von

Karl Wochinger,
k. Amtsgerichtssekretär.

München.
J. Schweitzer Verlag (Arthur Sellier).
1899.

Vorwort.

Durch die Einführung des neuen Bürgerlichen Gesetzbuches wurden nicht unbedeutende Ergänzungen und Abänderungen einzelner Reichsprozeßgesetze, insbesondere der Civilprozeßordnung veranlaßt, und haben diese wiederum sachliche wie formelle Aenderungen der Prozeßgebührengesetze, wie sie in der Fassung der Bekanntmachung des Reichskanzlers vom 20. Mai 1898 (RGBl. S. 659 ff.) mitgetheilt wurden, zur nothwendigen Folge gehabt.

Zweck des vorliegenden Handbuches ist nun, alle für den Civil-, Konkurs- oder Strafprozeß in Betracht kommenden Reichs-Gebührengesetze, mögen sie die Gebührenerhebung nur für die Staatskasse oder auch die für die Thätigkeit von Beamten oder anderen Personen betreffen, zu einem abgeschlossenen Ganzen zu vereinen und so die Lücke zwischen den reinen Textausgaben und den Kommentaren dem Bedürfnisse entsprechend auszufüllen.

In demselben ist nach Sichtung des reichlich zur Verfügung stehenden Auslegungsmaterials die vorherrschende Gerichtspraxis unter besonderer Berücksichtigung der Entscheidungen des Reichsgerichts und anderer höheren deutschen Gerichtshöfe in zwar gedrängter, aber doch möglichst vollständiger Darstellung niedergelegt. Das Buch soll im Zusammenhalte mit den nöthigen Gebührentabellen sowohl dem Praktiker, welcher sich mit der hier behandelten Materie befassen muß, als auch demjenigen, welcher sich in der Gebührengesetzgebung orientiren will, als zeitgemäßes Nachschlagswerk dienen.

Möge es sich daher als ein nützlicher und brauchbarer Führer erweisen, und möge die Mühe, die der Unterzeichnete dieser seiner zweiten Arbeit auf dem Gebiete des Gerichtskostenwesens gewidmet hat, durch wohlwollende Aufnahme und Beurtheilung seines Werkes belohnt werden.

Mindelheim, im Februar 1899.

Karl Wochinger.

Inhaltsverzeichniß.

Reichs-Gerichtskostengesetz.

Erster Abschnitt. Allgemeine Bestimmungen.

Zweiter Abschnitt. Gebühren in bürgerlichen Rechtsstreitigkeiten.

Dritter Abschnitt. Gebühren im Konkursverfahren.

Vierter Abschnitt. Gebühren in Strafsachen.

Fünfter Abschnitt. Auslagen.

Seite

Sechster Abschnitt. Kostenvorschuß und Kostenzahlung.

Siebenter Abschnitt. Schlußbestimmungen.

Tabellen.

Gebührenordnung für Zeugen und Sachverständige.

Gebührenordnung für Gerichtsvollzieher.

Gebührenordnung für Rechtsanwälte.

Erster Abschnitt. Allgemeine Bestimmungen.

Zweiter Abschnitt. Gebühren in bürgerlichen Rechtsstreitigkeiten.

Seite

Dritter Abschnitt. Gebühren im Konkursverfahren.

Vierter Abschnitt. Gebühren in Strafsachen.

Fünfter Abschnitt. Auslagen.

Berichtigung.

Auf Seite 228 § 46 Note 1 soll es statt „Siehe auch Noten 2 zu § 66 und 1 zu § 45“ heißen „Noten 1 zu § 45 und 2 zu § 69“.

Erklärung der Abkürzungen.

A.	Anmerkung.
Abs.	Absatz.
Ann. (ohne Zusatz)	Annalen des Reichsgerichts.
Ann. d. O.L.G. Dresden	Annalen des k. sächs. Oberlandesgerichts Dresden.
Arch.	Archiv.
Aufl.	Auflage.
Bbl.	Büreaublatt für gerichtliche Beamte.
Bd.	Band.
Bolze	Die Praxis des Reichsgerichts in Civilsachen von Bolze.
B.G.Bl.	Bundesgesetzblatt.
Bürgerl. G.B.	Bürgerliches Gesetzbuch.
C.P.O.	Civilprozeßordnung.
D.J.Z.	Deutsche Juristenzeitung.
E.G.	Einführungsgesetz.
G.K.G.	Gerichtskostengesetz.
G.O.	Gebührenordnung.
G.S.	Preußische Gesetzessammlung.
G.V.	Gerichtsvollzieher.
G.V.G.	Gerichtsverfassungsgesetz.
H.G.B.	Handelsgesetzbuch.
J.W.	Jurist. Wochenschrift; Organ des deutschen Anwaltsvereins.
K.G.	Kammergericht.
K.O.	Konkursordnung.
L.G.	Landgericht.
O.L.G.	Oberlandesgericht.
R.A.	Rechtsanwalt.
R.A.O.	Rechtsanwaltsordnung.
R.G.	Reichsgericht. Bd. mit arabischen Ziffern bedeutet Entscheidungen in Civilsachen, mit lateinischen Ziffern in Strafsachen. Römisches R = Rechtsprechung in Strafsachen.
R.G.Bl.	Reichsgesetzblatt,
R.T.K.	Reichstagskommission.
Slg.	Sammlung.
St.G.B.	Strafgesetzbuch.
St.P.O.	Strafprozeßordnung.
Z. u. S.	Zeugen u. Sachverständige.

Die bekannten Kommentare für die Prozeßgesetze und Prozeßgebührengesetze sind meistens nur durch Angabe der Verfasser, wie Seuffert, Stenglein, Rittmann, Pfafferoth, Meyer, Walter, Willenbücher u. s. w. angeführt.

Reichs-Gerichtskostengesetz

vom 18. Juni 1878

in der vom 1. Januar 1900 an geltenden Fassung.*)

Erster Abschnitt.

Allgemeine Bestimmungen.

§ 1.

In den vor die ordentlichen Gerichte[1]) gehörigen Rechtssachen[2]), auf welche die Civilprozeßordnung, die Strafprozeßordnung oder die Konkursordnung Anwendung[3]) findet, werden Gebühren und Auslagen[4]) der Gerichte[5]) nur nach Maßgabe dieses Gesetzes[6]) erhoben.

A 1. Unter „ordentliche" Gerichte sind die Amtsgerichte, Landgerichte, Oberlandesgerichte, das Oberste Bayerische Landesgericht in München und das Reichsgericht zu verstehen, im Gegenhalte zu den reichsgesetzlich bestellten besonderen Gerichten als Militärgerichten, Consulargerichten, Schiedsgerichten u. s. w. sowie zu den reichsgesetzlich zugelassenen besonderen Gerichten wie Rheinschiffahrts- und Elbzollgerichten, Gewerbe- und Gemeindegerichten (§§ 14 u. 16 G.V.G.).

2. Rechtssachen sind die Angelegenheiten, welche von Richtern, Staatsanwälten, Gerichtsschreibern und Gerichtsvollziehern behandelt werden.

3. Maßgebend ist jedoch, daß diese Rechtssachen nach den obenerwähnten Prozeßordnungen zu erledigen sind und vor die ordentlichen Gerichte gehören. Ausgeschlossen sind diejenigen Sachen, auf welche die obengenannten Prozeßordnungen keine Anwendung finden. Es fallen demnach nicht in den Bereich des Gerichtskostengesetzes schon an sich die Angelegenheiten der nichtstreitigen Rechtspflege und der Justizverwaltung, insbesondere die Zwangsvollstreckung in das unbewegliche Vermögen, die Grundbuchangelegenheiten u. a., dann erstreckt sich das Gesetz nicht auf solche bürgerliche Rechtsstreitigkeiten und Straffachen, für welche die Zuständigkeit von Verwaltungsbehörden und Verwaltungsgerichten begründet ist.

---

*) Laut Bekanntmachung des Reichskanzlers v. 20. Mai 1898 (R.G.Bl. S. 369).

4. Gebühren und Auslagen werden im allgemeinen als „Gerichtskosten“ bezeichnet.

5. Zu den Gerichten ist zwar nicht die „Staatsanwaltschaft“ welche eine selbstständige Behörde ist, zu rechnen, doch sind die bei derselben im Vorbereitungsverfahren erwachsenen Auslagen den Auslagen des Gerichtes beizurechnen.

6. Es ist somit die Anwendung entgegenstehender Bestimmungen der Prozeßordnungen wie z. B. in §§ 271, 515, 566 d. C.P.O. über Form der Zurücknahmen oder über die Kostentragung ausgeschlossen. Die Anführung von Paragraphen der Prozeßordnungen ist nicht dahin zu verstehen, daß nur die in denselben erwähnten Angelegenheiten mit der betreffenden Gebühr zu besteuern sind, es entscheidet vielmehr die Art der Angelegenheiten, so daß alle Angelegenheiten der in den angeführten Paragraphen erwähnten Art, auch wenn der Paragraph nicht ausdrücklich in der betreffenden Bestimmung des Gerichtskostengesetzes genannt ist, derselben Gebühr unterliegen (R.G. v. 27. 11. 88 Bd. 22 S. 415. Vergleiche Rittmann, G.K.Ges. S. 3).

§ 2.

Eine Erhebung von Stempeln und anderen Abgaben[1]) neben den Gebühren findet nicht statt.[2])

Urkunden, von denen im Verfahren Gebrauch gemacht wird, sind nur insoweit einem Stempel oder einer anderen Abgabe unterworfen, als sie es ohne diesen Gebrauch sein würden.[3])

Urkunden, welche im Verfahren errichtet werden, bleiben, soweit ihr Inhalt über den Gegenstand des Verfahrens hinausgeht, den allgemeinen Vorschriften über Erhebung von Stempeln oder anderen Abgaben unterworfen.[4])

1. Es sind dies die noch in einzelnen Bundesstaaten zur Erhebung gelangenden Stempeltaxen, Werthabgaben, Einregistrirungsgebühren u. a.

2. Die Befreiung der Prozeßschriften von Stempeln und sonstigen landesgesetzlichen Gebühren soll übrigens nicht als Mittel zur Umgehung der particulären Gebührengesetze dienen, vielmehr sollen alle Urkunden und Erklärungen, deren Inhalt sich nicht auf den Gegenstand des Verfahrens beschränkt und nach Form und Inhalt sich nicht als ein Akt desselben darstellt, der Erhebung von Stempeln oder anderen Abgaben unterworfen bleiben. Erklärungen, die außerhalb der Grenzen des Verfahrens und seines Gegenstandes liegen, werden demnach dadurch nicht steuerfrei, daß sie ungehöriger Weise in einen vorbereitenden Schriftsatz eingefügt werden. (Motive u. R.G. v. 1. 3. 87 Bd. 17 S. 427.)

3. Zu diesen zählen z. B. Mieth- und Pachtverträge, Wechsel, Quittungen, Familienstandszeugnisse, Schlußnoten über Börsenkäufe u. s. w., soweit dieselben den particulären Gebührengesetzen unterliegen.

Prozeßvollmachten, welche außerhalb des Verfahrens in einer öffentlichen oder Privaturkunde ertheilt werden, sind nach den landesgesetzlichen Gebührenbestimmungen, in Preußen, Elsaß-Lothringen, Sachsen-Gotha, Anhalt und Schwarzburg-Sondershausen der Stempelgebühr unterworfen (Siehe auch R.G. v. 1. 3. 87 Bd. 17 S. 428). In den anderen Bundesstaaten sind sie tax- und stempelfrei.

4. Bezüglich der Sonderstellung der Vergleiche siehe § 101. Urtheile auf Anerkenntniß oder Verzicht können über den Gegenstand des Verfahrens hinaus nicht erkennen § 308 d. C.P.O.

§ 3.

In einem weiteren Umfange, als die Prozeßordnungen und dieses Gesetz es gestatten[1]), darf die Thätigkeit der Gerichte von der Sicherstellung oder Zahlung der Gebühren[2]) oder Auslagen[3]) nicht abhängig gemacht werden.

1. Nach §§ 379, 402 d. C.P.O. kann die Ladung von Zeugen und Sachverständigen von der Erlage eines Vorschusses abhängig gemacht werden. Hingegen hat nach § 911 d. C.P.O. der Gläubiger im Verfahren über Leistung des Offenbarungseides die Kosten der Haft des Schuldners monatlich vorauszuzahlen. Gemäß § 174 d. St.P.O. kann dem Antragsteller vor der Entscheidung über seinen Antrag die Leistung einer Kostenkaution auferlegt werden.

2. Vor Zahlung des von einem Ausländer nach §§ 85, 83 Abs. 1 zu erlegenden Gebührenvorschusses ist die Vornahme jeder gerichtlichen Handlung abzulehnen. Vergleiche auch § 85 Abs. 5.

3. Außer dem Gebührenvorschuß ist ein zur Deckung von baaren Auslagen hinreichender Vorschuß zu zahlen, und kann in Strafsachen die Ladung und Vernehmung von Zeugen und Sachverständigen auf Antrag des Privatklägers oder Nebenklägers hievon abhängig gemacht werden (§ 84). Das Prozeßgericht kann von der Befugniß der Anordnung zur Erlage eines Auslagenvorschusses Gebrauch machen (§§ 379, 402 d. C.P.O., § 174 d. St.P.O.), nicht aber ein ersuchtes Gericht. (Entscheidg. der Oberlandesgerichte Nürnberg v. 4. 1. 82 u. Hamburg v. 12. 6. 82, Seufferts Archiv neue Folge IX S. 220, VII S. 470.) Unzulässig ist es jedoch, die Vornahme des Beweises durch Augenschein von der Hinterlegung eines Auslagenvorschusses abhängig zu machen. (Rittmann, G.K.Ges. S. 12.) Ausnahme bezüglich der Ausländer siehe § 85 Abs. 5 und hinsichtlich der Schreibgebühren § 97.

§ 4.

Ueber Erinnerungen des Zahlungspflichtigen[1]) oder der Staatskasse gegen den Ansatz von Gebühren oder Auslagen[2]) entscheidet das Gericht der Instanz gebührenfrei.[3]) Die Entscheidung kann von dem Gerichte, welches dieselbe getroffen hat, sowie von dem Gerichte der höheren Instanz von Amtswegen geändert werden.

Gegen die Entscheidung findet Beschwerde nach Maßgabe des § 567 Abs. 2 und der §§ 568 bis 575 der Civilprozeßordnung, in Strafsachen nach Maßgabe der §§ 346 bis 352 der Strafprozeßordnung statt.

Die Einlegung von Erinnerungen oder Beschwerden kann durch Erklärung zum Protokolle des Gerichtsschreibers oder schriftlich ohne Mitwirkung eines Anwalts erfolgen.

1. Wer als Zahlungspflichtiger zu betrachten ist, erhellt aus den §§ 86—92.

2. Die Anwendung dieser Bestimmung ist nicht allein auf diejenigen Fälle beschränkt, in welchen die Höhe angesetzter Gebühren oder die Nothwendigkeit angesetzter Auslagen den Gegenstand der Erinnerung bilden. Diese Gesetzesstelle bezieht sich vielmehr auch auf alle Fälle, in denen durch Erinnerung eventuell im Beschwerdewege geltend gemacht wird, daß Kosten unter Verletzung von Normen des Gerichtskostengesetzes (z. B. auch hinsichtlich der Werthfestsetzung) angesetzt seien, namentlich also auf diejenigen Fälle, in denen eine Verletzung von (sei es unmittelbar ausgesprochenen, sei es mittelbar durch Bezugnahme in § 92 einbegriffenen) Bestimmungen des 6. und 7. Abschnittes (§§ 81—101) dieses Gesetzes gerügt wird. (R.G. v. 15. 2. 86 Bd. 16 S. 291.)

3. Auch Schreibgebühren kommen nach § 80a Nr. 1 nicht zum Ansatz. Die Erhebung von Porti ist jedoch nicht ausgeschlossen.

§ 5.

Eine Nachforderung von Gerichtskosten[1]) wegen irrigen Ansatzes[2]) ist nur zulässig, wenn der berichtigte Ansatz vor Ablauf des nächsten Kalenderjahres[3]) nach rechtskräftiger oder endgültiger Erledigung[4]) des Verfahrens dem Zahlungspflichtigen eröffnet ist.[5])

1. Hierunter sind sowohl die Gebühren als auch die Auslagen zu verstehen.

2. Ein irriger Ansatz liegt nicht nur vor, wenn die Kosten infolge Feststellung einer anderen Werthsgegenstandssumme sich erhöhen, sondern auch wenn Gebühren oder Auslagen aus Irrthum,

Versehen oder aus einem anderen Grunde nicht eingefordert wurden und nunmehr nachgefordert werden.

3. Ist eine Sache am 1. Januar 1900 endgültig erledigt, so müssen Nachforderungen bis längstens 31. Dezember 1901 dem Zahlungspflichtigen schriftlich oder mündlich eröffnet sein. Die Frist ist nach dem Tage des Eintrittes der Rechtskraft der Entscheidung zu berechnen (Commissionsbericht der Reichstagsverhandl. 2. Lesung 1878 Bd. 2).

4. Ueber Erledigung des Verfahrens siehe §§ 93, 95 u. 96. Siehe auch Armenrecht.

5. Obige Bestimmung ist nicht anwendbar, wenn die Anforderung von Kosten gänzlich unterblieben ist, sowie hinsichtlich der Vorschußpflicht § 90. Für die Verjährung der Gebühren und Auslagen in diesen Fällen treten die jeweiligen landesgesetzlichen Vorschriften in Kraft (Rittmann G.K.Ges. S. 20).

§ 6.

Die Gerichte sind befugt[1]), Gebühren[2]), welche durch eine unrichtige Behandlung[3]) der Sache ohne Schuld der Betheiligten entstanden sind, niederzuschlagen, und für abweisende Bescheide[4]), wenn der Antrag auf nicht anzurechnender Unkenntniß der Verhältnisse oder auf Unwissenheit[5]) beruht, Gebührenfreiheit zu gewähren.[6])

1. Sowohl von Amtswegen als auch auf Antrag.

2. Bezieht sich nur auf Gebühren, nicht aber auf Auslagen. Siehe hierüber auch Rechtsprechung d. R.G. in Strafsachen v. 1. 11. 88 Bd. X S. 609. Ausnahme § 80a Nr. 1.

Von den Untersuchungskosten, welche ein Angeschuldigter nach § 497 d. St.P.O. zu tragen hat, sind in der Regel auch solche nicht ausgenommen, welche durch eine etwaige Verschuldung dritter Personen, einschließlich der im Laufe der Untersuchung thätig gewesenen Beamten erwachsen sind. (Erk. d. R.G. III Straff. v. 24. 3. 80, Rechtsprechg. Bd. I S. 508.)

3. Hat die unrichtige Behandlung einer Sache, welche ohne Schuld des Betheiligten entstanden war, denselben offensichtlich und zwar in durchaus entschuldbarer Weise zu der allerdings an sich unrichtigen Auffassung der Natur des gethätigten Verfahrens verleitet, so ist es gerechtfertigt, von der Befugniß der Gebührenfreiheit Gebrauch zu machen. (R.G. v. 22. 5. 80 Bd. 2 S. 228.) Nur auf die formell unrichtige Behandlung, nicht auf die materielle kommt es an.

4. Die den Gerichten gewährte Ermächtigung, Bescheide auf Abweisung von Anträgen unter Umständen gebührenfrei zu erteilen, gibt ein weiteres Mittel an die Hand, Härten und Unbilligkeiten vorzubeugen (Motive).

5. Unter Unwissenheit ist die ignorantia juris inbegriffen, es ist bei diesem Ausdrucke hauptsächlich an die sogenannte ignorantia juris rustica gedacht; die Befugniß der Gerichte, unter Umständen eine nachträgliche kostenfreie Bearbeitung der Sache anzuordnen, ist in dem Rechte der Niederschlagung von Gebühren enthalten und als ein Ausfluß dieses Rechtes anzusehen (Reichstags-Commiss. Prot. v. 23. 3. 1878). Die Anwendung des § 6 wird jedoch bei einem Verschulden der Partei ausgeschlossen (Beschl. d. bayer. Oberst. Landesgerichts v. 9. 5. 93 Slg. Bd. 14. S. 606).

6. Die Niederschlagung oder die Gewährung von Gebührenfreiheit ist an eine Frist nicht gebunden, sie kann auch dann noch erfolgen, wenn die Entscheidung, wodurch über die Kosten erkannt wurde, rechtskräftig geworden ist. (R.G. v. 4. 11. 90. Bd. 28 S. 421.)

Ueber Gebührenermäßigungen vergleiche die §§ 48, 64 u. 65. Ueber objektive Gebührenfreiheit § 47, über subjektive § 98.

§ 7.

Der Mindestbetrag einer Gebühr[1]) ist zwanzig Pfennig.

Pfennigbeträge, welche ohne Bruch nicht durch zehn theilbar sind, werden auf den nächst höheren durch zehn theilbaren Betrag abgerundet.[2])

1. Dies gilt nicht für die Auslagen des § 79. So beträgt z. B. der Mindestbetrag der Schreibgebühr 10 Pfg. § 80.

2. Die Abrundung greift nur bei den Gebühren nach dem Gerichtskostengesetze Platz und hat bei jeder einzelnen Gebühr einzutreten. Sie kommt nicht zur Anwendung, sofern die Zustellungsgebühr nach § 40 25 Pfg. beträgt, dann in Strafsachen nach § 59 Abs. 3, da hier die Gebühr den Betrag der Geldstrafe, z. B. bei einem Betrage von 1 Mk. 71 Pfg., nicht übersteigen darf.

Zweiter Abschnitt.

Gebühren in bürgerlichen Rechtsstreitigkeiten.

Das Gerichtskostengesetz geht davon aus, daß in bürgerlichen Rechtsstreitigkeiten verhältnißmäßige, nach dem Werthe des Streitgegenstandes in bestimmte Klassensätze abgestufte Gebühren nach dem Umfange des stattgehabten Verfahrens, wie sich dasselbe in seinen Hauptmomenten — Verhandlung, Beweis und Entscheidung — darstellt, erhoben werden sollen.

Zur Begründung dieses Besteuerungsmodus führen die Motive aus, daß die Gerichtsgebühren überhaupt nicht blos als Vergütung der den Gerichten bei Führung eines Rechtsstreits zufallenden Arbeit aufgefaßt werden dürften, so daß ihre Höhe allein nach dem Maße der aufzuwendenden Arbeitskraft bestimmt werden müßte, denn soweit hier der Begriff von Leistung und Gegenleistung überhaupt angewandt werden könne, sei dasjenige, was sozusagen bezahlt werde, vorzugsweise der Rechtsschutz.

Die Hauptthätigkeit des Gerichts liegt überall in der Entscheidung des Rechtsstreits. Erfordert die Erledigung desselben vor dem Endurteile zunächst eine kontradiktorische Verhandlung oder eine Beweisaufnahme, so wird durch den größeren Arbeitsaufwand die Erhebung höherer Gebühren erforderlich.

Gestützt auf diese Erwägungen bestimmt das Gesetz in § 18, daß die volle Gebühr des § 8

1. für die kontradiktorische mündliche Verhandlung, — Verhandlungsgebühr —
2. für die Anordnung einer Beweisaufnahme, — Beweisgebühr —
3. für eine andere Entscheidung, — Entscheidungsgebühr —

erhoben werde.

Durch die Kombination der hienach als gebührenpflichtig bezeichneten Akte ergibt sich der Gesammtbetrag der in einer Instanz zulässigen Gebühren.

Die volle Gebühr ist für den regelmäßigen Gang des Verfahrens bemessen. Betreffen jedoch die Akte nur Nebenstreitpunkte oder nur die Wirkung einer bereits endgültigen Entscheidung oder auch blos vorsorgliche Maßnahmen, so ermäßigt das Gesetz für solche und ähnliche Streitigkeiten, deren Entscheidung ein Eingehen auf die Sache selbst nicht erfordert, die volle Gebühr auf $^{5}/_{10}$. Aus ähnlichen Erwägungen wurde die Gebühr im Urkunden- und Wechselprozesse auf $^{6}/_{10}$ und für Akte, welche die Zulässigkeit einer Nebenintervention befassen, auf $^{3}/_{10}$ festgesetzt.

Für eine Reihe weiterer prozessualer Angelegenheiten ist die mündliche Verhandlung theils ausgeschlossen, theils von so untergeordneter Bedeutung, daß sie, wie auch eine etwaige immerhin aber seltene Beweiserhebung für die Gebührenerhebung unberücksichtigt bleiben muß. Für derlei Angelegenheiten bestimmt das Gesetz in §§ 34—38, 41—45 eine besondere einmalige Bauschgebühr von $^{3}/_{10}$, $^{2}/_{10}$ oder $^{1}/_{10}$ für die ganze das Geschäft umfassende Thätigkeit des Gerichts (Motive).

Diese Gebühren werden jedoch nur hinsichtlich derjenigen bürgerlichen Rechtsstreitigkeiten erhoben, bezüglich deren das Verfahren durch die Civilprozeßordnung geregelt ist.

Die Civilprozeßordnung rechnet zu den bürgerlichen Rechtsstreitigkeiten auch die Ehe- und Entmündigungssachen, das Mahnverfahren, das Zwangsvollstreckungsverfahren, das Aufgebotsverfahren und das schiedsrichterliche Verfahren.

§ 8.

In bürgerlichen Rechtsstreitigkeiten werden die Gebühren nach dem Werthe des Streitgegenstandes erhoben.

Die volle Gebühr beträgt bei Gegenständen im Werthe:

1.	bis			20	Mark	einschließlich	. . . .		1	Mark,		
2.	von	mehr	als	20	bis	60	Mark	einschl.	2	„	40	Pf.,
3.	„	„	„	60	„	120	„	„	4	„	60	„
4.	„	„	„	120	„	200	„	„	7	„	50	„
5.	„	„	„	200	„	300	„	„	11	„		
6.	„	„	„	300	„	450	„	„	15	„		
7.	„	„	„	450	„	650	„	„	20	„		
8.	„	„	„	650	„	900	„	„	26	„		
9.	„	„	„	900	„	1200	„	„	32	„		
10.	„	„	„	1200	„	1600	„	„	38	„		
11.	„	„	„	1600	„	2100	„	„	44	„		
12.	„	„	„	2100	„	2700	„	„	50	„		
13.	„	„	„	2700	„	3400	„	„	56	„		
14.	„	„	„	3400	„	4300	„	„	62	„		
15.	„	„	„	4300	„	5400	„	„	68	„		
16.	„	„	„	5400	„	6700	„	„	74	„		
17.	„	„	„	6700	„	8200	„	„	81	„		
18.	„	„	„	8200	„	10000	„	„	90	„		

Die ferneren Werthsklassen steigen um je 2000 Mark und die Gebühren um je 10 Mark.[1] [2])

(Siehe auch Tabelle.)

1. Die Gebühren von der 17. Werthsklasse an berechnen sich aus der Hälfte der nächsten geraden Tausenderziffer + 4 unter Anhängung einer 0, z. B. Gebühr aus 19000 = $\frac{20}{2}$ + 4 = 14/0 = 140 Mark.

2. Diese Gebührensätze erhöhen sich in der Berufungsinstanz um ein Viertel und in der Revisionsinstanz um die Hälfte § 49.

§ 9.

Für die Werthsberechnung[1]) sind die Vorschriften der Civilprozeßordnung §§ 3 bis 9 und der Konkursordnung § 148 mit den nachstehenden Bestimmungen maßgebend.[2–9])

1. Eine richtige Werthsberechnung ist für den Ansatz der Gebühren von größter Wichtigkeit. Dieselbe bietet keine Schwierigkeiten, sofern der Klagsantrag auf eine bestimmte Summe gestellt ist, oder die Parteien gegen den angegebenen Werthsbetrag keine Erinnerung erheben. Ist dieses aber nicht der Fall, so hat auf Antrag die Feststellung des Werthsgegenstandes durch das Gericht zu erfolgen. Dasselbe ist in seinem freien Ermessen unbeengt durch irgend welche nicht in den §§ 4—9 d. C.P.O. enthaltenen Regeln über Werthsermittlung.

2. § 3 d. C.P.O.

„Der Werth des Streitgegenstandes wird von dem Gerichte nach freiem Ermessen festgesetzt; dasselbe kann eine beantragte Beweisaufnahme, sowie von Amtswegen die Einnahme des Augenscheins und die Begutachtung durch Sachverständige anordnen."

I. Eine Definition des Wortes „Streitgegenstand" ist weder in der Civilprozeßordnung noch im Gerichtskostengesetze enthalten. Beide gebrauchen für denselben gleichbedeutend auch die Ausdrücke „Gegenstand der Klage, Gegenstand des Streits und Gegenstand des Prozesses." Unter „Streitgegenstand" ist im Allgemeinen zunächst alles dasjenige begriffen, was der Kläger (Widerkläger) in seinem Klagsantrage begehrt, und ist Streitgegenstand in diesem Falle identisch mit „Klagsgegenstand". Näher festgestellt jedoch und auf seinen Wortsinn beschränkt, ist er allein maßgebend hinsichtlich der Gebührenberechnung für die einzelnen Akte des Prozesses. Der Streitgegenstand muß selbstverständlich für den ganzen Prozeß nicht immer der gleiche sein, und es hat deshalb für die einzelnen Hauptmomente des Rechtsstreits (s. o. S. 6) hinsichtlich der Höhe des Streitgegenstandes jedesmal besondere Prüfung desselben einzutreten. Siehe auch Anmerkung zu § 15.

II. Für die Werthsschätzung ist der nach allgemeinen Grundsätzen zu beurtheilende Werth des Streitgegenstandes maßgebend. Ein anderer als der sogenannte Verkehrswerth kann nur ausnahmsweise zur Berücksichtigung kommen, wenn nach dem Inhalte der Klage der Affektionswerth beansprucht wird, oder wenn der Streitgegenstand aus besonderen sachlichen Verhältnissen für eine der Parteien einen höheren als den gemeinen Werth hat (Motive). Siehe auch R.G. v. 12. 3. 90 (J.W. S. 150 Ziff. 2).

III. Auf dem Gebiete des Vermögensrechtes gibt es keine unschätzbaren Streitgegenstände (R.G. v. 7. 6. 82 Bd. 10 S. 322). Mittels des freien Ermessens des Gerichts sind Schwierigkeiten, wie sie sich z. B. bei einer Klage auf Rechnungsablage oder auf das Recht zur Führung einer Firma ergeben können, zu überwinden.

Das Gericht hat zu würdigen, ob zum Zwecke der Werthsfestsetzung eine von den Parteien beantragte Beweisaufnahme erforderlich ist, und kann sogar, wenn nothwendig, von Amtswegen die Einnahme des Augenscheins oder die Begutachtung durch Sachverständige anordnen (§ 144 d. C.P.O.). Eine etwaige Beweisaufnahme geschieht nach den Vorschriften des zweiten Buches, ersten

Abschnitts, vierten bis elften Titels der Civilprozeßordnung. Für die Werthsermittlung sind nicht die Vorschriften über Glaubhaftmachung (§ 294 d. C.P.O.) maßgebend. (Siehe auch Seuffert C.P.O. IV. Aufl. S. 4.)

IV. Die in erster Instanz erfolgte Festsetzung des Werthes kann von dem Berufungsgerichte neuer Prüfung unterzogen werden. Gegen den Beschluß ist Beschwerde und weitere Beschwerde zulässig.

V. Kompensationseinreden sind für den Umfang des Streitgegenstands belanglos.

VI. Einzelne Fälle aus der Praxis:

a) Wird die Verurtheilung des Beklagten zu alternativer Leistung nach seiner Wahl gefordert, so ist die alternative Leistungspflicht Streitgegenstand; bei der Schätzung ist zunächst der minderwerthige Leistungsgegenstand ins Auge zu fassen unter Berücksichtigung der Chance, daß durch spätere Unmöglichkeit, den minderwerthigen Gegenstand zu leisten, die Konzentration auf den mehrwerthigen eintrete. (Siehe Gaupp I S. 23.)

Ist alternative Leistung nach Wahl des Klägers Streitgegenstand, so ist von dem mehrwerthigen Leistungsgegenstand auszugehen. (Seuffert IV. Aufl. C.P.O. S. 3.)

b) Der Streitgegenstandswerth bei Ansprüchen aus gegenseitigen Verträgen bestimmt sich nach der geforderten Leistung ohne Abzug für die aufzuwendende Gegenleistung (R.G. v. 5. 7. 81 Bd. 5 S. 409).

c) Bei der Klage auf Feststellung der Echtheit oder Unechtheit einer Urkunde ist die Echtheit der Urkunde Streitgegenstand, und ist hier nicht die Schätzung des Interesses an der antizipirten Feststellung maßgebend.

d) Der Streitwerth bei der Feststellung einer Bürgschaftsschuld berechnet sich nach dem Betrage, für den der Bürge gewiß zu haften hat. (Siehe R.G. III C.S. v. 20. 12. 89, (Siehe R.G. III C.S. v. 20. 12. 89 Bd. 25 S. 366.)

e) In einem Rechtsstreite, welcher darüber geführt wird, welcher der Parteien eine bedingte und betagte Forderung zusteht, hat bezüglich der Berechnung des Werthes des Streitgegenstandes das freie richterliche Ermessen einzutreten (R.G. v. 8. 11. 88 Bd. 22 S. 411).

f) Bei der Feststellungsklage eines Schadensersatzanspruches fällt der Werth derselben mit dem Forderungswerthe selbst zusammen; die neben jener Feststellung unter Vorbehalt der Erweiterung geltend gemachten Einzelansprüche gehen demgemäß in dem Gesammtbetrage des Schadensersatzanspruches auf. (R.G. II. C.S. vom 27. 11. 91, J.W. 1892 S. 11 Z. 1; Walter R.A.G.O. III. Aufl. S. 87.)

g) Für die Berechnung des Streitwerthes, wenn unter Miterben darüber gestritten wird, ob einer der Miterben den Werth einer bestimmten Sache, eventuell die Sache selbst zur Theilung zu bringen habe, ist das freie richterliche Ermessen maßgebend (R.G. v. 12. 7. 94 Bd. 33 S. 427); desgleichen in dem Falle, daß ein oder einige von den Miterben auf Zahlung einer Nachlaßforderung zur Nachlaßmasse behufs Theilung unter die Erben klagen (R.G. v. 4. 1. 97 Bd. 38 S. 421).

h) Bei der negativen Feststellungsklage bestimmt sich der Werth des Streitgegenstandes darnach, welche vom Beklagten angeblich in Anspruch genommenen Rechte der Kläger negirt wissen will, bezw. welche Rechte der Beklagte im Gegensatze zur Klagsbehauptung in Anspruch nimmt (R.G. I. C.S. v. 21. 1. 85, J.W. S. 121 Z. 2, Walter R.A.G.O. III. Aufl. S. 89).

i) Bei einer Klage auf Herausgabe von Handelsbüchern bezw. auf Zusendung derselben an den Wohnort des Klägers, besteht, wenn die Einsicht derselben an dem Orte, wo sie sich befinden, nicht, wohl aber die Zusendung verweigert wird, der Streitgegenstand in dem Vermögensinteresse des Klägers an den besonderen Kosten, die damit verbunden sind, daß er erforderlichen Falls selbst oder durch einen Mandatar die Geschäftsbücher am Orte der Aufbewahrung einsehen oder etwa sich Abschriften der betreffenden Einträge fertigen lassen muß (R.G. v. 22. 10. 80 Bd. 2 S. 404).

k) Das Interesse des Klägers auf Herausgabe von Geschäftsbüchern oder Urkunden, in einem Rechtsstreite eines Vorschußvereins gegen seinen früheren Vorstand, ist bei der untrennbaren Verbindung, in welcher jene zu der gesammten Vermögensverwaltung stehen, nach freiem richterlichen Ermessen festzusetzen (R.G. v. 17. 12. 80 Bd. 3 S. 96).

l) Das Interesse des persönlich nicht verpflichteten Eigenthümers an Löschung der auf seinem Grundstücke haftenden Hypotheken ist in jedem einzelnen Falle nach Lage der Sache festzustellen (R.G. v. 27. 6. 94 Bd. 34 S. 173).

m) In dem Verfahren über den Antrag auf Anordnung einer einstweiligen Verfügung, welche das Getrenntleben der Ehefrau von dem Ehemanne während des Scheidungsprozesses zum Gegenstand hat, ist der Werth des Streitgegenstandes bezüglich dieser Befugniß von dem Gerichte nach freiem Ermessen festzusetzen (R.G. v. 8. 7. 89 Bd. 24 S. 373 und v. 13. 4. 96 Bd. 37 S. 383).

n) Der Streitgegenstand bei einer Klage auf jährliche Leistungen, welche Jemandem für seine Lebenszeit zu gewähren sind und die erst nach einer Reihe von Jahren anfangen sollen, ist nicht nach § 9 der C.P.O. sondern nach freiem richterlichen Ermessen festzusetzen (R.G. v. 29. 5. 90 Bd. 26 S. 409).

o) Bei der Klage auf Räumung einer Dienstwohnung ist das Interesse des Klägers als Streitgegenstandswerth richterlich festzusetzen; nicht anwendbar ist in diesem Falle § 9, noch weniger § 8 d. C.P.O. (R.G. v. 17. 12. 92 Bd. 30 S. 373).

p) Bei Anfechtungsklagen des Konkursverwalters sind nicht die Bestimmungen des § 6 der C.P.O. für die Berechnung des Streitwerthes zutreffend, sondern derselbe hat nach § 3 der C.P.O. festgestellt zu werden (R.G. v. 6. 12. 94 Bd. 34 S. 404).

q) Der Streitgegenstandswerth bei Klagen auf Aufhebung eines gegenseitigen Vertrages ist identisch mit dem Interesse des Klägers an der Aufhebung und ist vom Gerichte festzusetzen (R.G. v. 7. 1. 98 Bd. 40 S. 407).

3. § 4 d. C.P.O.

„Für die Werthsberechnung ist der Zeitpunkt der Erhebung der Klage entscheidend; Früchte, Nutzungen, Zinsen, Schäden und Kosten bleiben unberücksichtigt, wenn sie als Nebenforderungen geltend gemacht werden.

Bei Ansprüchen aus Wechseln im Sinne der Wechselordnung sind Zinsen, Kosten und Provision, welche außer der Wechselsumme gefordert werden, als Nebenforderungen anzusehen.

I. Die Erhebung der Klage erfolgt durch Zustellung eines Schriftsatzes (§ 253 d. C.P.O.). Die Erhebung der Widerklage ist bis zur Schlußverhandlung zulässig (§ 280 d. C.P.O.). Vor den Amtsgerichten wird die Klage durch Zustellung der Klageschrift oder des Klagsprotokoll erhoben (§ 499 d. C.P.O.) und kann auch an ordentlichen Gerichtstagen durch mündlichen Vortrag in der Sitzung erhoben werden (§ 500 d. C.P.O.). Im Sühnetermin nach § 510 d. C.P.O. kann unter Umständen die Klage sofort durch mündlichen Vortrag erhoben werden. Die Rechtshängigkeit eines erst im Laufe des Prozesses erhobenen Anspruches tritt mit dem Zeitpunkte der Geltendmachung desselben in der mündlichen Verhandlung ein (§ 281 d. C.P.O.). Nach vorausgegangenem Mahnverfahren gilt die Klage vor den Amtsgerichten mit der Zustellung des Zahlbefehls als erhoben (§ 696 d. C.P.O.).

Die Bestimmung über den Zeitpunkt der Erhebung der Klage ist unanwendbar, wenn sich im Laufe des Prozesses nicht sowohl der Werth des Streitgegenstandes als dieser selbst sich ändert (R.G. v. 2. 2. 86 Bd. 15 S. 407).

II. Früchte einer Sache sind die Erzeugnisse der Sache und die sonstige Ausbeute, welche aus der Sache ihrer Bestimmung gemäß gewonnen wird. Früchte eines Rechts sind die Erträge, welche das Recht seiner Bestimmung gemäß gewährt, insbesondere bei einem Rechte auf Gewinnung von Bodenbestandtheilen die gewonnenen Bestandtheile.

Früchte sind auch die Erträge, welche eine Sache oder ein Recht vermöge eines Rechtsverhältnisses gewährt (§ 99 des Bürgerl. Ges.B.).

III. Nutzungen sind die Früchte einer Sache oder eines Rechts, sowie die Vortheile, welche der Gebrauch der Sache oder des Rechts gewährt (§ 100 d. Bürgerl. Ges.B.).

IV. Zinsen sind die Entschädigung, welche man für Nutznießung einer Geldsumme zahlen muß. Siehe auch Bürgerl. Ges.B. §§ 246—248.

V. Unter Schäden sind Schadenersatzforderungen aller Art zu verstehen, siehe Bürgerl. Ges.B. §§ 249—255. Der zu ersetzende Schaden umfaßt auch den entgangenen Gewinn § 252 d. Bürgerl. Ges.B.

VI. Als Nebenforderung ist im Gegensatze zur Hauptforderung derjenige Anspruch anzusehen, welcher zusammen mit dem Hauptanspruche geltend gemacht wird, und zu demselben in einem solchen Abhängigkeitsverhältniß steht, daß er nur mit dem Hauptanspruche bestehen kann.

Werden jedoch Nebenforderungen ohne den Hauptanspruch geltend gemacht, so erhalten dieselben den Charakter einer Hauptforderung.

Verliert z. B. ein Zinsanspruch seinen accessorischen Charakter und bleibt derselbe allein — neben den Kosten des Rechtsstreits — noch in lite, so bildet derselbe nunmehr die Hauptsache des Rechtsstreits (R.G. v. 28. 10. 82 Bd. 9 S. 415).

Die Bestimmung des § 4 kann zur Folge haben, daß, wenn der Werth solcher Nebenforderungen die Zuständigkeit der Amtsgerichte übersteigt, ihre Geltendmachung aber in Verbindung mit einem geringeren Hauptanspruche erfolgt, das Amtsgericht, wenn dagegen die Nebenforderungen selbstständig eingeklagt werden, das Landgericht zuständig ist. (Motive z. C.P.O. S. 49.)

VII. Einige Rechtsfälle:

a) Eine während des Rechtsstreites eingetretene Aenderung im Preise des Streitgegenstandes ist auf die Berechnung des Werthes desselben ohne Einfluß (Beschl. d. bayr. Oberst. L.G. v. 13. 10. 92 Slg. Bd. XIV S. 262).

b) In einem Rechtsstreite zweier Gläubiger wegen der Priorität ihrer Forderungen sind die Zinsen als Nebenforderungen anzusehen (R.G. v. 18. 12. 80 Bd. 4 S. 367).

c) Wird auf Grund einer Pfändung für eine rechtskräftig zuerkannte Forderung nebst Zinsen und Kosten ein Vorzugsrecht im Konkurse beansprucht, und hat der Gläubiger auf Anerkennung desselben Klage erhoben, so wird der Werth des Streitgegenstandes durch den Betrag der Forderung bestimmt (§ 6). Zinsen und Kosten bleiben hier als Nebenforderung unberücksichtigt (R.G. v. 23. 6. 82 Bd. 7 S. 327).

d) In einem Streite zwischen Hypothekargläubigern über die Priorität der Zinsen aus den auf den Liegenschaftserlös angewiesenen Hauptsummen sind bei Berechnung des Werthes des Beschwerdegegenstandes diese als Nebenforderungen nicht hinzuzurechnen (R.G. v. 25. 3. 87 Bd. 18 S. 373).

e) Bei der Werthsbemessung des Arreststreites sind neben der Hauptsache die Zinsen und Kosten, für welche Sicherung durch Arrest beantragt und erfolgt ist, nicht in Ansatz zu bringen.

Ebensowenig sind in Streitigkeiten über die vorzugsweise Befriedigung aus den Erlösen von Pfandstücken, in den sogenannten Exekutionsinterventionsprozessen, in Streitigkeiten um ein Absonderungsrecht, im Konkurse auf Grund einer vorausgegangenen Pfändung und bei Rechtsmitteln gegen Urteile, durch welche der Kläger auf Grund des § 717 d. C.P.O. zur Zurückbezahlung bereits mit Zinsen und Kosten beigetriebener Forderungsbeträge verurteilt worden, die Zinsen und Kosten den Beträgen der Forderungen anzusetzen (R.G. v. 25. 6. 90 Bd. 26 S. 412).

f) Bei der Berechnung des Werthes des Streitgegenstandes für Klagen, durch welche Einwendungen, die den durch das Urtheil festgestellten Anspruch selbst betreffen, zugleich mit dem Antrage auf Aufhebung der erwirkten Zwangsvollstreckung geltend gemacht werden (§ 767 d. C.P.O.), haben die Zinsen unberücksichtigt zu bleiben (R.G. v. 3. 12. 91 Bd. 28 S. 430).

g) Die rückständigen Zinsen, welche der Kläger zum Kapitale geschlagen hat, und von denen er vom Tage der Klage an weitere Zinsen verlangt, bleiben als Nebenforderung unberücksichtigt. Anders liegt jedoch der Fall, wenn diese Zinsen durch eine besondere Vereinbarung der Parteien zum Kapital geschlagen worden sind. (R.G. v. 3. 11. 93 Bd. 32 S. 378.)

h) Bei den Klagen nach § 771 Abs. 1 d. C.P.O. müssen Zinsen und Kosten unberücksichtigt bleiben (R.G. v. 30. 10. 83 Bd. 10 S. 393).

i) Wenn in einem Rechtsstreite die Leistungen an Kapital und Kosten das Erforderniß für Begründung des klägerischen Anspruches bilden, so können hier die **Kosten** nicht als Nebenforderung angesehen werden (R.G. v. 8. 10. 84 Bd. 12 S. 260).

k) Der vom Cessionar wider den Cedenten neben dem Anspruch auf Rückzahlung geltend gemachte Anspruch auf Erstattung der Kosten des wider den Schuldner geführten Prozesses ist keine Nebenforderung. (R.G. v. 18. 12. 82 Bd. 8 S. 365.)

l) Die eigene Provision, welche der Verkäufer für Bewirkung des Selbsthilfeverkaufes fordert, ist bei Berechnung des Werthes des Streitgegenstandes diesem nicht hinzuzurechnen (R.G. v. 23. 6. 94 Bd. 33 S. 408).

m) Bei Berechnung des Streitgegenstandswerthes haben Futterkosten sowie auch etwaige thierärztliche Untersuchungskosten und Transportkosten als Hauptanspruchsbestandtheile in Ansatz zu kommen, da diese nicht unter den Begriff der Schäden oder der Kosten zu subsummiren sind. (Vergleiche auch R.G. v. 7. 5. 84 Bd. 13 S. 396).

n) Die bisherige Gerichtspraxis, in Wechselregreßklagen die Protestkosten, Schäden und Provisionen des Vormanns des Klägers zur Hauptsache hinzuzurechnen (siehe Art. 51 der Wechselordnung), verliert durch den neuhinzugefügten Absatz 2 ihre Geltung.

o) Bei der Klage des Indossanten gegen den Acceptanten ist nicht die ganze von ihm gezahlte Regreßsumme, sondern nur die Wechselsumme als Hauptgegenstand anzusehen (R.G. v. 28. 1. 92 Bd. 29 S. 333.)

4. § 5 d. C.P.O.

„Mehrere in einer Klage geltend gemachte Ansprüche werden zusammengerechnet; eine Zusammenrechnung des Gegenstandes der Klage und der Widerklage findet nicht statt."

I. Diese Bestimmung gilt auch dann, wenn die mehreren in einer Klage verbundenen Ansprüche auf verschiedenen Gründen beruhen und wenn sie von mehreren Klägern oder gegen mehrere Beklagte erhoben sind (Motive). Auch mehrere in einer Widerklage erhobene Ansprüche werden zusammengerechnet.

II. In der Reichstags-Commiss. wurde konstatirt, daß unter Ansprüchen im Sinne d. C.P.O. nur diejenigen Ansprüche zu verstehen sind, welche selbstständig, nicht auch diejenigen, welche accessorisch geltend gemacht werden. Es findet also eine Zusammenrechnung z. B. von Ansprüchen auf Kapital und Zinsen nicht statt, soweit die Zinsen Nebensache eines in derselben Klage geforderten Kapitals sind. Dagegen werden zusammengerechnet die in derselben Klage geltend gemachte Kapitalsforderung X und die Zinsforderung aus dem Kapitale Y.

III. Bei der Verbindung mehrerer getrennt anhängig gemachter Prozesse findet behufs der Gebührenberechnung eine Zusammenrechnung der Klagsansprüche von dem Augenblicke an statt, in welchem die Anordnung der Verbindung erlassen wurde. Die durch das Gericht angeordnete Verbindung mehrerer Prozesse zur gleichzeitigen Verhandlung und Entscheidung hat für die Zukunft dieselbe Wirkung, wie eine schon durch die Klage vorgenommene Verbindung der Ansprüche (R.G. v. 11. 2. 82 Bd. 6 S. 417).

Ausnahmen siehe § 10a u. Anmerkung 1 zu § 11.

5. § 6 d. C.P.O.

„Der Werth des Streitgegenstandes wird bestimmt: durch den Werth einer Sache, wenn deren Besitz, und durch den Betrag einer Forderung, wenn deren Sicherstellung oder ein Pfandrecht Gegenstand des Streits ist. Hat der Gegenstand des Pfandrechts einen geringeren Werth, so ist dieser maßgebend.

I. Die §§ 6—9 stehen nicht im Widerspruche mit dem durch § 3 d. C.P.O. für entscheidend erklärten freien Ermessen des Gerichtes; sie geben die leitenden Grundsätze für die Werthsberechnung in einzelnen besonderen Fällen, welche in der Praxis oft vorkommen und in welchen die Feststellung des Streitgegenstands erfahrungsgemäß nach verschiedenen Grundsätzen geschieht. Eine solch' verschiedenartige Praxis ist aber unerwünscht, es sollen daher die §§ 6—9 auf die Herbeiführung eines übereinstimmenden Verfahrens der Gerichte wirken und gleichzeitig für die Parteien bei der Beurtheilung der Zuständigkeit des anzugehenden Gerichts als Anhalt dienen (Motive z. C.P.O.).

II. Diese Vorschrift findet nicht nur Anwendung auf Besitzklagen im eigentlichen Sinne, welche ohne Rücksicht auf den Rechtsgrund des Besitzes auf Erlangung, Erhaltung oder Herausgabe des Besitzes gerichtet sind, sondern auch auf die Eigenthumsklagen, sowie alle persönlichen Klagen auf Herausgabe einer Sache zum Besitze, Nießbrauche oder Gebrauche. Voraussetzung bleibt jedoch stets, daß die Klagen das Haben bezw. Behalten einer Sache bezwecken. Sie findet keine Anwendung bei Klagen auf Verschaffung des Eigenthums durch Besitzübergabe. Wie der Besitz von körperlichen Sachen nach dem Werthe der Sache, ist der Besitz eines Rechtes nach dem Werthe des Rechts zu schätzen. (Ueber Besitz siehe Bürgerl. Ges.B. §§ 854 ff., Besitzklagen §§ 861 ff., Einf.Ges. z. Bürgerl. Ges.B. Art. 11, 52, 59, 109, 180, 184, Eigenthum §§ 903 ff. a. a. O., Einf.Ges. z. Bürgerl. Ges.B. Art. 181, 111, an bewegl. Sachen §§ 929 ff., an Grundstücken §§ 905 ff. a. a. O., Einf.Ges. z. Bürgerl. Ges.B. Art. 143, 189).

III. Voraussetzung sind hier lediglich Klagen, welche auf die Sicherstellung einer Forderung, nicht auch solche, welche auf die Realisirung der Sicherheit oder auf die Rückgabe einer bestellten Sicherheit gerichtet sind. Auf den Rechtsgrund der verlangten Sicherstellung kommt es hiebei ebensowenig an, wie auf die Mittel der Sicherstellung. Auch die Höhe des Betrages, mit welchem die Sicherheit geleistet werden soll, ist unmaßgeblich (Walter R.A. G.O. 3. Aufl. S. 130).

IV. Nach dem Bürgerl. Gesetzbuche findet ein Pfandrecht nur noch an beweglichen Sachen und an Rechten statt. Pfandrecht an beweglichen Sachen siehe Bürgerl. Ges.B. §§ 1204 ff., an Rechten §§ 1273 ff.

Ist eine Forderung, zu deren Gunsten das Pfandrecht haftet, Gegenstand des Streits, so ist stets der Betrag der Forderung maßgebend. (Seufferts C.P.O. 4. Aufl. S. 8, R.G. v. 16. 3. 83 Bd. 10 S. 344).

Vorhergehende Pfandforderungen dürfen an dem Werthe des Pfandgegenstandes nicht in Abzug gebracht werden. (R.G. v. 12. 10. 88 Bd. 22 S. 388).

V. Einige Rechtsfälle:

a) Bei einer einstweiligen Verfügung ist der Streitwerth nicht an sich identisch mit dem Werthe der Hauptsache, sondern der letztere stellt in der Regel die Maximalgrenze für den ersteren dar (R.G. v. 11. 11. 85 Bd. 15 S. 435 u. v. 13. 5. 86 Bd. 16 S. 333).

b) Bei der Werthsbemessung des Arreststreites sind neben der Hauptforderung nicht auch Zinsen und Kosten, für welche Sicherung durch Arrest beantragt oder erfolgt ist, in Ansatz zu bringen (R.G. v. 25. 5. 90 Bd. 26 S. 412). Anderer Ansicht ist

Walter in seinen Ausführungen zur Rechtsanwalts-Gebührenordnung III. Aufl. S. 123).

c) Der Werth des Streitgegenstandes bei einem bloßen Prioritätsstreite zwischen zwei Pfandgläubigern ist nach der Gebühr der kleineren der beiden konkurrirenden Forderungen zu berechnen, falls nicht etwa der Werth des Befriedigungsobjektes, auf welches sich der Prioritätsstreit bezieht, ein noch geringerer ist. (R.G. v. 18. 12. 80 Bd. 4 S. 366.)

d) Einem Pfandrechte, welches neben der persönlichen Forderung, wofür das Pfand haften soll, geltend gemacht wird, kommt eine selbständige Bedeutung nicht zu (R.G. v. 5. 7. 81 Bd. 5 S. 410).

e) Bei der Berechnung des Streitgegenstandes in den in § 771 Abs. 1 der C.P.O. erwähnten Widerspruchsklagen Dritter ist zu beachten, daß es sich um die Wirksamkeit des Pfandrechtes handelt, und daß dieses als Streitgegenstand zu betrachten ist. Entscheidend ist in erster Linie die Höhe des Vermögensinteresses, welches der Pfandgläubiger an dem Ausgange des Prozesses hat. Auf den Werth der gepfändeten Sachen kommt es lediglich dann an, wenn derselbe geringer ist als die pfandweise gesicherte Forderung. (R.G. v. 30. 10. 83 Bd. 10 S. 393).

f) Bei der Berechnung des Streitgegenstandes bei Anfechtungsklagen, welche auf Grund des Reichsgesetzes vom 21. Juli 1879 erhoben werden, ist der Betrag der beizutreibenden Forderung maßgebend (R.G. v. 10. 10. 82 Bd. 7 S. 394).

g) Ueber Anfechtungsklagen des Konkursverwalters siehe lit. p auf S. 11.

6. § 7 d. C.P.O.

„Der Werth einer Grunddienstbarkeit wird durch den Werth, welchen dieselbe für das herrschende Grundstück hat, und wenn der Betrag, um welchen sich der Werth des dienenden Grundstücks durch die Dienstbarkeit mindert, größer ist, durch diesen Betrag bestimmt."

I. Dienstbarkeiten, Begriff: Ein Grundstück kann zu Gunsten des jeweiligen Eigenthümers eines anderen Grundstückes in der Weise belastet werden, daß dieser das Grundstück in einzelnen Beziehungen benützen darf, oder daß auf dem Grundstück gewisse Handlungen nicht vorgenommen werden dürfen, oder daß die Ausübung eines Rechtes ausgeschlossen ist, das sich aus dem Eigenthume an dem belasteten Grundstücke dem anderen Grundstücke gegenüber ergibt. (Grunddienstbarkeit §§ 1018 ff. d. Bürgerl. Ges.B.)

Je nach dem Inhalte der verschiedenen Grunddienstbarkeiten unterscheidet man u. A. Aussichts-, Forst-, Wasser-, Wege- und Weidedienstbarkeiten oder Gerechtigkeiten.

II. Der Werth von Grunddienstbarkeiten kann von zwei Punkten aus gemessen werden: vom Standpunkte des herrschenden Grundstückes als Werthserhöhung oder vom Standpunkte des dienenden Grundstückes aus als Werthsminderung. Bei Berechnung des Werthes des Streitgegenstands ist von beiden Standpunkten aus zu messen, und das höhere der beiden Messungsergebnisse zu Grunde zu legen. Die Vorschrift des § 7 gilt nicht blos für dingliche, sondern auch für obligatorische Klagen, deren Gegenstand eine Grunddienstbarkeit ist. Für persönliche Dienstbarkeiten gilt die Vorschrift im Allgemeinen nicht. Ausgenommen in den Fällen, welche ihrem Inhalte nach einer Grunddienstbarkeit ähnlich sind (R.G. v. 9. 5. 92 Bd. 29 S. 406). Ebensowenig für Erbbaurecht, Fideikommiß, Lehen und Reallasten (Seuffert C.P.O. IV. Aufl. S. 9).

Für die Werthsberechnung gelten Dienstbarkeiten nicht als unschätzbar, und ist für dieselben nicht der § 10 d. G.K.Ges. anwendbar, sondern die obigen Vorschriften im Zusammenhalte mit § 3 d. C.P.O. (R.G. v. 7. 6. 82 Bd. 10 S. 321).

III. Der § 7 ist nicht blos für den Fall anwendbar, wenn mit der konfessorischen Klage eine Grunddienstbarkeit geltend gemacht wird, sondern auch auf die Fälle der negatorischen Klage, doch setzt seine Anwendung in letzterem Falle voraus, daß in den Klageanträgen hervortritt, daß die Freiheit des Eigenthums von einer vom Beklagten beanspruchten Grunddienstbarkeit den Streitgegenstand bildet. Wird dagegen negatorisch wegen Störungen des Eigenthums geklagt, welche nach dem Vortrage des Klägers in den Klageanträgen als Ausübung einer Servitut sich nicht darstellen, so ist der Werth des Streitgegenstandes nach freiem Ermessen zu bestimmen. (R.G. v. 18. 1. 81 Bd. 3 S. 394.)

7. § 8 d. C.P.O.

„Ist das Bestehen oder die Dauer eines Pacht- oder Miethverhältnisses streitig, so ist der Betrag des auf die gesammte streitige Zeit fallenden Zinses und, wenn der fünfundzwanzigfache Betrag des einjährigen Zinses geringer ist, dieser Betrag für die Werthsberechnung entscheidend."

I. Der Pachtvertrag unterscheidet sich vom Miethvertrage dadurch, daß derselbe außer Sachen auch Rechte zum Gegenstande haben kann, während Gegenstand eines Miethvertrages nur Sachen d. h. körperliche Gegenstände sein können (§ 581 ff. d. Bürgerl. Ges.B.). Ein weiteres wichtiges Unterscheidungsmerkmal besteht ferner darin, daß der Miethvertrag den Vermiether nur zur Gewährung des Gebrauches der vermietheten Sache verpflichtet, während der Verpächter den Gebrauch und den Fruchtgenuß des verpachteten Gegenstandes dem Pächter zu gewähren hat. (Motive z. Bürgerl. Ges.B. S. 503.)

Ueber Pacht vergleiche ferner §§ 581 ff. d. Bürgerl. Ges.B., über Miethe § 535 ff. a. a. O.

Die Vorschrift des § 8 ist nicht anwendbar auf Dienstmiethe (§ 611 ff. a. a. O.) (R.G. v. 8. 4. 81 Bd. 4 S. 399) und auf den Werkvertrag (§§ 631 ff. a. a. O.) (Seuffert C.P.O. IV. Aufl. S. 9).

Dagegen ist die obige Vorschrift anwendbar auf Fischerei- und Jagdpachtverträge (R.G. v. 26. 11. 80 Bd. 3 S. 424).

II. Die in Frage stehenden Streitigkeiten können aber nicht blos in einer Feststellungsklage (Widerklage), sondern auch in einem Antrage auf Räumung gelegen sein, nämlich dann, wenn die Verpflichtung, in einem bestimmten Zeitpunkt zu räumen, streitig ist. Ist dagegen die Räumungspflicht nicht Streitgegenstand, so ist nicht § 8, sondern § 3 d. C.P.O. anwendbar (R.G. v. 25. 9. 90 Bd. 26 S. 432 u. v. 17. 12. 92 Bd. 30 S. 372). Siehe auch § 9 a.

III. Klagen auf Einzelleistungen aus einem streitigen Pacht- oder Miethverhältnisse liegen ebenso außerhalb des Bereiches des § 8, wie andererseits Klagen auf Räumung oder Rückgewähr nach Ablauf der vertragsmäßigen Pacht- oder Miethzeit. Der § 8 kann auf den Fall einer Räumungsklage nur dann Anwendung finden, wenn der Streit um das Bestehen eines über den Zeitpunkt der verlangten Räumung hinaus sich erstreckenden Pacht- oder Miethverhältnisses oder um dessen Fortdauer über diesen Zeitpunkt hinaus in der Begründung der Klage zum Ausdrucke gebracht ist. Läßt hierüber die Klagebegründung nichts erkennen, so bietet sich kein Anhalt für die Anwendung des § 8; es fehlt an dem Erfordernisse der streitigen Zeit (R.G. v. 4. 6. 94 Bd. 33 S. 3 ff.) Siehe auch Seuffert C.P.O. IV. Aufl. S. 9.

IV. Bei Räumungsklagen läßt sich der Anspruch nicht unbedingt als die Geltendmachung einer speziellen aus dem Pachtvertrage originierenden Forderung auffassen, sondern er kann sich ebensowohl als die Konsequenz des Nichtbestehens oder der Auflösung des Pachtverhältnisses darstellen. In den Fällen der letzteren Art enthält eine Entscheidung über die Pflicht zur Räumung zugleich eine Entscheidung über das Bestehen des Vertrages, und es findet deshalb auf derartige Leistungsklagen hinsichtlich der Werthsberechnung die Vorschrift des § 8 ihre Stelle (R.G. v. 29. 1. 87 Bd. 17 S. 378).

V. Wie der Ausdruck „gesammte streitige Zeit" erkennen läßt, setzt die Anwendbarkeit des § 8 voraus, daß in der Klage eine bestimmte Dauer des Pacht- oder Miethverhältnisses behauptet oder negirt sein muß. Bei einem Pacht- oder Miethverhältnisse von unbestimmter Dauer wird daher § 8 nicht unmittelbar, wohl aber entsprechend zur Anwendung kommen dürfen. Ist in einem auf ungewisse Zeit ohne Bestimmung einer Endfrist abgeschlossenen Pacht- oder Miethvertrage eine Kündigungsbefugniß stipulirt, so wird in dem den Bestand oder die Dauer dieses Vertragsverhältnisses betreffenden Prozesse der Streitgegenstand durch den zunächst bevorstehenden Kündigungstermin als begrenzt anzunehmen sein, so daß also bei jährlichem Kündigungsrechte höchstens der Betrag eines Jahreszinses den Streitgegenstandswerth darstellt. Ist keine Kündigung vorgesehen und die künftige

Beendigung an sich zwar gewiß, aber der Zeitpunkt derselben unbestimmbar, wie z. B. bei einem auf Lebenszeit des Pächters oder Verpächters eingegangenen Pachtvertrage, so wird unter gleichzeitiger analoger Anwendung der Vorschrift in § 9 d. C.P.O. der Werth des Streitgegenstandes auf den zwölf- und einhalbfachen Betrag des einjährigen Zinses zu bemessen sein (Gaupp C.P.O. I S. 30 a. a. O.). Vergleiche hiezu die Bestimmung in § 9a Abs. 1 dieses Gesetzes.

Der Anfangstermin der „streitigen Zeit", deren Zins nach § 8 d. C.P.O. der Berechnung des Streitgegenstandswerthes bei Räumungsklagen zu Grunde zu legen ist, bestimmt sich nach dem Zeitpunkte der Klagserhebung, nicht nach dem schon früheren Fälligkeitstage der ältesten unberichtigt gebliebenen Zinsrate (Walter R.A.G.O. 3. Aufl. S. 179).

Durch die Worte „der Betrag des auf die ganze streitige Zeit fallenden Zinses" ist nicht eine Schätzung gemeint, welche bloß den jährlichen Zins erfaßt, soweit er bei der Erhebung der Klage noch nicht fällig war. (R.G. v. 28. 9. 87 Bd. 19 S. 420).

8 § 9 d. C.P.O.

„Der Werth des Rechts auf wiederkehrende Nutzungen oder Leistungen wird nach dem Werthe des einjährigen Bezugs berechnet und zwar:

auf den zwölf und einhalbfachen Betrag, wenn der künftige Wegfall des Bezugsrechts gewiß, die Zeit des Wegfalls aber ungewiß ist;

auf den fünf und zwanzigfachen Betrag, bei unbeschränkter oder bestimmter Dauer des Bezugsrechts. Bei bestimmter Dauer des Bezugsrechts ist der Gesammtbetrag der künftigen Bezüge maßgebend, wenn er der geringere ist".

I. Diese Vorschriften beziehen sich nur auf Rechte auf Nutzungen oder Leistungen, die in Zwischenräumen *wiederkehren*, nicht auf Rechte von ununterbrochener Dauer (Nießbrauch) (Seuffert C.P.O. IV. Aufl. S. 10). Nicht anwendbar sind jedoch dieselben, wenn mittelst Klage die Zahlung einzelner Rückstände verlangt wird.

Der Anwendbarkeit des § 9 unterliegen auch Streitigkeiten über Leibrenten (Bürgerl. Ges.B. §§ 759 ff.) u. Reallasten (Bürgerl. Ges.B. §§ 1105 ff.)

Hinsichtlich der Alimentationsansprüche und der Renten nach §§ 843, 844 d. Bürgerl. Ges.B. aus dem Haftpflichtgesetze siehe die Ausnahmsbestimmung des § 9a Abs. 2 dieses Gesetzes.

II. Gegenstand der in § 9 d. C.P.O. vorgesehenen Schätzung sind nur die bei der Erhebung der Klage noch nicht fällig gewesenen (die „künftigen") Bezüge. Wird mit dem Rechte auf diese zugleich ein Anspruch auf Rückstände geltend gemacht, so ist dieser nicht Nebenforderung im Sinne des § 4 der C.P.O., sondern nach § 5 dortselbst ist dieser Anspruch zu dem Werthe des Rechts hinzuzurechnen (R.G. v. 28. 9. 87 Bd. 19 S. 418 u. v. 15. 4. 89 Bd. 23 S. 360).

III. Kehren die Nutzungen oder Leistungen in größeren als einjährigen Zwischenräumen wieder, so ist der einjährige Bezug zu berechnen.

Kehren dieselben in bestimmten Zwischenräumen aber in wechselnder Größe wieder, so ist nach dem Durchschnitte eines nach richterlichem Ermessen zu bestimmenden Zeitraumes der Jahresbetrag und damit nach § 9 der Werth der Nutzungsberechtigung zu berechnen.

Kehren die Nutzungen oder Leistungen in unbestimmten Zwischenräumen und wechselnder Größe wieder (z. B. bei Kirchenbaulasten), so können die Vorschriften des § 9 nur Anwendung finden, wenn ein Jahresbetrag zu berechnen ist (Seuffert C.P.O. IV. Aufl. S. 10).

Die Rückstände wiederkehrender Nutzungen oder Leistungen müssen bei der Werthsbestimmung dem Werthe eines solchen Rechtes zugerechnet werden. (R.G. v. 28. 9. 87 Bd. 19 S. 416).

IV. Bei Berechnung des Werthes des Rechts auf Nutzungen oder Leistungen von bestimmter Dauer ist die Summe der künftigen Leistungen ohne Abzug eines Zwischenzinses maßgebend, soweit diese Summe das fünf und zwanzigfache des Jahresbetrages nicht übersteigt. (Seuffert C.P.O. IV. Aufl. S. 10).

V. Bezugsrechte von unbeschränkter oder bestimmter Dauer müssen eine Dauer von wenigstens fünf und zwanzig Jahren haben. (R.G. v. 8. 7. 89 Bd. 24 S. 377).

VI. S. auch Noten lit. m—o auf S. 11.

9. § 148 d. K.O.

„Der Werth des Streitgegenstandes eines Prozesses über die Richtigkeit oder das Vorrecht einer Forderung ist mit Rücksicht auf das Verhältniß der Theilungs- zur Schuldenmasse von dem Prozeßgerichte nach freiem Ermessen festzusetzen."

I. Theilungsmasse ist der Betrag, welcher nach Abzug aller Massekosten und Masseschulden zur Befriedigung der Konkursgläubiger übrigbleibt (§§ 1, 4, 57—60, 117 ff. d. K.O.). Beträgt z. B. die Theilungsmasse den dritten Theil der Schuldenmasse, so ist Streitgegenstand $33^1/_3$% der Konkursforderung.

II. In einem die Richtigkeit oder das Vorrecht einer im Konkurse angemeldeten Forderung betreffenden Prozesse besteht der Werth des Streitgegenstandes in dem relativen Werthe der

Forderung mit Rücksicht auf das Verhältniß der Theilungs- zur Schuldenmasse. (Bayr. Oberst.L.G. v. 12. 2. 95 Slg. Bd. XV S. 521).

III. Ein Vorrecht steht auch dann in Frage, wenn darüber gestritten wird, ob den Forderungen der Konkursgläubiger in Folge von Arrestpfändungen Absonderungsrechte an den gepfändeten Gegenständen zustehen, da kein Grund vorliegt, die Vorschrift des § 148 d. K.O. auf die Fälle des § 61 Ziffer 1 bis 5 a. a. O. zu beschränken, und der Werth der streitigen Vorrechte nicht in dem Nominalbetrage der angeblich bevorrechtigten, bis auf das Vorrecht anerkannten Forderungen, sondern in der Differenz zwischen dem vollen Betrage, welchen die Gläubiger bestenfalls erhalten haben würden, und demjenigen der Dividende gegeben ist. (O.L.G. Colmar 30. 1. 87 in Walter R.A.G.O. S. 161). Anderer Ansicht sind Petersen und Kleinfeller (K.O. 3. Aufl. S. 454).

§ 9a.

Ist das Bestehen oder die Dauer eines Pacht- oder Miethverhältnisses für einen längeren als einjährigen Zeitraum streitig, so wird der Werth auf den Betrag des einjährigen Zinses berechnet[1]).

Bei Ansprüchen auf Alimente, welche auf gesetzlicher Vorschrift beruhen, wird der Werth des Rechts auf die wiederkehrenden Leistungen, falls nicht der Gesammtbetrag der geforderten Leistungen geringer ist, auf den fünffachen Betrag des einjährigen Bezugs berechnet. Das Gleiche gilt bei Ansprüchen auf Entrichtung einer Geldrente, welche nach den §§ 843, 844 des Bürgerlichen Gesetzbuchs oder nach den §§ 3, 3a, 7 des Gesetzes, betreffend die Verbindlichkeit zum Schadenersatze für die bei dem Betriebe von Eisenbahnen, Bergwerken u. s. w. herbeigeführten Tödtungen und Körperverletzungen, vom 7. Juni 1871 erhoben werden[2]).

Ist für die Dauer des Rechtsstreits, welcher eine Ehesache betrifft, über die Unterhaltspflicht der Ehegatten zu entscheiden, so wird der Werth des Rechts auf Entrichtung einer Geldrente auf den einjährigen Betrag derselben berechnet[3]).

1. Diese in das Gesetz neu eingefügte Bestimmung bildet eine einschränkende Ergänzung der in § 8 d. C.P.O. enthaltenen Vorschriften; doch ist sie nur für die Gebührenwerthung allein maßgebend, da die Bestimmung des § 8 der C.P.O., welche in erster

Linie die Prüfung der sachlichen Zuständigkeit der Gerichte im Auge hat, in dieser Hinsicht durch obigen § 9a nicht beeinflußt wird.

Die bisherige Anwendung des § 8 d. C.P.O. führte in den Fällen, in denen es streitig ist, ob überhaupt ein Pacht- oder Miethvertrag geschlossen ist, wie in solchen, in denen Aufhebung desselben behauptet wird, somit bei Klagen, mit welchen Einräumung des Mieth- oder Pachtgegenstandes, wie in solchen, mit welchen Räumung desselben wegen Ablaufs oder Aufhebung des Vertragsverhältnisses verlangt wird, bei der Gebührenbewerthung zu ungerechtfertigten Härten und wurde als drückende Belastung umsomehr empfunden, als das wirkliche Interesse der Parteien am Streite regelmäßig geringer ist. (Drucksachen des Reichstags 7. Session 1887 Nr. 54 S. 13, siehe Walter R.A.G.O. III. Aufl. S. 148.)

2. Ueber Unterhaltspflicht im Allgemeinen siehe Bürgerl. Ges.B. §§ 1601 ff. Hinsichtlich unehelicher Kinder §§ 1708–1713 a. a. O. Ist mit der Klage auf Alimentation des unehelichen Kindes auch die Klage auf Anerkennung der Vaterschaft verbunden, so ist der höhere der beiden Ansprüche für Berechnung des Streitgegenstandswerthes maßgebend. Siehe § 10.

Ueber das Reichshaftpflichtgesetz siehe R.G.Bl. 1871 S. 207.

3. Vergleiche hinsichtlich der Unterhaltspflicht der Ehegatten §§ 1360—1361, 1389 d. Bürgerl. Ges.B.

§ 10.

Bei nicht vermögensrechtlichen Ansprüchen[1]) wird der Werth des Streitgegenstandes zu 2000 Mark, ausnahmsweise niedriger oder höher, jedoch nicht unter 200 Mark und nicht über 50000 Mark angenommen[2]).

Ist mit einem nicht vermögensrechtlichen Anspruch ein aus ihm hergeleiteter vermögensrechtlicher verbunden, so ist nur Ein Anspruch, und zwar der höhere maßgebend[3]).

1. Entscheidend ist, ob der Anspruch oder Gegenstand in Geld veranschlagt werden kann. Nicht vermögensrechtliche Ansprüche sind nicht gleichbedeutend mit „unschätzbar". So gehören Servitutsklagen nicht zu den nicht vermögensrechtlichen Ansprüchen (R.G. v. 7. 6. 82 Bd. 10 S. 321).

Die Streitigkeiten, um welche es sich hier handelt, betreffen ausschließlich den Personen- und Familienstand. So gehören hieher die sogenannten Statusklagen, dann Ehesachen, Ertheilung der Genehmigung zur Eheschließung, Uebernahme einer Vormundschaft, Anerkennung der Vaterschaft, Herausgabe von Kindern und die Entmündigungssachen.

2. Liegt eine Festsetzung des Gerichts nicht vor, so hat der Rechnungsbeamte den regelmäßigen Betrag von 2000 Mk. der Gebührenberechnung zu Grunde zu legen. Derselbe ist an eine etwa geringere Werthsgegenstandsangabe der Parteien nicht gebunden. Wird eine Festsetzung des Gegenstandswerthes nothwendig, so soll das Gericht nur bei besonders gelagerten Fällen und Umständen von dem Betrage von 2000 Mk. abgehen. (Siehe Entscheidg. d. O.L.G. München v. 3. 3. 80, Jena v. 21. 5. 81, Rostock v. 19. 12. 81, Entsch. Wismar 1883 S. 15, O.L.G. Dresden v. 17. 5. 82, Sächs. Annalen IV S. 61, Reichsgericht v. 16. 9. 90, J.W. S. 332 Z. 1, in Rittmann G.K.Ges. S. 30.)

3. Die Verbindung der beiden Ansprüche muß eine gesetzlich zulässige sein. Siehe § 615 Abs. 2 C.P.O. (Entscheidg. d. O.L.G. Zweibrücken v. 8. 10. 91. Zeitschr. f. französ. Civilrecht XXII S. 689, Rittmann G.K.Ges. S. 31) dann § 5 d. C.P.O.

Den häufigsten derartigen Fall bildet wohl die Klage wegen Ansprüchen aus einem außerehelichen Beischlafe, indem mit der Klage auf Feststellung bezw. Anerkennung der Vaterschaft, die Klage auf Alimentation des Kindes regelmäßig verbunden wird. Da nach den Bestimmungen des Bürgerlichen Gesetzbuches aus der Vaterschaft die Verpflichtung zur Gewährung eines Unterhaltes an das uneheliche Kind hergeleitet wird, so kommt hier nur ein Anspruch und zwar der höhere bei der Werthsfeststellung in Betracht (§§ 1708—1717 d. Bürgerl. Ges.B.). Siehe auch § 9a Abs. 2.

§ 10a.

Im Falle des § 254 der Civilprozeßordnung[1]) ist für die Werthsberechnung nur einer der verbundenen Ansprüche, und zwar der höhere maßgebend[2]).

1. Nämlich bei der Klage auf Rechnungslegung oder auf Vorlegung eines Vermögensverzeichnisses oder auf Leistung des Offenbarungseides verbunden mit der Klage auf Herausgabe desjenigen, was der Beklagte aus dem zu Grunde liegenden Rechtsverhältnisse schuldet. Hinsichtlich der Werthsberechnung des unbestimmten Anspruches hat das richterliche Ermessen einzutreten.

2. Eine Zusammenrechnung der verbundenen Ansprüche findet demnach nicht statt, sondern der höhere Werthsanspruch allein ist maßgebend.

§ 11.

Soweit Klage und Widerklage[1]), welche nicht in getrennten Prozessen verhandelt werden, denselben Streitgegenstand[2]) betreffen, sind die Gebühren nach dem einfachen Werthe dieses Gegenstandes zu berechnen[3]). Soweit beide Klagen nicht denselben Streitgegenstand betreffen, sind die Gegenstände zusammenzurechnen.

Das Gleiche gilt für wechselseitig eingelegte Rechtsmittel, welche nicht in getrennten Prozessen verhandelt werden[4])[5]).

1. Die Motive erläutern, daß die Frage der Zusammenrechnung der Gegenstände der Klage und der Widerklage für die Gebührenberechnung anders liege, als sie für die Civilprozeßordnung hinsichtlich der Zuständigkeit der Gerichte (§ 5 d. C.P.O.) in Betracht kommt. Bei der Gebührenberechnung ist nicht zu verkennen, daß zwei Streitgegenstände vorliegen, soweit die beiderseitigen Anträge einander ausschließen, die Gegenstände nicht zusammenfallen.

Hiezu erklärte ein Reichstags-Commissionsmitglied im Einverständniß mit den Regierungscommissarien:

„Diese Ausnahme liegt sowohl dann vor, wenn die beiderseitigen Anträge sich auf denselben individuell bestimmten Gegenstand beziehen, z. B. confessoria und negatoria gegeneinanderstehen, als auch dann, wenn eine Gegenforderung erhoben wird, welche eine Kompensation mit der (an sich nicht bestrittenen) Forderung des Klägers begründen soll, deren überschießender Betrag aber widerklagend gefordert wird. In letzterem Fall ist nur der Betrag dieser Gegenforderung Streitgegenstand; der Gesammtbetrag beider Forderungen aber, wenn die Klageforderung an sich bestritten wird, daneben aber eine Gegenforderung widerklagend erhoben und eventuell zugleich zur Kompensation gebracht wird.“ (Drucksachen des Reichstags Beilage zu Nr. 228.)

Eine Widerklage gilt erst dann für erhoben, wenn der Anspruch derselben in der mündlichen Verhandlung oder im Termine vor dem beauftragten Richter erhoben wird. Sie kommt auch dann in Betracht, wenn sie nur eventuell für den Fall erhoben wird, als die Hauptklage zuerkannt werde, und es mit Rücksicht auf die Abweisung der Hauptklage zu einer Entscheidung über die Widerklage nicht kam. Notwendig ist nur, daß über die Widerklage verhandelt worden ist. (R.G. v. 4. 3. 87, 11. 7. 88 u. 27. 3. 92, J.W. 1887 S. 115, 1888 S. 341 1, 1892 S. 214, in Rittmann G.K.Ges. S. 33.)

Wird der Klagsanspruch bestritten, dessen Abweisung beantragt und zugleich um Verurtheilung des Klägers in die Gegenforderung gebeten, so sind beide Ansprüche zusammenzurechnen.

2. Klage und Widerklage betreffen dann denselben Streitgegenstand, wenn es sich um einen und denselben individuell bestimmten Gegenstand oder um ein und dasselbe Rechtsverhältniß handelt, sodaß die Stattgebung der Klage notwendig zur Abweisung der Widerklage führen muß, somit eine gleichzeitige Zuerkennung der erhobenen Ansprüche an Kläger und Widerkläger ausgeschlossen ist.

So z. B. in einem Rechtsstreite auf Auflösung eines Viehkaufvertrages, wenn Widerklage auf Zahlung des noch schuldigen Kaufpreises erhoben wird.

Erkennt in einer Klage, welche auf Bezahlung eines Kaufpreises von 552 ℳ 10 ₰ gerichtet ist, der Beklagte diesen Anspruch sofort an, will aber diesen Betrag einstweilen zurückbehalten wegen eines Gegenanspruches auf Lieferung von 1200 Fässern à 4 ℳ, und erhebt wegen dieses Gegenanspruches zugleich Widerklage, so ist der

Gegenstand der Klage hier ganz in dem der Widerklage enthalten, und beschränkt sich der wahre Werth des Streitgegenstandes nur auf den Preis der Fässer mit 4800 *M*, ohne Hinzurechnung der Klagesumme von 552 *M* 10 *₰* (R.G. v. 5. 7. 81 Bd. 5 S. 408).

3. Der Schwerpunkt liegt in dem Verhandeln im nicht getrennten Prozesse. Ist nach § 145 Abs. 3 d. C.P.O. die getrennte Verhandlung der vom Beklagten aufrechnungsweis geltend gemachten Gegenforderung angeordnet, so liegen für die Gebührenerhebung zwei Rechtsstreite vor, wird aber in Anwendung des § 302 d. C.P.O. Theilurtheil über die entscheidungsreife Klagsforderung erlassen, so gilt das weitere Verfahren über die Gegenforderung mit dem vorhergegangenen über den Klagsanspruch als ein Rechtsstreit. Vergleiche hierüber die Ausführungen des Reichsgerichts zur Behandlung der Kompensationseinrede im Prozesse. (R.G. v. 10. 4. 93 Bd. 31 S. 1.)

4. Wird gegen ein Urtheil von beiden Parteien Berufung eingelegt und über dieselbe nach Verbindung durch ein Urtheil erkannt, so kommt für die gemeinsam behandelten Berufungen nur ein einziger Streitgegenstand in Betracht, und sind die Gebühren nur nach dem Werthe dieses Streitgegenstandes einheitlich zu berechnen. (R.G. v. 15. 1. 92 Bd. 29 S. 349.)

5. Vergleiche hieher auch §§ 81 u. 94 Ziff. 2.

§ 12.

Für Akte[1]), welche einen Theil des Streitgegenstands betreffen, sind die Gebühren nur nach dem Werthe dieses Theils zu berechnen.[2])

Sind von einzelnen Werthstheilen in derselben Instanz[3]) für gleiche Akte Gebühren zu berechnen, so darf nicht mehr erhoben werden, als wenn die Gebühr von dem Gesammtbetrage der Werthstheile zu berechnen wäre; treten für die Akte verschiedene Gebührensätze ein, so ist der höchste Satz[4]) maßgebend.

1. Unter „Akte" sind die in dem § 18 aufgeführten Hauptmomente eines Rechtsstreites, nämlich die Verhandlung, die Anordnung einer Beweisaufnahme und die Entscheidung (Vergleich) zu verstehen.

2. Für die Berechnung des Werthes des Streitgegenstandes ist der Zeitpunkt der Erhebung der Klage oder der später eingetretenen Rechtshängigkeit des Anspruches (C.P.O. §§ 4, 281) entscheidend; eine während des Rechtsstreites eingetretene Werthsänderung muß daher unberücksichtigt bleiben. Dagegen kommt eine Aenderung des Streitgegenstandes selbst beim Gebührenansatze für spätere Akte in Betracht, wenn sie die Festsetzung einer anderen, als der ursprünglich zutreffenden Werthsklasse, bedingen.

Soweit nach dem Systeme des Gerichtskostengesetzes für einzelne Akte Gebühren erhoben werden, kommt immer nur der Theil des Streitgegenstandes in Frage, welchen der zu besteuernde Akt betrifft. (Motive.)

3. Die „Instanz" umfaßt das ganze bei einem Gerichte stattgehabte Prozeßverfahren. Eine neue Instanz ist somit erst dann vorhanden, wenn sich ein Gericht höherer Ordnung mit dem Rechtsstreite befaßt. Festzuhalten ist, daß in einer Instanz nur eine Verhandlungsgebühr, nur eine Beweisgebühr und nur eine Entscheidungsgebühr zum Ansatze kommen kann, und daß jede dieser Gebühren nie größer wohl aber geringer sein kann, als wenn sie aus dem ganzen Streitgegenstande zu berechnen gewesen wäre. Sind demnach die Gebühren des § 18 aus mehreren Theilen des Streitgegenstandes zu berechnen, so darf nicht mehr angesetzt werden, als wenn dieselbeu aus der Summe dieser Theile auf einmal zur Erhebung zu gelangen hätten.

4. Die Reichstagskommission hat in Uebereinstimmung mit den Kommissarien folgende Konstatierung zu Protokoll genommen:

„Treten für die gleichen Akte verschiedene Gebührensätze ein, so soll der nicht zu überschreitende Gesammtbetrag nach dem höchsten Gebührensatze berechnet werden." (23. 3. 78.)

Der nicht zu überschreitende höchste Gebührensatz ist demnach im Urkunden- und Wechselprozesse $^6/_{10}$, bei Klagen nach § 26 $^3/_{10}$, in allen übrigen Prozessen die volle Gebühr.

Beispiele:

I. In einem Rechtsstreite über 300 ℳ werden im Verhandlungstermin 100 ℳ anerkannt[a]) und sofort vom Beklagten bezahlt[b]), bezüglich der restigen 200 ℳ aber wird kontradiktorisch verhandelt[c]), nnd ergeht sodann hinsichtlich 100 ℳ derselben Anordnung einer Beweisaufnahme[d]). Nach stattgehabter Beweisaufnahme folgt Schlußverhandlung und ergeht Entscheidung auf Zahlung von 200 ℳ[e]).

Die Gebühren berechnen sich sodann, wie folgt:

a)	Für die Anerkennung der 100 ℳ kommt eine Gebühr nach § 18 Nr. 1 nicht zum Ansatz, da eine kontradiktorische Verhandlung nicht vorliegt.	
b)	Hingegen kommt für diese 100 ℳ die Gebühr für die Klagszurücknahme nach § 46 zum Ansatz mit	— ℳ 50 ₰
c)	Verhandlungsgebühr aus 200 ℳ (§§ 18 Nr. 1 und 19) mit	7 „ 50 „
d)	Beweisgebühr aus 100 ℳ (§ 18 Nr. 2) . .	4 „ 60 „
e)	Entscheidungsgebühr aus 200 ℳ (§ 18 Nr. 3)	7 „ 50 „
		S. 20 ℳ 10 ₰

II. Werden jedoch nur 50 ℳ anerkannt[a]), und ergeht über diese 50 ℳ sofort Anerkenntnißurtheil[b]), während über 250 ℳ kontradiktorisch verhandelt[c]), über den Theilbetrag von 50 ℳ Beweis erhoben[d]) und schließlich über 250 *M* Endurtheil[e]) erlassen wird, so ergibt die Gebührenberechnung folgendes Resultat:

a)	Keine Verhandlungsgebühr	— *M* — ₰
b)	Anerkenntnißurtheil über 50 *M* (§§ 18², 23¹,)	— „ 80 „
c)	Verhandlungsgebühr (§§ 18 Nr. 1 u. 19) aus 250 *M*	11 „ — „
d)	Beweisgebühr (§ 18 Nr. 2) aus 50 *M* . . .	2 „ 40 „
e)	Entscheidungsgebühr (§ 18 Nr. 3) aus 250 *M*	11 „ — „
	S.	25 *M* 20 ₰

In diesem Falle kommen für einzelne Werthstheile (250 *M* u. 50 *M*) in derselben Instanz für gleiche Akte (Urtheile) verschiedene Gebührensätze nämlich ⁸/₁₀ aus 50 *M* und ¹⁰/₁₀ aus 250 *M* in Betracht, und ergibt die Zusammenfassung der einzeln zur Erhebung gelangenden Entscheidungsgebühren einen Gesammtbetrag von 11 *M* 80 ₰. Da aber der höchste für den Gesammtbetrag der Werthstheile (250 *M* + 50 *M* = 300 *M*) hier zulässige und nicht überschreitbare Gebührensatz (§ 8) nur 11 *M* beträgt, so darf auch nicht mehr als dieser Betrag zur Erhebung gelangen. Es hat demzufolge der Mehrbetrag von 80 ₰ außer Berücksichtigung und Ansatz zu bleiben und reducirt sich somit die obige Summe von 25 *M* 20 ₰ auf 24 *M* 40 ₰.

§ 13.

Für Akte, welche Früchte, Nutzungen, Zinsen, Schäden oder Kosten als Nebenforderungen[1]) ohne den Hauptanspruch[2]) betreffen, ist der Werth der Nebenforderungen insoweit maßgebend, als er den Werth des Hauptanspruchs nicht übersteigt[3]).

Für Akte der Zwangsvollstreckung wegen einer Geldforderung werden die einzuziehenden Zinsen mitberechnet[4]).

Für Akte, welche die Kosten des Rechtsstreits ohne den Hauptanspruch betreffen, ist der Betrag der Kosten maßgebend[5])[6]).

1. Begriff der Nebenforderungen siehe § 4 d. C.P.O. auf S. 12.

2. Der Hauptanspruch muß seine völlige Erledigung gefunden haben, und der anhängig gebliebene Rechtsstreit ausschließlich nur wegen der Früchte, Zinsen u. s. w. fortgesetzt werden. In einem solchen Falle wird aus der bisherigen Zinsennebenforderung ein neuer Hauptanspruch, und sind die Gebühren nunmehr aus dem Betrage der Zinsen zu berechnen.

3. Jedoch werden diese selbstständig geltend gemachten Nebenforderungen nur bis zur Höhe der Hauptforderung berücksichtigt;

betragen dieselben mehr als der Hauptanspruch, so bleibt nach dem Grundsatze des § 4 d. C.P.O. der übersteigende Betrag außer Berücksichtigung.

4. Unter Akte der Zwangsvollstreckung sind die Anträge und Entscheidungen zu verstehen, welche auf Grund der Bestimmungen des VIII. Buches der C.P.O. §§ 704–915 gestellt bezw. erlassen werden und welche der Gebührenbewerthung nach § 35 Nr. 1, 2 und 4, ferner §§ 42, 43 unterliegen. Nicht hieher gehören die Klagen aus §§ 767, 796 Abs. 3, 797 Abs. 5, 771 d. C.P.O., da diese nicht selbst Akte der Zwangsvollstreckung bilden. Hieran ändert auch nichts, wenn der Klageantrag zugleich auf Aufhebung der erwirkten Zwangsvollstreckung gerichtet ist. (R.G. v. 3. 12. 91 Bd. 28 S. 431.)

Ferner ist die obige Bestimmung nicht anwendbar auf Anträge auf Erteilung der Vollstreckungsklausel oder einer weiteren vollstreckbaren Ausfertigung §§ 724 bis 733, 742, 744, 745 Abs. 2, 749, 768, 795, 796 Abs. 1, 797 Abs. 1 u. 3, 929 d. C.P.O., da die Erteilung der Vollstreckungsklausel die Zwangsvollstreckung zwar vorbereitet, aber nicht selbst eine Vollstreckungsmaßregel ist (R.G. III. C.S. v. 14. 1. 87, J.W. S. 42 Z. 24, siehe auch Walter R.A.G.O. III. Aufl. S. 175).

Desgleichen endlich auch nicht auf Arrest- und einstweilige Verfügungen, da diese blos Sicherungsmaßregeln für die dereinstige Zwangsvollstreckung bilden (§§ 916 bis 945 d. C.P.O.). Das Verfahren bei Arresten besteht aus zwei Hauptabschnitten, dem der Anordnung und dem des Vollzuges. Handelt es sich aber um den Vollzug des Arrestes (§§ 930–933 d. C.P.O.), so sind, da derselbe sich als ein Akt der Zwangsvollstreckung darstellt, die einzuziehenden Zinsen mitzuberechnen. (Siehe auch R.G. v. 25. 6. 90 Bd. 26 S. 412.)

Auch die Entscheidung über Erlassung eines Vollstreckungsbefehles ist kein Akt der Zwangsvollstreckung, da derselbe nach § 794 Z. 4 d. C.P.O. nur ein Titel ist, aus welchem erst die Zwangsvollstreckung stattfinden kann.

Nur die Zinsen dürfen eingerechnet werden, nicht auch andere Nebenforderungen, wie z. B. Kostenaversen.

Für die Berechnung der Zinsen ist maßgebend der Tag der Erlassung der Entscheidung oder der Zurücknahme des Antrages.

5. Voraussetzung ist, daß der Hauptanspruch nebst etwaigen Nebenforderungen seine vollständige Erledigung gefunden hat, und der Rechtsstreit nur bezüglich der Kosten allein geführt wird. Streitwerth sind hier die Gerichts- und Parteikosten bis zum Zeitpunkte der Antragstellung. Die weiteren erst noch erwachsenden Kosten bleiben ohne Berücksichtigung. (O.L.G. Jena v. 6. 7. 86, Walter, R.A.G.O. III. Aufl. S. 178.)

Bemerkt sei noch, daß der Gesammtbetrag der Kosten maßgebend ist, auch wenn er den Werth des Hauptanspruches übersteigt. (R.G. v. 17. 1. 85, Bureaubl. 1885 S. 28, Rittmann G.K.Ges. S. 58.)

6. Der Gebührensatz, welcher für den Hauptanspruch maßgebend ist, z. B. $^{3}/_{10}$ oder $^{5}/_{10}$ kommt auch zur Anwendung, wenn der Rechtsstreit nur wegen der Nebenforderungen oder Kosten weiter geführt wird.

§ 14.

Bei jedem Antrag [1]) ist der Werth des Streitgegenstandes, sofern derselbe nicht in einer bestimmten Geldsumme besteht oder aus früheren Anträgen erhellt, und auf Erfordern auch der Werth eines Theils desselben schriftlich oder zum Protokolle des Gerichtsschreibers anzugeben.

Die Angabe kann jederzeit berichtigt werden.

1. Durch die obigen Bestimmungen wird jedoch die selbstständige Prüfung des Gerichts, das an die Angabe der Parteien nicht gebunden ist, in keiner Weise beschränkt, wie auch die höheren Instanzen eine wiederholte selbstständige Festsetzung des Streitgegenstands vornehmen können (R.G. v. 17. 12. 80 Bd. 3 S. 96). In dem letzteren Falle sind jedoch die Vorinstanzen bezüglich der Gebührenberechnung an den neuerlich festgesetzten Streitgegenstandswerth gebunden.

Vergleiche § 253 Abs. 3 d. C.P.O. u. § 16 dieses Gesetzes.

§ 15.

Die zum Zwecke der Entscheidung über die Zuständigkeit des Prozeßgerichts oder die Zulässigkeit des Rechtsmittels erfolgte Festsetzung des Werthes [1]) ist, unbeschadet der Vorschrift des § 9 a, für die Berechnung der Gebühren maßgebend.

1. Im Anschlusse an obige Bestimmungen wurde Seitens eines Mitgliedes der Reichstagscommission Folgendes bemerkt:

> Die Festsetzung des Werthes als Grundlage für die Zuständigkeit des Prozeßgerichts wird (abgesehen von dem Falle der festzustellenden Revisionssumme) nur vorkommen für die Abgrenzung der landgerichtlichen und amtsgerichtlichen Zuständigkeit. Diese Zuständigkeit wird — abgesehen von dem Falle des § 467 jetzt 506 der Civilprozeßordnung — nach dem aus der Formulirung der Klagbitte sich ergebenden Klaggegenstand zu bemessen sein; und soweit nun dieser Klaggegenstand auch wirklich Streitgegenstand ist, läßt sich gewiß nichts dagegen erinnern, daß der Ausspruch über den Werth des für die Zuständigkeit maßgebenden Klaggegenstandes auch für die Berechnung der Gebühren entscheide. Es kommt aber nicht selten vor, daß der nach der

Formulirung der Klagbitte sich ergebende Klaggegenstand durchaus nicht wirklicher Streitgegenstand ist. Für den Fall, daß sich durch die Verhandlung der Streitgegenstand in Vergleich mit dem Klaggegenstand erhöht, wird — auch wenn die Parteien nicht von der Befugniß des § 467 jetzt 506 Gebrauch machen sollten — ohne Zweifel es berechtigt sein, die dem höheren Streitgegenstand entsprechenden höheren Gebühren zu erheben. In gleicher Weise muß aber auch, wenn durch die Verhandlung sich ergiebt, daß der Streitgegenstand in Vergleich mit dem Klaggegenstand geringer ist, die Gebühr sich entsprechend verringern; — jedenfalls die Verhandlungsgebühr; denn diese soll nach § 19 nur erhoben werden, „soweit in der Verhandlung von den Parteien einander widersprechende Anträge gestellt werden." Widersprechende Anträge liegen aber stets nur vor im Umfange des wirklichen Streites der Parteien. Ebenso wird es mit der Beweisgebühr sich verhalten. Nur das kann etwa in Frage kommen, ob nicht, insofern der an sich unbestrittene Theil des Klaggegenstandes nach dem Antrag des Klägers formell mit in die Verurtheilung eingeschlossen wird, auch für diesen Theil des Urtheils die Entscheidungsgebühr zu erheben sei, in gleichem Maße, wie dieselbe auch für Entscheidungen, welche auf Anerkenntniß ergehen, zur Erhebung kommen soll.

Beispiele werden die Sache erläutern. Der einfachste und am klarsten liegende Fall ist der, daß eine Forderung von 1000 M. eingeklagt, aber nur der Betrag von 100 M. derselben bestritten, oder eine Kompensationseinrede im Betrage von 100 M. entgegengesetzt wird. Klaggegenstand ist hiernach 1000 M., wirklicher Streitgegenstand aber nur 100 M. — Eine ähnliche Herabminderung des Streitgegenstandes tritt aber auch ein, wenn z. B. die Klagbitte dahin formulirt ist: „100 Last Weizen frei in Königsberg zu liefern"; bei der Verhandlung aber der Verklagte seine Verpflichtung, den Weizen zu liefern, gar nicht bestreitet und nur behauptet, er brauche nicht in Königsberg, sondern nur in Pillau zu liefern. Denn hier besteht das Streitinteresse offenbar nur in der Differenz des Lieferungsortes. — Ferner es klagt Jemand, weil der Verklagte einen auf des Klägers Grundstück stehenden Baum gefällt, mit der Bitte: „ihn im Besitze seines Grundstücks zu schützen." Bei der Verhandlung aber ergiebt sich, daß der Verklagte den Besitz des Klägers im Allgemeinen nicht im mindesten bestreitet und nur einen kleinen Grenzstreifen (auf welchem der Baum gestanden) als zu seinem angrenzenden Grundstück gehörig in Anspruch nimmt. Hier ist wirklicher Streitgegenstand nichts weiter als der bestrittene Grenzstreifen. — Ferner: Es klagt Jemand auf Theilung eines ihm und dem Verklagten gemeinschaftlichen Grundstücks. Die Verhandlung ergiebt, daß sich der Streit darum dreht, ob eine frühere Theilung in der

Benutzung als eine bleibende, auch bezüglich des Eigenthums anzusehen sei. Hier liegt das wirkliche Streitinteresse nur in der halben Differenz des Werthes der beiderseits besessenen Antheile. — Nur mit der Modifikation also, daß die an den Werth des Klaggegenstandes sich anknüpfende Entscheidung nicht unbedingt maßgebend bleibe für die nach dem Streitgegenstand zu bemessenden Gebühren, ist dem § 15 beizustimmen.

Der Regierungskommissar erklärte sich im Allgemeinen mit der entwickelten Anschauung einverstanden. Er bezeichnete es namentlich als Absicht des Entwurfs, daß von der Verhandlungsgebühr regelrecht nur der Theil des Anspruchs betroffen werden solle, rücksichtlich dessen ein wirklicher Streit zwischen den Parteien bestehe. Damit sei, da die Beweisgebühr sich nach dem Gegenstande der Beweisanordnung richte, auch für die Erhebung der Beweisgebühr eine Grenze nach oben hin gezogen. Anlangend jedoch die Entscheidungsgebühr, so werde dieselbe auch dann erhoben werden können, wenn im Verfahren sich eine Differenz zwischen den Parteien nicht herausstellte, z. B. im Falle der Agnitoria. In den meisten Fällen würden sich für die Berechnung der Entscheidungsgebühr Streitgegenstand und Klagegegenstand decken. So in den beiden ersten der vom Herrn Vorredner gewählten Beispiele, falls die Entscheidung über den ganzen Anspruch ergehe. Wie sehr aber die Frage, was als Gegenstand der Entscheidung zu gelten habe, eine quaestio facti sei, ergebe sich klar, wenn man das zweite Beispiel ein wenig verschiebe, etwa dahin, daß schon die Klage als einzigen Punkt, über welchen richterliche Entscheidung nachgesucht werde, die Differenz rücksichtlich des Lieferungsortes hinstelle. Unter dieser Voraussetzung werde nicht blos für die Verhandlungsgebühr und die Beweisgebühr, sondern auch für die Entscheidungsgebühr das Interesse an dem einen oder anderen Lieferungsorte maßgebend sein. Aehnlich würde in den übrigen Beispielen nach Lage des Falles, und zwar nach dem Gesammtinhalte der Erklärungen — nicht blos nach dem Wortlaute der Entscheidung, odes des etwa in derselben wiedergegebenen Klagantrags — zu prüfen sein, was als Gegenstand der Entscheidung anzusehen sei. Eine Definition des Begriffs „Streitgegenstand" gebe die Civilprozeßordnung nicht, auch der Entwurf habe sich auf einen solchen, jedenfalls nicht ungefährlichen Versuch nicht eingelassen und es ebensowenig für rathsam erachtet, durch Einzelentscheidungen dem Richter eine Direktive zu geben. Gegen etwaige Fehlgriffe, die doch auf keinem Wege ganz ausgeschlossen werden könnten, seien ausreichende Mittel der Remedur gegeben." (Anlage zum Sitzungsprotokolle und zur Reichstags-Drucksache Nr. 228 von 1878.)

§ 16.

Soweit eine Entscheidung in Gemäßheit des § 15 nicht stattfindet, und nach der Natur[1]) des Streitgegenstandes oder durch den Antrag einer Partei die Festsetzung des Werthes erforderlich wird, erfolgt dieselbe gebührenfrei[2]) durch Beschluß[3]) des Prozeßgerichts[4]), bei der Zwangsvollstreckung, falls der Werth noch nicht festgesetzt ist, durch Beschluß des Vollstreckungsgerichts[5]). Die Festsetzung kann von dem Gerichte, welches dieselbe getroffen hat, sowie von dem Gerichte der höheren Instanz[6]) im Laufe des Verfahrens[7]) von Amtswegen geändert werden[8])[9]).

Gegen den Beschluß findet Beschwerde[10—13]) nach Maßgabe des § 567 Abs. 2 und der §§ 568 bis 575 der Civilprozeßordnung sowie des § 4 Abs. 3 dieses Gesetzes statt.

1. In Folge der Natur des Streitgegenstandes kann eine Festsetzung erforderlich werden, wenn der Klagsanspruch nicht in einem bestimmten Geldbetrage besteht.

2. Die Entscheidung einschließlich des etwa vorangegangenen Verfahrens erfolgt zwar gebühren- aber nicht auslagenfrei.

3. Durch einen förmlichen Beschluß nach § 329 Abs. 2 d. C.P.O.

4. Prozeßgericht ist das Gericht der Instanz, für welche die Festsetzung des Werthes nothwendig wird. (R.G. v. 24. 9. 95, J.W. S. 480.)

5. Vollstreckungsgericht ist das Amtsgericht, in dessen Bezirke das Vollstreckungsverfahren stattzufinden hat. (§ 764 d. C.P.O.)

6. Die in höherer Instanz — also von einem übergeordneten Gerichte — getroffene Werthsfestsetzung ist auch für die unteren Instanzen bindend.

7. Das Prozeßgericht erster Instanz kann eine von ihm getroffene Werthsfestsetzung von Amtswegen ändern, so lange das Kostenfestsetzungsverfahren des § 91 d. C.P.O. nicht stattgefunden hat. (R.G. v. 17. 3. 94, J.W. 1894 S. 182, Kammergericht v. 27. 9. 88, in Rittmann G.K.Ges. S. 69.) Vergleiche auch R.G. v. 14. 3. 85 Bd. 14 S. 352.

8. Die Werthsfestsetzung nach § 16 kann auch nach rechtskräftiger oder endgültiger Erledigung des Verfahrens sowohl von den Parteien, als auch von der Staatskasse innerhalb des in § 5 bestimmten Zeitraumes angeregt werden. Vergleiche auch § 107 d. C.P.O.

9. Zulässig ist die sogenannte unbefristete Beschwerde. Die Einlegung kann zum Protokoll des Gerichtsschreibers oder schriftlich ohne Mitwirkung eines Anwaltes erfolgen.

10. Bei Gelegenheit einer auf Herabsetzung des festgesetzten Streitgegenstandswerthes gerichteten Beschwerde darf das Beschwerdegericht diesen Werth von Amtswegen nicht noch höher festsetzen (R.G. v. 14. 3. 85 Bd. 14 S. 353).

11. Jede durch Gerichtsbeschluß erfolgte Festsetzung, wenn sie auch auf persönliche Beschwerde eines Anwaltes allein stattgefunden hat, ist zugleich für die Gerichtskosten und für alle in Betracht kommenden Beziehungen von maßgebender Bedeutung (R.G. v. 14. 3. 93 Bd. 31 S. 393).

12. Gegen den Beschluß, durch welchen die Anregung einer Partei, die erfolgte Festsetzung des Werthes des Streitgegenstandes im Laufe des Verfahrens von Amtswegen zu ändern, abgelehnt wird, ist Beschwerde nicht zulässig. (R.G. v. 24. 9. 95, J.W. S. 480.)

13. Ein Gericht kann seinen früheren Beschluß, nachdem eine gegen denselben eingelegte einfache Beschwerde in der höheren Instanz zurückgewiesen ist, nicht abändern (R.G. v. 13. 4. 96. Bd. 37 S. 383.)

§ 17.

Wird eine Abschätzung durch Sachverständige erforderlich[1]), so ist in dem Beschlusse, durch welchen der Werth festgesetzt wird (§ 16), über die Kosten[2]) der Abschätzung zu entscheiden. Dieselben können ganz oder theilweise der Partei zur Last gelegt werden, welche durch Unterlassung der ihr obliegenden Werthsangabe oder durch unrichtige Werthsangabe, unbegründetes Bestreiten der Werthsangabe oder unbegründete Beschwerde die Abschätzung veranlaßt hat.[3])

1. Dies wird der Fall sein, wenn dem Gerichte jeder Anhalt zur Werthsermittelung fehlt (Motive). Siehe auch §§ 3 u. 144 d. C.P.O.

2. Ist keine Veranlassung vorhanden, diese Kosten einer Partei aufzuerlegen, so hat dieselben die Staatskasse zu tragen.

3. Die Partei muß schuldhafterweise die Kosten der Abschätzung veranlaßt haben, um dieselben ihr überbürden zu können. (O.L.G. Dresden 16. 3. 81, Sächs. Annalen II S. 442, Pfafferoth G.K.Ges. VI. Aufl. S. 102.)

§ 18.

Die volle Gebühr[1]) (§ 8) wird erhoben:

1. für die kontradiktorische mündliche Verhandlung (Verhandlungsgebühr);[2])

2. für die Anordnung einer Beweisaufnahme (Beweisgebühr);[3]
3. für eine andere[4]) Entscheidung (Entscheidungsgebühr[5]).

1. Siehe Gebührentabelle.

Eine Ermäßigung der vollen Gebühr greift Platz bei den nach §§ 25—27, 29 zu bewerthenden Streitigkeiten; ferner gelangt bei einer Reihe anderer Prozeßakte nach §§ 34—38, 41—45, dann § 47 Abs. 2 für das ganze Verfahren ausnahmsweise nur eine einzige Bauschgebühr zu ermäßigten Sätzen zur Erhebung. Vergleiche ferner noch §§ 21—23 u. 48.

Eine Erhöhung der vollen Gebühr tritt ein in der Berufungs- und Revisionsinstanz § 49.

2. Der Ansatz der drei Gebühren wird dadurch bedingt, daß die Thätigkeit des Gerichts für eine, zwei oder alle drei Hauptmomente – Verhandlung, Beweisanordnung, Entscheidung — des Prozesses in Anspruch genommen wird. Jedoch kommt jede dieser Gebühren in der Instanz nur einmal zur Erhebung § 28.

Nur für die mündliche Verhandlung kommt die Gebühr nach § 18 Nr. 1 in Betracht, und muß die Verhandlung auch noch kontradiktorisch im Sinne des § 19 sein.

Belanglos ist es, ob die Verhandlung in einem Termine oder getrennt in mehreren Terminen stattgefunden hat.

Mehrere Verhandlungsgebühren sind zusammenzufassen §§ 12, 28. Eine Verhandlungsgebühr kommt nicht zum Ansatz nach §§ 21, 34—36, 38, 41, 45, 47 Abs. 2. Sie wird ermäßigt nach §§ 25—27 u. 48. Sie erhöht sich in der Berufungs- und Revisionsinstanz § 49.

3. Voraussetzung zur Erhebung der Beweisgebühr ist eine verkündete Anordnung des Gerichts, welche hinsichtlich bestrittener Thatsachen eine Beweiserhebung bezielt. Eines förmlichen Beweisbeschlusses nach § 359 d. C.P.O. bedarf es nicht, vielmehr genügt auch ein Gerichtsbeschluß, durch den ein Beweistermin bestimmt oder die Vorlage von Urkunden u. s. w. angeordnet oder zugelassen wird.

Es begründet aber z. B. eine Beweisaufnahme ohne gerichtliche Anordnung durch Vorlegung von in Händen einer Partei befindlichen Urkunden nicht den Ansatz einer Beweisgebühr, ebensowenig die hinsichtlich der Beweisaufnahme geführte Korrespondenz (R.G. v. 23. 11 93, J. W. 1894 S. 18).

Die Beweisgebühr ist aber dann geschuldet, wenn der Zeuge zum Termine gestellt und sofort verhört wird. (R.G. v. 3. 1. 94 J. W. S. 84 u. Ges. Motive S. 585.) Sowie auch dann, wenn der Gegenstand zur Augenscheinseinnahme vorgelegt wird. Wird eine Abhibirung von Akten zum Zwecke der Beweisaufnahme angeordnet, so kommt die Beweisgebühr zur Erhebung (R.G. v. 22. 4. 90, J. W. S. 180; O.L.G. Augsburg vom 8. 6. 92, Busch Zeitschrift 19 S. 483; O.L.G. Colmar v. 15. 3. 93, Jurist. Zeitschrift 18 S. 366; R.G. v. 5. 12. 95, W. 1896 S. 35, vergleiche auch Rittmann G.K.Ges. S. 79 ff.)

Auch in einem vom Gerichte auf Grund des § 144 d. C.P.O. von Amtswegen zu seiner Information eingenommenen Augenscheine ist eine Beweisanordnung zu erblicken. (R.G. v. 4. 2. 96 W. S. 151).

Für die Beweisaufnahme selbst ist keine Gebühr geschuldet, und kommt es auf das Ergebniß derselben nicht an.

Ueber Zusammenfassung mehrerer Beweisanordnungen siehe §§ 12, 28.

Eine Beweisgebühr kommt nicht zum Ansatze bei den Prozeßakten und Anträgen nach §§ 34–35, 38 Abs. 3, 41, 43, 44–45, 47 Abs. 2, sodann unter Umständen in der Berufungsinstanz § 49 Abs. 2. Siehe auch § 22 Note 3, ferner § 24 hinsichtlich des bedingten Endurtheiles.

4. Nämlich als die in Nr. 2 erwähnte.

5. Die Civilprozeßordnung umfaßt unter dem Begriff „Entscheidung" Urtheile (Theil-, Zwischen- und Endurtheile § 300 bis 303 d. C.P.O.), Beschlüsse uud Verfügungen § 160 Z. 5 d. C.P.O. Diesen ist für die Gebührenberechnung der „Vergleich" gleichgestellt.

Beschlüsse sind alle ohne mündliche Verhandlung oder nach blos fakultativer mündlicher Verhandlung erlassenen Entscheidungen, ferner alle nach obligatorischer mündlicher Verhandlung erlassenen prozeßleitenden Entscheidungen des Gerichtes (Seuffert, C.P.O. IV. Aufl. S. 358.)

Verfügungen sind Anordnungen eines einzelnen Richters § 329 Abs. 2 d. C.P.O.

Ueber Vergleich siehe Näheres in § 21.

Die Entscheidungsgebühr kann nur für ein verkündetes Urtheil und nur aus dem in demselben erkannten Gegenstandswerthe erhoben werden. Indessen kann auch dann angenommen werden, daß thatsächlich über einen Gegenstand erkannt sei, wenn er zwar nicht mit ausdrücklichen Worten in dem verfügenden Theile angeführt ist, aus den Urtheilsgründen aber mit genügender Sicherheit hervorgeht, daß das Gericht den bezüglichen Anspruch als ungerechtfertigt nicht zusprechen wollte, ohne daß es wegen desselben eine Abweisung ausdrücklich ausgesprochen hat. (Näheres siehe Rittmann G.K.Ges. S. 89.)

Für ein Zwischenurteil kann nur dann die Entscheidungsgebühr zur Erhebung gelangen, wenn in derselben Instanz über den Klagegegenstand ein Endurtheil nicht ergeht. In den sonstigen Fällen wird für das Zwischenurtheil und Endurtheil zusammen nur einmal die Entscheidungsgebühr erhoben. Siehe § 28.

Für ein bedingtes Endurtheil kann sowohl die Beweisgebühr, als auch die Entscheidungsgebühr zum Ansatze gelangen. Niemals aber beide Gebühren zugleich § 24.

Eine Ermäßigung der Entscheidungsgebühr tritt ein bei Anerkenntnissen und Verzichten nach § 23, dann nach §§ 25—27, 34—38, 41—45, 47 Abs. 2 u. 48. Eine Erhöhung greift in der Berufungs- und Revisionsinstanz Platz § 49.

Hinsichtlich der Versäumnißurteile siehe § 32.

Wegen Erhebung von Landesgebühren § 100.

§ 19.

Die Verhandlung gilt als kontradiktorisch[1]) im Sinne des § 18 Nr. 1, soweit in derselben von beiden Parteien einander widersprechende Anträge[2]) gestellt werden.[3])

1. Vorausgesetzt wird, daß beide Theile verhandeln und daß dem Antrage einer Partei ein Antrag der Gegenpartei widerspricht. Wo diese Voraussetzung nur für einen Theil des Streitgegenstandes zutrifft, da ist die Verhandlungsgebühr nach dem Werthe dieses Theils zu berechnen. (Motive.)

2. Ob diese Merkmale der kontradiktorischen Verhandlung gegeben sind, ist aus dem Sitzungsprotokolle (§ 160 d. C.P.O) eventuell aus dem Thatbestande des Urtheils (§ 313 Z. 3 d. C.P.O.) zu entnehmen. Dem Sitzungsprotokolle kommt höhere Beweiskraft zu als wie dem Urtheile (R.G. v. 21. 2. 85 Bd. 13 S. 418.)

3. Ueber Geständniß vergleiche Note 3 zu § 21. Vergleiche auch ferner hieher §§ 20, 21.

§ 20.

Die Verhandlungsgebühr kommt auch zur Erhebung:

1. für eine nicht kontradiktorisch mündliche Verhandlung in Ehesachen[1]), in Rechtsstreitigkeiten, welche die Feststellung des Rechtsverhältnisses zwischen Eltern und Kindern[2]) zum Gegenstande haben, in den vor die Landgerichte gehörigen Entmündigungssachen[3]) und in dem Verfahren über die gegen eine Todeserklärung erhobene Anfechtungsklage[4]), sofern der Kläger verhandelt;
2. für die Verhandlung im vorbereitenden Verfahren (Civilprozeßordnung §§ 348 bis 354).[5])

1. Hier handelt es sich um Rechtsstreitigkeiten, welche die Scheidung, Richtigkeit oder Anfechtung einer Ehe (§§ 1564, 1323, 1330 Bürgerl. G.B.) oder die Feststellung des Bestehens oder Nichtbestehens einer Ehe (§§ 1303 ff. Bürg. G.B.) oder die Herstellung des ehel. Lebens (§§ 1353 a. a. O.) zum Gegenstande haben. Siehe auch §§ 606 ff. d. C.P.O.

2. Vergleiche hieher auch §§ 1616 ff. d. Bürgerl. G.B. und hinsichtlich des Verfahrens §§ 640—644 d. C.P.O.

3. In Betracht kommt die Anfechtungsklage des amtsgerichtlichen Entmündigungsbeschlusses § 664 d. C.P.O. Für das amtsgerichtliche Verfahren ist § 34 Nr. 1 maßgebend.

4. Hinsichtlich des Verfahrens über diese Anfechtungsklage siehe § 975 d. C.P.O.

5. Die Gleichstellung des vorbereitenden Verfahrens in Rechnungssachen, Auseinandersetzungen und ähnlichen Prozessen mit der kontradiktorisch mündlichen Verhandlung rechtfertigt sich aus der Besonderheit dieses Ausnahmeverfahrens für umfangreiche und verwickelte Rechtsstreitigkeiten als Surrogat für die mündliche Verhandlung. Vermöge des Grundsatzes in § 28 ist für dieses Verfahren eine Verhandlungsgebühr nicht zu erheben, soweit eine solche für eine kontradiktorische mündliche Verhandlung derselben Instanz in Ansatz kommt. (Motive.)

§ 21.

Die Verhandlungsgebühr wird nicht erhoben, soweit ein zur Beilegung des Rechtsstreits abgeschlossener Vergleich[1]) aufgenommen oder auf Grund eines Anerkenntnisses[2]) oder Verzichts[3]) eine Entscheidung[4]) erlassen wird, ohne daß die Anordnung einer Beweisaufnahme oder eine andere gebührenpflichtige Entscheidung vorhergegangen ist.

1. Vergleich ist ein Vertrag, durch den der Streit oder die Ungewißheit der Parteien über ein Rechtsverhältnis im Wege gegenseitigen Nachgebens beseitigt wird. (§ 779 d. Bürgerl. Ges.B.) Siehe weiteres Note zu § 23 Abs. 2. Es ist belanglos, ob derselbe sofort im ersten Verhandlungstermine oder erst nach mehreren Verhandlungen abgeschlossen wird, sofern nur keine gebührenpflichtige, nicht bloß die Sachleitung betreffende, Entscheidung vorhergegangen ist.

Ein zur Beilegung des Rechtsstreits aufgenommener Vergleich im Sinne der §§ 21—23 liegt nicht blos dann vor, wenn der Vergleich vor dem Gerichte abgeschlossen, sondern auch dann, wenn er von diesem im Sitzungsprotokolle nur beurkundet, oder eine den Vergleich enthaltende Schrift dem Protokolle als Anlage beigefügt und in demselben als solche bezeichnet worden ist. (R.G. v. 16. 6. 91, J. W. S. 393, Rittmann G.K.Ges. S. 102.) Eine bloße Mittheilung an das Gericht, daß die Parteien sich verglichen haben, ist nicht als Vergleich nach §§ 21—23 zu erachten.

2. Anerkenntnisse (§ 307 d. C.P.O.) sind nicht gleichbedeutend mit Geständnissen (§ 288 a. a. O.). Jene beziehen sich auf den Klagsanspruch, diese auf Thatsachen.

Ein Anerkenntniß liegt nur dann vor, wenn der Beklagte sich dem Klageanspruch unterwirft, sich nach Klageantrag schuldig bekennt. Gesteht der Beklagte die dem Klageanspruch zu Grunde liegenden Thatumstände und Rechtsverhältnisse zu, verlangt aber Abweisung der Klage aus dem Grunde der Retention und Kompensation, so ist ein Anerkenntniß nicht gegeben. (Bayer. Oberst. L.G. München v. 5. 11. 91, Slg. Bd. VIII. S. 154, Seufferts Archiv, Neue Folge XVII S. 345.)

Erkannte nach dem Protokolle der Vertreter des Beklagten ausdrücklich an, daß der Beklagte verpflichtet sei, den eingeklagten Betrag an Kläger zu zahlen, behauptet er jedoch, daß dieser Verpflichtung durch die geleistete Zahlung genügt sei, so ist dies kein Anerkenntniß im Sinne des § 307 d. C.P.O., sondern ein Bestreiten des erhobenen Anspruchs, weil er getilgt sei. (R.G. v. 18. 9. 86, Rittmann G.K.Ges. S. 104.)

3. Verzicht ist nicht zu verwechseln mit Klagszurücknahme. Der Verzicht bezieht sich auf den Anspruch selbst und hat die Klagsabweisung zur Folge (§ 306 d. C.P.O.) (R.G. v. 7. 7. 87 Bd. 18 S. 104.)

4. Es ist dies das Urtheil, in welchem die Folgen des Anerkenntnisses oder des Verzichtes ausgesprochen sind. Ergeht dieses Urtheil nicht, so kommt für die kontradiktorische Verhandlung die volle Gebühr zur Erhebung.

Nicht gebührenpflichtige Entscheidungen sind insbesondere prozeß- oder sachleitende Verfügungen (§ 47 Nr. 1).

Eine Ausnahme besteht nur beim Versäumnißurtheil, indem bei Zulassung des Einspruchs das Verfahren nach dem Versäumnißurtheil mit dem vor Erlassung desselben als eine Instanz gilt. Es wird somit das Versäumnißurtheil für die Gebührenerhebung aus dem Zusammenhange der Instanz herausgenommen. Siehe § 32 Abs. 2.

§ 22.

Die Beweisgebühr (§ 18 Nr. 2) wird nur zur Hälfte[1]) erhoben, wenn die angeordnete Beweisaufnahme[2]) weder ganz noch theilweise[3]) stattgefunden hat.

Dasselbe findet statt, soweit bezüglich des durch die Beweisanordnung betroffenen Gegenstandes ein zur Beilegung des Rechtsstreits abgeschlossener Vergleich aufgenommen oder auf Grund eines Anerkenntnisses oder Verzichts[4]) eine Entscheidung erlassen wird.[5])

1. Also $^5/_{10}$ nach § 18 Nr. 2, $^3/_{10}$ nach § 25, $^5/_{20}$ nach § 26 und 29, $^3/_{20}$ nach § 27.

2. Siehe die Ausführungen in Note 3 zu § 18.

3. Das bedeutet so viel wie gar nicht.

Die Beweisgebühr wird jedoch in dem Falle voll erhoben, wenn der Schwurpflichtige die Eidesleistung verweigert; denn die

Weigerung führt das Gelingen des vom Prozeßgegner unternommenen Beweises herbei (R.G. v. 29. 6. 81 Bd. 18 S. 403). Das Gleiche gilt, wenn von Seiten des Gegners der Eid erlassen wird (§ 464 d. C.P.O.), da der Erlaß dieselbe Wirkung, wie die Leistung des Eides hat.

Ist innerhalb des in § 94 Z. 1 erwähnten Zeitraums zwar eine Beweisanordnung ergangen, aber noch keinerlei Beweisaufnahme erfolgt, so darf auch nur die Hälfte der Beweisgebühr von demjenigen, der das Verfahren der Instanz beantragt hat, erhoben werden (R.G. v. 7. 1. 96 Bd. 36 S. 409).

4. Ueber Vergleich, Anerkenntniß und Verzicht siehe die Erläuterungen in Note 1, 2, 3 zu § 21.

5. Eine weitere Ermäßigung als zur Hälfte tritt selbst für den Fall nicht ein, als hier die angeordnete Beweisaufnahme weder ganz noch theilweise stattgefunden hätte.

§ 23.

Nur drei Zehntheile der Entscheidungsgebühr [1]) werden erhoben für die auf Grund eines Anerkenntnisses oder Verzichts [2]) erlassene Entscheidung.

Die Entscheidungsgebühr wird zu drei Zehntheilen auch für die Aufnahme eines zur Beilegung des Rechtsstreits abgeschlossenen Vergleichs [3]) erhoben.

1. Die Gebühr beträgt somit $^{18}/_{100}$ nach § 25, $^{15}/_{100}$ nach §§ 26, 29, $^{9}/_{100}$ nach § 29.

2. Hinsichtlich des Begriffes „Anerkenntniß und Verzicht" siehe Noten 2 u. 3 zu § 21.

3. Ueber Vergleich siehe das Nähere in Note 1 zu § 21.

Außer der $^{3}/_{10}$ Entscheidungsgebühr kann bei Vergleichen die Erhebung einer Zusatzgebühr auf Grund landesgesetzlicher Vorschriften nach § 101 in Frage kommen.

Die Vorschrift des § 23 kann aber dann nicht zur Anwendung kommen, wenn in derselben Instanz über den vom Vergleiche oder der Entscheidung auf Anerkenntniß oder Verzicht betroffenen Gegenstand schon eine gebührenpflichtige Entscheidung nach § 18 Nr. 3 erlassen wurde. Eine Ausnahme bildet nur das Versäumnisurtheil, da dasselbe nach § 32 Abs. 2 eine andere Entscheidungsgebühr derselben Instanz nicht ausschließt.

Die Vergleichsgebühr wird immer aus der Gegenstandssumme des beigelegten Rechtsstreits erhoben. Wird z. B. in einem Rechtsstreite über 125 Mk. ein Vergleich dahin abgeschlossen, daß der Beklagte an den Kläger 100 Mk. bezahlt, und letzterer auf den Mehrbetrag von 25 Mk. verzichtet, so ist die Vergleichsgebühr nicht aus 100 Mk., sondern aus 125 Mk. mit 2 Mk. 30 Pfg. zu erheben.

§ 24.

Ein bedingtes Urtheil[1]) (Civilprozeßordnung § 460) gilt für die Gebührenerhebung als Beweisanordnung; das Urtheil, durch welches das bedingte Urtheil erledigt wird[2]) (Civilprozeßordnung § 462 Abs. 2) als Entscheidung im Sinne des § 18 Nr. 3.

Ist jedoch das bedingte Urtheil in der Instanz, in welcher es ergangen ist, bis zum Eintritt der Fälligkeit[3]) der Gebühren nicht erledigt, so wird für dasselbe die Entscheidungsgebühr erhoben, vorbehaltlich der Berichtigung des Gebührenansatzes nach Maßgabe der Vorschriften des ersten Absatzes für den Fall einer nachträglichen Erledigung des Urtheils in derselben Instanz.

1. Da das bedingte Urtheil gegenüber dem Urtheile, durch welches es erledigt wird (§ 462 Abs. 2 C.P.O.), als Beweisanordnung zu gelten hat, so ergibt sich daraus, daß, wenn über denselben Theil des Streitgegenstandes auch eine Beweisanordnung erlassen worden war, doch nur eine Gebühr für die Beweisanordnung und das bedingte Urtheil zusammen und eine weitere Gebühr für das letztere erledigende Urtheil erhoben werden soll, es also in keinem Falle zur Erhebung von mehr als der drei in § 18 bezeichneten Gebühren kommen kann. Wenn aber eine Erledigung in der Instanz, in welcher das bedingte Urtheil ergangen ist, nicht erfolgt, so soll es nicht dabei bleiben, daß für eine Beweisanordnung und für das bedingte Urtheil nur eine, nämlich die Beweisgebühr berechnet werde, sondern das bedingte Urtheil soll in diesem Falle als Entscheidung gelten, also neben der Verhandlungs- und Beweisgebühr die Entscheidungsgebühr in Ansatz kommen.

Die eigenthümliche Natur des bedingten Urtheils erfordert eine Ausnahmebestimmung von der Regel des § 23. Dasselbe enthält in der Verbindung mit der purificatoria nicht minder eine Beweisanordnung als zugleich ein Endurtheil, so daß für beide zusammen eigentlich die Beweisgebühr und die Entscheidungsgebühr zu erheben wäre. Für den Fall jedoch, wenn das bedingte Urtheil nicht oder nicht in der Instanz erledigt wird, erschien es nicht angemessen, für das bedingte Urtheil die Erhebung einer Beweisgebühr anzuordnen, weil dann für eine Instanz, welche nach vorgängiger Beweisaufnahme mit einem bedingten Endurteile abschließt, die Entscheidungsgebühr ohne sachlichen Grund wegfiele. (R.G. v. 7. 3. 84 Bd. 11 S. 382.)

2. Unter Erledigung des bedingten Urtheils ist nur die durch das Läuterungsurtheil nach § 462 Abs. 2 d. C.P.O. zu verstehen. Wird dasselbe nach § 471 Abs. 3 d. C.P.O. wegen Ablebens des Schwurpflichtigen aufgehoben und in der Sache anderweit

erkannt, so kommt für das bedingte Urtheil gar keine Gebühr in Ansatz.

Wird der Rechtsstreit nach Erlaß des bedingten Urtheils durch Vergleich, Anerkenntniß, Verzicht oder Klagszurücknahme erledigt, so ist für das bedingte Urtheil die Entscheidungsgebühr des § 18 Nr. 3 und nicht die nach § 23 zu erheben, und kommt für dasselbe auch nicht etwa eine halbe Beweisgebühr nach § 22 in Frage.

3. Hinsichtlich des Eintrittes der Fälligkeit der Gebühren siehe §§ 93 u. 94 Nr. 1.

§ 25.

Sechs Zehntheile der Gebühr [1]) (§§ 18 bis 24) werden erhoben, wenn der Akt im Urkunden- oder Wechselprozesse (Civilprozeßordnung §§ 592 bis 605) erfolgt.[2])[3])

1. Es beträgt somit die Gebühr nach § 22 $^{3}/_{10}$, nach § 23 $^{18}/_{20}$ und nach § 46 $^{6}/_{100}$. Die Klage muß die Erklärung enthalten, daß im Urkunden- oder Wechselprozesse geklagt werde § 593 d. C.P.O. Ist dieses nicht der Fall, so kann § 25 nicht zur Anwendung kommen.

2. Ueber Berechnung der Werthsgegenstandssumme siehe Note lit. n u. o auf S. 15.

3. Siehe auch §§ 22 u. 24, ferner § 595 Abs. 4 d. C.P.O.

§ 26.

Fünf Zehntheile der Gebühr (§§ 18 bis 24) [1]) werden erhoben, wenn der Akt [2]) ausschließlich [3]) betrifft:

1. prozeßhindernde Einreden (Civilprozeßordnung § 274);
2. die Unzuständigkeit des Gerichts, [4]) die Unzulässigkeit des Rechtsweges, den Mangel der Parteifähigkeit, der Prozeßfähigkeit, der Legitimation eines gesetzlichen Vertreters oder der erforderlichen Ermächtigung zur Prozeßführung, sofern dieselben von Amtswegen [5]) berücksichtigt sind (Gerichtsverfassungsgesetz § 17 Abs. 1, Civilprozeßordnung §§ 40, 56);
3. die Entlassung des Beklagten aus dem Rechtsstreite (Civilprozeßordnung §§ 75 bis 77), oder die Uebernahme des Rechtsstreites durch den Rechtsnachfolger (Civilprozeßordnung § 266);
4. die Aufnahme eines unterbrochenen oder ausgesetzten Verfahrens (Civilprozeßordnung §§ 239 bis 250) [6]);
5. die Zulässigkeit der Wiedereinsetzung in den vorigen Stand, der Berufung, Revision oder der Wieder-

aufnahme des Verfahres oder die Zurücknahme eines Rechtsmittels (Civilprozeßordnung §§ 238, 515 Abs. 3, §§ 535, 566, 589)[7]);

6. den Einspruch (Civilprozeßordnung §§ 341, 345, 346, 700), sowie die gegen ein Versäumnißurtheil eingelegten Rechtsmittel (Civilprozeßordnung § 513 Abs. 2, § 566)[8]);

7. die vorläufige Vollstreckbarkeit eines Urtheils[9]);

8. die Ertheilung der Vollstreckungsklausel[10]), sofern sie im Wege der Klage beantragt oder angefochten wird (Civilprozeßordnung §§ 731, 738, 742, 744, 745 Abs. 2, §§ 749, 768), oder Einwendungen gegen die Zwangsvollstreckung, welche den Anspruch selbst betreffen, sofern der § 767 Abs. 2 oder § 796 Abs. 2 der Civilprozeßordnung[11]) Anwendung findet, oder die Zulassung der Zwangsvollstreckung aus dem Urtheil eines ausländischen Gerichts oder aus einem Schiedsspruche (Civilprozeßordnung §§ 722, 1042);

9. die Anordnung, Abänderung oder Aufhebung eines Arrestes oder einer einstweiligen Verfügung,[12]) sofern die Entscheidung durch Endurtheil zu treffen ist (Civilprozeßordnung § 922 Abs. 1, §§ 925, 926 Abs. 2 §§ 927, 936);

10. die Unzulässigkeit des schiedsrichterlichen Verfahrens oder die Aufhebung eines Schiedsspruchs (Civilprozeßordnung § 1046).

Ist in den Fällen der Nr. 1, 2 der Kläger abgewiesen, oder in den Fällen der Nr. 5, 6 die Wiedereinsetzung, Berufung, Revision, Wiederaufnahme oder der Einspruch als unzulässig verworfen, so werden auch für eine Verhandlung[13]) zur Hauptsache nur fünf Zehntheile der Gebühr erhoben, sofern die Entscheidung auf diese Verhandlung ergangen ist.

1. Nur $^5/_{10}$ der Gebühr der §§ 18—24 nicht aber jener nach §§ 25 oder 27. Es betragen demnach die Gebühren nach § 22 $^5/_{20}$ und nach § 23 $^3/_{20}$.

2. Unter „Akt" ist hier die Verhandlung, die Beweisanordnung und die Entscheidung zu verstehen.

3. „Ausschließlich“ bedeutet hier, daß im Hinblick auf die Bestimmung des § 28, zu einem Akte nach § 26 nicht ein anderer gleichartiger Akt des § 18 über den Hauptanspruch in der nämlichen Instanz ergeht. Ist dieses nicht der Fall, und findet der Rechtsstreit nach einem Akte über die in § 26 aufgeführten Nebenstreitpunkte sofort seine Erledigung auf irgend eine Art, so daß zur Hauptsache selbst über denselben Streitgegenstand und in der gleichen Instanz kein weiterer gleichartiger Prozeßakt statthat, so sind Gebühren nur nach § 26 zu erheben.

Wird dagegen — abgesehen von der Ausnahme des Abs. 2 — nach Erledigung der Nebenstreitpunkte oder zugleich mit der Verhandlung über dieselben auch zur Hauptsache (Klagsanspruch oder dessen Nebenforderungen) verhandelt, und stehen einer Beweisanordnung oder Entscheidung über diese Nebenstreitpunkte die gleichen Akte zur Hauptsache gegenüber, so werden durch die für die Hauptsache nach §§ 18—24 anzusetzenden Gebühren die entsprechend gleichartigen Gebühren nach § 26 absorbiert, und zwar hat außer der Bestimmung des § 28 auch jene des § 12 Abs. 2 gegebenen Falles zur Anwendung zu gelangen.

Die Gebühren des § 26 werden, selbst wenn die Verhandlung mehrere der in § 26 aufgeführten Angelegenheiten über denselben Streitgegenstand und in derselben Instanz betrifft, nur einmal erhoben. (R.G. v. 21. 9. 83, J.W. S. 269.)

4. Siehe §§ 276 u. 505 d. C.P.O. sowie auch § 47 Z. 3; dann im Falle der Verweisung des Rechtsstreits vom Amtsgericht zum Landgericht § 30 Abs. 1 u. Note 1 hiezu.

5. Voraussetzung ist, daß diese Fälle von Amtswegen berücksichtigt sind. Im Falle Antrags nach § 505 d. C.P.O. siehe Note 1 zu § 30.

6. Entscheidungen nach § 47 Nr. 1 kommen hier nicht in Betracht. Ebensowenig gibt die Aufnahme eines unterbrochenen oder ausgesetzten Verfahrens zur Erhebung von Gebühren Anlaß, wenn sie sich ohne kontradiktorische Verhandlung und Entscheidung vollzieht (Motive).

7. Liegt kein nach § 18 Nr. 1 mit 3 zu besteuernder Akt, sondern nur einfache Zurücknahme vor, so kommt § 46 zur Anwendung. Wird nach § 271 Abs. 3 d. C.P.O. der Rechtsmittelkläger durch Urtheil zur Kostentragung verpflichtet, so ist für diese Entscheidung die Gebühr des § 26 aus dem Betrage der Kosten zu erheben, und kommt für die Hauptsache die Gebühr des § 46 zum Ansatz (O.L.G. Hamburg v. 11. 5. 86, Seufferts Archiv, Neue Folge XI S. 460). Anderer Ansicht ist Pfafferoth, nach welchem die Gebühr des § 18 Nr. 3 zur Erhebung zu gelangen hat.

8. Es kommt hier nur das Einspruchsverfahren in Frage. Siehe auch § 30 Abs. 2 u. 32, dann § 46. Im Falle des § 513 Abs. 2 d. C.P.O. ist auch noch § 49 zu beachten.

9. Nur anwendbar, wenn nach der Entscheidung gemäß § 718 Abs. 1 d. C.P.O. in der Berufungsinstanz eine Entscheidung zur Hauptsache nicht ergeht, da sonst die Bestimmung des § 28 Platz greift. Ebenso wenn Berufung nur wegen der vorläufigen Vollstreckbarkeitserklärung des Urteils eingelegt ist (§ 713 d. C.P.O.), da hier eine Entscheidung zur Hauptsache nicht mehr in Frage kommt (Motive). Vergleiche hiezu nach § 49, dann auch § 47 Nr. 11.

10. Voraussetzung ist, daß die Vollstreckungsklausel im Wege der Klage beantragt oder angefochten wird. Für die sonstigen Fälle siehe § 38 Ziff. 3 u. § 47 Nr. 15. Wegen der Werthsberechnung vergleiche Note 4 zu § 13 Abs. 2.

11. Werden nach § 767 Abs. 1 d. C.P.O. mittelst Klage Einwendungen erhoben, dieselben aber mangels der Voraussetzung des Abs. 2 a. a. O. abgewiesen, so ist die Bestimmung des § 26 Nr. 8 gleichfalls anwendbar. Da die Civilprozeßordnung einen Unterschied zwischen den Fällen, in welchen die Vollstreckungsklausel bezüglich eines Urteils verlangt wird, und denjenigen, in welchen es sich um einen anderen Vollstreckungstitel handelt, nicht gemacht hat, und die Verweisung auf §§ 731 u. 768 a. a. O. genügt, indem nach § 795 die §§ 724 bis 793 a. a. O. auch auf die Zwangsvollstreckung aus den im § 794 a. a. O. aufgezählten Vollstreckungstiteln Anwendung finden, soweit nicht in den §§ 796—797 a. a. O. abweichende Vorschriften enthalten sind, kommt für die Klage auf Erteilung der Vollstreckungsklausel einer notariellen oder gerichtlichen Urkunde die Gebühr nach § 26 zum Ansatz. (O.L.G. Cöln v. 17. 1. 96, Rhein. Archiv 90 I 80; R.G. v. 18. 2. 96, J.W. S. 175.) Anderer Ansicht hingegen ist Rittmann in seinem Gerichtskostengesetze —, siehe dessen Erläuterungen zu § 26 Nr. 8 auf S. 139 — welcher die volle Gebühr des § 8 als richtig bezeichnet.

12. Wird der Arrest oder die einstweilige Verfügung sofort durch Beschluß angeordnet, so ist die Bestimmung des § 35 Nr. 3 maßgebend. Kommt es nach § 922 d. C.P.O. zu einer Verhandlung so tritt die Gebühr des § 26 ein. Nicht nur im Falle des § 926 d. C.P.O. sondern auch des § 942 a. a. O. sind nur $^{5}/_{10}$ für das Verfahren über die Rechtmäßigkeit zu erheben (R.G. v. 1. 11. 82 Bd. 8 S. 338).

Für das von einem Dritten veranlaßte Widerspruchsverfahren nach § 924, 925 d. C.P.O. kommt die volle Gebühr zum Ansatze (R.G. v. 4. 11. 92, J.W. S. 487). Auf die Aufhebung eines Arrests nach § 934 d. C.P.O. findet § 26 Nr. 9 nicht Anwendung.

Ueber Anrechnung der Gebühr des § 35 Nr. 3 siehe Note 4 lit. d dortselbst.

13. Wird hinsichtlich der prozeßhindernden Einreden nach §§ 275, 504 Abs. 3, 528 Abs. 2, 594 d. C.P.O. abgesonderte Verhandlung und Entscheidung angeordnet, so kommt für die Verhandlung zur Hauptsache die volle Gebühr zum Ansatz. Voraussetzung zur Anwendbarkeit des Absatzes 2 ist, daß die Entscheidung unmittelbar auf die Verhandlung ergeht.

§ 27.

Drei Zehntheile[1]) der Gebühr (§§ 18 bis 24) werden erhoben, wenn der Akt[2]) betrifft[3]):

1. die Zulässigkeit einer Nebenintervention[4]) (Civilprozeßordnung § 71);
2. die Zwangsvollstreckung zur Erwirkung von Handlungen oder Unterlassungen[5]) (Civilprozeßordnung §§ 887 bis 891).

1. Nur der Gebühren §§ 18—24. Die Gebühren betragen somit nach § 22 $^{3}/_{20}$ und nach § 23 $^{9}/_{100}$.

2. Interventionen bieten zur Gebührenerhebung keinen Anlaß, soferne sie sich ohne kontradiktorische Verhandlung und ohne gerichtliche Entscheidung vollziehen; denn in den Fällen des § 27 kann eine Gebühr nur erhoben werden, wenn einer der in § 18 bezeichneten Akte stattgehabt hat, es sei denn, daß die Gebühr des § 46 Platz greife (Motive S. 586.)

3. Diese Streitigkeiten gelten nach § 39 für die Gebührenerhebung als besondere Rechtsstreite, demnach tritt für sie auch besondere Werthsberechnung ein.

4. Wenn über die Zulässigkeit einer Nebenintervention zugleich mit der Entscheidung in der Hauptsache erkannt wird, so kommen außer der vollen Gebühr der §§ 18 bis 24 weitere $^{3}/_{10}$ nach § 27 zur Erhebung (R.G. v. 2. 1. 83 Bd. 10 S. 339).

5. Im Falle des § 890 d. C.P.O. bleibt bei der Werthsberechnung die angedrohte Strafe außer Betracht, und kommt für das Urteil nach § 890 Abs. 2 a. a. O. die Entscheidungsgebühr im Hinblick auf die Bestimmung des § 28 nicht mehr zum Ansatz.

Für die Werthsberechnung sind § 13 Abs. 2, dann § 3 d. C.P.O. maßgebend. Siehe auch § 38 Note 2.

§ 28.

Jede der in § 18 bezeichneten Gebühren[1]) wird in jeder Instanz[2]) rücksichtlich eines jeden Theils des Streitgegenstands nur einmal[3]) erhoben. Treffen für gleiche[4]) Akte die volle Gebühr und die Gebühr des § 26 rücksichtlich desselben Streitgegenstandes zusammen, so kommt nur die volle Gebühr zur Erhebung[5]).

1. Dies sind die Verhandlungs-, die Beweis- und die Entscheidungsgebühr.

2. Die Begriffe „Rechtsstreit" und „Instanz" sind nach dem System des Gesetzes von großer Bedeutung, da die Fälligkeit der Gebühren regelmäßig mit der Beendigung der Instanz eintritt (§ 93), für jede Instanz eines Rechtsstreits ein Vorschuß zu leisten ist (§ 81), und die im § 18 bezeichneten Akte rücksichtlich desselben Streitgegenstandes und eines jeden Theiles des Streitgegenstandes in jeder Instanz nicht mehr als einmal besteuert werden dürfen (§ 28). Anlangend den Begriff der „Instanz", so gebraucht das Gerichtskostengesetz diese Bezeichnung nicht in dem weiteren Sinne, nach welchem darunter ein nach beliebigen Gesichtspunkten abgegrenzter Abschnitt des Verfahrens verstanden wird, sondern in dem beschränkteren, nach welchem eine neue Instanz beginnt, wenn ein Gericht höherer Ordnung mit dem Rechtsstreit befaßt wird. Eine neue Instanz tritt daher nicht ein, wenn ein anhängiger Rechtsstreit in Folge der Verweisung an eine andere Kammer desselben Gerichts (G.V.G. § 103 ff.) gelangt, auch nicht, wenn an Stelle des an sich zuständigen Gerichts ein anderes Gericht bestimmt wird, weil ersteres an der weiteren Ausübung des Richteramtes verhindert war (C.P.O. § 36 Nr. 1, §§ 41 ff.) Das Gleiche gilt von den übrigen Fällen des § 36 d. C.P.O.

Wird auf Grund der Bestimmungen über die sachliche Zuständigkeit der Gerichte ein Rechtsstreit vom Landgericht an das Amtsgericht oder von diesem an jenes verwiesen (C.P.O. §§ 276, 505), so hat das die Unzuständigkeit aussprechende Urtheil über die Kosten des bisherigen Verfahrens zu entscheiden. Die Kostenpflicht ist nicht abhängig von der bei Fortsetzung des Rechtsstreits ergehenden Entscheidung, für die Gebührenerhebung ist also das eine Verfahren von dem andern zu sondern. Eine Ausnahme von dieser Regel rechtfertigt sich jedoch aus Billigkeitsrücksichten in den Fällen des § 30.

Das Rechtsmittelsystem der Civilprozeßordnung läßt ferner eine gleichzeitige Verhandlung des Rechtsstreits in mehreren Instanzen zu, insbesondere bei Einlegung eines Rechtsmittels gegen ein Theilurtheil oder gegen ein Zwischenurtheil, welches in Betreff der Rechtsmittel als Endurtheil anzusehen ist. Der Erlaß von Theilurtheilen (C.P.O. § 303) hat für die betreffende Instanz die Anwendung des § 12 zur Folge. Dagegen gelten die gegen solche Urtheile eingelegten Rechtsmittel, soferne sie nicht zusammen verhandelt werden, als verschiedene Instanzen. (Siehe auch R.G. v. 18. 2. 85 Bd. 14 S. 317 Schlußzeile und S. 352.)

Wird der Grund eines nach Grund und Betrag streitigen Anspruches vorab durch Entscheidung festgestellt (C.P.O. § 304), so schließt das in erster Instanz ergehende Zwischenurtheil die Instanz nicht ab, die erstinstanzliche Verhandlung über den Betrag des Anspruchs gilt daher als Fortsetzung der Instanz. Dagegen sind die der Zeit nach auseinander fallenden Rechtsmittel über den Grund und über den Betrag des Anspruchs, falls sie nicht zusammen verhandelt werden, jedes für sich zu besteuern.

Dem entsprechend gestaltet sich die Gebührenerhebung in den sonstigen Fällen, in welchen Zwischenurtheile in Ansehung der Rechtsmittel den Endurtheilen gleichgestellt sind (§§ 275, 540 a. a. O.) (Motive).

Unter „Instanz" hat man die Gesammtheit der Prozeßhandlungen zu verstehen, welche vor dem Gerichte einer bestimmten Ordnung (dem Gerichte erster Instanz, dem Berufungs-, dem Revisionsgericht) stattfinden, um den diesen Gerichten unterbreiteten Streitstoff zu erledigen. Der durch die Klage und die Auslassung des Beklagten der Entscheidung des Gerichts erster Instanz unterbreitete Streitstoff umfaßt aber sowohl die Hauptsache als die prozeßhindernde Einrede. Durch die bloße Entscheidung über die letztere wird also der dem Gerichte erster Instanz unterbreitete Streitstoff nicht erledigt. Das Gericht kann sogar nach Verwerfung der Einrede die alsbaldige Verhandlung zur Hauptsache anordnen und dadurch herbeiführen, daß der Rechtsstreit gleichzeitig in zwei Instanzen verhandelt wird. Geschieht dies nicht, so kann das Verfahren vor dem Gerichte erster Instanz nicht als beendigt, nur als einstweilen ruhend angesehen werden. Wird die Verwerfung der Einrede rechtskräftig, so erfolgt nicht der Beginn eines neuen Rechtsstreites erster Instanz, sondern das Verfahren erster Instanz wird durch einfache Ladung (ohne Neuerhebung der Klage) wieder in Gang gebracht, und nun erst durch die Entscheidung über die Hauptsache der dem Gerichte erster Instanz unterbreitete Streitstoff voll erledigt, d. h. die erste Instanz beendet.

Anders ist es in den höheren Instanzen, wenn gegen die Entscheidung über die Einrede Berufung (Revision) eingelegt wird. Hier ist lediglich die angefochtene Entscheidung dem höheren Richter als Streitstoff zugeführt; mit der Entscheidung über die Einrede ist dieser Streitstoff erledigt, d. h. die höhere Instanz beendet. Um die demnächst erlassene Entscheidung über die Hauptsache der Entscheidung des höheren Richters zu unterbreiten, bedarf es der Einlegung eines neuen Rechtsmittels, und das dadurch eingeleitete Verfahren kann daher nur als neue Instanz angesehen werden (R.G. v. 23. 11. 82 Bd. 8 S. 436).

3. Innerhalb derselben Instanz kommmen demnach die Gebühren des § 18 nur einmal zum Ansatz. Eine Ausnahme macht nur das Versäumnißurtheil, welches mit Einspruch angefochten wird § 32 Abs. 2. Doch ist in dem Falle, daß bei dem Vorhandensein mehrerer Beklagter, gegen einen derselben ein Versäumnißurtheil und gegen die übrigen ein Endurtheil erlassen wird, für diese beiden Entscheidungen nur eine Entscheidungsgebühr aus dem Gesammtwerthsgegenstande des Prozesses zu erheben.

Im Falle des § 145 d. C.P.O. findet getrennte Gebührenberechnung statt, hingegen liegt im Falle des § 147 d. C.P.O. vom Zeitpunkt der Verbindung an nur ein Prozeß vor, und kommen die noch zu erhebenden Gebühren nur einmal zum Ansatz (R.G. v. 5. 7. 81 Bd. 5 S. 355).

4. Treffen „gleiche Akte" z. B. Verhandlung mit Verhandlung, Beweisanordnung mit Beweisanordnung u. s. w. hinsichtlich desselben Streitgegenstandes oder eines Theiles desselben zusammen, und kommen für diese Akte verschieden hohe Gebühren in Betracht z. B. 5/10 mit 6/10, 5/10 mit 3/10, oder gleich hohe z. B. die volle mit der vollen, oder 5/10 mit 5/10, so gelangt nur eine und zwar

die höhere, nie aber mehr als die volle Gebühr zur Erhebung, da die niedere Gebühr als in der höheren schon enthalten außer Berücksichtigung bleiben muß. Siehe auch § 12 Abs. 2 u. § 45 Note 1.

§ 29.

Wird die Ergänzung[1]) eines Urtheiles beantragt (Civilprozeßordnung § 321), so findet, soweit der Antrag nicht zurückgewiesen wird, die Bestimmung des § 12 Anwendung[2]); soweit der Antrag zurückgewiesen wird, kommen fünf Zehntheile der Gebühr (18 bis 24) zur Erhebung.

1. Wohl zu unterscheiden von der Berichtigung, welche gebührenfrei erfolgt. § 47 Ziff. 10.

2. Es muß demnach, soferne sich die Aktsgebühren des § 18 in Zusammenrechnung mit dem übergangenen Theile des Streitgegenstandes erhöht haben würden, oder eine gleichartige Gebühr des § 18 noch nicht zum Ansatze gelangt ist, der Mehrbetrag der Gebühren oder die neu angefallene Aktsgebühr zur Erhebung gelangen. Siehe auch § 12 Abs. 2. Beobachte gegebenen Falles §§ 25 u. 26, dann §§ 21, 22 u. 23.

Im Falle einer Zurücknahme des Antrages greift die Gebühr des § 46 Platz.

§ 30.

Verweist[1]) das Amtsgericht einen Rechtsstreit vor das Landgericht, weil durch Widerklage oder durch Erweiterung des Klagantrags ein Anspruch erhoben ist, welcher zur Zuständigkeit der Landgerichte gehört, oder die Feststellung eines Rechtsverhältnisses beantragt worden ist, für welches die Landgerichte zuständig sind (Civilprozeßordnung § 506), so bildet das weitere Verfahren vor dem Landgerichte mit dem Verfahren vor dem Amtsgericht im Sinne des § 28 Eine Instanz.[2])

Das Gleiche gilt, wenn der Einspruch[3]) gegen einen Vollstreckungsbefehl von dem Amtsgerichte für zulässig befunden und die Klage während der Rechtshängigkeit des Anspruchs bei dem Landgericht erhoben ist (Civilprozeßordnung § 700), für das amtsgerichtliche Verfahren über die Zulässigkeit des Einspruchs und das Verfahren vor dem Landgerichte.

1. Für dieses Verweisungsurtheil, welches keine prozeß- oder sachleitende Verfügung, sondern eine sachliche Entschei-

dung ist, kommt die $^5/_{10}$ Gebühr des § 26 Nr. 1, 2 zum Ansatz vorbehaltlich späterer Anrechnung, soferne das Landgericht eine gleichartige Entscheidung zur Hauptsache trifft (§ 28). Nach Rittmann (G.K.Ges. S. 167) kommt bei dem Amtsgerichte nur die Erhebung der Gebührenvorschüsse in Betracht. Vorschußpflichtig sind sowohl der Kläger aus dem erweiterten Klagsanspruch als auch der Widerkläger aus dem Werthsgegenstande des Feststellungsanspruches.

2. a) Es findet demnach eine getrennte Gebührenerhebung für das Verfahren vor dem Amtsgerichte und für das Verfahren vor dem Landgerichte nicht statt.

b) Liegen dagegen die Voraussetzungen des § 505 d. C.P.O. vor, so ist für die Gebührenerhebung das Verfahren vor dem Amtsgerichte von dem Verfahren vor dem Landgerichte getrennt zu behandeln; für jedes Verfahren werden unabhängig von dem anderen Gebühren in Ansatz gebracht. Siehe hiezu § 26 Nr. 1, 2.

c) Werden ferner im Falle des § 506 d. C.P.O. z. B. zwei vor dem Amtsgerichte getrennte Prozesse vor dem Landgerichte sodann verbunden, so ist die $^5/_{10}$ Gebühr aus der Summe der Streitswerthe (§ 12 Abs. 2) zu berechnen und nicht für jedes amtsgerichtliche Urtheil besonders. (R.G. v. 29. 9. 92 Bd. 30 S. 330).

d) Aehnlich verhält es sich mit dem amtsgerichtlichen Beschluß nach § 112 des Gesetzes betreffend die Erwerbs- und Wirthschaftsgenossenschaften (R.G.Bl. 1898 S. 835) bei Anfechtungsklagen eines Genossen gegen den Concursverwalter. Die im Verfahren vor dem Amtsgerichte erwachsenen Kosten werden als Theil der bei dem Landgerichte erwachsenen Kosten behandelt und gelten als Kosten einer Instanz. (§ 28).

3. Wird der Einspruch als unzulässig verworfen, so kommen bei dem Amtsgerichte die Gebühren nach § 26 Nr. 6 sofort zum Ansatz. Die Zahlbefehlsgebühr kommt hier nicht zur Anrechnung. Wird hiegegen der Einspruch als zulässig befunden, so bleibt der Gebührenansatz für das amtsgerichtliche Verfahren einstweilen ausgesetzt, und ist vom Schuldner der Vorschuß (§ 81) einzuverlangen. Kommt es vor dem Landgerichte zu keinem Rechtsstreite, so sind nach Ablauf der Frist des § 94 Nr. 1 die für das Verfahren vor dem Amtsgerichte geschuldeten Gebühren zu berechnen und einzufordern.

§ 31.

Wird eine Sache zur anderweiten Verhandlung an das Gericht unterer Instanz zurückverwiesen[1]) (Civilprozeßordnung §§ 538, 539, 565), so bildet das weitere Verfahren mit dem früheren Verfahren vor diesem Gerichte im Sinne des § 28 Eine Instanz.[2]) [3])

1. Das neue Verfahren in unterer Instanz muß für die Gebührenerhebung zusammengefaßt werden, da durch die Entscheidung der höheren Instanz eine Vervollständigung oder Verbesserung des Verfahrens angeordnet ist. (Mot.)

2. Wird hingegen gegen das neue Urtheil, welches das Gericht unterer Instanz nach der Zurückverweisung auf anderweite Verhandlung erlassen hat, ein Rechtsmittel eingelegt, so gilt das Verfahren auf dieses Rechtsmittel in der höheren Instanz nicht bloß als eine Instanz im Sinne des § 28. (R.G. v. 19. 12. 83 Bd: 10 S. 426).

3. Eine Ausnahme bildet nach § 33 das ordentliche Verfahren nach Abstandnahme vom Urkunden- uud Wechselprozesse.

§ 32.

Das Verfahren in Folge des Einspruchs gegen ein Versäumnißurtheil gilt im Sinne des § 28 als neue[1]) Instanz, insoweit der Einspruch verworfen, zurückgenommen oder nicht verhandelt wird (Civilprozeßordnung §§ 341, 345, 346).

Gilt das Verfahren als Fortsetzung[2]) der Instanz, so wird durch die Gebühr für das Versäumnißurtheil eine andere Entscheidungsgebühr derselben Instanz nicht ausgeschlossen. [3])

1. Es kommen demnach unter Berücksichtigung des § 26 Nr. 6 u. Abs. 2 die Aktsgebühren der §§ 18 bis 23 zum Ansatz. Wird der Einspruch sofort zurückgenommen, und kommt die Gebühr des § 46 in Betracht, so ist, da durch Erhebung des Einspruchs zunächst die Fortsetzung der Instanz beabsichtigt erscheint, dieselbe nicht nach § 26 Nr. 6 sondern je nach Art des Rechtsstreits aus $^{10}/_{10}$, $^{6}/_{10}$ oder $^{5}/_{10}$ zu berechnen.

2. Ist bereits eine Verhandlungs- und Beweisgebühr vor Erlassung des Versäumnißurtheils zur Erhebung gelangt, so ist der Ansatz einer weiteren Verhandlungs- oder Beweisgebühr über denselben Streitgegenstand im fortgesetzten Verfahren nach dem Einspruche nicht zulässig.

Der Ansatz einer zweiten Entscheidungsgebühr für das auf das Versäumnißurtheil folgende Endurtheil ist gerechtfertigt. (R.G. v. 13. 2. 91 Bd. 27 S. 392).

3. Obige Bestimmung ist aber auf den Fall des § 347 Abs. 2 d. C.P.O. nicht anwendbar.

§ 33.

Das ordentliche Verfahren, welches nach Abstandnahme vom Urkunden- oder Wechselprozesse, sowie nach dem mit Vorbehalt in demselben erlassenen Urtheil anhängig bleibt (Civilprozeßordnung §§ 596, 600), gilt für die Gebührenerhebung[1]) als besonderer[2]) Rechtsstreit.

1. Die Partei, welche das Nachverfahren beantragt, ist vorschußpflichtig. Sind im vorhergehenden Urkunden- oder Wechselprozesse Gebühren nach § 18 verfallen, so sind dieselben infolge anderweitiger Erledigung des Rechtsstreits nach § 93 fällig. Siehe hiezu auch § 89. Für die demnächstigen Akte im ordentlichen Verfahren kommen die Gebühren nach §§ 18—24 zum Ansatz ohne irgend welche Berücksichtigung der etwa bereits nach § 25 erhobenen Aktsgebühren.

Ist im Falle des § 538 Nr. 4 d. C.P.O. das Urtheil unter Vorbehalt der Rechte ergangen, so kommt obige Bestimmung für das weitere Verfahren in unterer Instanz gleichfalls zur Anwendung. Wird dem Beklagten die Ausführung seiner Rechte nicht vorbehalten, so gelangt § 31 zur Anwendung.

2. Es ist deshalb auch gegebenen Falls neue Werthsberechnung vorzunehmen.

§ 34.

Drei Zehntheile der Gebühr (§ 8) werden erhoben für die Entscheidung einschließlich des Verfahrens[1]):

1. über Anträge auf Entmündigung oder Wiederaufhebung einer Entmündigung, soweit die Amtsgerichte[2]) zuständig sind (Civilprozeßordnung §§ 645 bis 662, 675 bis 678, 680 bis 683, 685);

2. über die Ernennung oder Ablehnung eines Schiedsrichters[3]), das Erlöschen eines Schiedsvertrages oder die Anordnung der von Schiedsrichtern für erforderlich erachteten richterlichen Handlungen (Civilprozeßordnung § 1045).

1. Es kommt somit für die Entscheidung einschließlich des vorangegangenen Verfahrens nur eine Bauschgebühr zum Ansatz. Da jedes dieser Verfahren nach § 39 für die Gebührenerhebung als besonderer Rechtsstreit gilt, so wird für jedes derselben die $^3/_{10}$ Gebühr erhoben, vorausgesetzt, daß nicht mehrere gleichzeitig gestellte Anträge durch eine Entscheidung erledigt werden, da in diesem Falle die Anträge für die Gebührenerhebung zusammenzufassen sind. Siehe § 39.

Doch muß eine getrennte Gebührenberechnung dann eintreten, wenn z. B. in einem Antrage auf Entmündigung mehrerer Personen, dem Antrag bezüglich der einen stattgegeben, bezüglich der anderen aber abgewiesen wurde. (Rittmann G.K.Ges. S. 187.)

2. Für das landgerichtliche Verfahren nach §§ 664—674 d. C.P.O. kommt die volle Gebühr des § 8 nach §§ 18—24 zum Ansatz. Der Antragsteller ist nicht vorschußpflichtig; hinsichtlich der Werthsberechnung siehe § 10. Im Falle der Zurücknahme des

Antrags ist nur die Gebühr des § 46 nämlich 1/10 von 3/10 zu erheben.

3. Der Antragsteller ist hier vorschuß- und zahlungspflichtig. Für die Entscheidung über die Ernennung oder Ablehnung eines Schiedrichters, das Erlöschen eines Schiedsvertrages ist nunmehr eine Ermäßigung des Gebührensatzes von früher 3/10 (§ 26 Nr. 10) auf 2/10 erfolgt.

Mit Erlaß der Entscheidung, welche die Anordnung betrifft, ist die Gebühr fällig. Für die Niederlegung des Schiedsspruchs § 1039 d. C.P.O. kommt eine Gebühr nicht zum Ansatz. (Mot.) Siehe noch § 26 Nr. 8 u. 10.

§ 35.

Zwei Zehntheile der Gebühr (§ 8) werden erhoben für die Entscheidung, einschließlich des vorangegangenen Verfahrens[1]), über Anträge:

1. auf vorläufige Einstellung, Beschränkung oder Aufhebung einer Zwangsvollstreckung[2]) (Civilprozeßordnung §§ 707, 719, 769, 771 Abs. 3, §§ 785, 786, 805 Abs. 4, § 810 Abs. 2);
2. auf gerichtliche Handlungen der Zwangsvollstreckung[3]) (Civilprozeßordnung §§ 764, 791, 822, 823, 825, 828, 829 Abs. 1, §§ 835, 839, 844, 846 bis 848, 857, 858, 885 Abs. 4, §§ 886, 900 Abs. 3, §§ 901, 930 Abs. 3);
3. auf Anordnung oder Aufhebung eines Arrestes oder einer einstweiligen Verfügung (Civilprozeßordnung §§ 921, 922, 934, 936 bis 944), soweit nicht nachträglich eine Gebühr des § 26 Nr. 9 zur Erhebung kommt;[4])

   sowie

4. über Anträge, Einwendungen oder Erinnerungen, welche die Art und Weise der Zwangsvollstreckung oder das bei derselben vom Gerichtsvollzieher zu beobachtende Verfahren oder die von ihm in Ansatz gebrachten Kosten oder die Weigerung desselben betreffen, einen Vollstreckungsauftrag zu übernehmen oder eine Vollstreckungshandlung dem Auftrage gemäß auszuführen[5]) (Civilprozeßordn. § 766).

1. Jedes selbstständige Verfahren ist der Gebühr des § 35 für sich unterworfen; doch wird nur eine Gebühr erhoben, wenn mehrere Anträge durch eine Entscheidung erledigt werden (§ 39). Die

Gebühr des § 35 wird in den nach §§ 26 oder 27 besteuerten Prozessen nicht ermäßigt, sie wird stets aus dem Einheitssatz des § 8 berechnet. Siehe auch § 49.

2. Hinsichtlich der Werthsfestsetzung siehe § 13 Abs. 2. § 39 Abs. 2 ist hier nicht anwendbar, es wird demnach für jeden Antrag, der beschieden wird, die Gebühr angesetzt. Erfolgt die vorläufige Einstellung, Beschränkung oder Aufhebung einer Zwangsvollstreckung in der Beschwerdeinstanz (§ 572 d. C.P.O.), so kommt für diese Entscheidung keine Gebühr zum Ansatz, es fällt vielmehr dieselbe unter die Bauschgebühr des § 45 Abs. 1. (Mot.)

Vorschußpflicht für den Antragsteller liegt vor, doch ist derselbe nicht immer auch zahlungspflichtig.

3. Für diese Art von Anträgen ist besonders zu beachten, daß nach § 39 Abs. 2 die Gebühr des § 35 nur einmal zu erheben ist, wenn mehrere gerichtliche Handlungen der Zwangsvollstreckung wegen desselben Anspruches denselben Gegenstand betreffen. Ueber Zwangsvollstreckung zur Erwirkung von Handlungen oder Unterlassungen siehe § 27 Nr. 2, über Mitwirkung des Gerichts nach § 758 Abs. 3, §§ 789, 790 Abs. 1, § 912 d. C.P.O, dann über Anordnung der Rückgabe einer Sicherheit § 715 d. C.P.O. siehe § 47 Z. 13 u. 16. Ueber Offenbarungseid §§ 43 u. 56. Wird in der Entscheidung über die Kosten nicht erkannt, so fallen dieselben gegenüber der Staatskasse dem Antragsteller zur Last (§ 89.)

4. a) Die Anordnung oder Aufhebung eines Arrestes oder einer einstweiligen Verfügung ist kein „Akt" noch „eine gerichtliche Handlung" der Zwangsvollstreckung. Es finden somit auf dieselben sowohl § 13 Abs. 2 als auch § 39 Abs. 2 keine Anwendung. (R.G. v. 19. 2. 83 Bd. 8 S. 401). Wohl aber charakterisiert sich die Anlegung des Arrestes als ein Akt der Zwangsvollstreckung. Siehe auch Note 4 Abs. 3 auf S. 30.

b) Der Streitwerth bei dem einen Arrest oder eine einstweilige Verfügung betreffenden Verfahren ist nicht nothwendig identisch mit dem Streitwerthe der Hauptsache (R.G. v. 10. 12. 88 Bd. 22 S. 425). Er ist bei einer einstweiligen Verfügung vom Gerichte nach freiem Ermessen festzusetzen. (Bayer. Oberst.L.G. Slg. Bd. XV v. 25. 5. 94 S. 239, u. v. 6. 12. 94 S. 431).

c) Die Gebühr des § 35 kommt nur dann zum Ansatz, wenn der Antrag auf Anordnung eines Arrestes u. s. w. durch Beschluß erledigt wird; wird jedoch mündliche Verhandlung angeordnet, und ergeht die Anordnung des Arrestes durch Urtheil, so kommt die Gebühr nach § 26 Nr. 9 zum Ansatz.

d) Im Falle des § 925, dann der §§ 926, 942 d. C.P.O. ist die Gebühr, eventuell nur die hinsichtlich desselben Gegenstandes auf jene nach § 26 Z. 9 anzurechnen. (Vergleiche auch R.G. v. 1. 11. 82 Bd. 8 S. 338).

e) Da die Anordnung und die Vollziehung des Arrestes zwei verschiedene Akte bilden, so kommt in dem Falle, als mit einem Arrestbeschluß zugleich eine Forderungspfändung angeordnet ist, für die letztere als eine gerichtliche Handlung der Zwangsvollstreckung auch noch neben der Gebühr nach § 35 Nr. 3 die Gebühr nach Nr. 2 zur Erhebung.

Siehe auch § 58 hinsichtlich der Anordnung einer Sicherheitsmaßregel im Konkursverfahren. Nach § 89 ist zahlungspflichtig der Antragsteller.

5. Das Verfahren über diese Anträge ist jedoch nach § 47 Nr. 14 dann gebührenfrei, wenn dieselben für begründet befunden werden und die Kosten des Verfahrens nicht dem Gegner sondern dem Gerichtsvollzieher zur Last fallen.

Der § 766 d. C.P.O. umfaßt nicht bloß Anträge u. s. w. des Schuldners und des Gläubigers, sondern auch dritter Personen. Diese Anträge sind im Wege des Gesuchs anzubringen (R.G. v. 29. 10. 94 Bd. 34 S. 377).

§ 36.

Für die Entscheidung, einschließlich des Verfahrens, über Anträge auf Sicherung des Beweises [1]) (Civilprozeßordnung §§ 485 bis 494) werden drei Zehntheile der Gebühr (§ 8) und, wenn eine Beweisaufnahme stattfindet, fünf Zehntheile der Gebühr erhoben.

1. Die auch für dieses Verfahren maßgebende Bestimmung des § 39 hat zur Folge, daß eine Verminderung der Gebühr nach der Regel des § 28 auch in den Fällen nicht eintritt, in welchen das Gesuch bei dem mit dem Rechtsstreite befaßten Gerichte angebracht wird (Motive). Die Gebühr wird so oft erhoben, als über Anträge Entscheidung zu treffen war, abgesehen von einer gemeinsamen Entscheidung. Vorschußpflichtig ist der Antragsteller §§ 81, 90. Siehe auch R.G. v. 9. 3. 86 Bd. 15 S. 414. Schuldner dieser Gebühren ist derjenige, welchem die Kosten des Hauptprozesses zur Last gelegt werden, anderen Falls der Antragsteller. (§ 89.)

Die Bestellung eines Vertreters für eine unbekannte Partei ist nach § 47 Nr. 9 gebührenfrei.

§ 37.

Im Mahnverfahren [1]) werden erhoben:

1. zwei Zehntheile der Gebühr (§ 8) für die Entscheidung über das Gesuch um Erlassung des Zahlungsbefehls (Civilprozeßordnung §§ 691, 692);
2. ein Zehntheil der Gebühr (§ 8) für die Entscheidung über das Gesuch um Erlassung des Vollstreckungsbefehls [2]) (Civilprozeßordnung § 699).

Wird ein Gesuch um Erlassung des Zahlungsbefehls zurückgewiesen, weil der Zahlungsbefehl in Ansehung eines Theils des Anspruchs nicht erlassen werden kann (Civilprozeßordnung § 691 Abs. 2), so ist die Gebühr nur nach dem Werthe dieses Theils zu berechnen.[3])

Soweit die Kosten des Mahnverfahrens als Theil der Kosten eines entstehenden Rechtsstreits anzusehen sind (Civilprozeßordnung § 698), wird die im Falle der Nr. 1 erhobene Gebühr auf die Gebühr des entstehenden Rechtsstreits angerechnet.[4])

1. Vorschuß- und zahlungspflichtig ist der Gläubiger. Zur Erhebung eines Vorschusses ist nur dann Veranlassung gegeben, wenn der Gläubiger ein Ausländer ist (§ 85). Der Vorschuß beträgt dann soviel, als die Gebühr des Zahlungs- und Vollstreckungsbefehls ausmacht. Zur Erhebung des dreifachen Betrages besteht kein Anlaß, auch ist es nicht zulässig, die Erlassung des Zahlungsbefehls von der vorgängigen Zahlung des Vorschusses abhängig zu machen (Rittmann G.K.Ges. S. 214).

Ist der Gläubiger zum Armenrechte zugelassen, so sind die Gebühren des Zahlungs- und Vollstreckungsbefehles nach Erlaß des Letzteren auf den Schuldner zu kontiren.

2. Wird der Vollstreckungsbefehl nur für einen Theil oder für eine Nebenforderung des durch den Zahlbefehl betroffenen Anspruches beantragt, so wird die Gebühr nur aus diesem Werthstheil eventuell aus der Nebenforderung und gegebenen Falles sogar nur aus den Kosten des Mahnverfahrens berechnet.

Für den Vollstreckungsbefehl kommt keine Schreibgebühr zum Ansatz § 80a Nr. 3, wohl aber für den Zahlungsbefehl und für die vom Schuldner verlangte Bescheinigung des von ihm erhobenen Widerspruches.

3. Abs. 2 bezieht sich nur auf Zurückweisung des Gesuches wegen des Theiles eines Anspruches, nicht aber auf den Fall, als bei mehreren in einem Antrage zusammengefaßten für sich selbstständigen Ansprüchen für einen oder mehrere Gläubiger gegen einen oder mehrere Schuldner die theilweise Zurückweisung des Gesuches bezüglich eines selbstständig oder wegen eines von mehreren Gläubigern oder Schuldnern erhobenen Anspruchs erfolgt.

4. Dies ist der Fall bei rechtzeitiger Erhebung des Widerspruchs, doch kommt nur die Anrechnung der Gebühr des § 37 Nr. 1 in Frage, nie die für den Vollstreckungsbefehl erhobene Gebühr. Die Gebühr für den Zahlbefehl wird nur insoweit angerechnet, als über ein und denselben betroffenen Anspruch oder über einen Theil desselben ein Rechtsstreit (eventuell unter Beob-

achtung der Frist des § 697 d. C.P.O.) entsteht. Im letzteren Falle kommt nur ein verhältnißmäßiger Gebührentheilbetrag zur Anrechnung.

Die für den Zahlbefehl erhobene Gebühr ist bei Zurücknahme der demnächst erhobenen Klage auf die Gebühr für die Zurücknahme der Klage (§ 46) anzurechnen (R.G. v. 29. 10. 94 Bd. 34 S. 373).

Eine Rückzahlung von Gebühren aus dem Zahlbefehle, falls die Gebühren des Rechtsstreits geringer sein sollten, findet nicht statt, und kann sie der Gläubiger von dem demnächst in die Kosten des Rechtsstreits verurtheilten Schuldner, nicht aber von der Staatskasse erstattet verlangen.

Ueber Vorschußerhebung siehe Anmerkung zu § 81.

Beispiel.

A reicht ein Gesuch um Erlaß eines Zahlungsbefehles gegen B auf Zahlung von 200 M. Waarenkaufschilling, 50 M. Fuhrlohns- und 300 M. Darlehensforderung ein.

Durch Beschluß [a]) wird die Ausfertigung eines Zahlbefehls über 200 M. + 50 M. gegen B angeordnet, hinsichtlich des Betrages von 300 M. aber wird das Gesuch als verfrüht zurückgewiesen.

Nach Umfluß des Zeitraums zur Erhebung des Widerspruchs beantragt A Erlaß des Vollstreckungsbefehls gegen B bezüglich 100 M. Waarenkaufschillingsrestes und 50 M. Fuhrlohnsforderung, und wird diesem Antrage entsprochen. [b])

Auf Zustellung des Vollstreckungsbefehls hin erhebt B gegen denselben wegen der 50 M. Fuhrlohnsforderung Einspruch. [c])

In dem zur mündlichen Verhandlung [d]) über den Einspruch und die Hauptsache anberaumten Termine vergleichen [e]) sich die Parteien nach kontradiktorischer Verhandlung dahin, daß B an A 25 M. sofort bezahlt und die Kosten trägt.

An Gebühren kommen in Ansatz:

a. Für den Beschluß über 200 M. + 50 M. + 300 M. = 550 M. 4 M., wovon in den Zahlbefehl 1 M. 83 Pf. verhältnißmäßiger Kostentheilbetrag in Rechnung gestellt werden.

Eine Aufrundung auf 1 M. 90 Pf. tritt nicht ein, da hier nach Analogie der Bestimmung in § 92 d. C.P.O. eine Kostentheilung einzutreten hat, und § 7 nur für die Berechnung von Gebühren maßgebend ist.

b. Die Gebühr für den Vollstreckungsbefehl aus 100 M. + 50 M. = 150 M. beträgt 80 Pf.

c. Infolge Einlegung des Einspruches hat B einen Gebührenvorschuß aus 50 M. nach § 81 mit 2 M. 40 Pf. einzuzahlen; an welchem 36 Pf. Kostentheilbetrag der Zahlbefehlsgebühr hinsichtlich der 50 M. angerechnet werden, so daß ein Restbetrag von 2 M. 4 Pf. verbleibt.

d. Für die Verhandlung kommt nach §§ 26 Nr. 6, 18 Nr. 1, 21 u. 28 eine Gebühr nicht zum Ansatz.

e. Für den Vergleich ist nach §§ 18 Nr. 3, 23 Abs. 2 aus 50 M. die Gebühr mit 80 Pf. zu berechnen.

Von diesen Gebühren schuldet:

A. für zurückgewiesene 300 M.	2 M. 17 Pf. Theilbetrag
an den Beschlußkosten	S. wie vor
B. Nach Zahlbefehl	1 M. 83 Pf.
Nach Vollstreckungsbefehl	— „ 80 „
Für das Verfahren nach dem Einspruch mit Vergleich	— „ 80 „
	S. 3 M. 43 Pf.

woran noch der Gebührenvorschuß mit 2 M. 4 Pf. in Anrechnung zu kommen hat.

§ 38.

Ein Zehntheil der Gebühr (§ 8) wird erhoben für die Entscheidung, einschließlich des vorangegangenen Verfahrens, über Anträge: [1])

1. auf Festsetzung der vom Gegner zu erstattenden Prozeßkosten, [2]) sofern dieselbe im besonderen Verfahren erfolgt (Civilprozeßordnung § 105), oder auf Abänderung der Kostenfestsetzung [3]) (Civilprozeßordnung § 107);
2. auf Bestimmung einer Frist zur Rückgabe und auf Anordnung der Rückgabe einer Sicherheit in den Fällen des § 109 Abs. 1, 2 der Civilprozeßordnung; [4])
3. auf Ertheilung der Vollstreckungsklausel in den Fällen, in welchen dieselbe auf Anordnung des Vorsitzenden zu erfolgen hat, oder auf Zurücknahme der Vollstreckungsklausel, sofern diese Anträge nicht im Wege der Klage gestellt werden (Civilprozeßordnung §§ 726 bis 730, 732, 738, 742, 744, 745 Abs. 2, §§ 749, 795, 796 Abs. 1, § 797 Abs. 3, § 929), oder auf Ertheilung einer weiteren vollstreckbaren Ausfertigung (Civilprozeßordnung § 733). [5])

1. Die Gebühr aus § 38 ist stets aus dem Einheitsgebührensatz des § 8 zu erheben. Die Zurücknahmegebühr beträgt $^1/_{10}$ von $^1/_{10}$. Ueber Erhöhung der Gebühr siehe § 49.

Zur Erhebung eines Vorschusses besteht hier kein Anlaß, da die Fälligkeit der Gebühr mit Erlaß der Entscheidung eintritt und auch der Antragsteller in der Regel zahlungspflichtig ist.

Schuldner der Gebühren und Auslagen des Kostenfestsetzungsverfahrens ist der in die Prozeßkosten Verurtheilte. Vergleiche auch § 90, dann § 89 Note 3.

Ueber Armenrecht siehe dort.

2. a. Werthsgegenstandssumme ist hier der Betrag, welchen der Antragsteller nach seiner Kostenaufstellung verlangt, nicht jener, welcher ihm durch den Kostenfestsetzungsbeschluß zuerkannt wird.

b. Auch für eine vorangehende mündliche Verhandlung wird keine Gebühr erhoben.

Erfolgt die Festsetzung sofort im amtsgerichtlichen Urtheile (§ 103 Abs. 1 d. C.P.O.), so kommt für dieselbe eine Gebühr nicht zum Ansatz.

c. Der Armenanwalt, welcher auf Grund der den Gegner zur Zahlung der Prozeßkosten verurtheilenden Entscheidung in Gemäßheit des § 124 Abs. 1 d. C.P.O. seine Gebühren und Auslagen gegen diesen Gegner feststellen läßt, gilt, da er im persönlichen Interesse handelt, im Sinne des § 81 als Antragsteller. Er ist daher vorschußpflichtig und kann sich auf das seiner Partei, für welche eine Mitverpflichtung nicht besteht, ertheilte Armenrecht nicht berufen. (O.L.G. Hamburg v. 20. 3. 86 u. 18. 5. 86, Seufferts Archiv Neue Folge XI. S. 444).

Handelt derselbe hingegen als Prozeßbevollmächtigter der Partei oder Namens derselben, so trifft ihn selbstverständlich eine Kostenpflicht nicht. (R.G. v. 29. 11. 83 Bureaubl. 84 S. 70, Rittmann G.K.Ges. S. 216.)

d. Kosten, welche bei Einreichung des Antrages auf Festsetzung bereits entstanden waren, aber sei es absichtlich oder nur aus Nachlässigkeit in dem Antrage nicht aufgenommen wurden, können nachträglich nicht mehr liquidirt werden. (R.G. v. 28. 11. 94 J.W. 95 S. 6.)

Zum Zwecke der Kostenfestsetzung einer Nebenintervention genügt ein Urteil, in welchem lediglich über die Kosten des Rechtsstreits Entscheidung getroffen wurde, nicht. (R.G. v. 21. 4. 86 Bd. 15 S. 417.)

3. Dieses Verfahren bildet mit dem vorangegangenen besonderen Kostenfestsetzungsverfahren einen Rechtsstreit, siehe § 39 Abs. 3.

4. Werthgegenstandssumme ist hier der Betrag der Sicherheitsleistung. Siehe ferner auch § 39 Abs. 3, dann § 47 Z. 16.

5. Wird die Ertheilung der Vollstreckungsklausel im Wege der Klage beantragt oder angefochten, so kommt die Gebühr des § 26 Nr. 8 zur Erhebung, wird dieselbe auf Ansuchen vom Gerichtsschreiber u. s. w. ertheilt (§§ 724, 725, 795, 797 Abs. 1 d. C.P.O.), so erfolgt dieselbe nach § 47 Ziff. 15 gebührenfrei.

Wird aus § 797 Abs. 3 d. C.P.O. gegen die ertheilte Vollstreckungsklausel Klage erhoben, so kommen die vollen Gebühren nach § 8 zur Erhebung.

Wird eine Einwendung nach § 732 d. C.P.O. zugleich mit der Klage nach §§ 767, 768 d. C.P.O. verbunden, so daß für die Einwendung kein gesonderter Antrag vorliegt, so kommt für eine Entscheidung nur die Gebühr nach § 26 zur Erhebung.

Die Ertheilung der Vollstreckungsklausel kann auch bei Urtheilen in Strafsachen hinsichtlich der Vollstreckung der zuerkannten Buße in Betracht kommen (§ 495 d. St.P.O).

§ 39.

Jede der im § 27 bezeichneten Streitigkeiten, sowie jedes Verfahren[1]) über die in den §§ 34 bis 38 bezeichneten Anträge, Einwendungen oder Erinnerungen gilt für die Gebührenerhebung als besonderer Rechtsstreit.[2])

Betreffen mehrere gerichtliche Handlungen der Zwangsvollstreckung (§ 35 Nr. 2) wegen desselben Anspruchs denselben Gegenstand, so kommt die Gebühr nur einmal zur Erhebung.[3])

Die im besonderen Verfahren erfolgte Festsetzung der Kosten und die Abänderung der Kostenfestsetzung (§ 38 Nr. 1) gelten als Ein Rechtsstreit.[4]) Das Gleiche gilt von dem Verfahren über die im § 38 Nr. 2 bezeichneten Anträge.[5])

1. Nicht das ganze Zwangsvollstreckungsverfahren gilt für das Gebiet der Gebühren als eine Instanz, sondern jedes Verfahren in demselben über Anträge, Erinnerungen und Einwendungen kommt als selbstständiger Prozeß in Betracht. Mehrere gleichzeitig gestellte Anträge, welche in demselben Verfahren erledigt werden, sind für die Gebührenerhebung zusammenzufassen.

Nach § 39 wird für jedes einzelne Verfahren über Anträge, wie sie in den §§ 34, 35 bezeichnet sind, die dort bestimmte Gebühr erhoben. Doch ist nur ein Verfahren vorhanden und wird nur eine Gebühr erhoben, wenn mehrere Anträge durch eine Entscheidung beschieden werden. (Reichst.Comm.Prot. v. 29. März 1878.)

Werden z. B. wegen eines Anspruches von 600 M. drei Forderungen des Schuldners von je 200 M. bei verschiedenen Drittschuldnern durch eine Entscheidung gepfändet, so wird nur die Gebühr aus 600 M. mit 4 M. und nicht 3 mal je 1 M. 50 Pf. erhoben. Die gleiche Gebühr würde auch dann erhoben, wenn durch einen Beschluß wegen dreier Forderungen zu je 200 M. drei Außenstände des Schuldners zu je 200 M. gepfändet werden.

Das Gericht kann aber, wie bei der Klagehäufung (C.P.O. § 145) eine Sonderung des Verfahrens über die einzelnen Anträge eintreten lassen, insbesondere wenn verschiedenartige Anträge kumuliert werden, oder wenn über einen der in einem Gesuche gestellten Anträge sofort entschieden, über einen anderen erst mündlich verhandelt wird (Motive.)

2. Jede Streitigkeit nach § 27 und jedes Verfahren aus §§ 34—38 gilt als besonderer Rechtsstreit, so daß jedesmal die betreffenden Gebühren zum Ansatze kommen, so oft eine Streitigkeit oder ein Verfahren der obenbezeichneten Art, wenn auch über denselben Anspruch, stattfindet.

3. Abs. 2 des § 39 schafft jedoch eine Ausnahme für die „gerichtlichen Handlungen der Zwangsvollstreckung nach § 35 Nr. 2" indem für mehrere Handlungen, welche wegen desselben Anspruches denselben Gegenstand betreffen, die Gebühr nur einmal anzusetzen ist.

4. Eine weitere Ausnahme ist in dem Abs. 3 des § 39 für das Kostenfestsetzungsverfahren und für ein nachträgliches Abänderungsverfahren nach § 38 Nr. 1 gegeben, indem diese beiden Verfahren zusammen als Ein Rechtsstreit zu gelten haben, somit für dieselben nur einmal die Gebühr des § 38 zur Erhebung gelangen darf.

Erhöht sich durch das nachträgliche Kostenfestsetzung-Abänderungsverfahren die Werthssumme, so ist die Gebühr aus dem beantragten höheren Gesammtbetrage zu erheben unter Anrechnung der bereits für den ersten Festsetzungsbeschluß erhobenen Gebühr, so daß nur ein eventueller Mehrbetrag der Gebühr noch zur Einforderung gelangt.

5. Das Gleiche gilt hinsichtlich des Verfahrens auf Bestimmung einer Frist zur Rückgabe einer Sicherheit und dem späteren Verfahren auf Anordnung der Rückgabe nach § 38 Nr. 2, indem auch für diese beiden getrennten Verfahren, analog der Gebührenerhebung bei gerichtlichen Handlungen der Zwangsvollstreckung nach § 35 Nr. 2 die Gebühr nach § 38 nur einmal zur Erhebung gelangt.

§ 40.

Für das durch den Gerichtsschreiber an die Post gerichtete Ersuchen um Bewirkung einer Zustellung (Civilprozeßordnung § 196) ist die einem Gerichtsvollzieher für den gleichen Akt zustehende Gebühr als Gerichtsgebühr zu erheben, sofern nicht die Zustellung von Amtswegen bewirkt wird.[1])[2])

1. Nach § 2 der Gerichtsvollzieher-Gebührenordnung beträgt die Gebühr für die Bewirkung einer Zustellung nach § 194 d. C.P.O. 40 Pf., in den amtsgerichtlichen und schöffengerichtlichen Sachen, soweit diese Sachen nicht durch Einlegung eines Rechtsmittels an ein höheres Gericht gebracht sind, 25 Pf. Die Zustellung an den

Zustellungsbevollmächtigten mehrerer Betheiligten (C.P.O. § 189 Abs. 2) gilt als Eine Zustellung. Eine Abrundung dieser Gebühr nach § 7 findet nicht statt. Die Beglaubigung von Abschriften durch den Gerichtsschreiber ist gebührenfrei.

2. Vorschußpflichtig ist der Antragsteller unbeschadet der späteren Zahlungspflicht der demnächst in die Kosten verurtheilten Partei. Wegen der Schreibgebühren siehe § 80, wegen der Portiauslagen dieser nur im Parteiauftrag erfolgenden Zustellungen siehe § 79 Nr. 2. Die Sollstellung dieser Gebühr erfolgt für die Staatskasse.

§ 41.

Für einen in Gemäßheit des § 510 der Civilprozeßordnung stattgehabten Sühnetermin, einschließlich des in demselben etwa aufgenommenen Vergleichs, werden drei Zehntheile der Gebühr (§ 8) erhoben[1]).

Die Gebühr wird, wenn der Gegner desjenigen, welcher zum Sühnetermin geladen hat, nicht erschienen oder der Sühneversuch erfolglos geblieben ist, auf die Gebühren eines entstehenden Rechtsstreits angerechnet[2]).

1. Wird auf Antrag beider Parteien der Rechtsstreit sofort verhandelt, so werden für diesen nur die Gebühren nach den allgemeinen Regeln erhoben. Wird der Antrag vor dem Termine (das ist bis zum Aufrufe der Sache im Termine selbst) zurückgenommen, so wird keine Gebühr, nicht einmal die des § 46 erhoben (Motive).

Erscheint im Termin von den Parteien Niemand, so ist die Gebühr des § 41 gleichfalls geschuldet.

Für andere Sühneversuche (§§ 296, 609 ff. d. C.P.O.) werden Gebühren nicht erhoben.

2. Bezüglich der Anrechnung gilt hier das Gleiche, wie bei der Anrechnung der Gebühr des Zahlbefehls, siehe S. 56 Note 4. § 12 ist auf die Gebühr des § 41 nicht anwendbar.

§ 42.

Für das Vertheilungsverfahren (Civilprozeßordnung § 858 Abs. 6, §§ 872 bis 877, 882) werden fünf Zehntheile und, wenn das Verfahren vor dem Termine zur Ausführung der Vertheilung erledigt wird, drei Zehntheile der Gebühr (§ 8) erhoben.[1])[2])

1. Werthsgegenstand ist die gesammte hinterlegte Geldsumme. Der Vorschuß (§ 81) fällt in Ermangelung eines Antragstellers weg. (Motive.)

2. Die Kosten werden nach § 874 d. C.P.O. vom Bestande der Masse vorweg in Abzug gebracht.

§ 43.

Für die Verhandlung [1]) in dem zur Abnahme des Offenbarungseides [2]) bestimmten Termine werden im Falle des § 889 der Civilprozeßordnung zwei Zehntheile der Gebühr (§ 8) erhoben. [3])

Das Gleiche gilt für die Fälle der §§ 900, 901 der Civilprozeßordnung, sofern nicht über einen Widerspruch des Schuldners oder über einen spätestens im Termine gestellten Antrag auf Erzwingung der Eidesleistung zu entscheiden ist. [4])

1. Erscheint der Schuldner im Termine nicht oder verweigert er die Leistung des Eides, so bedarf es der Erhebung einer Gebühr für die Abhaltung des Termines nur dann, wenn nicht eine Entscheidung spätestens im Termine auf Grund des § 900 Abs. 3 oder § 901 d. C.P.O. zu ergehen hat; denn die Entscheidung zieht die Gebühr des § 35 Nr. 2 nach sich (Motive), und ist sodann eine Gebührenerhebung nach § 43 ausgeschlossen. Sowohl für die Verhandlung als auch für die Abnahme des Eides ist die Gebühr nach § 43 zu erheben. Im Falle des § 888 d. C.P.O. kommt die Gebühr nach § 35 Nr. 2 zum Ansatz.

Für die Abnahme des Offenbarungseides nach § 125 d. K.O. kommt keine Gebühr zum Ansatze (§ 56). Ebensowenig für Leistung von Offenbarungseiden auf Grund des Bürgerl. Gesetzbuches §§ 259, 260, 2006.

2. Das Verfahren beginnt mit der Ladung des Schuldners. Es ist demnach jedesmal ein neues gebührenpflichtiges Verfahren vorhanden, so oft, abgesehen von einer Vertagung des Termins, ein neuer Antrag mit Ladung vorliegt.

Unter „Verhandlung" ist nicht die kontradiktorische im Sinne des Gerichtskostengesetzes zu verstehen.

3. Wird in der Verhandlung ein Vergleich aufgenommen, so ist für denselben nicht die Gebühr des § 23 geschuldet, da es sich in diesem Falle nicht um Beilegung eines Rechtsstreites handelt.

Für die Zurücknahme des Antrags vor der Verhandlung kommt die Gebühr des § 46 $^{1}/_{10}$ von $^{2}/_{10}$ zum Ansatz.

4. Die Kosten fallen dem Antragsteller zur Last (§ 89).

Wegen Vorauszahlung der Haftkosten durch den Gläubiger siehe § 911 d. C.P.O.

§ 44.

Im Aufgebotsverfahren[1]) (Civilprozeßordnung §§ 946 bis 956, 959 bis 972, 977 bis 1024) wird ein Zehntheil der Gebühr (§ 8) erhoben:

1. für die Entscheidung über die Zulässigkeit des Antrags auf Erlassung des Aufgebots;
2. für die vor der Einleitung des Aufgebotsverfahrens erfolgende Entscheidung über den Antrag auf Anordnung der Zahlungssperre[2]);
3. für die Verhandlung im Aufgebotstermine;
4. für die Endentscheidung.

1. Hinsichtlich der Werthsberechnung kommen die §§ 3, 4, 5 d. C.P.O. u. § 10 dieses Gesetzes zur Anwendung.

Das Gericht kann die Verbindung mehrerer Aufgebote anordnen, und ist erst vom Zeitpunkte der Verbindung an nur ein Verfahren für die Gebührenerhebung vorhanden. Vorschußpflichtig nach §§ 81 und 84 ist der Antragsteller. Siehe auch § 971 d. C.P.O.

Andere als die oben bezeichneten vier Gebühren können im gerichtlichen Aufgebotsverfahren nicht zum Ansatze kommen, und für alle weiteren nicht oben aufgeführten Entscheidungen und Anordnungen, welche im Aufgebotsverfahren nothwendig werden können (z. B. § 956 d. C.P.O.), wird eine Gebühr nicht berechnet.

Die Theilung der Bauschgebühr in vier Gebührensätzen (4 × je $^1/_{10}$ nicht $^4/_{10}$) bezweckt nur eine Ermäßigung der Kosten für den Fall, als das Verfahren nicht bis zu seinem gedachten Abschlusse fortgeführt wird.

Die Anfechtung eines Ausschlußurtheiles gilt für die Gebührenerhebung als besonderes nach §§ 8, 18—24 zu besteuerndes Verfahren (Motive).

2. Ist die sofortige Einleitung des Aufgebotsverfahrens nach § 1015 Satz 2 d. C.P.O. unzulässig, so hat das Gericht die Zahlungssperre zu verfügen (§ 1020 d. C.P.O.). Dieser gebührenpflichtige Abschnitt des Aufgebotsverfahrens ist erst bei der Neutextirung dieses Gesetzes eingefügt worden.

§ 45.

Drei Zehntheile der Gebühr (§ 8) werden erhoben für die Entscheidung, einschließlich des vorangegangenen Verfahrens, in der Beschwerdeinstanz[1—3]), soweit die Beschwerde als unzulässig verworfen oder zurückgewiesen wird oder die Kosten des Verfahrens einem Gegner zur

Last fallen. Insoweit dies nicht der Fall ist, werden Gebühren nicht erhoben[4]).

Diese Vorschrift kommt bei Anträgen auf Aenderung einer Entscheidung des beauftragten oder ersuchten Richters oder des Gerichtsschreibers (Civilprozeßordnung § 576) zur entsprechenden Anwendung.

1. Für die Beschwerdeinstanz sieht das Gesetz von einer Gebührenerhebung nach Maßgabe der stattgehabten Akte (§ 18) ab und schreibt in § 45 nur eine Bauschgebühr für das Gesammtverfahren vor. In Rücksicht auf das für alle Beschwerdesachen gleichmäßige Verfahren erschien eine Unterscheidung der Arten von Rechtsstreitigkeiten, wie sie für die erste Instanz vorgesehen ist, nicht angezeigt.

Die das ganze Verfahren besteuernde, stets nur in einem Theil des Satzes § 8 (nicht eventuell der §§ 25, 26, 27–44) bestehende Bauschgebühr des § 45 wird nicht nur für jeden nach den Vorschriften der Civilprozeßordnung §§ 567 ff. zu erledigenden Fall der Einlegung des Rechtsmittels der Beschwerde erhoben, sondern dieselbe kommt auch bei Beschwerden im Konkursverfahren nach § 57 und in Strafsachen nach § 78 Nr. 2 lit. c, endlich auch im Verfahren betreffend die Zwangsvollstreckung in das unbewegliche Vermögen (R.G. v. 4. 3. 79 Bd. 3 S. 374), dann betreffend eine Angelegenheit der freiwilligen Gerichtsbarkeit oder die Geschäfte der Justizverwaltung (R.G. v. 9. 3. 86 Bd. 15 S. 414) zum Ansatz. Auf nichtprozessuale Beschwerden im Bereiche der Dienstaufsicht und in der Rechtshilfe nach § 160 d. G.V.G. ist jedoch § 45 nicht anwendbar. Siehe auch § 68.

Dem Beschwerdeführer sowohl als dem Antragsteller in den Fällen § 576 d. C.P.O. u. a. wird es unter Umständen an einem Prozeßgegner fehlen, beispielsweise, wenn kein Theil die angegriffene Entscheidung beantragt hat oder deren Aufrechthaltung wünscht. Wird in solchen Fällen die Beschwerde beziehungsweise der Antrag begründet befunden, so tritt Gebühren- nicht aber Auslagenfreiheit ein. (Motive u. R.G. v. 4. 1. 88, J.W. S. 70). Siehe auch § 80a Nr. 1.

Der Beschwerdeführer ist nach §§ 81, 85 zwar vorschußpflichtig, doch wird in der Regel von Einforderung eines Vorschusses Umgang genommen werden können.

2. Der Werth des Beschwerdegegenstandes bestimmt sich nach dem Interesse, welches der Beschwerdeführer an der Beschwerde hat, und ist eventuell gemäß §§ 3 u. 9 d. C.P.O. nach freiem richterlichen Ermessen festzusetzen. (Beschl. d. R.G. IV. C. S. v. 14. 2. 94 Blätter f. bayer. Finanzwesen 1895 S. 55).

Werden mehrere Anträge durch eine Entscheidung beschieden, so kommt auch nur eine Gebühr, welche aus dem Gesammtwerthe der Beschwerdegegenstände zu berechnen ist, zum Ansatz.

Die Entscheidung, welche im Verfahren der weiteren Beschwerde ergeht, ist bestimmend für die Erhebung der Gebühr des § 45. Ist z. B. die erste Beschwerde als begründet angenommen, auf die weitere Beschwerde des Gegners aber diese Entscheidung aufgehoben und die erste Beschwerde als unzulässig verworfen oder als unbegründet zurückgewiesen worden, so ist für jedes der beiden Beschwerdeverfahren die Gebühr des § 45 geschuldet, ohne daß es einer ausdrücklichen Verurtheilung zu den Kosten bedarf. Umgekehrt kann die für die erste Beschwerde in Folge ihrer Verwerfung oder Zurückweisung geschuldet gewesene Gebühr dadurch rückgängig gemacht werden, daß auf die weitere Beschwerde des Antragstellers die erste Entscheidung wieder aufgehoben und der durch sie verworfenen oder zurückgewiesenen Beschwerde abgeholfen wird; würde in diesem Falle das Gericht nicht über die Kosten entscheiden oder doch sie nicht dem Gegner zur Last legen, so wären beide Beschwerdeverfahren gebührenfrei; die Verurtheilung des Gegners zu den Kosten würde dagegen zur Folge haben, daß gegen ihn für beide Verfahren Gebühren anzusetzen wären (Rittmann G.K.Ges. S. 241).

3. Zum vorangegangenen Verfahren zählt auch die Aussetzung des Vollzugs einer angefochtenen Entscheidung und die Erlassung einer einstweiligen Anordnung (§ 572 Abs. 2 u. 3 d. C.P.O.), indem für die im Beschwerdeverfahren ergangene Entscheidung nicht neuerlich die Gebühr des § 35 Nr. 3 zum Ansatze kommt.

4. Die Bestimmung im letzten Satze des § 45 Abs. 1 schließt die Erhebung einer Gebühr nach § 46 für den Fall der Zurücknahme einer Beschwerde nicht aus (Reichst.Commiss.Prot. v. 4. Mai 1878).

§ 46.

Wird[1] eine Klage[2], ein Antrag[3], ein Einspruch[4] oder ein Rechtsmittel[5] zurückgenommen, bevor ein gebührenpflichtiger Akt[6] stattgefunden hat, so wird ein Zehntheil der Gebühr erhoben, welche für die beantragte Entscheidung oder im Falle des § 43 für die beantragte Verhandlung zu erheben sein würde[7].

Diese Gebühr wird nicht erhoben, wenn ein zur Terminsbestimmung eingereichter Schriftsatz vor Bestimmung des Termins zurückgezogen ist.

Betrifft die Zurücknahme[8] nur einen Theil des Streitgegenstandes, während über einen anderen Theil verhandelt, entschieden oder ein Vergleich aufgenommen wird, so ist die Gebühr für die Zurücknahme nur insoweit zu erheben, als die Verhandlungsgebühr oder die Entscheidungsgebühr sich erhöht haben würde, wenn die

Verhandlung, die Entscheidung oder der Vergleich auf den zurückgenommenen Theil erstreckt worden wäre[9])[10]).

1. Die Vorschrift des § 46 in Verbindung mit der des § 81 sichert die Erhebung einer Gebühr für den Fall, daß das Gericht mit einem Rechtsstreit befaßt wird, ohne daß es in der Instanz zu einem gebührenpflichtigen Akte kommt. Erfolgt in dem vorausgesetzten Falle keine Zurücknahme, so wird der Vorschuß innebehalten (Motive).

2. Die Zurücknahme muß die Hauptsache betreffen. Werden lediglich Nebenforderungen ohne die Hauptsache zurückgenommen, so findet deren Zurücknahme für eine Gebührenerhebung nach § 46 keine Berücksichtigung.

3. Anträge nach §§ 29, 34, 35, 36, 37, 38, 43 u. 44.

4. Einspruch siehe §§ 26 Nr. 6, 30 Abs. 2, 32 Abs. 2.

5. Berufung, Revision und Beschwerde (siehe auch § 45).

6. Unter „Akte" sind eines Theils die Verhandlung nach §§ 18 Nr. 1, 19, andern Theils die Entscheidung für die Angelegenheiten nach §§ 29, 34, 35, 36, 37, 38, 43, 44 u. 45 zu verstehen.

7. Die Zurücknahmegebühr beträgt demnach bei einem Streitgegenstande von 400 M.:

In gewöhnlichen Prozessen, dann beim Einspruche (§ 30 Abs. 2, 32 Abs. 2) $^1/_{10}$ von 15 M. (§ 8) = 1 M. 50 Pf.

In Urkunden- und Wechselprozessen $^1/_{10}$ von 9 M. (§§ 8, 25) = 90 Pf.

Bei Angelegenheiten nach §§ 26, 29 $^1/_{10}$ von 7 M. 50 Pf. = 80 Pf. (§ 7 Abs. 2).

Bei Streitigkeiten und Anträgen nach §§ 27, 34, 36, sowie im Beschwerdeverfahren (§ 45) $^1/_{10}$ v. 4 M. 50 Pf. = 50 Pf. (§ 7 Abs. 2).

Bei Anträgen nach §§ 35, 37 Nr. 1 u. 43 $^1/_{10}$ von 3 M. = 30 Pf.

Bei Anträgen nach §§ 37 Nr. 2, 38, 44 $^1/_{10}$ v. 1 M. 50 Pf. = 20 Pf. (§ 7 Abs. 1).

Ausnahmen siehe § 41, dann § 47.

Die Zurücknahmegebühr kann so oft zum Ansatze kommen, als Theile der Hauptsache zurückgenommen werden, da § 12 auf die Gebühr des § 46 nicht Anwendung findet.

8. Die Erhebung der Zurücknahmegebühr ist nicht an die nach der Civilprozeßordnung erforderlichen formellen Voraussetzungen zur Klags- oder Rechtsmittelzurücknahme geknüpft. Es genügt, wenn die Zurücknahme aus den Parteierklärungen hervorgeht. Sie wird z. B. auch erhoben, wenn der in der Rechtsmittelschrift formulirte Antrag in einem späteren vorbereitenden Schriftsatz eingeschränkt worden ist (R.G. v. 15. 1. 90 Bd. 25 S. 380).

Wird im Verhandlungstermine die Erklärung abgegeben, daß, nachdem dem Anspruche in der Hauptsache nachgegeben sei, lediglich Kostenurtheil verlangt werde, so ist in dieser Erklärung eine Zurücknahme der Klage für die Hauptsache zu erblicken (O.L.G. Karlsruhe v. 9. 3. 83, Busch Zeitschr. f. d. Civilprozeßordnung XII S. 166. Rittmann G.K.Ges. S. 245).

9. Die Bestimmung in Abs. 3 dürfte am besten durch ein Beispiel Erläuterung finden.

Beispiel.

In einem Rechtsstreite über 500 Mk. wird der Betrag von 49 Mk. vor der Verhandlung zurückgenommen. In diesem Falle kommt eine Gebühr nach § 46 nicht zum Ansatz, da die Verhandlungsgebühr aus 500 — 49 = 451 Mk. ebenso viel nämlich 20 Mk. (§ 8) beträgt, als wenn diese aus dem ursprünglichen Hauptanspruche von 500 Mk. zu berechnen gewesen wäre. Es würde sich demnach die Verhandlungsgebühr nicht erhöht haben.

Anders liegt die Sache aber, wenn hier 50 Mk. zurückgenommen werden. Die Verhandlungsgebühr aus 450 Mk. beträgt nach § 8 15 Mk. und würde sich auf 20 Mk. erhöhen, wenn die Verhandlung auch noch auf den zurückgenommenen Betrag von 50 Mk., sonach auf 450 Mk. + 50 Mk. = 500 Mk., den Klagsanspruch, erstreckt worden wäre. In diesem Falle kommt nun die Gebühr des § 46 aus dem zurückgenommenen Theilbetrage von 50 Mk. mit 30 Pfg. zum Ansatz.

10. Hinsichtlich der Anrechnung der Gebühr des § 37 Nr. 1 siehe Anmerkung dortselbst.

§ 47.

Gebühren[1]) werden nicht erhoben für die Verhandlung und Entscheidung:

1. über die Prozeß- oder Sachleitung[2]), einschließlich der Bestimmung oder Aenderung von Terminen und Fristen;
2. über die Bewilligung oder Entziehung des Armenrechts, sowie die Verpflichtung zur Nachzahlung von Kosten (Civilprozeßordnung § 126);
3. über die Zuständigkeit des obersten Landesgerichts (§ 7 des Einführungsgesetzes zur Civilprozeßordnung) oder der Kammer für Handelssachen (Gerichtsverfassungsgesetz §§ 103 bis 106), über die Bestimmung des zuständigen Gerichts[3]) (Civilprozeßordnung § 36), die Uebernahme eines Entmündigungsverfahrens[4]) (Civilprozeßordnung § 650 Abs. 3, § 651 Abs. 2), die Bestimmung eines Gerichtsvollziehers (Civilprozeßordnung § 827 Abs. 1, § 854

Abs. 1) oder eines Sequesters (Civilprozeßordnung §§ 848, 855);

4. über die Ablehnung eines Richters, eines Gerichtsschreibers oder eines Sachverständigen (Civilprozeßordnung §§ 42 bis 49, 406);
5. über die Verpflichtung eines Gerichtsschreibers, gesetzlichen Vertreters, Rechtsanwalts oder anderen Bevollmächtigten, sowie eines Gerichtsvollziehers zur Tragung der durch Verschulden derselben veranlaßten Kosten (Civilprozeßordnung § 102);
6. über die Verpflichtung eines Rechtsanwalts zur Zurückgabe einer vom Gegner ihm mitgetheilten Urkunde (Civilprozeßordnung § 135);
7. über die Verpflichtung zur Abgabe eines Zeugnisses oder Gutachtens (Civilprozeßordnung §§ 386 bis 389, 408);
8. über die Zwangsmaßregeln gegen einen Zeugen oder Sachverständigen, sowie die Verurtheilung derselben zu Kosten und Strafe (Civilprozeßordnung §§ 380, 381, 390, 409);
9. über die Bestellung eines Vertreters für eine nicht prozeßfähige oder unbekannte Partei, für ein von dem Eigenthümer aufgegebenes Grundstück oder für einen Erben, der die Erbschaft noch nicht angenommen hat (Civilprozeßordnung §§ 57, 58, 494, 668, 679, 686, 779, 787);
10. über die Berichtigung eines Urtheils oder des Thatbestandes desselben[5]) (Civilprozeßordnung §§ 319, 320);
11. über die Vollstreckbarkeit[6]) der durch Rechtsmittelanträge nicht angefochtenen Theile eines Urtheils (Civilprozeßordnung §§ 534, 560);
12. über die Zulassung einer Zustellung oder eines Aktes der Zwangsvollstreckung zur Nachtzeit oder an einem Sonntag oder allgemeinen Feiertage (Civilprozeßordnung §§ 188, 761);
13. über die Mitwirkung des Gerichts[7]) bei Handlungen der Zwangsvollstreckung in den Fällen des § 758

Abs. 3, der §§ 789, 790 Abs. 1, § 912 der Civilprozeßordnung;)

14. über die in § 35 Nr. 4 bezeichneten Anträge, Einwendungen oder Erinnerungen, soweit dieselben für begründet befunden werden und die Kosten des Verfahrens nicht dem Gegner, sondern dem Gerichtsvollzieher zur Last fallen;[8])

15. über Anträge auf Ertheilung der Vollstreckungsklausel (Civilprozeßordnung §§ 724, 725, 795, 797 Abs. 1), sofern nicht Gebühren nach den Vorschriften des § 26 Nr. 8 oder des § 38 zu erheben sind;

16. über Anträge auf Anordnung der Rückgabe einer Sicherheit im Falle des § 715 der Civilprozeßordnung, sowie über Gesuche um Ertheilung des Zeugnisses der Rechtskraft oder um Ertheilung des Zeugnisses, daß innerhalb der Nothfrist ein Schriftsatz zum Zwecke der Terminsbestimmung nicht eingereicht sei[9]), oder um Bestimmung einer Frist zum Nachweise der Zustellung eines Schriftsatzes (Civilprozeßordnung § 706).

Ist in den Fällen der Nr. 2, 4, 5, 6, 7, 10 das Verfahren nach freier richterlicher Ueberzeugung muthwillig veranlaßt, so hat das Gericht von Amtswegen die besondere Erhebung von drei Zehntheilen der Gebühr (§ 8) zu beschließen. Gegen den Beschluß findet Beschwerde nach Maßgabe des § 567 Abs. 2 und der §§ 568 bis 575 der Civilprozeßordnung sowie des § 4 Abs. 3 dieses Gesetzes statt.[10])

In der Beschwerdeinstanz findet die Bestimmung des ersten Absatzes keine Anwendung, wenn die Beschwerde als unzulässig verworfen oder zurückgewiesen wird.

1. Die Bestimmungen des § 47 enthalten die objektiven Gebührenbefreiungen.

Die Motive bemerken hiezu, daß es keiner Ausführung bedürfe, daß für einzelne Handlungen im Rechtsstreite, welche nicht einen der als gebührenpflichtig bezeichneten Akte darstellen, wie für die protokollarische Aufnahme von Gesuchen, Beschwerden und Erklärungen, die Vermittlung des Gerichtsschreibers zur Beauftragung eines Gerichtsvollziehers, Erhebung und Bescheinigung des Widerspruchs im Mahnverfahren, und die Mittheilung desselben an den Kläger, für Benachrichtigungen und Anzeigen keine Gebühren zum

Ansatze kommen. Das Gleiche gilt für Sühneversuche innerhalb und außerhalb des Rechtsstreits mit Ausnahme des in § 41 vorgesehenen Falles.

Auf ein Verfahren, welches im Interesse der Beamtendisciplin eingeleitet wird, findet das Gesetz keine Anwendung, auch nicht, wenn dasselbe mittelbar durch einen Antrag einer Prozeßpartei (§ 766 C.P.O. — § 35 Nr. 4 —) veranlaßt worden ist.

Es werden in diesen Fällen nur keine Gebühren erhoben; bezüglich der Auslagen mit Ausnahme der Schreibgebühr (§ 80a Nr. 1, 4, 5) tritt eine Befreiung nicht ein.

2. Hieher gehören u. A. die Anordnung des persönlichen Erscheinens einer Partei (§§ 141, 619 d. C.P.O.), die Vorlage von Urkunden u. s. w. — soweit keine Beweisanordnung vorliegt — (§§ 142, 143 d. C.P.O.) die Trennung, Beschränkung oder Verbindung der Verhandlung (§§ 145 bis 147 d. C.P.O.), die Aussetzung der Verhandlung (§§ 148, 149 d. C.P.O.), dann die Unterbrechung und Aussetzung des Verfahrens (§§ 239 ff. d. C.P.O.).

Wegen Aufnahme eines unterbrochenen oder ausgesetzten Verfahrens siehe aber § 26 Nr. 4.

Auch der Beschluß, durch welchen der Antrag auf Erlassung des Versäumnißurtheils zurückgewiesen wird (§ 335 d. C.P.O.) fällt unter § 47 Nr. 1 (O.L.G. Rostock v. 11. 10. 80, Wismar 83 S. 42; Rittmann G.K.Ges. S. 258).

3. Vergleiche aber § 26 Nr. 2, wenn es sich um Vereinbarung über die Zuständigkeit eines Gerichts handelt (§ 40. d. C.P.O.)

4. Der Fall berührt die Ueberweisung des Verfahrens an das Amtsgericht des Aufenthaltsortes des zu Entmündigenden. Bezüglich des Verfahrens selbst siehe § 34 Nr. 1.

5. Ueber Ergänzung eines Urteils siehe aber § 29.

6. Im Falle des § 718 d. C.P.O. kommt § 26 Nr. 7 zur Anwendung.

7. In Betracht kommen hier die Anrufung militärischer Hülfe durch das Vollstreckungsgericht, dann das Einschreiten einer Behörde auf Ersuchen des Vollstreckungsgerichts, das Ersuchen an die zuständige Militärbehörde um die Zwangsvollstreckung gegen Personen des Soldatenstands. Nicht aber, wenn es sich um eine Zwangsvollstreckung in einem ausländischen Staate handelt, welche im Wege der Rechtshülfe durch ausländische Behörden oder durch einen Reichskonsul erfolgen soll. Siehe auch § 35 Nr. 2.

8. Der allgemeine Auftrag des Gläubigers zur Zwangsvollstreckung hat keineswegs zur Folge, daß auch ungesetzliche oder unzulässige Vollstreckungshandlungen des Gerichtsvollziehers stets vom Gläubiger zu vertreten seien. (Reichst. Com.-Prot. vom 4. Mai 1878). Vergleiche hiezu auch § 35 Nr. 4.

9. Handelt es sich aber um Anträge auf Abänderung der Entscheidung des Gerichtsschreibers, so kommt § 45 Abs. 2 zur Anwendung.

10. Die Muthwillensgebühr, welche stets aus den Einheitssätzen der § 8 eventuell § 49 zu erheben ist, kann nach § 94 Nr. 3 sofort erhoben werden.

Ueber Beschwerde siehe § 45.

§ 48.

Ist außer dem Falle des § 335 der Civilprozeßordnung[1]) durch Verschulden einer Partei oder eines Vertreters derselben die Vertagung einer mündlichen Verhandlung oder die Anberaumung eines Termines zur Fortsetzung der mündlichen Verhandlung veranlaßt, oder ist durch nachträgliches Vorbringen von Angriffs- oder Vertheidigungsmitteln, Beweismitteln oder Beweiseinreden, welches zeitiger erfolgen konnte, die Erledigung des Rechtsstreits verzögert worden, so kann das Gericht von Amtswegen die besondere Erhebung[2]) einer Gebühr für die verursachte weitere Verhandlung, sowie einer Gebühr für die durch das neue Vorbringen veranlaßte nochmalige Beweisanordnung beschließen. Die Gebühr besteht in der vollen Gebühr (§ 8); sie kann jedoch bis zu zwei Zehntheilen herabgesetzt werden.[3])

Gegen den Beschluß findet Beschwerde nach Maßgabe des § 567 Abs. 2 und der §§ 568 bis 575 der Civilprozeßordnung sowie des § 4 Abs. 3 dieses Gesetzes statt.[4])

1. Die Ausnahme betrifft den Fall, daß die erschienene Partei Antrag auf Vertagung der mündlichen Verhandlung stellt, da sie den Voraussetzungen zur Erlassung eines Versäumnißurtheiles nicht genügen kann.

2. Die besondere Gebühr des § 48 kommt nur dann zur Erhebung, wenn eine weitere mündliche Verhandlung stattfindet oder nach bereits angeordneter Beweisaufnahme nochmals Beweis angeordnet wird. Die Verhandlungsgebühr kommt hier jedoch auch für eine nicht kontradiktorische Verhandlung zur Erhebung, weil sonst die Erhebung der besonderen Gebühr von dem Willen der säumigen Partei abhängig wäre; bei wiederholter Verzögerung ist auch die Erhebung der besonderen Gebühren zu wiederholen (Motive).

Der Fall der Vertagung des § 48 setzt voraus, daß die Verhandlung der Sache begonnen hatte und ist deshalb nicht gegeben, wenn die Vertagung ohne Eingehen auf die Verhandlung erfolgt ist. (Reichst.Comm.Prot. v. 6. Mai 1878).

3. Das Gericht hat also einen Spielraum von $^{10}/_{10}$ bis $^{2}/_{10}$ und kann demnach die anzusetzende Gebühr auf $^{8}/_{10}$ oder $^{5}/_{10}$ u. s. w. festsetzen.

Die besondere Gebühr des § 48 ist keine Verhandlungs- oder Beweisgebühr im Sinne des § 18, und findet natürlich auch keine Zusammenfassung mit diesen Gebühren nach § 28 statt.

Zur Verhängung der Gebühr des § 48 bedarf es weder einer mündlichen Sachverhandlung noch unter allen Umständen der mündlichen Verhandlung über einen Vertagungsantrag (R.G. v. 13. 12. 88 Bd. 22 S. 429).

Da diese Gebühren nicht zu den Kosten gerechnet werden können, welche zur zweckentsprechenden Rechtsverfolgung oder Rechtsvertheidigung nothwendig waren, so findet ein Anspruch auf Erstattung derselben gegen die in die Kosten des Prozesses verurtheilte Gegenpartei nicht statt. (Motive.) Die nach § 48 verhängte Gebühr kann sofort nach dem Beschlusse erhoben werden § 94 Nr. 3.

4. Hat eine Partei ohne Erfolg den Antrag gestellt, gegen den angeblich säumigen Theil die besondere Erhebung einer Gebühr nach § 48 zu beschließen, so steht ihr gegen den ablehnenden Beschluß keine Beschwerde zu (R.G. v. 27. 11. 93 Bd. 32 S. 392).

§ 49.

In der Berufungsinstanz erhöhen sich die Gebührensätze[1]) um ein Viertheil, in der Revisionsinstanz um die Hälfte.

Für eine Beweisanordnung[2]) sowie Beweisaufnahme in der Berufungsinstanz, welche nur auf Grund der in der ersten Instanz vorgebrachten Thatsachen und Beweismittel erfolgt, kommt eine Beweisgebühr nicht zur Erhebung, soweit eine solche rücksichtlich desselben Streitgegenstandes schon in der ersten Instanz zu erheben war.

1. Darunter sind die Gebühren nach §§ 8, 18—20, 22—27, 29, 35, 36, 38, 46, 47 Abs. 2 u. 48 zu verstehen. Siehe auch die Gebührentabelle II.

Eine Ausnahme macht nur die Bauschgebühr für das Beschwerdeverfahren § 45, welche sich nicht erhöht.

2. Je nachdem die Erledigung eines bedingten Urtheils in der ersten oder in der Berufungsinstanz eintritt, erhöht sich auch die Gebühr nach § 24.

Kommt eine in der ersten Instanz angeordnete aber nicht ausgeführte Beweisaufnahme in der Berufungsinstanz zur Erledigung, so wird die Gebühr nach § 22 auf die erhöhte volle Beweisgebühr der Berufungsinstanz angerechnet (R.G. v. 28. 9. 85, J.W. 86 S. 13).

Dritter Abschnitt.

Gebühren im Konkursverfahren.

Eine Erhebung der Gebühren nach einzelnen Akten oder Hauptmomenten des Verfahrens findet im Konkursverfahren nicht statt. In demselben liegt nicht in der Entscheidung der Schwerpunkt der richterlichen Thätigkeit, vielmehr hat letztere die gesammte Auseinandersetzung der Schuldverhältnisse zum Gegenstande. Dem entsprechend geht auch das Gerichtskostengesetz von dem Grundgedanken aus, daß eine Besteuerung im Konkurse, welche erschöpfend, gerecht und übersichtlich sein und mit der dem Konkursverfahren durch die Reichskonkursordnung verliehenen Gestaltung im Einklange stehen soll, nur durch Aufstellung von Bauschgebühren für das Verfahren als Ganzes zu erzielen sei, und zwar von verschiedenen Bauschgebühren je nach dem Ausgange des Verfahrens.

Das Gerichtskostengesetz nimmt nun die drei Arten, in welchen ein Konkursverfahren überhaupt erledigt werden kann: Schlußvertheilung, Zwangsvergleich und Einstellung des Verfahrens zur Grundlage und stuft demgemäß die im einzelnen Falle zu erhebenden Gebühren ab.

Für das der Konkurseröffnung vorangegangene Verfahren werden besondere Gebühren nicht erhoben; wohl aber ist dasselbe zu berücksichtigen, wenn es zur Konkurseröffnung nicht kommt.

Das Konkursverfahren als solches kennt keine verschiedenen Instanzen.

Soweit gegen einzelne Entscheidungen im Konkursverfahren das Rechtsmittel der Beschwerde zulässig ist, ist neben der Bauschgebühr für das Konkursverfahren eine besondere Gebühr und zwar die gleiche, wie sie für Entscheidungen über Beschwerden oder für die Zurücknahme derselben in bürgerlichen Rechtsstreitigkeiten gemäß §§ 45, 46 zur Erhebung gelangt, zum Ansatz zu bringen. (Motive.)

§ 50.

Auf die Gebühren im Konkursverfahren finden die Vorschriften des § 8 über die Werthsklassen und den Gebührensatz, sowie der §§ 14, 16, 17 dieses Gesetzes und des § 3 der Civilprozeßordnung über die Werthsfestsetzung[1]) entsprechende Anwendung.

1. Im Konkursverfahren werden auch die neben dem Hauptanspruche geltend gemachten Nebenforderungen (§ 4 d. C.P.O.) bis zum Tage der Konkurseröffnung berechnet und zu der Hauptforderung zugerechnet. Siehe ferner §§ 52, 53 Abs. 2, 54 und 58 Abs. 2.

§ 51.

Für das Konkursverfahren, einschließlich des der Eröffnung vorangegangenen Verfahrens, werden erhoben:[1–3])

1. wenn auf Grund der Schlußvertheilung die Aufhebung des Konkursverfahrens erfolgt, mit Einschluß von Nachtragsvertheilungen, das Zweifache der Gebühr (§ 8);
2. wenn auf Grund eines Zwangsvergleichs die Aufhebung erfolgt, die volle Gebühr (§ 8) und acht Zehntheile derselben;
3. wenn nach dem Beginne des Vollzugs einer Abschlagsvertheilung[4]) (Konkursordnung § 159 Abs. 2) oder nach dem Beginn eines Vergleichstermins eine Einstellung des Verfahrens (Konkursordnung §§ 202, 204) erfolgt, die volle Gebühr (§ 8) und fünf Zehntheile derselben;
4. wenn nach dem Ablaufe der Anmeldefrist und vor den unter Nr. 3 bezeichneten Zeitpunkten eine Einstellung erfolgt, die volle Gebühr (§ 8) und drei Zehntheile derselben;
5. wenn vor dem Ablaufe der Anmeldefrist eine Einstellung erfolgt, acht Zehntheile der Gebühr (§ 8).[5])

1. Wegen Erhebung des Gebührenvorschusses siehe § 82, wegen eines Auslagenvorschusses § 84, wegen der Erhebung von Schreibgebühren § 80.

2. Die Gebühren werden fällig, sobald das Verfahren durch Aufhebung oder Einstellung erledigt ist; doch können je nach dem Fortgange des Verfahrens Abschlagszahlungen erhoben werden (§ 95 Abs. 1).

Schuldner der Gebühren und Auslagen ist die Masse beziehungsweise der Konkursverwalter, welcher für die Berichtigung der Kosten Sorge zu tragen hat.

3. Alle übrigen in den §§ 51, 53, 54, 55, 57 u. 58 nicht aufgeführten Akte, Entscheidungen und Handlungen, welche vor und nach der Eröffnung des Verfahrens stattfinden können, sind einer Gebühr nicht unterworfen.

4. Unter dem Vollzuge einer Abschlagsvertheilung ist die Ausführung derselben durch den Konkursverwalter zu verstehen (K.O. § 167); sie beginnt nach der Festsetzung des zu zahlenden Prozentsatzes mit der die Abhebung der Dividenden einleitenden Mittheilung des Prozentsatzes an die berücksichtigten Gläubiger (K.O. § 159 Abs. 2). (Motive.)

5. Die Gebühren des § 51 sind Massekosten (K.O. § 58 Nr. 1), welche aus der Konkursmasse vorweg zu berichtigen sind.

§ 52.

Die im § 51 bestimmte Gebühr wird nach dem Betrage der Aktivmasse erhoben. Massekosten, mit Ausnahme der Gebühren des Konkursgerichts, des Konkursverwalters und des Gläubigerausschusses, sowie Masseschulden werden abgesetzt.[1]) Gegenstände, welche zur abgesonderten Befriedigung dienen, werden nur in Höhe des für diese nicht erforderlichen Betrags angesetzt.

Ist die Aktivmasse höher als die Schuldenmasse,[2]) so wird die Gebühr nach dem Betrage der letzteren erhoben.

Für die Berechnung der Masse ist die Zeit der Beendigung des Verfahrens maßgebend.[3])

1. Zur Aktivmasse gehören auch die aus verzinslich angelegten zur Konkursmasse gehörigen Geldern bis zum Tage des Aufhebungs- oder Einstellungsbeschlusses erwachsenen Zinsen. Gegenstände, welche zur abgesonderten Befriedigung dienen, können nur zu dem für die Konkursgläubiger übrig bleibenden Theile berücksichtigt werden, und sind sich hierin Mobilien wie Immobilien völlig gleich.

Von dem ermittelten Aktivbestande sind zunächst abzuziehen:

a. die Massekosten (§ 58 d. K.O.), das sind die Kosten, welche im Interesse aller Konkursgläubiger zur Durchführung des Befriedigungsverfahrens erforderlich sind, z. B. die Kosten für Siegelung und Inventur, für Sicherstellung der Aktivmasse, für die Verhaftung des Schuldners, für die Veröffentlichung der Termine u. A. mit Ausnahme der obenerwähnten Gebühren.

b. die Masseschulden (§ 59 d. K. O.) das sind die Ansprüche, welche aus Geschäften oder Handlungen des Konkursverwalters entstehen, oder Ansprüche aus zweiseitigen Verträgen aus einer rechtlosen Bereicherung der Masse.

Aus dem hienach verbleibenden Restbetrage der Aktivmasse werden die Gebühren des Gerichts berechnet. Nach Abzug der Gebühren kommen die Auslagen des Gerichts, die Ausgaben des Konkursverwalters und die etwa dem Gemeinschuldner bewilligte Unterstützung zur Berücksichtigung.

Schwieriger gestaltet sich die Berechnung der Aktivmasse, wenn das Verfahren durch einen Zwangsvergleich erledigt wird. Auch hier ist die gleiche Berechnung der Aktivmasse wie oben vorzunehmen und zwar unter Zuhilfenahme des Inventars und nach Rücksprache mit dem Konkursverwalter; eventuell hat das freie Ermessen des Gerichts einzutreten (§ 3 d. C.P.O.). Zu beachten ist jedoch, daß es auf die Höhe der durch den Zwangsvergleich den Gläubigern gewährten Dividende nicht ankommt. (Landgericht Straßburg 22. 4. 95, Rittmann G.K.Ges. S. 286.)

2. Ueber Berechnung der Schuldenmasse siehe Note 1 zu § 50.

3. Ist infolge geleisteter Abschlagszahlungen mehr erhoben worden, als nach dem am Schlusse des Verfahrens festgestellten Aktivbestande sich berechnet, so tritt bezüglich dieser Ueberhebungen natürlich Berichtigung ein.

§ 53.

Für den Beschluß, durch welchen der Antrag auf Eröffnung des Konkursverfahrens abgewiesen wird, einschließlich des vorangegangenen Verfahrens, werden drei Zehntheile der Gebühr (§ 8) erhoben.[1])

Wird das Verfahren durch Versagung der Zulassung des Antrags (Konkursordnung § 105 Abs. 1, § 208 Abs. 2, § 210 Abs. 2, §§ 213, 217 Abs. 2, § 218 Abs. 2, § 236, Gesetz, betreffend die Erwerbs- und Wirthschaftsgenossenschaften, § 100 Abs. 2) oder durch Zurücknahme des zugelassenen Antrags erledigt, so wird nur ein Zehntheil der Gebühr (§ 8) erhoben.[2])

Die Vorschrift des § 52 findet Anwendung; sofern jedoch der Antrag von einem Gläubiger gestellt wird und die Forderung[3]) desselben nicht höher ist, als der Betrag der Aktivmasse, wird die Gebühr nach dem Betrage dieser Forderung erhoben.

1. Diese Bestimmung bezieht sich nur auf den Gemeinschuldner als Antragsteller (§ 104 d. K.O.).

Bei Zurückweisung des Antrages auf Eröffnung des Konkursverfahrens ist für Feststellung des Gebührensatzes die im Antrage bezeichnete resp. in der Verhandlung berichtigte Höhe der Aktivmasse maßgebend, vorbehaltlich der Erledigung von Erinnerungen, welche gegen die Angabe nach §§ 4 u. 16 erhoben werden (Reichst.Commiss.Prot. v. 11. April 1878).

2. Wird der Antrag vor seiner Zulassung zurückgenommen, so kommen Gebühren nicht zum Anfall. Die Zurücknahme eines schon zugelassenen Antrags besteuert das Gesetz mit einem Zehntheil der Gebühr des § 8. Dieselbe Quote erscheint auch für

den die Zulassung versagenden Bescheid angemessen. In beiden Fällen wird vorausgesetzt, daß durch die Zurücknahme oder die Versagung das Verfahren erledigt wird. Denn nicht der einzelne Antrag wird besteuert, sondern die Gebühr ist als eine Bauschgebühr für das ganze Eröffnungsverfahren anzusehen. Bei mehrseitigen Anträgen werden daher je nach dem Ausgange des Verfahrens immer nur drei Zehntheile bezw. ein Zehntheil der Gebühr erhoben, mögen von den Anträgen einzelne vor Erledigung des Verfahrens zurückgenommen oder zurückgewiesen werden oder nicht. Unberührt davon bleibt allerdings die Vorschuß- und die Haftpflicht mehrerer Antragsteller (Abschnitt VI) (Motive).

3. Werthsgegenstand ist die Forderung und zwar die Hauptsache sammt etwa beanspruchten Zinsen und sonstigen Nebenforderungen siehe § 50.

§ 54.

Für jeden besonderen Prüfungstermin[1]) (Konkursordnung § 142) werden nach dem Betrage der einzelnen Forderungen, zu deren Prüfung der Termin dient, die volle Gebühr (§ 8) und, soweit Anmeldungen vor der Prüfung zurückgenommen werden, drei Zehntheile der Gebühr (§ 8) erhoben[2]). Auf die Werthsberechnung[3]) findet die Vorschrift des § 148 der Konkursordnung entsprechende Anwendung.

1. Die Kosten eines besonderen Prüfungstermines hat nach § 142 Abs. 3 d. K.O. der säumige Gläubiger zu tragen. Die nachträgliche Anmeldung für sich konnte vom Gesetze nicht besteuert werden; dasselbe hat vielmehr die besondere Gebühr auf den nachträglichen Prüfungstermin zu legen und diese von jeder Forderung zu erheben, zu deren Prüfung der Termin dient, d. h. zu deren Prüfung er anberaumt ist oder deren Prüfung, falls die Anmeldung nach der Anberaumung des Termines erfolgte, in demselben stattgefunden hat. (Motive.)

2. Wird die Anmeldung noch vor Anberaumung des besonderen Prüfungstermines zurückgenommen, so wird keine Gebühr erhoben.

Bei theilweiser Zurücknahme und theilweiser Feststellung der nachträglich angemeldeten Forderung werden die $^{3}/_{10}$ und die $^{10}/_{10}$ Gebühr aus dem jeweiligen Theilbetrage berechnet, und ist § 12 Abs. 2 hier nicht anwendbar.

Wegen der Vorschuß- und Zahlungspflicht des Antragstellers siehe § 82 Nr. 2 u. 84 dieses Gesetzes u. § 142 Abs. 3 d. K.O. Hinsichtlich der sofortigen Fälligkeit der Gebühren des § 54 siehe § 95 Abs. 2. Für die Auslagen haften mehrere Gläubiger nach Kopftheilen § 91.

3. Werthsgegenstand ist die auf die nachträgliche angemeldete Forderung sammt Nebenforderungen entfallende Dividende, nicht ihr Nennbetrag.

§ 55.

Für die auf Betreiben des Konkursverwalters erfolgende Zwangsverwaltung oder Zwangsversteigerung eines zur Konkursmasse gehörigen Gegenstandes (Konkursordnung §§ 126, 127) wird die Gebühr nach den Vorschriften über die Gebührenerhebung für Zwangsvollstreckungen[1]) besonders erhoben[2]).

1. Hier kommen die Bestimmungen des § 35 Nr. 2 und eventuell § 46 in Betracht, sodann die particulären Gebührengesetze hinsichtlich der Zwangsverwaltung und Zwangsversteigerung des unbeweglichen Vermögens.

Werthsgegenstand ist derjenige Betrag, welcher als Aktivrest in die Konkursmasse fällt, eventuell der Gesammtbetrag der Konkursforderungen, wenn dieser niedriger ist, oder es ist das Interesse der Konkursmasse festzusetzen.

2. Diese besonders erhobenen Gebühren zählen, falls sie dem Konkursverwalter zur Last fallen, zu den Massekosten (§ 52).

§ 56.

Für die in Gemäßheit des § 125 der Konkursordnung erfolgende Abhaltung des zur Abnahme des Offenbarungseides[1]) bestimmten Termins (§ 43), sowie für das Verfahren und die Entscheidung über Anträge auf Erzwingung der Eidesleistung (Civilprozeßordnung § 901) werden Gebühren nicht erhoben.[2])

1. Die Abnahme des Eides ist ein so wünschenswerthes und zu begünstigendes Mittel zur Feststellung der Konkursmasse, daß es sich empfiehlt, die Gebühr des § 53 fallen zu lassen, mag die Ladung seitens des Konkursverwalters oder eines Konkursgläubigers erfolgen. (Motive.)

2. Die Befreiung von Gebühren erstreckt sich nicht auf etwaige Auslagen. Diese Auslagen gehören gleichfalls zu den Massekosten, siehe Note 1 lit. a zu § 52.

§ 57.

Für die Beschwerdeinstanz wird die in den §§ 45, 46 bestimmte Gebühr besonders erhoben[1]).

Im Falle der Beschwerde gegen den Beschluß über

Eröffnung des Konkursverfahrens (Konkursordnung § 109) oder den Beschluß über Bestätigung eines Zwangsvergleichs (Konkursordnung §§ 189, 230 Abs. 2, § 236) finden die Vorschriften des § 52 Anwendung[2]).

1. Wird der Beschwerde stattgegeben, so kommen auch keine Schreibgebühren zum Ansatze. § 80a Nr. 1.

Diese Gebühren zählen nicht zu den Massekosten.

2. In allen andern Fällen hat das Gericht je nach Lage der Sache zu prüfen, was den Gegenstand der Beschwerde bildet, nach welchem die Gebührenberechnung stattfinden soll. (Motive.)

§ 58.

Für ein wiederaufgenommenes Konkursverfahren wird einschließlich der Wiederaufnahme die volle Gebühr (§ 8) besonders erhoben. Die Vorschriften der §§ 52, 54 bis 57 finden Anwendung[1]).

Wird vor der Wiederaufnahme die Anordnung von Sicherheitsmaßregeln beantragt (Konkursordnung § 197 Abs. 2), so wird die Gebühr in Gemäßheit des § 35 nach dem Werthe des Gegenstandes, durch welchen die Sicherung erfolgen soll, besonders erhoben.[2])[3])

Die Gebühr für die Anordnung einer Sicherheitsmaßregel wird im Falle der Wiederaufnahme auf die im ersten Absatz bezeichnete Gebühr angerechnet.

1. Diese Gebühr gehört zu den Massekosten.

Für den Fall, daß der Antrag nicht zur Wiederaufnahme führt, wird keine Gebühr, insbesondere nicht die des § 53 erhoben. (Motive.)

2. Sicherungsgegenstände, welche zur abgesonderten Befriedigung dienen, werden nur in Höhe des für diese nicht erforderlichen Betrags angesetzt § 52 Abs. 1. (Reichst.Commiss.Prot. v. 11. April 1878.)

Ueber Vorschußpflicht des Antragstellers siehe § 82 Nr. 3.

3. Zum Ansatze kommt die Gebühr des § 35 Nr. 3 aus dem Werthe des Gegenstandes, durch welchen die Sicherung erfolgen soll, sofern dieser geringer ist als der voraussichtliche Betrag der Aktivmasse, andernfalls nach letzterer. (Siehe Rittmann G.K.Ges. S. 302.)

Die Erhebung der Gebühr kann sofort nach Erledigung des Antrags erfolgen. § 95 Abs. 2.

Vierter Abschnitt.

Gebühren in Strafsachen.

Im Strafverfahren gewinnen die Vorzüge des Bauschgebührensystems ganz besondere Bedeutung. Dies gilt namentlich von der einfachen und leichteren Handhabung im Vollzuge, auf welche hier umsomehr Bedacht genommen werden mußte, als nach § 497 der Strafprozeßordnung eine Ueberbürdung der Kosten auf die Staatskasse oder eine Außeransatzlassung derselben wegen Mittellosigkeit des Angeklagten nicht Platz greift, die Verurtheilung zu einer Strafe vielmehr jedesmal auch die Verurtheilung in die Kosten nach sich zieht, und demnach die auf die Gebührenberechnung zu verwendende Thätigkeit hier in den meisten Fällen erfolglos sein wird.

Vor allem aber kommt für dieses System hier in Betracht, daß es subjektiven Einflüssen wenig Spielraum gewährt. Diesen eröffnet sich ein weites Feld, sobald einzelne Handlungen der richterlichen Thätigkeit beim Gebührenansatz in Betracht kommen. Denn innerhalb der vorgeschriebenen Formen, in welchen sich der Strafprozeß bewegt, ist die Entfaltung der richterlichen Thätigkeit vom subjektiven Ermessen wesentlich abhängig. Der eine Richter wird in derselben Untersuchung mehrere Vorladungen erlassen, mehrere Zeugen vernehmen, mehr Verhöre anstellen als der andere. Für den Angeklagten ist das Ergebnis der Gesammtthätigkeit das allein und einzig Wesentliche.

Im Einzelnen unterscheidet das Gesetz zwischen dem

Verfahren auf erhobene öffentliche Klage

und dem

Verfahren auf erhobene Privatklage.

(Motive.)

§ 59.

In Strafsachen[1]) giebt die rechtskräftig[2]) erkannte Strafe den Maßstab für die Höhe der Gerichtsgebühren aller Instanzen[3]).

Ist neben einer Freiheitsstrafe auf Geldstrafe erkannt, so wird der ersteren die für den Fall, daß die Geldstrafe nicht beigetrieben werden kann, festgesetzte Freiheitsstrafe hinzugerechnet. Ist die bedingte Festsetzung der Freiheitsstrafe unterlassen worden, so wird für jeden angefangenen Betrag von zehn Mark der Geldstrafe ein Tag Freiheitsstrafe zugerechnet.

Ist nur auf Geldstrafe und für den Fall, daß dieselbe nicht beigetrieben werden kann, auf Freiheitsstrafe erkannt, so bestimmt sich die Gebühr nach der Höhe der ersteren. In diesem Falle, sowie wenn nur auf Geldstrafe erkannt ist, darf die Gebühr den Betrag der Geldstrafe nicht übersteigen.[4–11])

1. Nicht hieher gehören insbesondere die Verurtheilungen zu Ordnungsstrafen nach §§ 56, 96, 178, 179—180 d. G.V.G., dann §§ 50, 69 u. 77 d. St.P.O. (Motive.)

2. Die Rechtskraft eines Urtheils tritt ein durch den Ablauf der Rechtsmittelfrist, durch den schon vorher erklärten Verzicht aller Prozeßbetheiligten auf das zulässige Rechtsmittel, oder durch Zurücknahme eingelegter Rechtsmittel, endlich durch ein Urtheil der höchsten Instanz (Stenglein St.P.O.).

Wird die erlittene Untersuchungshaft auf die erkannte Strafe ganz oder theilweise angerechnet (§ 60 d. St.G.B.), so ist selbstverständlich die an sich verwirkte Strafe nicht der nach Anrechnung der Untersuchungshaft etwa verbleibende Rest für den Gebührensatz maßgebend. (Motive).

Auch ein im Gnadenwege erfolgter Erlaß oder eine Ermäßigung bleibt ohne Einfluß, ebensowenig ein Erlaß in Folge Bewilligung einer Bewährungsfrist bei bedingter Begnadigung.

3. Die Gebühr für die Rechtsmittelinstanz ist aus derjenigen Strafe zu berechnen, welche durch das Rechtsmittelgericht ausgesprochen oder aufrechterhalten worden ist, nicht aus der Strafe, welche sich endgültig als rechtskräftig erkannt ergiebt, da dem Kostenansatze nur die Strafe für das oder die Delikte zu Grunde gelegt werden darf, über welche in der betreffenden Instanz entschieden ist oder nach dem gestellten Antrage entschieden werden sollte. Dieser Fall kann eintreten, wenn ein Angeklagter, der wegen mehrerer Strafthaten verurtheilt worden ist, hinsichtlich nur einer derselben ein Rechtsmittel eingelegt hat. (Siehe R.G. v. 8. 11. 94 Bd. XXVI S. 172 u. v. 20. 2. 95 Bd. XXVII S. 58.)

Rechtsfall. Ein Angeklagter wurde mit Urtheil des k. Landgerichts Karlsruhe vom 20. April 1894 wegen erschwerter Körperverletzung, gemeinschaftlichen Hausfriedensbruches und Thätlichkeiten mit einer Gefängnißstrafe von 8 Monaten und 1 Woche und 2 Tagen Haft bestraft. Derselbe hat gegen dieses Urtheil nur bezüglich seiner Verurtheilung wegen Hausfriedensbruches Revision eingelegt, und wurde diese Revision mit Urtheil des Reichsgerichts v. 12. 7. 94 zurückgewiesen. Die Gebühr wurde aus zwei Wochen Gefängniß, der nach erstinstanziellem Urtheil erkannten Einzelstrafe für den Hausfriedensbruch, mit 10 ℳ berechnet. (R.G. v. 8. 11. 94 Bd. XXVI S. 172.)

4. Strittig ist, ob bei Verurtheilungen auf Grund der §§ 135, 154, 155 des Vereinszollgesetzes vom 1. Juli 1869 oder auf Grund des § 65 Nr. 1 und des § 66 Nr. 1 des Ges. v. 23. Juni 1880, betreffend die Abwehr und Unterdrückung von Viehseuchen, in denen die Einziehung defraudirter Gegenstände bezw. gesetzwidrig ein-

geführter Thiere ausgesprochen wurde, der Werth dieser Gegenstände bezw. Thiere einen Bestandtheil der ausgesprochenen Strafe bildet und der in § 59 Abs. 2 erwähnten Freiheits- oder Geldstrafe zuzurechnen ist. Für die Zusammenrechnung sprechen die reichsgerichtlichen Entscheidungen vom 5. Jan. 1889 Bd. XVIII S. 369, dann vom 27. Februar 1890 Bd. XX S. 290 und vom 9. Novbr. 1891 Bd. XXII S. 213, siehe auch die Ausführungen bei Rittmann G.K.Ges. S. 310. Anders hat das Reichsgericht erkannt mit der Entscheidung vom 13. Juli 1891 Bd. XXII S. 103. Siehe auch § 495 d. St.P.O.

Zweifellos ist jedoch, daß die Einziehungen, welche nach § 40 d. St.G.B. ausgesprochen werden, außer Betracht zu bleiben haben, da sie nicht als Vermögensstrafe anzusehen sind.

5. Die Buße des § 231 d. St.G.B. hat nicht den Charakter einer Strafe, sondern einer Entschädigung. (R.G. v. 7. 3. 87 R. Bd. IX S. 171, O.L.G. München v. 5. 10. 88 Bd. V. S. 174).

6. Der zur Strafe verurtheilte Angeklagte hat die Kosten des Verfahrens auch dann zu tragen, wenn die Verurtheilung erst in der zweiten Instanz erfolgt ist. Es sind also auch Gebühren für die mit Freisprechung geendete I. Instanz anzusetzen (O.L.G. München v. 10. 10. 91 Bd. VI S. 563).

7. Im Falle der Wiederaufnahme des Verfahrens ist die in diesem Verfahren erkannte Strafe maßgebend.

8. Vom Beschuldigten, welcher straffrei ausgeht, wird eine Gebühr nicht erhoben, selbst dann nicht, wenn der freigesprochene Angeklagte durch sein Verhalten zur Untersuchung schuldhaft Veranlassung gegeben hat, ebensowenig wenn im Laufe des Verfahrens Anträge, Gesuche oder Beschwerden zurückgewiesen worden sind (Motive).

9. Der zur Strafe verurtheilte Angeklagte hat auch diejenigen Kosten (Auslagen) zu tragen, welche durch eine unrichtige Behandlung entstanden sind (R.G. v. 29. 10. 85 R. Bd. VII S. 710). Auch hat derselbe sämmtliche Kosten der Voruntersuchung zu tragen, auch wenn die letztere auf Grund einer anderen strafrechtlichen Beurtheilung der That, als der in dem Eröffnungsbeschlusse angenommenen, eingeleitet und durchgeführt ist (R.G. v. 1. 11. 88 R.Bd. X S. 609).

10. Ist z. B. auf eine Geldstrafe von 1 M. 71 Pf. erkannt, so beträgt die Gebühr gleichfalls nur 1 M. 71 Pf., und tritt eine Abrundung auf 1 M. 80 Pf. nicht ein.

11. Siehe auch die Bestimmungen in Privatklagesachen.

§ 60.

Im Falle des § 79 des Strafgesetzbuchs bestimmt sich die Gebühr für das neue Verfahren durch den Betrag, um welchen die Gesammtstrafe die früher erkannte Strafe übersteigt.[1])

Im Falle des § 492 der Strafprozeßordnung ist eine besondere Gebühr nicht zu erheben[2]).

1. Die Gebühren des früheren Verfahrens berechnen sich aus der in demselben erkannten Einzelstrafe. Wird z. B. ein Angeklagter in dem früheren Verfahren zu 5 Wochen Gefängniß und in dem neuen Verfahren zu 7 Wochen Gefängniß verurtheilt, so kommen für das frühere Verfahren 30 M. und für das neue 7—5 Wochen = 2 Wochen = 10 M. zum Ansatz.

2. Hier handelt es sich um Zurückführung verschiedener rechtskräftiger Urtheile auf eine Gesammtstrafe.

§ 61.

Betrifft eine Strafsache mehrere Angeschuldigte,[1]) so ist die Gebühr von jedem Verurtheilten[2])[3]) besonders nach Maßgabe der gegen ihn erkannten Strafe zu erheben.[4])

1. Werden zwei Angeklagte als Gesammtschuldner zu einer Geldstrafe von z. B. 500 M. verurtheilt, so ist von jedem die Gebühr mit je 60 M. (§ 62 Nr. 5) zu erheben (R.G. 8. 7. 90 Bd. XXI S. 61).

2. Jedem Verurtheilten fallen die Gerichtsgebühren und die Kosten seiner Untersuchungshaft und Strafvollstreckung allein zur Last. (R.G. v. 18. 11. 90 Bd. XXI S. 164). Jedoch haften Mitangeklagte für die sonstigen Auslagen, sofern nicht nach § 498 Abs. 1 d. St.P.O. eine Entbindung von der Tragung eines Theils derselben vorliegt, als Gesammtschuldner § 498 Abs. 2 d. St.P.O. (R.G. v. 29. 10. 85 R. Bd. VII S. 624).

Werden dieselben nicht als Gesammtschuldner in Bezug auf dieselbe That verurtheilt, so tritt für dieselben hinsichtlich der Auslagen Haftung nach Kopftheilen ein (§ 91).

3. Einem Mitangeklagten dürfen die besonderen Kosten, die in verbundenen Strafsachen durch die Verhandlung von solchen Strafthaten entstanden sind, bei denen nicht er selbst sondern lediglich andere Angeklagte betheiligt sind, nicht zur Last gelegt werden. (R.G. v. 9. 11. 96 Bd. XXIX S. 145 u. v. 21. 10. 97 Bd. XXX S. 287).

4. Von den Kosten eines gemeinschaftlichen Transportes hat jeder Verurtheilte den ihn treffenden Antheil zu tragen.

§ 62.

Für das Verfahren[1–7]) in erster Instanz werden erhoben:

im Falle einer Geldstrafe oder Freiheitsstrafe von:

1.	1 bis 20 Mark einschl. oder 1 bis 10 Tage einschl.	5 Mark
2.	mehr als 20 bis 30 Mark einschl. oder mehr als 10 Tage bis 14 Tage einschl. . . .	10 „
3.	mehr als 30 bis 60 Mark einschl. oder mehr als 14 Tage bis 4 Wochen einschl. . .	20 „
4.	mehr als 60 bis 150 Mark einschl. oder mehr als 4 Wochen bis 6 Wochen einschl.	30 „
5.	mehr als 150 bis 300 Mark einschl. oder mehr als 6 Wochen bis 3 Monate einschl.	45 „
6.	mehr als 300 bis 500 Mark einschl. oder mehr als 3 Monate bis 6 Monate einschl.	60 „
7.	mehr als 500 bis 1000 Mark einschl. oder mehr als 6 Monate bis 1 Jahr einschl. .	75 „
8.	mehr als 1000 bis 1500 Mark einschl. oder mehr als 1 Jahr bis 2 Jahre einschl. .	100 „
9.	mehr als 1500 bis 3000 Mark einschl. oder mehr als 2 Jahre bis 3 Jahre einschl. .	130 „
10.	mehr als 3000 Mark oder mehr als 3 Jahre bis 10 Jahre einschl.	180 „
11.	im Falle einer schwereren Strafe . . .	300 „
	Ist auf Verweis erkannt, so beträgt die Gebühr	5 „
	und ist ausschließlich auf Verlust der bürgerlichen Ehrenrechte überhaupt oder einzelner bürgerlicher Ehrenrechte erkannt .	45 „

1. Auf die Höhe der Gebühr ist es ohne Einfluß, ob das Verfahren in erster Instanz vor dem Amts- bezw. Schöffengerichte oder vor dem Landgerichte stattgefunden hat.

2. Hiezu wurde in der Reichstagskommission noch Folgendes konstatirt:

a) Wenn neben einer anderen Freiheitsstrafe auf Festungshaft oder auf Haft erkannt worden ist, ist bei Berechnung der Gebühr die Zeitdauer der mehreren Strafen zusammenzurechnen und das hiedurch erlangte Zeitmaß nach den Bestimmungen des § 62 zu Grunde zu legen.

b) Forststrafsachen bleiben der Partikulargesetzgebung vorbehalten (Prot. v. 4. April 1878).

3. Ist neben einer Geld- oder Freiheitsstrafe auch noch auf Verweis erkannt, so kommt neben der Gebühr für diese Strafen die Verweisgebühr besonders zum Ansatz.

4. Im Falle der Zurückverweisung einer Sache nach §§ 369, 394, 395 d. St.P.O. bildet das neue Verfahren mit dem früheren Verfahren ein Verfahren der Instanz. Siehe auch § 77 Satz 2.

5. Ein Monat ist gleich 30 bezw. 31 Tagen.

6. Hinsichtlich des Verlustes der bürgerlichen Ehrenrechte vergleiche § 32 d. St.G.B.

7. Diese Gebühren kommen auch in der Berufungs- sowie in der Revisionsinstanz zur Erhebung. Vergleiche § 65 Abs. 1. Ueber Ermäßigung dieser Gebührensätze vergl. § 64.

§ 63.

Zwei Zehntheile der Sätze des § 62 werden erhoben in dem Verfahren bei amtsrichterlichen Strafbefehlen, wenn die Strafe ohne Hauptverhandlung rechtskräftig festgesetzt ist (Strafprozeßordnung § 450).[1][2])

Wird der gegen einen Strafbefehl erhobene Einspruch wegen Ausbleibens des Angeklagten in der Hauptverhandlung durch Urtheil verworfen (Strafprozeßordnung § 452), so sind für das ganze Verfahren[3]) vier Zehntheile der Sätze des § 62 zu erheben.

1. Hat in Folge des erhobenen Einspruches eine mündliche Hauptverhandlung stattgefunden, so sind die Gebühren nicht nach § 63, sondern nach § 62 zu berechnen. Für den Strafbefehl jedoch kommen dann besondere Gebühren nicht mehr zum Ansatz.

Betrifft eine Berufung die Verwerfung des gegen einen Strafbefehl erhobenen Einspruchs (St.P.O. § 452), so kommt die Bestimmung des § 65 Abs. 3 zur Anwendung (Motive).

2. Die Gebühr beträgt z. B. bei einer Geldstrafe von 1 M $^{2}/_{10}$ von 5 M. (§ 62 Nr. 1) = 1 M. nicht 20 Pf.

3. Für das ganze Verfahren einschließlich des Strafbefehls werden nur $^{4}/_{10}$, das wären im vorerwähnten Falle 2 M., erhoben.

§ 64.

Hat weder eine Voruntersuchung[1]), noch in dem Hauptverfahren eine Beweisaufnahme[2]) stattgefunden, so kann das Gericht die Sätze des § 62 bis auf fünf Zehntheile ermäßigen[3]).

Das Gleiche gilt in den Fällen des § 211 der Strafprozeßordnung[4]).

1. Vergleiche den dritten Abschnitt der Strafprozeßordnung §§ 176—195.
2. Ueber Beweisaufnahmen vergleiche §§ 222, 224, 418, 424, 427 d. St.P.O.
3. Also auch auf 9/10, 8/10 u. s. w. z. B. 5/10 aus § 62 Nr. 2 = 5 M.
4. Dies betrifft den Fall, daß vor dem Schöffengerichte ohne schriftlich erhobene Anklage und ohne Eröffnungsbeschluß zur Hauptverhandlung geschritten wird.

§ 65.

Die Sätze des § 62 sind für die Berufungsinstanz, sowie für die Revisionsinstanz zu erheben[1]), wenn in derselben eine Hauptverhandlung stattgefunden hat und das Rechtsmittel nicht als unzulässig verworfen wird[2]).

Hat eine Beweisaufnahme[3]) in der Berufungsinstanz nicht stattgefunden, so kann das Gericht die Sätze bis auf fünf Zehntheile ermäßigen.

Wird die Berufung wegen Ausbleibens des Angeklagten in der Hauptverhandlung verworfen (Strafprozeßordnung § 370), oder betrifft die Berufung die Verwerfung des gegen einen Strafbefehl erhobenen Einspruchs (Strafprozeßordnung § 452), so sind vier Zehntheile zu erheben.[4])[5])

1. Wird ein Rechtsmittel wegen Ueberbürdung von Kosten, wegen Zuerkennung einer Buße u. A. erhoben, so können die Gebühren nach § 65 nicht zum Ansatze kommen, da Voraussetzung für dieselbe die Anfechtung der zuerkannten Strafe ist.
2. Vergleiche auch §§ 66 Nr. 2 u. 76.
3. Ueber Beweisaufnahme siehe Note 2 zu § 64.
4. Hat der Ehemann einer Verurtheilten selbstständig oder der gesetzliche Vertreter eines Beschuldigten ein Rechtsmittel eingelegt, so sind die Kosten für das Rechtsmittelverfahren, sofern der Beschuldigte zur Strafe verurtheilt wird, aus dieser Strafe von dem Ehemanne bezw. dem gesetzlichen Vertreter zu erheben.
5. Siehe auch Note 3 zu § 59.

§ 66.

Ein Zehntheil der Sätze des § 62 wird besonders erhoben:[1—3])

1. für Verwerfung eines Gesuchs um Wiedereinsetzung in den vorigen Stand (Strafprozeßordnung §§ 46, 234, 370 Abs. 2).

2. für die Entscheidung, durch welche eine Berufung oder Revision als unzulässig verworfen wird (Strafprozeßordnung §§ 360, 363, 386, 389);
3. für die Entscheidung, durch welche ein Antrag auf Wiederaufnahme[4]) des Verfahrens als unzulässig verworfen wird (Strafprozeßordnung § 408);
4. für die Entscheidung, durch welche ein Einspruch[5]) gegen einen amtsrichterlichen Strafbefehl (Strafprozeßordnung § 449) oder ein Antrag auf gerichtliche Entscheidung nach vorangegangener polizeilicher Strafverfügung (Strafprozeßordnung § 454) oder nach Erlaß eines Strafbescheides einer Verwaltungsbehörde (Strafprozeßordnung § 460) als unzulässig verworfen wird;
5. für Zurückweisung von Beschwerden[6]) gegen die unter Nr. 1 bis 4 bezeichneten Entscheidungen.

1. Die Gebühr wird nur erhoben, wenn diese vorbezeichneten Anträge oder Gesuche verworfen bezw. zurückgewiesen werden. Für stattgebende Entscheidungen kommt keine Gebühr zum Ansatz.

2. Diese Gebühren werden neben den Gebühren der §§ 62, 63, 65 erhoben, aber nur von dem verurtheilten Antragsteller.

3. Für den Fall einer Zurücknahme vor der beantragten Entscheidung werden $^{3}/_{10}$ dieser Gebühren von $^{1}/_{10}$ erhoben (§ 76). Z. B. bei einer Strafe von 500 Mk. = $^{1}/_{10}$ = 6 Mk., $^{3}/_{10}$ von 6 Mk. = 6 × 3 = 1 Mk. 80 Pf.

4. Vergleiche § 67 Abs. 1. Verwerfung des Antrages auf Wiederaufnahme.

5. Vergleiche auch § 63 Abs. 2 Verwerfung des Einspruchs wegen Ausbleibens des Angeklagten.

6. Sonstige Zurückweisungen als der in §§ 66, 67, 68, 69 u. 78 aufgeführten Fälle wie z. B. bei Anträgen auf Entlassung aus der Untersuchungshaft, auf Aufhebung einer Beschlagnahme (St.P.O. § 94), bei der Erklärung des Anschlusses an eine erhobene öffentliche Klage (St.P.O. § 436), bei Anträgen auf Aufschub der Strafvollstreckung (St.P.O. § 490) sind gebührenfrei. Siehe auch § 68. Ueber Zurücknahme von Beschwerden vergleiche § 76.

§ 67.

Wird ein Antrag auf Wiederaufnahme des Verfahrens als unbegründet[1]) verworfen (Strafprozeßordnung §§ 410, 411 Abs. 1), so werden zwei Zehntheile und, wenn eine Beweisaufnahme[2]) stattgefunden hat (Strafprozeßordnung § 409), vier Zehntheile der Sätze des § 62 erhoben.

Für Zurückweisung von Beschwerden[3]) gegen die im vorstehenden Absatze bezeichneten Entscheidungen wird ein Zehntheil der Sätze des § 62 erhoben.

1. Wird der Antrag als unzulässig verworfen, so ist die Gebühr nach § 66 Nr. 3 zu erheben. Im Falle der Wiederaufnahme des Verfahrens siehe § 77. Wird der Antrag von mehreren Verurteilten gestellt, so wird von jedem die Gebühr besonders erhoben (§ 61).

2. Ueber Beweisaufnahme siehe Note 2 zu § 64.

3. Für die Zurückweisung von Beschwerden in Strafsachen sind die Gebührensätze nicht gleich hoch, vergleiche § 68.

§ 68.

Für die Zurückweisung anderer[1]), als der in § 66 Nr. 5, § 67 Abs. 2 bezeichneten Beschwerden wird eine Gebühr von 1 Mark erhoben.

Die Gebühr[2]) ist von dem Beschuldigten nur zu erheben, wenn er zur Strafe rechtskräftig verurtheilt wird.

1. Zu den gebührenpflichtigen Beschwerden gehören sowohl die des Beschuldigten als auch dritter Personen z. B. über Verhaftung, Beschlagnahme, Berechnung der erkannten Strafen, Ablehnung eines Richters, Auferlegung der Kosten eines außergerichtlichen Verfahrens, Auferlegung einer Ordnungsstrafe u. s. w.

Bei den Beschwerden letzterer Gattung ist es ohne Belang, ob die Ordnungsstrafe in einer Civilsache oder in einer Strafsache verhängt wurde. Voraussetzung ist nur, daß auf die Beschwerde die Vorschriften der Strafprozeßordnung Anwendung finden.

2. Die Gebühr ist sofort mit der Entscheidung fällig (§ 93).

Nur im Falle, daß die Beschwerde vom Angeschuldigten erhoben worden ist, muß dessen Verurtheilung abgewartet werden, da keine Gebühr dann zum Ansatze kommt, wenn er freigesprochen wird.

§ 69.

Werden in den Fällen der §§ 172 und 173 der Strafprozeßordnung nach Maßgabe der §§ 175 und 504 derselben dem Antragsteller die Kosten auferlegt, so beträgt die Gebühr:[1–3])

wenn es sich um eine Uebertretung[4]) handelt 20 Mark,
wenn es sich um ein Vergehen handelt . . 50 „
wenn es sich um ein Verbrechen handelt . 100 „

Das Gleiche gilt im Falle des § 501 der Strafprozeßordnung.

Im Falle des § 174 Abs. 2 der Strafprozeßordnung ist die Hälfte der vorstehenden Sätze zu erheben. Das Gleiche gilt, wenn nach eröffnetem Hauptverfahren[5]) die Einstellung des Verfahrens wegen Zurücknahme[6]) desjenigen Antrags erfolgt, durch welchen dasselbe bedingt war.[7])

1. Wenn in dem Falle des § 173 d. St.P.O. das Gericht, wenngleich es den Angeschuldigten außer Verfolgung setzt oder freispricht oder das Verfahren einstellt, auf Grund der Vorschrift in § 504 a. a. O. den Antragsteller von der Tragung aller Kosten oder einer Quote derselben entbindet, so fällt natürlich die Gebühr des § 69 ganz oder zum entsprechenden Theile hinweg (Motive).

Der Entscheidung muß die formelle Prüfung des Antrags vorhergehen. Wird der Antrag aus formellen Gründen als unzulässig verworfen, so greift die Bestimmung des § 69 nicht Platz.

2. Wenn der Richter im Falle des § 504 d. St.P.O. zur theilweisen Kostentragung verurtheilt, z. B. zu ¼ der Kosten, so ist auch nur die dem zuerkannten Kostentheile entsprechende Quote der Gebühr des § 69, also im angeführten Beispiele ¼ dieser Gebühr zu erheben (Reichst.Commiss.Prot. v. 7. Mai 1878).

3. Die Gebühr kann nur einmal für das gesammte Verfahren erhoben werden, gleichviel ob das Verfahren von einer oder mehreren Personen oder ob es gegen eine oder mehrere Personen hinsichtlich der gleichen Handlungen beantragt wurde.

Eine Bewilligung des Armenrechts behufs Stellung des Antrages nach § 170 Abs. 2 u. 3 d. St.P.O. ist nicht statthaft (O.L.G. München v. 18. 1. 82 Bd. II S. 111).

4. Ueber die Qualifikation der Reate siehe § 1 d. St.G.B. Betrifft der Antrag mehrere Delikte, so wird der schwerste Fall zu berücksichtigen sein. Ist die strafbare Handlung aus dem Antrage nicht zu ersehen, so kommt jedenfalls die niedrigste Gebühr in Frage.

5. Ueber Eröffnung des Hauptverfahrens vergleiche §§ 201, 211 d. St.P.O.

6. Bei Zurücknahme des Strafantrages läßt das Gesetz die Erhebung einer Gebühr nur dann zu, wenn das Hauptverfahren schon eröffnet war (Motive). Von der Zahlung der Auslagen ist der Antragsteller nicht befreit. (O.L.G. München v. 28. 2. 84 Bd. III S. 119.)

7. Ueber Antragsdelikte siehe St.G.B. §§ 102, 179, 236 (Verbrechen), §§ 103, 104, 123 Abs. 1, 170, 172, 182, 189, 194 bis 196, 232, 236, 237, 247, 263, 288, 292, 299, 300—303 (Vergehen), § 370 Nr. 5 u. 6 (Uebertretungen).

Ist wegen Beamtenbeleidigung der Antrag sowohl von dem Beleidigten als auch von dessen vorgesetzter Dienstesbehörde gestellt worden, und erfolgt die Zurücknahme sowohl von jenem wie von dieser, so kommt keine Gebühr für die Zurücknahme zum Ansatz, da den amtlichen Vorgesetzten die Kosten der Zurücknahme des Antrags nicht auferlegt werden können. (O.L.G. München v 4. 3. 90 Bd. VI S. 131, O.L.G. Colmar v. 19. 4. 81, Jur. Zeitschr. VI S. 365, siehe Rittmann G.K.Ges. S. 340).

Hat hingegen der beleidigte Beamte selbstständig allein Strafantrag gestellt und sodann den Antrag zurückgenommen, so fallen ihm die Kosten zur Last und ist er für dieselben auch verhaftet, selbst wenn der Angeklagte sich vor Gericht bereit erklärt hat, die entstandenen Kosten zu tragen. (O.L.G. München v. 13. 10. 87 Bd. IV S. 575 u. R.G. v. 4. 7. 92 Bd. XXIII S. 197).

Hinsichtlich der Auslagen fallen dem Antragsteller nur diejenigen zur Last, welche durch seinen Antrag veranlaßt sind, nicht die ganzen bis zur Einstellung des Verfahrens erwachsenen. (R.G. v. 4. 1. 83 Bd. VII S. 409.)

§ 70.

Für das Verfahren auf erhobene Privatklage [1]) werden in erster Instanz erhoben [2]):

1. wenn nach Beginn [3]) der Hauptverhandlung Einstellung des Verfahrens erfolgt 5 Mark
2. wenn außer dem Falle der Nr. 1 die Instanz ohne Beweisaufnahme [4]) durch Urtheil beendigt wird 15 „
3. wenn außer dem Falle der Nr. 1 die Instanz nach stattgehabter Beweisaufnahme durch Urtheil beendigt wird 20 „

Dieselben Sätze sind für die Berufungsinstanz sowie für die Revisionsinstanz zu erheben.

Für die Widerklage [5]) wird ein besonderer Satz nicht erhoben.[6])

Die von der Verwaltungsbehörde erhobene Klage (Strafprozeßordnung § 464) ist nicht als Privatklage im Sinne dieses Gesetzes zu erachten.

1. Für das Verfahren auf erhobene Privatklage stellt

das Gerichtskostengesetz in den §§ 70—73 besondere Grundsätze auf, die durch die Eigenart des bezüglichen prozessualen Verfahrens bedingt sind. Es liegt hier unzweifelhaft das Bedürfniß vor, auch in denjenigen Fällen Gebühren zu erheben, in welchen das Verfahren nicht zu einer Verurtheilung des Beschuldigten führt, weil nur so einer mißbräuchlichen Geltendmachung des Klagerechtes mit Erfolg entgegen getreten werden kann. Für die vom Privatkläger zu erhebende Gebühr kann die beantragte Strafe schon deshalb nicht maßgebend sein, weil nach den Vorschriften der Strafprozeßordnung der Privatkläger zur Stellung eines auf eine bestimmte Strafe lautenden Antrages nicht verbunden ist. Ginge man aber bei der Bemessung der vom Beschuldigten zu tragenden Kosten von der ihm zuerkannten Strafe aus, so würde es sich unter Umständen treffen, daß der verurtheilte Beschuldigte geringere Kosten zu tragen hätte, als solche für den abgewiesenen Privatkläger normirt werden müssen, wenn man des angestrebten Zweckes sicher sein soll. Deshalb bestimmt das Gerichtskostengesetz in § 70 eine für beide Theile gleich fest bemessene je nach dem Umfange des stattgehabten Verfahrens abgestufte Bauschgebühr.

2. Wird eine Privatklagesache gleichzeitig mit einer auf öffentliche Klage anhängigen Sache verhandelt, so muß für den Gebührenansatz eine Sonderung des einen von dem andern Verfahren eintreten (Motive). Es sind demnach von dem Verurtheilten zwei Gebühren, eine nach § 70 und eine nach § 62 zu erheben.

Uebernimmt der Staatsanwalt die Verfolgung, so wird der Privatkläger zum Nebenkläger, und das Verfahren gilt für die Gebührenbewerthung als auf öffentlicher Klage erhoben.

Werden mehrere Privatklagen desselben Klägers gegen denselben Beschuldigten verbunden und durch eine gemeinsame Entscheidung beendigt, so liegt nur ein Verfahren vor, und ist nur einmal die einfache Gebühr des § 70 zu erheben. (Siehe Rittmann G.K.Ges. S. 344.)

Im Falle der Betheiligung mehrerer Personen vergleiche § 73. Vorschußpflichtig nach §§ 83, 84, 90 ist der Privatkläger.

Nur dem Privatkläger kann das Armenrecht ertheilt werden. Nicht aber hat der Angeklagte darauf Anspruch, wenn auch mittels einer Widerklage die Bestrafung des Klägers verlangt wird (O.L.G. München v. 24. 9. 91 Bd. VI S. 709).

Schuldner der Gebühren ist nur der zu den Kosten rechtskräftig Verurtheilte sowie der Angeschuldigte, welcher die Kosten übernommen hat (§§ 86, 88). In allen sonstigen Fällen ist der Privatkläger oder bezw. sein Nachlaß Kostenschuldner. (R.G. v. 6. 12. 87 R. Bd. IX S. 705.)

3. Die Hauptverhandlung beginnt mit dem Aufrufe der Zeugen und Sachverständigen (§ 242 d. St.P.O.)

Nach Beginn der Hauptverhandlung kann wegen Zurücknahme des Strafantrages die Einstellung nur mittelst Urtheils erfolgen (§ 259 Abs. 2 d. St.P.O.). Ob in diesem Falle eine Beweisaufnahme stattgefunden hat oder nicht, ist für die Gebührenberechnung ohne Belang.

4. Ueber Beweisaufnahme vergleiche §§ 222, 223, 243, 244 d. St.P.O. Die Verlesung des Zeitungsartikels, in welchem die Beleidigung, wegen deren die Klage erhoben worden ist, enthalten sein soll, stellt eine Beweisaufnahme dar (L.G. Crefeld v. 3. 2. 96, Zeitschrift d. rhein. Amtsr. Ver. XIV S. 61, Rittmann G.K.G. S. 323).

Die Beweisaufnahme gilt als „stattgehabt", so bald sie begonnen hat. Vergleiche hieher insbesondere §§ 222, 223 d. St.P.O.

5. Wird die Widerklage zurückgenommen, so kommt die Gebühr des § 76 nicht zur Erhebung. Das Gleiche ist der Fall, wenn die Klage zurückgezogen wird und das Verfahren wegen der Widerklage fortgesetzt wird.

6. Vorschußpflichtig nach § 83 ist der Widerkläger nicht, wohl aber hinsichtlich der Auslagen nach §§ 84, 90.

§ 71.

In dem Verfahren auf erhobene Privatklage sind:

1.	in den Fällen des § 66 Nr. 1, 2, 3, sowie bei Zurückweisung von Beschwerden gegen die ebendaselbst bezeichneten Entscheidungen[1])	2 Mark
2.	im Falle des § 67 Abs. 1	4 „
	und, wenn eine Beweisaufnahme[2]) stattgefunden hat	8 „
3.	im Falle des § 67 Abs. 2	2 „
4.	in den Fällen des § 68	1 „
5.	für Zurückweisung[3]) einer Privatklage	3 „
6.	für Verwerfung einer Beschwerde über Zurückweisung einer Privatklage	3 „

zu erheben.

1. Bezüglich der Wiedereinsetzung in den vorigen Stand vergleiche § 431 Abs. 4 d. St.P.O.

2. Hinsichtlich des Begriffes „Beweisaufnahme" siehe Note 4 zu § 70.

3. Die Zurückweisung kann auch nach der Mittheilung der Klage erfolgen (§§ 422—423 d. St.P.O.). Für die Zurückweisung einer Widerklage wird keine Gebühr erhoben (§ 70 Abs. 3).

§ 72.

Bei Zurücknahme einer Privatklage vor Beginn der Hauptverhandlung[1]) werden 2 Mark erhoben.

1. Die Hauptverhandlung beginnt mit dem Aufrufe der Zeugen und Sachverständigen. Eine vorhergehende Beweisaufnahme nach §§ 222, 224 d. St.P.O. wird hier nicht berücksichtigt.

Als Zurücknahme gilt es im Verfahren erster und, soweit der Angeklagte die Berufung eingelegt hat, im Verfahren zweiter Instanz, wenn der Privatkläger in der Hauptverhandlung weder erscheint noch durch einen Rechtsanwalt vertreten wird, oder in der Hauptverhandlung oder einem anderen Termine ausbleibt, obwohl das Gericht sein persönliches Erscheinen angeordnet hatte, oder eine Frist nicht einhält, welche ihm unter Androhung der Einstellung des Verfahrens gesetzt war (§ 431 Abs. 2 d. St.P.O.). Vergleiche auch § 70, 73 und 76. Ueber Widerklage § 70 Abs. 3.

§ 73.

Sind in einer Sache mehrere Personen als Privatkläger oder als Beschuldigte in derselben Instanz betheiligt, so wird ohne Rücksicht auf die Zahl der Personen das Doppelte der in den §§ 70 bis 72 bestimmten Gebühren erhoben. [1] [2]

1. Ob eine Betheiligung mehrerer Personen vorliegt, ist für jede einzelne Gebühr (§§ 70, 71, 72, 76) zu prüfen. Beispielsweise kommt, wenn von mehreren Privatklägern nur Einer Beschwerde einlegt, für die Zurückweisung nur der einfache Satz zur Erhebung. Selbstverständlich liegt eine Betheiligung mehrerer Personen nicht vor, wenn eine zweite Person blos als Beistand des Privatklägers oder des Beschuldigten auftritt, wohl aber wenn neben dem Verletzten eine Person in Geltendmachung des ihr zustehenden Rechts selbstständig auf Bestrafung anzutragen, auftritt (Strafgesetzbuch §§ 195, 196, 232). (Motive.)

Eine Betheiligung mehrerer Personen liegt nicht vor, wenn ein Ehemann für sich und seine Ehefrau oder ein Vater für mehrere unter seiner Gewalt stehende Hauskinder als Privatkläger auftritt.

Dagegen sind mehrere Personen gegeben, wenn der Ehemann für sich neben seiner selbstständig klagenden Ehefrau oder der Vater neben den selbstständig klagenden Kindern auftritt. Daselbe ist der Fall, wenn ein Verein, eine Gesellschaft oder Corporation durch ihren Vertreter Klage erhebt, da dieser die Rechte mehrerer Personen wahrzunehmen hat.

2. Nach § 503 Abs. 4 d. St.P.O. haften mehrere Privatkläger und mehrere Angeklagte für alle Kosten (Gebühren und Auslagen) sammtverbindlich (O.L.G. München v. 18. 5. 93 Bd. VII S. 387).

§ 74.

Werden dem Nebenkläger[1]) die Kosten eines von ihm eingelegten Rechtsmittels auferlegt (Strafprozeßordnung § 441), so sind die Sätze zu erheben, welche nach Maßgabe der §§ 70, 71, 73 zu erheben sein würden, wenn er als Privatkläger das Rechtsmittel eingelegt hätte.[2—3])

1. Eine ähnliche Stellung, wie der Privatkläger, nimmt im Strafprozesse auch der Nebenkläger in dem Falle ein, wenn er gemäß § 441 d. St.P.O. unabhängig von der Staatsanwaltschaft sich eines Rechtsmittels bedient. Mit Rücksicht hierauf bestimmt der § 74 für den Fall, daß dem Nebenkläger die Kosten des eingelegten Rechtsmittels auferlegt werden sollten, die Erhebung einer Gebühr nach den nämlichen Sätzen, wie wenn er als Privatkläger das Rechtsmittel eingelegt hätte. Im Uebrigen gilt jedoch der Grundsatz, daß der Anschluß eines Nebenklägers an die erhobene öffentliche Klage auch im Falle des Unterliegens desselben, auf die Gebührenerhebung nicht von Einfluß sein soll. Selbst die Entscheidung über den Anspruch auf Zuerkennnng einer Buße belastet das Gerichtskostengesetz mit keiner Gebühr. (Motive.)

2. Im Falle der Freisprechung des Angeklagten und Nebenbeklagten fallen die Kosten des Verfahrens mit Ausnahme der durch Verschulden des Nebenklägers verursachten Kosten der Staatskasse zur Last; dagegen hat der Nebenkläger die ihm erwachsenen baaren Auslagen selbst zu tragen. (R.G. 13. 1. 87 R.Bd. IX S. 37.)

3. Ueber die Vorschußpflicht des Nebenklägers siehe §§ 83 Abs. 1, 84 Abs. 2.

§ 75.

Für das Verfahren in den Fällen der §§ 477 bis 479 der Strafprozeßordnung[1]) beträgt die Gebühr in jeder Instanz 5 Mark.

1. Wird auf Einziehung, Vernichtung oder Unbrauchbarmachung von Gegenständeu selbstständig erkannt (St.P.O. § 477), so wird der Regel nach in Ermangelung eines Kostenpflichtigen eine Gebühr nicht zum Ansatz kommen. Es bedurfte jedoch eines Maßstabes für die Gebührenerhebung in den Fällen, wenn einem der Beschlagnahmeinteressenten (St.P.O. § 478) die Kosten eines Rechtsmittels (St.P.O. § 505) oder auch Kosten erster Instanz auferlegt werden. Wird das Verfahren von einem Privatkläger beantragt, so hat derselbe zufolge der allgemeinen Grundsätze über die Verbindlichkeiten des Privatklägers einen Gebührenvorschuß zu zahlen (§ 83 Abs. 2) (Motive).

§ 76.

Wird ein Gesuch, ein Antrag, ein Einspruch oder eine Beschwerde vor der Entscheidung über dieselben, oder wird eine Berufung oder eine Revision vor Beginn der Hauptverhandlung durch Zurücknahme oder Einstellung des Verfahrens erledigt, so werden drei Zehntheile der Gebühr erhoben, welche nach Maßgabe der §§ 66 bis 68, 69 Abs. 1, §§ 71, 73 bis 75 für eine zurückweisende Entscheidung zu erheben sein würde.[1])

1. Hat in der Berufungs- oder in der Revisionsinstanz die Hauptverhandlung begonnen, so werden bei einer Zurücknahme des Rechtsmittels, auch wenn eine solche zulässig ist (St.P.O. § 345) nicht die Gebühren des § 76 sondern die der §§ 65 u. 70 erhoben. (Motive).

Ueber Beginn der Hauptverhandlung siehe Note 3 zu § 70.

Ist die Einstellung des Privatklageverfahrens in Folge des Todes des Privatklägers vor Beginn der Hauptverhandlung erfolgt, so greift der bei Strafsachen überhaupt für den Fall der Einstellung des Verfahrens zur Anwendung gelangende § 76 Platz, so daß $^{3}/_{10}$ der Gebühr des § 71 Nr. 5 mit 0,90 M zu erheben sind (Landger. Cassel v. 20. 6. 89, Bureaublatt 1892 S. 27.)

Bei wechselseitig eingelegter Berufung in Privatklagesachen wird, wenn eine Berufung zurückgenommen wird, für diese die Gebühr nach § 76 nicht berechnet, vielmehr durch die Gebühr, welche in der Berufungsinstanz zum Ansatze kommt, absorbirt. Werden die beiden Berufungen zurückgenommen, so wird die Gebühr des § 76 nur einmal erhoben. (Rittmann G.K.Ges. S. 365.)

§ 77.

Wird die Wiederaufnahme[1]) des Verfahrens angeordnet (Strafprozeßordnung § 410), so werden, wenn das frühere Urtheil aufrecht erhalten wird, die Gebühren für das neue Verfahren nach denselben Bestimmungen, wie für das erste Verfahren erhoben.[2]) Führt die Wiederaufnahme zu einer Aufhebung des früheren Urtheils, so gilt für die Gebührenerhebung das neue Verfahren mit dem früheren Verfahren zusammen als Ein Verfahren der Instanz.[3]) [4])

1. Führt die Wiederaufnahme zu einer Aufrechterhaltung des früheren Urtheils, so kommt neben der Gebühr für das frühere Verfahren eine gleichhohe für das neue Verfahren zum Ansatz.

Hat dieselbe aber die Freisprechung des Verurtheilten zur Folge, so sind demselben etwa bereits bezahlte Kosten des früheren Verfahrens wieder zurückzuerstatten. Abgesehen jedoch von den Kosten, die ihm in Folge einer schuldhaften Versäumniß auferlegt worden sind (§ 499 Abs. 1 d. St.P.O.).

Auch die Kosten eines im früheren Verfahren erfolglos eingelegten Rechtsmittels sind dem Angeklagten zu erstatten, wenn er im Wiederaufnahmeverfahren freigesprochen worden ist und die Kosten des Verfahrens ganz allgemein der Staatskasse auferlegt wurden. (R.G. v. 17. 10. 95 Bd. XXVII S. 382.)

2. Wird der Angeschuldigte unter Aufhebung des früheren Urtheils neuerdings verurtheilt, so sind die bereits für das frühere Verfahren bezahlten Kosten auf das neue anzurechnen. (Siehe auch R.G. v. 6. 12. 89 Bd. XX S. 115.) Ein etwaiger Ueberschuß kommt zur Rückvergütung.

3. Die Bestimmungen des § 77 finden auch auf das Privatklageverfahren sinngemäße Anwendung.

4. Siehe auch §§ 66 Nr. 3, 71 Nr. 1 bei Verwerfung des Antrages auf Wiederaufnahme als unzulässig und §§ 67, 71 Nr. 2 bei Zurückweisung desselben als unbegründet.

§ 78.

Nach Maßgabe der Vorschriften des zweiten Abschnittes [1]) werden besonders erhoben:

1. die Gebühren für Akte, welche die Verpflichtung eines Vertheidigers zur Tragung der durch Verschulden desselben veranlaßten Kosten [2]) (Strafprozeßordnung § 145) betreffen;
2. die Gebühren für Entscheidungen, welche betreffen:
   a) Anträge auf Festsetzung der zu erstattenden Kosten [3]) (Strafprozeßordnung § 496 Abs. 2);
   b) die Vollstreckung einer über eine Vermögensstrafe, eine Buße oder über Erstattung von Kosten ergangenen Entscheidung (Strafprozeßordnung §§ 495, 496) [4]);
   c) die Beschwerde gegen eine Entscheidung, durch welche der Verfall einer zur Abwendung einer Untersuchungshaft oder zur Erlangung eines Strafaufschubs bestellten Sicherheit ausgesprochen wird (Strafprozeßordnung §§ 122, 488) [5]).

1. Nach § 495 d. St.P.O. erfolgt die Vollstreckung der über eine Vermögensstrafe oder Buße ergangenen Entscheidung nach den Vorschriften über die Vollstreckung der Urtheile der Civilgerichte, weshalb sich auch der Gebührenansatz für Ertheilung der Vollstreckungsklausel, für gerichtliche Handlungen der Zwangsvollstreckung oder die Mitwirkung der Gerichte bei derselben und für Erledigung von Anträgen und Gesuchen, Einwendungen oder Erinnerungen seitens des Vollstreckungsgerichts nach den Vorschriften des zweiten Abschnitts bestimmt.

Für die Entscheidung, welche den Verfall einer Sicherheit zum Vortheil der Staatskasse in Gemäßheit des § 122 d. St.P.O. ausspricht, kommt eine Gebühr nicht zum Ansatz. (Motive.)

2. Nur im Falle mutwilliger Antragstellung sind die $^3/_{10}$ Gebühren des § 47 Abs. 2 zu erheben, da im übrigen die Entscheidungen über solche Anträge nach § 47 Nr. 5 gebührenfrei sind. Im Falle der Beschwerde siehe §§ 47 Abs. 3, 45, 94 Nr. 3. Werthsgegenstand ist der Betrag der Kosten.

3. Nach § 496 Abs. 2 d. St.P.O. erfolgt nur dann besondere Entscheidung, wenn über die Höhe der Kosten oder über die Nothwendigkeit der unter ihnen begriffenen Auslagen Streit entsteht. Für die Entscheidung über den Antrag auf Festsetzung dieser Kosten wird die Gebühr des § 38 Abs. 1 erhoben.

In Privatklagesachen findet ein der Kostenfestsetzung in Civilsachen (§§ 104 – 107 d. C.P.O.) entsprechendes Verfahren statt, auch ohne daß ein Streit über die Höhe der Kosten und über die Nothwendigkeit der Auslagen besteht. Vergleiche § 495 d. St.P.O., wonach die Vollstreckung der über eine Vermögensstrafe ergangenen Entscheidung nach den Vorschriften der Civilprozeßordnung zu erfolgen hat.

4. Hier finden die entsprechenden Bestimmungen in §§ 35, 38 Nr. 2, 43, 46, 47 Nr. 12—15 u. Abs. 3 Anwendung.

5. Für die Entscheidung, welche den Verfall einer Sicherheit ausspricht, wird keine Gebühr erhoben. Für die Beschwerde kommen Gebühren nach §§ 45 eventuell 46 zum Ansatz.

Fünfter Abschnitt.

Auslagen.

§. 79.

An baaren Auslagen[1]) werden erhoben[2—4]):

1. die Schreibgebühren[5]);
2. die Post- und Telegraphengebühren[6]);
3. die durch Einrückung einer Bekanntmachung in öffentliche Blätter entstehenden Kosten[7]);
4. die an Zeugen und Sachverständige zu zahlenden Gebühren[8]);
5. die bei Geschäften außerhalb der Gerichtsstelle den Gerichtsbeamten zustehenden Tagegelder und Reisekosten[9]);

6. die an andere Behörden oder Beamte oder an Rechtsanwälte für deren Thätigkeit zu zahlenden Beträge;[10])
7. die Kosten eines Transports von Personen;[11])
8. die Haftkosten nach Maßgabe der für die Strafhaft geltenden landesgesetzlichen Vorschriften.[12])

1. Diese Aufzählung der neben den Gerichtsgebühren zum Ansatze kommenden Auslagen hat die Bedeutung, daß sonstige Auslagen der Gerichte den Parteien nicht in Rechnung gestellt werden dürfen (Motive).

Zu den Auslagen der Gerichte zählen auch die bei der Staatsanwaltschaft erwachsenden Auslagen.

2. Andere Auslagen dürfen nicht angerechnet werden, z. B. für Papier (siehe Reichstags-Commiss.Prot. v. 6. Mai 1878), Formulare, Heft- und Bindfaden, Siegellack und Oblaten, dann die an dritte Personen zu zahlenden Vergütungen für Hülfeleistung bei Hausdurchsuchungen, für Bergung, Bewachung, Ausgrabung und Wiederbestattung von Leichen, für Verwahrung von Ueberführungsgegenständen, für Unterbringung beschlagnahmter Thiere, für photographische Aufnahmen u. s. w., dann auch nicht die zur Ausfindigmachung und Ergreifung des Thäters ausgesetzten Belohnungen.

3. Auslagen kommen auch in denjenigen Verfahren zum Ansatz, in welchen nach §§ 4, 6, 16, 45, 47, 57, 98 Gebühren nicht erhoben werden. Eine Ausnahme besteht nur für die Schreibgebühren nach § 80a.

4. Eine Niederschlagung von Auslagen ist nicht zulässig, vergleiche § 6 Note 2. Vergleiche ferner hinsichtlich der Kostenüberbürdung infolge groben Verschuldens auf Dritte § 102 d. C.P.O., § 72 d. K.O. u. § 145 Abs. 3 d. St.P.O., dann § 59 Note 9.

Der Verurtheilte hat alle Kosten der Voruntersuchung zu tragen, auch wenn dieselbe wegen einer anderen Strafthat eingeleitet wurde, als der Eröffnungsbeschluß angenommen hat, und kann in diesem Falle § 6 hinsichtlich der Mehrkosten nicht angewendet werden. (R.G. v. 1. 11. 88 R. Bd. X S. 609.)

5. Wegen der Schreibgebühren siehe Näheres bei §§ 80 bis 80b.

6. Die Berechnung der Porti und Telegraphengebühren hat nach den einschlägigen reichs- bezw. landesgesetzlichen Bestimmungen zu erfolgen. Zu diesen Auslagen sind auch die Gebühren für Einschreiben, Behändigungsscheine, Postanweisungen, Eilbestellung u. s. w. zu rechnen.

Ist mit der Postbehörde statt der Zahlung der einzelnen Portibeträge für abzusendende portipflichtige Schriftstücke u. s. w. ein Aversum vereinbart worden, so ist dennoch zu Lasten des Kostenschuldners für jede einzelne Sendung das Porto zu berechnen. Auch in Strafsachen sind im Falle der Verurtheilung des Angeschuldigten die Porti seiner Zeit nachträglich zu berechnen und anzusetzen.

Im Falle der Rechtshülfe werden die Porti gleichfalls berechnet, angesetzt und eingezogen. (Siehe auch § 165 d. G.V.G.)

Hieher sind auch die Frachtkosten zu rechnen, welche für die Versendung von Gegenständen mittelst der Eisenbahn, zu Schiff oder per Achse erwachsen, sowie die Vergütung an besondere Boten, welcher man sich aus besonderen Gründen statt der Post bedient.

Zu den Telegraphengebühren gehören auch die für Benützung des Telephons zu zahlenden Beträge.

Eine Ausnahme von der Berechnung der Portiauslagen besteht bei den Zustellungen von Amtswegen § 80b.

7. Diese Auslagen können zum Ansatze kommen insbesondere für Veröffentlichung von Ladungen gemäß den Bestimmungen der Civil- und Strafprozeßordnung, dann hinsichtlich der öffentlichen Bekanntmachungen nach der Konkursordnung, sowie auch für die Veröffentlichung von Urtheilen in Strafsachen, wie z. B. bei Verfehlungen gegen das Nahrungsmittelgesetz vom 17. Mai 1879 § 16.

Zu den baaren Auslagen, welche für die von Amtswegen bewirkten Zustellungen nicht erhoben werden, gehören die Auslagen nicht, welche bei der öffentlichen Zustellung eines die Ladung enthaltenden Schriftstückes durch Einrückung eines Auszuges des Schriftstückes in öffentliche Blätter entstehen. (O.L.G. München v. 13. 2. 92 Bd. VII S. 212.)

8. Vergleiche hieher die Gebührenordnung für Zeugen und Sachverständige vom 30. Juni 1878.

Auch die an Dolmetscher zu zahlenden Gebühren (§ 13 d. G.O. f. Zeug. u. Sachverst.) gehören in diese Klasse.

9. Unter „Gerichtsbeamten" sind nur die Richter, Staatsanwälte, Amtsanwälte und Gerichtsschreiber zu verstehen.

Maßgebend sind hier die mannigfachen landesgesetzlichen Vorschriften über Höhe und Berechnung der den Gerichtsbeamten bei Geschäften außerhalb der Gerichtsstelle zustehenden Tagegelder und Reisekosten.

10. Als „andere" Behörden oder Beamte kommen in Betracht:

Ausländische Behörden, welche um Rechtshülfe ersucht werden, die Gesandtschaften und Konsulate des Reichs oder der Bundesstaaten, die vielartigen Fachbehörden, welche um Abgabe von Gutachten angegangen werden, die Irrenanstaltsbehörden in Bezug auf die Kosten der Unterbringung von Angeschuldigten in eine Irrenanstalt auf Grund des § 81 d. St.P.O., dann die Gerichtsvollzieher und Gerichtsdiener hinsichtlich ihrer Gebühren, Auslagen und eventuellen Vergütungen, ferner die Rechtsanwälte, soweit gemäß § 150 d. St.P.O. an diese für ihre Thätigkeit als Offizialvertheidiger in Strafsachen Gebühren und Auslagen zu zahlen sind.

Der für eine zum Armenrechte zugelassene Partei bestellte

Rechtsanwalt, sowie der gegnerische Anwalt des zum Armenrechte zugelassenen Klägers, (Berufungs- und Revisionskläger) haben gegenüber der Staatskasse auch Anspruch auf Ersatz der Schreibgebühren hinsichtlich aller zur Rechtsverfolgung oder Rechtsvertheidigung erforderlichen Schriftstücke, welche sie, soferne ihnen dieselben nicht von der Gerichtsschreiberei kostenfrei gefertigt wurden, durch ihre eigenen Schreibgehülfen anfertigen ließen. (R.G. v. 16. 5. 82 Bd. 7 S. 341.).

11. Derartige Kosten kommen in Ansatz nach §§ 380, 619, 888, 890, 901, 933 d. C.P.O., §§ 101 u. 106 d. K.O., §§ 50, 114, 229, 235 d. St.P.O. Nicht hieher gehören die Kosten eines auf Anordnung des Gerichtes behufs ärztlicher Untersuchung erfolgenden Transportes von Personen und Thieren, da diese Auslagen zu den auf Vorbereitung des Gutachtens nach § 3 Abs. 3 d. G.O. f. Zeugen u. Sachverst. verwendeten Kosten gehören. (Vergl. Rittmann G K.G. S. 380.)

Die Einlieferungskosten zum Zwecke der Straferstehung gehören nicht hieher, da diese Strafvollstreckungskosten bilden, deren Regelung außerhalb der dem Gerichtskostengesetze gezogenen Schranken lag.

12. Darunter sind die Haftkosten zu verstehen, welche — die Strafvollzugskosten ausgenommen — in bürgerlichen Rechtsstreitigkeiten, im Konkursverfahren und in Strafsachen zu erheben sind. Maßgebend für die Höhe derselben sind die ergangenen einzelnen landesgesetzlichen Vorschriften.

§ 80.

Die Schreibgebühren werden für Ausfertigungen[1]) und Abschriften[2])[3]) erhoben. Die Schreibgebühr beträgt für die Seite, welche mindestens zwanzig Zeilen von durchschnittlich zwölf Silben enthält, zehn Pfennig,[4]) auch wenn die Herstellung auf mechanischem Wege stattgefunden hat.

Jede angefangene Seite wird für voll berechnet.[5])[6])

1. Unter „Ausfertigungen" sind alle Schriftstücke zu verstehen, welche die Bestimmung haben, nicht mehr zum Akte zurückzukehren. Dieselben sind insbesondere mit der amtlichen Unterschrift des Richters, Staatsanwalts oder Gerichtsschreibers versehen. Sie können bestehen in einem Urtheile, einem Beschlusse, einer Verfügung, einer Anordnung oder Aufforderung, einem Befehle, einem Zeugnisse oder einer Bescheinigung, einer gewöhnlichen Mittheilung und Anzeige als auch in einem Ersuchschreiben.

2. Alle anderen Fertigungen von Schriftstücken sind Abschriften; dieselben bedürfen der „Beglaubigung". Hieher gehören insbesondere die Abschriften von Urtheilen und Protokollen.

3. Nicht zu den Ausfertigungen und Abschriften sind demnach zu rechnen in erster Linie die Originale von Urtheilen,

Beschlüssen, Verfügungen, Protokollen, dann alle übrigen Schriftstücke, welche bei den Akten verbleiben oder die nur zum Zwecke des inneren Dienstes und Geschäftsverkehrs verfaßt werden. Ebensowenig Notizen, Vermerke und Randverfügungen.

Demnach sind keine Schreibgebühren anzusetzen für die zur Vervollständigung der Akten zu fertigenden Urtheils- und Protokollsabschriften in Strafsachen, für Strafmittheilungen und Strafnachrichten, Strafregisterauszüge und Mittheilungen an die Militärbehörden oder die Dienstesbehörden der Beschuldigten über die eingeleitete oder beendigte Untersuchung und den Ausgang des Strafverfahrens.

Dagegen sind Schreibgebühren anzusetzen für die dem Gerichtsschreiber der ersten Instanz mitzutheilende beglaubigte Abschrift der Entscheidung der Rechtsmittelinstanz (R.G. v. 10. 4. 83 Bd. 11 S. 409, R.G. v. 3. 1. 87 R. Bd. IX S. 3, O.L.G. Braunschweig v. 7. 12. 94, Seufferts Archiv, Neue Folge XX S. 262).

Für die vom Gerichtsschreiber in Civilsachen anzufertigenden Ladungen der Zeugen und Sachverständigen dürfen Schreibgebühren berechnet werden, da der Beweisbeschluß nicht unter die gebührenfreien Verfügungen und Entscheidungen über die Prozeß- und Sachleitung gehört, vielmehr zu den gebührenpflichtigen Verfügungen des Gerichts nach §§ 18, 22, 49 zählt. (R.G. v. 17. 2. 82 Bd. 6 S. 354.)

4. Das in § 80 bestimmte Maß ist kein Normalmaß, sondern nur ein Mindestmaß, demzufolge auch für Seiten, welche mehr als 240 Silben enthalten, nie mehr als 10 Pfennig berechnet werden dürfen (R.G. 8. 6. 88 Bd. 22 S. 419).

Ueber dieses Mindestmaß darf zwar hinausgegangen, aber es soll hinter demselben nicht zurückgeblieben werden. Es werden nur die thatsächlich beschriebenen Seiten gezählt, und für den Fall, als diese nicht 240 Silben enthalten sollten, hat eine Berechnung dahin zu erfolgen, daß von der nächsten Seite die nöthige Anzahl Silben herüberzunehmen ist. Voraussetzung ist, daß die Schreiben von der Gerichtsschreiberei gefertigt werden, und ist ohne Einfluß, ob dieselben von Amtswegen oder auf Parteiantrag hergestellt werden. Eine Ausnahme ist nur im § 80a enthalten.

Belanglos ist ferner, ob die Schriftstücke unter Benutzung von Formularen oder auf mechanischem Wege durch Druck, Lithographie oder Hectographie u. s. w. hergestellt werden.

Auch darf nicht mehr als 10 Pfennig für die Seite verrechnet werden, mögen auch die Herstellungskosten höher oder geringer sein.

Anders verhält es sich jedoch bei Schriftstücken, deren Wiedergabe besondere graphische Kenntnisse oder deren Wiedergabe eine nothwendige Abweichung von der Silbenzahl erfordert, z. B. bei Plänen, Skizzen, Zeichnungen, Tabellen und Rechnungen. In diesen besonders gelagerten Fällen ist es gestattet, da eine Berechnung nach Silben nicht vorgenommen werden kann, die Höhe der Schreibgebühren unter Würdigung der Schwierigkeit der Herstellung, dann der aufgewandten Zeit schätzungsweise anzusetzen, wobei man die Seitenzahl in Berücksichtigung zieht, welche bei gewöhnlicher Schreibweise während der aufgewandten Zeit erreicht worden wäre.

5. Dies gilt sowohl für die letzte nicht voll beschriebene Seite eines mehrseitigen Schriftstückes, als auch für ein Schriftstück, welches eine Seite nicht vollständig ausfüllt.

6. Die Bestimmung des § 7 Abs. 1 kommt für die Schreibgebühren nicht zur Anwendung, da diese nur für Gebühren erlassen ist.

§ 80a.

Schreibgebühren [1]) werden nicht erhoben:

1. für die von Amtswegen [2]) anzufertigenden Ausfertigungen und Abschriften in den Fällen der §§ 4, 6, 16, 45, 47, 57, sofern in denselben keine Gebühren zu erheben sind; [3])
2. für die Benachrichtigung von dem gegen einen Zahlungsbefehl erhobenen Widerspruche (Civilprozeßordnung § 694);
3. für den Vollstreckungsbefehl (Civilprozeßordnung § 699); [4])
4. für die Vollstreckungsklausel (Civilprozeßordnung § 725); [5])
5. für das Zeugniß der Rechtskraft und für das Zeugniß, daß innerhalb der Nothfrist ein Schriftsatz zur Terminsbestimmung nicht eingereicht sei (Civilprozeßordnung § 706).

1. Es empfahl sich, die Schreibgebühren für solche Fälle in Fortfall zu bringen, als es sich um von Amtswegen anzufertigende Ausfertigungen und Abschriften handelt, namentlich also dann, wenn ein unter den § 47 fallender Beschluß nach § 329 Abs. 3 d. C.P.O. von Amtswegen zugestellt werden muß. Hiedurch kommt auch die Schreibgebühr für die Uebertragung der Terminsbestimmung auf diejenige Abschrift des Gesuchs um Terminsbestimmung, welche behufs der Zustellung an den Gegner im amtsgerichtlichen Verfahren vorgelegt wird (§ 169 Abs. 1 d. C.P.O.), in Wegfall, da die Terminsbestimmung in § 47 Nr. 1 ausdrücklich genannt ist; dies gilt auch dann, wenn der Terminsbestimmung eine sonstige, an sich gebührenfreie Verfügung (z. B. Abkürzung einer Frist, Gestattung der Zustellung an einem Sonntage u. dergl.) beigefügt ist. Die Erhebung einer Schreibgebühr für die Uebertragung der

Terminsbestimmung auf die für das Gericht bestimmte Abschrift (§ 133 d. C.P.O.) war schon nach den bisherigen Vorschriften unzulässig, da es sich nur um eine geschäftliche Notiz handelte. Ebenso ist der Schriftwechsel mit anderen Behörden von Schreibgebühren befreit, falls es sich (wie insbesondere bei einem Ersuchen um Rechtshülfe) um eine die Prozeß- und Sachleitung betreffende Verfügung handelt und die betreffenden Schreiben von Amtswegen anzufertigen waren. (Motive.)

2. Nur für die von Amtswegen anzufertigenden Ausfertigungen u. s. w. werden keine Schreibgebühren erhoben, hingegen kommen dieselben für die auf Antrag zu fertigenden Ausfertigungen und Abschriften zur Erhebung.

3. Wird den Beschwerden nach § 45 oder § 57 stattgegeben, so können nur Portoauslagen zum Ansatze kommen. Von großer Bedeutung ist die Bestimmung hinsichtlich der von Amtswegen anzufertigenden Ausfertigungen und Abschriften in den Fällen der Prozeß- oder Sachleitung einschließlich der Bestimmung oder Aenderung von Terminen und Fristen. (Siehe § 47.)

Besonders erwähnenswerth ist hier, daß die Ladungen von Zeugen und Sachverständigen, welche in Ausführung der Beweisanordnung eines gebührenpflichtigen Aktes, zu fertigen sind, von den Schreibgebühren nicht befreit sind (R.G. v. 17. 2. 82 Bd. 6 S. 354). Ausgenommen sind die Zeugenladungen in dem Verfahren nach § 47 Nr. 2 u. 16. Das Schreibwerk in den Verfahren, welche nach §§ 34—38, 42, 43 u. 45 mit einer Bauschgebühr besteuert sind, dann im Konkursverfahren und in Strafsachen ist unter allen Umständen gebührenpflichtig, selbst dann, wenn es durch die Prozeß- und Sachleitung veranlaßt wird (Rittmann G.K.Ges. S. 391).

Die Bestimmung des § 80a bezieht sich nur auf die objektive Befreiung von Schreibgebühren, nicht aber auf die in § 98 genannten Staatskassen und Personen, welche von der Zahlung von Schreibgebühren durchaus nicht befreit sind (R.G. 8. 3. 86, Bureaublatt S. 165).

Im Falle der auf Antrag einer Partei erfolgten Bewilligung der öffentlichen Zustellung einer Ladung fällt zwar der Bewilligungsbeschluß unter § 47 Nr. 1, und es sind die von Amtswegen angefertigten Ausfertigungen und Abschriften dieses Beschlusses von der Schreibgebühr befreit; dagegen ist das bei der Ausführung der öffentlichen Zustellung entstehende Schreibwerk gebührenpflichtig. Das Gleiche gilt bei einer auf Antrag im Auslande zu erfolgenden Zustellung für das bezügliche Ersuchungsschreiben (Rittmann G.K.Ges. S. 395).

4. Für den von der Gerichtsschreiberei ausgefertigten Zahlungsbefehl sind Schreibgebühren anzusetzen.

5. Besteht die letzte Seite eines Schriftstückes lediglich aus der Vollstreckungsklausel, so kommt für diese Seite keine Schreibgebühr zum Ansatz.

§ 80b.

Für die von Amtswegen bewirkten Zustellungen werden baare Auslagen[1]) nicht erhoben.[2-4]) Die Erhebung der Schreibgebühr für die Ausfertigungen und Abschriften des zuzustellenden Schriftstücks wird hiedurch nicht ausgeschlossen.

1. Unter den baaren Auslagen sind die Postgebühren, dann die Gebühren und Auslagen der Gerichtsvollzieher zu verstehen.

2. Auch hier ist wieder zu unterscheiden zwischen den von Amtswegen d. h. auf Grund gesetzlicher Bestimmung zu bewirkenden Zustellungen und denen, welche durch den Antrag eines Betheiligten veranlaßt werden.

3. Nur für Zustellungen nach §§ 208—213 d. C.P.O. nicht aber für Benachrichtigungen, Mittheilungen und Ladungen, werden keine Baar-Auslagen erhoben.

4. Dadurch wird aber die Bestimmung in § 80a Nr. 1 in keiner Weise beschränkt oder aufgehoben.

Sechster Abschnitt.

Kostenvorschuß und Kostenzahlung.

Die Vorschriften über die Erfüllung der Kostenvorschuß- und Kostenzahlungspflicht sind in einem besonderen Abschnitte zusammengefaßt, weil sie im Allgemeinen sowohl für die bürgerlichen Rechtsstreitigkeiten, als für das Konkursverfahren und für Strafsachen unabhängig von der Verschiedenheit der Gebührensätze Geltung finden.

I. Vorschußpflicht. Das Gesetz stellt neben der schließlichen Kostenpflicht zur größeren Sicherheit der Staatskasse auch noch eine besondere, von jener Kostenpflicht unabhängige Vorschußpflicht des Antragstellers auf, welche zugleich dazu dienen soll, die Gesammtgebühr eines Prozesses im Interesse der leichteren Entrichtung zu theilen und namentlich auch dem Kläger die von ihm übernommene Gefahr des Rechtsstreits sogleich von Anfang vorzuführen. Diese Verpflichtung zur Zahlung der vorzuschießenden Beträge bleibt für alle Fälle bestehen, wenn auch die Kosten des Verfahrens einem Andern auferlegt oder von einem Andern übernommen sind. (Siehe §§ 81—85, 90 u. 97).

Ueber die Einwirkung des Armenrechts auf die Vorschußpflicht siehe S. 106 ff. u. 112.

II. Kostenpflicht. Wo das System der Einzelgebühren besteht (§§ 34—38, 42—45) werden regelmäßig ohne Rücksicht auf die schließliche Feststellung der Kostenlast unter den Parteien die Gebühren zur Staatskasse von demjenigen erhoben, der die gerichtliche Thätigkeit durch seine Anträge zunächst veranlaßt hat.

So einfach sich die Anwendung dieses Grundsatzes der Besteuerung des Antragstellers bei der Erhebung von Einzelngebühren gestaltet, so große Schwierigkeiten stellen sich der konsequenten Durchführung desselben entgegen. Am meisten tritt dies auf dem Gebiete des Civilprozesses hervor. Mag hier der Kläger wohl hinsichtlich der Entscheidung zweifellos als betreibender Theil erscheinen, so fragt es sich doch, ob und inwieweit er als Extrahent auch in Ansehung jener Handlungen gelten könne, welche zugleich durch den Entschluß der Gegenpartei hervorgerufen sind. In Ansehung der kontradiktorischen mündlichen Verhandlung, dann der Beweisanordnung erscheinen äußerlich bald in größerem, bald in geringerem Maße beide Parteien als Antragsteller, und es würde ohne erschöpfendes Eingehen auf den Rechtsstreit kaum durchführbar sein, die richtigen Grenzlinien aufzufinden, innerhalb deren die eine oder die andere Partei als der dem Staate verhaftete Extrahent zu behandeln wäre. Auch ist zu berücksichtigen, daß der Beklagte meist nur unfreiwillig durch die ihm aufgedrungene Rechtsvertheidigung in die Stellung eines betreibenden Theils gedrängt wird. Eine Heranziehung des Beklagten zu den Gebühren als betreibenden Theils würde also oft zu Unbilligkeiten führen und stets die Handhabung des Kostengesetzes erheblich erschweren.

Diese Erwägungen gestatteten nicht den im Allgemeinen vollkommen richtigen Grundsatz der Besteuerung des Antragstellers auf die Frage, wer schließlich dem Staate die Kosten schulde, hier in erster Linie anzuwenden.

Es mußten deshalb vom Standpunkt der Zweckmäßigkeit und zugleich der Billigkeit die in §§ 86—89, 91 aufgeführten besonderen Bestimmungen getroffen werden.

Ueber Fälligkeit der Gebühren vergleiche §§ 93—96.

III. Armenrecht. 1. Die Grundsätze der Kostenvorschuß- und Kostenzahlungspflicht des VI. Abschnittes des Gerichtskostengesetzes werden von den Bestimmungen der Civilprozeßordnung, welch letztere jenen vorgehen, insoweit durchbrochen, als sie nicht anwendbar sind, wenn sie mit den Bestimmungen der Civilprozeßordnung nicht im Einklange stehen. Derartige Bestimmungen des Gerichtskostengesetzes sind namentlich die in §§ 84 Abs. 1, 86 Abs. 2, 90, 93 u. 97 (RG. v. 9. 3. 89 Bd. 23 S. 352).

2. Die Bewilligung des Armenrechts setzt voraus, daß die um dasselbe einkommende physische Person außer Stand ist, ohne Beeinträchtigung des für sie und ihre Familie nothwendigen Unterhalts die Kosten des Prozesses zu bestreiten, sowie daß die beabsichtigte Rechtsverfolgung oder Rechtsvertheidigung nicht muthwillig oder aussichtslos erscheint (§ 114 d. C.P.O.).

3. Das Armenrecht gewährt keine Gebührenfreiheit der armen Partei, sondern nur eine einstweilige Befreiung von der Berichtigung der rückständigen und künftig erwachsenden Gebühren und Auslagen. Hat daher die arme Partei vor ihrer

Zulassung bereits Kostenvorschüsse (§§ 81 u. 84) erlegt oder Kosten bezahlt, so hat sie keinen Anspruch auf Herauszahlung derselben. (O.L.G. Jena 2. 10. 90, Seufferts Archiv, Neue Folge XVII S. 95).

Die einstweilige Befreiung umfaßt insbesondere auch alle in § 79 aufgezählte Auslagen.

4. Das in einem Civilprozesse der armen Partei bewilligte Armenrecht erstreckt sich auf alle gerichtlichen Handlungen, die zur Zuständigkeit des Gerichtes, welches das Armenrecht bewilligt hat, gehören. So umfaßt dasselbe auch die denselben Streitgegenstand betreffenden Verfahren und Anträge nach §§ 27 Nr. 2, 29, 33, 35, 36, 38.

Ist einer Partei im Urkunden- oder Wechselprozesse das Armenrecht bewilligt, so umfaßt es ohne Weiteres auch das nach Abstandnahme von dieser Prozeßart oder nach Erlaß des Urtheils mit Vorbehalt folgende ordentliche Verfahren.

Im Mahnverfahren ist der zum Armenrechte zugelassene Gläubiger von der Gebührenzahlung einstweilen befreit, und sind die Kosten des Mahnverfahrens im Falle der Erlassung des Vollstreckungsbefehles von dem Schuldner zu erheben.

Dem Rechtsanwalte der armen Partei und dem Rechtsanwalte des Gegners der als Kläger (Berufungs- oder Revisionskläger) auftretenden armen Partei sind die zur Rechtsverfolgung bezw. Rechtsvertheidigung nöthigen Abschriften aus den Gerichtsakten kostenfrei zu ertheilen.

Handelt der Rechtsanwalt der armen Partei als Prozeßbevollmächtigter derselben oder Namens derselben, so ist er natürlich von Kostenzahlung befreit, handelt er jedoch in seinem persönlichen Interesse, indem er gemäß § 123 Abs. 1 d. C.P.O. seine Gebühren und Auslagen festsetzen läßt, so ist er in Anwendung der §§ 81 u. 90 zur Zahlung der vorzuschießenden Beträge anzuhalten. (O.L.G. Hamburg v. 20. 3. 86, Seufferts Archiv, Neue Folge XI S. 444.)

Die Gebührenbefreiung erstreckt sich auch auf die Prozeßvollmacht.

Dagegen erstreckt sich das Armenrecht nicht auf Prozesse, welche aus dem Zwangsvollstreckungsverfahren entstehen, desgleichen auch nicht auf die Beschwerdeinstanz (R.G. 27. 9. 94, Seufferts Archiv, Neue Folge XX S. 451).

5. Entscheidend ist auch die Stellung, welche die arme Partei im Prozesse einnimmt.

a) Ist sie nämlich Kläger (Berufungskläger oder Revisionskläger), so zieht das bewilligte Armenrecht für den vermöglichen Gegner (Beklagten, Berufungsbeklagten, Revisionsbeklagten) den Vortheil der einstweiligen Befreiung von der Berichtigung der rückständigen und künftig erwachsenden Gebühren und Auslagen nach sich. Er ist demnach von der Leistung eines Auslagenvorschusses und der Zahlung der zu seiner Rechtsvertheidigung nothwendigen Auslagen befreit. Diese Befreiung dauert, wenn ihm auch eine unbedingte Entscheidung der Instanz die Kosten des Rechtsstreites überbürdet, sogar bis zur Rechtskräftigkeit dieses Urtheils fort, und können von ihm die Streitskosten nicht eher eingezogen werden.

Bleibt der Rechtsstreit liegen, so ist der vermögliche Gegner nach Ablauf der in § 94 Nr. 1 bezeichneten Frist aufzufordern, sich zu erklären, ob der Prozeß beendigt ist oder fortgesetzt werden wird. Erklärt derselbe, daß er sich z. B. mit der armen Partei außergerichtlich verglichen habe, so sind die Gerichtskosten von denen der vermögliche Gegner einstweilen befreit war, von ihm nunmehr einzuziehen (§ 123 Abs. 2 d. C.P.O.) Dasselbe ist auch der Fall, wenn überhaupt eine Erklärung nicht abgegeben wird.

Auch auf das Verfahren über die vom vermöglichen Beklagten erhobene Widerklage, so lange nicht Klage und Widerklage in getrennten Prozessen verhandelt werden, erstreckt sich die Befreiung desselben. Das Gleiche gilt bei Anschlußberufung und Anschlußrevision des vermöglichen Beklagten. Erhebt dagegen die arme Partei Widerklage oder schließt sich dieselbe der Berufung oder der Revision an, so ist die Bestimmung des § 120 d. C.P.O. nicht anwendbar.

Treten die arme Partei und ihr Gegner zugleich als Berufungs- oder Revisionskläger auf, so findet eine beschränkte Anwendung des § 120 d. C.P.O. statt, indem die Befreiung des vermöglichen Gegners nur soweit reicht, als er als Berufungs- oder Revisionsbeklagter erscheint.

Für seine Berufung oder Revision jedoch hat er den Gebührenvorschuß zu leisten. Weiter ist er zur Bezahlung nur derjenigen Gebühren und Auslagen verbunden, welche nach dem durch seine Berufung ergriffenen Streitgegenstand sich berechnen. (Seuffert C.P.O. IV. Aufl. S. 151.)

b) Nimmt die arme Partei die Stellung eines Beklagten ein, so tritt in keiner Weise der vermögliche Kläger in den Genuß einer einstweiligen Befreiung. So kann z. B. der vermögliche Kläger den von ihm erlegten Kostenvorschuß selbst dann nicht rückersetzt verlangen, wenn der Beklagte erst im Laufe des Prozesses zum Armenrechte zugelassen und demnächst in die Kosten verurtheilt wird.

Eine Beitreibung solcher Kosten, von denen die arme Partei einstweilen befreit ist, zu deren Tragung aber der vermögliche Kläger verurtheilt wurde, findet auch in diesem Falle nicht eher gegen den Kläger statt, bis der Prozeß zu dessen Nachtheil rechtskräftig entschieden oder sonst beendigt oder ungeachtet ergangener Aufforderung seitens der Gerichtskassenverwaltung nach § 94 Nr. 1 liegen geblieben ist.

c) Selbst für den Fall, als die arme Partei als Kläger in der ersten und zweiten Instanz und in der Revisionsinstanz als Beklagter zum Armenrechte zugelassen ist, wird von dem vermöglichen Gegner, welcher nunmehr als

Revisionskläger auftritt, somit seine Parteistellung geändert hat, der Kostenvorschuß für die Revisionsinstanz eingefordert, da er die Vergünstigung nach §§ 115 Nr. 1, 120 d. C.P.O. nur zu dem Zwecke seiner Rechtsvertheidigung gegen die Angriffe der armen Partei, nicht aber auch dann genießt, wenn er selber Kläger und Berufungskläger oder wie hier bemerkt, Revisionskläger ist. (R.G. v. 13. 2. u. v. 2. 5. 82 Bd. 6 S. 418.)

6. Das Armenrecht wird für jede Instanz besonders, für die erste Instanz einschließlich der Zwangsvollstreckung bewilligt (§ 119 d. C.P.O.). In der höheren Instanz bedarf es des Nachweises des Unvermögens nicht, wenn das Armenrecht in der vorherigen Instanz bewilligt war. Doch ist dem Gerichte der höheren Instanz nicht die Prüfung entzogen, ob diese Voraussetzung der Bewilligung des Armenrechts vorhanden ist. Vielmehr enthält die in § 121 a. a. O. allgemein ertheilte Befugniß, das Armenrecht zu jeder Zeit zu entziehen, wenn sich ergibt, daß eine Voraussetzung der Bewilligung nicht vorhanden war oder nicht mehr vorhanden ist, von selbst auch die Befugniß in dem gleichen Falle das für die höhere Instanz nachgesuchte Armenrecht von vorneherein zu versagen. Nur die Prüfung, ob die Rechtsverfolgung oder Rechtsvertheidigung der Partei muthwillig oder aussichtslos erscheint, soll unterbleiben, wenn der Gegner das Rechtsmittel eingelegt hat (R.G. v. 13. 10. 87 Bd. 19 S. 428).

7. In dem Strafverfahren auf erhobene Privatklage hat nur der Privatkläger, nie der Angeschuldigte Anspruch auf Zulassung zum Armenrechte (§ 419 Abs. 3 d. St.P.O.) (O.L.G. München v. 24. 9. 91 Bd. VI S. 709). Auch dem Nebenkläger kann das Armenrecht bewilligt werden (§ 437 Abs. 1 d. St.P.O.).

8. Das einer Partei bewilligte Armenrecht erlischt mit dem Tode derselben, und haben die Erben keinen Anspruch auf die Begünstigung, welche der verlebten armen Partei gewährt war. Wird ihnen das Armenrecht nicht bewilligt, so sind sie zur Nachzahlung der Vorschüsse und Kosten verpflichtet.

9. Das Armenrecht kann zu jeder Zeit entzogen werden, und sind dann die rückständigen Kosten einzuziehen. Die Entziehung hat das Gericht, der Instanz, bei welchem der Prozeß im Laufe sich befindet, auszusprechen.

10. Die Anordnung der Nachzahlung der gestundeten Kosten hat das Gericht erster Instanz zu erlassen. Die Möglichkeit einer ratenweisen Zahlung der Kosten reicht jedoch noch nicht aus, um die Nachzahlung anzuordnen (R.G. v. 5. 2. 85 Bd. 12 S. 416).

11. Im Falle, daß mehreren von den Klägern oder Beklagten das Armenrecht bewilligt ist, erstreckt sich dasselbe nur auf die sie treffenden Kopftheile der Vorschüsse und Kosten.

12. Die in §§ 86, 87 geregelte Kostenpflicht kann der armen Partei gegenüber nur im Falle der Entziehung des Armenrechts oder erst nach der Entscheidung, durch welche sie zur Kostennachzahlung verpflichtet wird, in Wirksamkeit treten. Jedoch ist ihr Erbe zur Kostenzahlung verpflichtet. Siehe auch Note 5 zu § 86.

§ 81.

In bürgerlichen Rechtsstreitigkeiten[1]) ist ein Gebührenvorschuß[2]) für jede Instanz von dem Antragsteller zu zahlen. Der Vorschuß beträgt soviel wie die höchste[3]) Gebühr, welche für einen Akt der Instanz zum Ansatz kommen kann.[4])

Diese Verpflichtung besteht auch für den Widerkläger[5]) und im Falle wechselseitig eingelegter Rechtsmittel für jede Partei, in beiden Fällen unter getrennter Berechnung der Streitgegenstände.

Bei Erweiterung der Anträge ist der Vorschuß nach Maßgabe der Erweiterung zu erhöhen.[6—11])

1. Die Civilprozeßordnung zählt zu den bürgerlichen Rechtsstreitigkeiten auch die Ehe- und Entmündigungssachen, das Mahnverfahren, das Zwangsvollstreckungsverfahren, das Aufgebotsverfahren und das schiedsrichterliche Verfahren.

2. Ein Gebührenvorschuß ist für jede Instanz zu zahlen. Der Begriff „Instanz" ist hier im weiteren Sinne gebraucht und umfaßt auch die nach § 39 bezeichneten Streitigkeiten und Verfahren, welche für die Gebührenerhebung als „besondere Rechtsstreite" zu gelten haben.

Wann im Civilprozesse eine neue Instanz beginnt, ist aus den Vorschriften der §§ 30 ff. zu ersehen. Danach ist in den Fällen der §§ 30, 31 ein neuer Vorschuß nicht zu erfordern. Im Falle des Einspruchs gegen ein Versäumnißurtheil § 32 muß davon ausgegangen werden, daß die Absicht bei Einlegung desselben auf Fortsetzung der Instanz gerichtet sei (C.P.O. § 340 Abs. 1 Nr. 3), es ist also kein neuer Vorschuß zu erfordern; stellt sich das Verfahren als neue Instanz heraus § 32 Abs. 1, so werden die Gebühren fällig, und es bedarf daher eines Vorschusses nicht mehr. Bei Einlegung des Einspruches gegen einen Vollstreckungsbefehl wird ein Vorschuß fällig §§ 37, 39, welcher von dem einspruchерhebenden Schuldner zu zahlen ist.

Wenn im Falle der Beendigung des Urkundenprozesses der Rechtsstreit anhängig bleibt § 33, so ist abzuwarten, ob eine Partei zur Fortsetzung des Rechtsstreits im ordentlichen Verfahren ladet; von dieser Partei ist dann ein Vorschuß zu erfordern.

Im Arrestverfahren ist der Betrag des Vorschusses davon abhängig, ob eine mündliche Verhandlung angeordnet wird § 26 Nr. 9, § 35 Nr. 3; wird gegen den Beschluß, durch welchen ein Arrest angeordnet wird, Widerspruch erhoben (§ 924 d. C.P.O.), so ist die widersprechende Partei zur Zahlung des Vorschusses verpflichtet (§ 39).

Bei dem Antrage auf Entmündigung wegen Geisteskrankheit wird ein Vorschuß nicht geschuldet (§ 34 Nr. 1), da im Falle der Abweisung des Antrages in der Regel die Staatskasse die Kosten zu tragen hat (§ 658 d. C.P.O.).

Handelt es sich jedoch um eine Entmündigung wegen Verschwendung oder Trunksucht (§§ 680, 681 d. C.P.O.), oder um eine Wiederaufhebung einer Entmündigung auf Antrag des Entmündigten oder seines gesetzlichen Vertreters (§§ 675, 685 d. C.P.O.), so ist ein Vorschuß von dem Antragsteller einzufordern.

Für die von Amtswegen erlassene Entscheidung nach § 102 d. C.P.O. und für das Vertheilungsverfahren § 873 a. a. O. tritt in Ermanglung eines Antragstellers der Vorschuß in Wegfall. Die Person, welche den zu vertheilenden Betrag hinterlegt, kann nicht als Antragsteller im Sinne der Bestimmung des § 81 angesehen werden.

Bei einem Antrage auf Sicherung des Beweises kann ein Vorschuß eingefordert werden (R.G. v. 9. 3. 86 Bd. 15 S. 417.)

Im Falle des § 510 d. C.P.O. wird der Vorschuß mit der Erhebung der Klage fällig.

Für die Streitigkeiten nach § 27 und für Anträge in den in den §§ 34, 35, 37, 38, 41, 43—45 aufgeführten Angelegenheiten kommt für jedes Verfahren die Zahlung eines Vorschusses zwar in Frage, doch besteht bei diesen, da mit der alsbald erfolgenden Entscheidung sofort die Gebühren fällig werden, keine Veranlassung, den Vorschuß zu erheben, zumal weiter überdies der Antragsteller häufig auch Kostenschuldner ist (§ 89). Werden mehrere Prozesse oder Anträge verbunden, so übt die Verbindung keine Rückwirkung auf die Zahlung der aus den einzelnen Werthsgegenständen geschuldeten Vorschüsse.

3. Unter der höchsten Gebühr ist der Betrag zu verstehen, welcher aus dem Klagsanspruche der Antragsteller für einen Akt der Instanz (d. i. die kontradiktorisch mündliche Verhandlung, Beweisanordnung oder Entscheidung) oder in den besonderen Rechtsstreiten nach § 39 für die beantragte Entscheidung zur Erhebung gelangen kann. Sie ist gewöhnlich die volle Gebühr des § 8, nach § 25 $^{6}/_{10}$, nach § 26, 36 $^{6}/_{10}$, nach § 27 $^{3}/_{10}$ u. s. w.

4. Der Vorschuß wird mit Einreichung der Klage oder des Antrags eventuell des Rechtsmittelschriftsatzes oder mit Erhebung der Widerklage und Geltendmachung der Anschlußberufung oder Revision im Termine fällig. Von der Erlage des Gebührenvorschusses darf die Thätigkeit der Gerichte nicht abhängig gemacht werden (§ 3). Ausnahme ist nur bei Ausländern (§ 85) zulässig.

5. Der Widerkläger und im Falle wechselseitig eingelegter Rechtsmittel ist jede Partei zur Zahlung eines Vorschusses verpflichtet. Derselbe wird aus dem Gegenstande der Widerklage oder aus dem von dem eingelegten Rechtsmittel betroffenen Gegenstande berechnet. Hiebei ist es ohne Belang, ob Klage und Widerklage oder die eingelegten Rechtsmittel der Parteien denselben Streitgegenstand betreffen und somit die Gebühren nur aus dem ein-

fachen Betrage des Streitgegenstandes zu berechnen sind. (Siehe auch Entschdg. d. O.L.G. Dresden v. 7. 10. 85, Seufferts Archiv Neue Folge XII S. 95.)

6. Eine Erhöhung des Vorschusses greift selbstverständlich dann erst Platz, wenn der aus dem erweiterten Klagsanspruche zu berechnende Vorschuß in eine andere Werthsklasse des § 8 fällt. Ist z. B. bei einer Klage auf Zahlung von 200 Mk. der Vorschuß mit 7 Mk. 50 Pf. erhoben worden, und wird der Klagsanspruch auf weitere 10 Mk. somit auf 210 Mk. erweitert, so kommt ein Vorschuß von 11 Mk. in Frage, und ist deshalb, da bereits 7 Mk. 50 Pf. einbezahlt wurden, nur noch der ergänzende Mehrbetrag von 3 Mk. 50 Pf. einzufordern.

7. Eine Aenderung in dem Werthe des Streitgegenstandes sowie eine Ermäßigung des Klagsanspruchs übt keinen rückwirkenden Einfluß auf den bereits bezahlten Vorschuß aus.

8. Nur die Berichtigung des Werthsgegenstandes hat auch die entsprechende Neuberechnung des Gebührenvorschusses zur Folge.

9. Außer den in § 98 enthaltenen Gebührenbefreiungen, welche natürlich auch eine Vorschußerhebung nicht zulassen, ist noch zu erwähnen,

> daß die auf Grund des Krankenversicherungs-Gesetzes vom 15. Juni 1883 (R.G.Bl. S. 33) zu versichernden Personen in Streitigkeiten über Unterstützungsansprüche nach § 78 a. a. O. nicht vorschußpflichtig sind.

Wird eine Partei erst nach Bezahlung des Vorschusses zum Armenrechte zugelassen, so kann sie nicht die Zurückbezahlung desselben verlangen.

Der Gegner der armen Partei ist von der Zahlung der vorzuschießenden Beträge für die von ihm erhobene Widerklage befreit (O.L.G. Dresden v. 12. 10. 81, Sächs. Annal. III S. 257; Rittmann G.K.Ges. S. 421).

Das Gleiche ist der Fall, wenn der vermögliche Gegner des armen Berufungs- oder Revisionsklägers der Berufung sich anschließt. Wird der Rechtsstreit ohne Urtheil über die Kosten beendigt, so kommt § 123 Abs. 2 d. C.P.O. zur Anwendung.

10. In allen Fällen, in welchen für die Partei der Anwalt handelt, ist für die Vorschuß- und bezw. Gebührenleistung nicht der Anwalt, sondern die von ihm vertretene Partei verhaftet, wenn nicht etwa der Anwalt ausdrücklich die Zahlung für die Partei übernommen hat. Vergleiche aber hierher § 97.

Der Vorschuß einer Partei, soweit diese nicht Schuldner wird, kann nicht zur Deckung von Gebühren und Auslagen, für welche der Gegner vorschußpflichtig ist, verwendet werden (Reichst.-Commiss. Protokoll v. 6. April 1878).

11. Siehe noch §§ 90 und 91.

§ 82.

Im Konkursverfahren ist ein Gebührenvorschuß

1. bei dem Antrag auf Eröffnung des Konkursverfahrens [1]),
2. bei der Anmeldung einer Konkursforderung nach dem Ablaufe der Anmeldefrist [2]),
3. bei dem Antrag auf Anordnung einer Sicherheitsmaßregel in Gemäßheit des § 197 Abs. 2 der Konkursordnung [3])

von dem Antragsteller [4]) zu zahlen.

Der Vorschuß beträgt ebensoviel wie die zu erhebende Gebühr, im Falle der Nr. 1 soviel wie die im § 53 Abs. 1 bestimmte Gebühr.

1. Das Gesetz verlangt einen Gebührenvorschuß mit Rücksicht darauf, daß es von vorneherein nicht zu übersehen ist, ob es zur Konkurseröffnung kommt. Der Vorschuß beträgt nur soviel als die geringstmögliche Gebühr nämlich $^{2}/_{10}$.

Vorschußpflichtig ist sowohl der Gemeinschuldner als auch der Gläubiger, welcher den Konkurseröffnungsantrag stellt. Letzterer vorbehaltlich seines Anspruches auf Erstattung aus der Konkursmasse. Der Gemeinschuldner haftet für den Vorschuß auch mit seinem nicht zur Konkursmasse gehörigen Vermögen. Der Vorschuß berechnet sich im ersten Falle aus der Aktivmasse, wenn diese geringer als die Schuldenmasse ist, im zweiten Falle aus dem Betrag der Forderung, sofern diese geringer als die Aktivmasse ist (§ 53 Abs. 3).

2. Der Vorschuß beträgt so viel wie die volle Gebühr (§ 8) und berechnet sich aus dem Werthe der nachträglich angemeldeten und in einem besonderen Termine geprüften Forderung. Wegen der Berechnung des Werthes der Forderung siehe § 54. Wird die nachträglich angemeldete Forderung im allgemeinen Prüfungstermine geprüft, so ist keine Veranlassung vorhanden, einen Vorschuß zu erheben, da auch keine Gebühr zum Ansatze kommt. Wird jedoch der besondere Prüfungstermin mit einem anderen Konkurstermin verbunden, so kommt eine Gebühr in Frage, und ist der Vorschuß einzufordern.

Der mit einer nachträglichen Anmeldung geleistete Vorschuß ist zu $^{7}/_{10}$ zu erstatten, wenn die Anmeldung vor der Prüfung und sogar im vollen Betrage, wenn die Anmeldung vor Anberaumung des besonderen Prüfungstermines zurückgenommen wird.

3. Der Vorschuß beträgt hier $^{3}/_{10}$ gleichwie für die nach der Civilprozeßordnung zu erlassenden einstweiligen Verfügungen. (Siehe § 58 Abs. 2.)

4. Es macht in der Höhe des Vorschusses keinen Unterschied, ob ein Inländer oder ein Ausländer Antragsteller ist, und kann die Bestimmung des § 85 hier nicht Anwendung finden.

§ 83.

In Strafsachen[1]) ist von dem Privatkläger[2]) oder demjenigen, welcher als Privatkläger eine Berufung oder Revision einlegt oder eine Wiederaufnahme des Verfahrens beantragt, sowie von dem Nebenkläger[3]), welcher eine Berufung oder Revision einlegt, ein Gebührenvorschuß von 10 M. für die Instanz zu zahlen.

Im Falle des § 75 beträgt der Vorschuß 5 M.[4]).

1. In Strafsachen fällt die Verpflichtung zur Zahlung eines Kostenvorschusses natürlich in dem Verfahren auf öffentliche Klage weg, mit Ausnahme des im § 441 d. St.P.O. vorgesehenen Falles, daß der Nebenkläger sich eines Rechtsmittels bedient. Für den letzteren Fall und für Privatklagesachen greifen die Gründe Platz, welche für den Civilprozeß die Erhebung eines Kostenvorschusses rathsam erscheinen lassen.

Der Beschuldigte, welcher im Verfahren auf erhobene Privatklage ein Rechtsmittel einlegt, hat keinen Gebührenvorschuß zu leisten (Motive).

2. Voraussetzung ist, daß der Privatkläger nur in der Eigenschaft eines Klägers auftritt, legt er als Widerbeklagter Berufung ein, so hat er keinen Vorschuß zu leisten. Der Vorschuß beträgt immer 10 M., wenn auch mehrere Privatkläger oder mehrere Beschuldigte vorhanden sind. (Siehe auch § 503 Abs. 4 d. St.P.O.) Bezüglich ausländischer Privatkläger siehe § 85 Abs. 4.

3. Der Nebenkläger ist dem Privatkläger gleichgestellt (§ 437 d. St.P.O.).

4. Fallen in diesem Verfahren die Kosten nicht dem Privatkläger zur Last, so ist der Vorschuß zurückzugeben. Das Gleiche tritt ein bei dem Nebenkläger, wenn ihm nicht die Kosten des Rechtsmittels überbürdet werden.

Siehe auch Armenrecht Note 7 auf Seite 109.

§ 84.

Außer dem Gebührenvorschuß (§§ 81 bis 83) ist bei jedem Antrag[1]) auf Vornahme einer Handlung, mit welcher baare Auslagen[2]) verbunden sind, ein zur Deckung derselben hinreichender Vorschuß[3]) von dem Antragsteller[4]) zu zahlen.[5])

Diese Vorschußpflicht besteht in Strafsachen nur in dem Verfahren auf erhobene Privatklage[6]) und für den Nebenkläger, welcher sich eines Rechtsmittels bedient.

Die Ladung und Vernehmung von Zeugen oder Sachverständigen auf Antrag des Privatklägers oder des Nebenklägers kann von der vorgängigen Zahlung eines zur Deckung der erwachsenden Auslagen hinreichenden Vorschusses abhängig gemacht werden[7]).

1. Vorschußpflichtig ist derjenige, welcher die Vornahme einer mit baaren Auslagen verbundenen Handlung beantragt. Es ist nicht nothwendig, daß die vorschußpflichtige Partei einen förmlichen Antrag stellt, sondern es genügt, wenn dieselbe durch ihre Erklärung z. B. Beweisanerbieten, zur Anordnung der Vornahme der Handlung Veranlassung gegeben hat. Dies gilt auch für die Prozeßpartei, welche die Erledigung eines bedingten Urtheils herbeiführen will, da die Abnahme des Eides die Eigenschaft einer Beweisaufnahme hat. (R.G. v. 1. 4. 85 Bd. 13 S. 426.)

Bietet eine Partei Beweis an durch Vernehmung von Sachverständigen, so ist dieselbe auch für die Auslagen der vom Gerichte nach § 404 d. C.P.O. ernannten Sachverständigen, nicht nur für die von ihr benannten Sachverständigen vorschußpflichtig.

Wird jedoch durch das Gericht von Amtswegen die Einnahme eines Augenscheines oder die Begutachtung durch Sachverständige angeordnet oder der richterliche Eid einer Partei auferlegt (§§ 144, 476 d. C.P.O.), so ist kein Antragsteller im Sinne des § 84 vorhanden, mithin auch kein Auslagenvorschuß zu erheben. Das Gleiche gilt auch im Entmündigungsverfahren wegen Geisteskrankheit oder Geistesschwäche (§ 653 d. C.P.O.). Vergleiche auch Entschdg. d. O.L.G. Cöln v. 20. 2. 83, Rittmann G.K.Ges.S. 433.

2. Baare Auslagen sind abgesehen von Portis und Schreibgebühren insbesondere verbunden mit der Vernehmung von Zeugen und Sachverständigen (§§ 401, 413 d. C.P.O., §§ 74, 84 d. St.P.O.).

3. Im Gegenhalte zum Gebührenvorschusse kann das Gericht die Ladung von Zeugen und Sachverständigen in bürgerlichen Rechtsstreitigkeiten von der Erlage eines Auslagenvorschusses abhängig machen (§§ 379, 402 d. C.P.O. und § 3 dieses Ges.). (R.G. 7. 10. 82 Bd. 7 S. 389.)

Im Falle des § 911 d. C.P.O. hat der Gläubiger die Haftkosten für den die Eidesleistung verweigernden Schuldner von Monat zu Monat vorauszubezahlen.

Wer im Konkursverfahren nach § 82 gebührenvorschußpflichtig ist, hat auch für die Auslagen, welche durch seinen Antrag oder seine Anmeldung entstehen, einen zur Deckung derselben hinreichenden Vorschuß zu erlegen. (Vergleiche auch § 82 nebst Anmerkungen dann §§ 85, 111 d. K.O.)

Sowohl der Privatkläger als der Beschuldigte sind vorschußpflichtig. Siehe jedoch bezüglich der Zeugen und Sachverständigen auch Note 7 unten.

4. Ist der Antragsteller ein Ausländer, so ist die Vor-

nahme der Handlung in der Regel von der vorherigen Erlage des Vorschusses abhängig zu machen. (Siehe § 85 Abs. 5.)

Mehrere Personen haften nach Kopftheilen (§ 91).

Wird die Vornahme ein und derselben Handlung von beiden Prozeßparteien veranlaßt, so haftet jede derselben für die ganzen dadurch entstandenen Auslagen. (R.G. v. 21. 9. 86, Jurist. Zeitschr. XI S. 486; Rittmann G.K.Ges. S. 430.)

Befreit sind von der Erlage des Auslagenvorschusses:

a. die zum Armenrechte zugelassene Partei (§ 115 d. C.P.O.) und im Falle des § 120 a. a. O. auch deren Gegner,

b. die auf Grund d. Krank.Vers.Ges. v. 15. Juni 1883 (R.G.Bl. S. 33) zu versichernden Personen in Streitigkeiten über Unterstützungsansprüche (§ 78 a. a. O.).

5. Nur das Prozeßgericht ist befugt, die Erlage des Auslagenvorschusses anzuordnen, und sind die bei den Reichsconsulaten oder den Behörden anderer Bundesstaaten auf Ersuchen erwachsenen Auslagen, Armensachen ausgenommen, baldmöglichst zu erstatten. Wegen der Höhe des einzufordernden Vorschusses hat sich das ersuchende Gericht gegebenen Falls mit der ersuchten Behörde namentlich den Consulaten des Reichs ins Benehmen zu setzen.

6. Werden in dem Verfahren nach §§ 477—479 d. St.P.O. dem Privatkläger die Kosten nicht überbürdet, so kommt der Auslagenvorschuß wieder zur Rückvergütung.

7. Diese Bestimmung war nothwendig, um die Staatskasse gegen Manöver, welche auf Gewinn von Gebühren gerichtet sind, zu schützen (Motive).

Die Ladung und Vernehmung von Zeugen und Sachverständigen auf Antrag des Privatklägers oder des Nebenklägers kann von der Erlage des Vorschusses abhängig gemacht werden, nicht aber, wie sich aus dem Wortlaute der Bestimmung entnehmen läßt, die des Beschuldigten in einer Privatklagesache.

§ 85.

Ausländer [1] [2]), welche als Kläger [3]) auftreten, haben das Dreifache des im § 81 bestimmten Betrags [4]) als Vorschuß zu zahlen.

Diese Verpflichtung [5]) tritt nicht ein:

1. wenn nach den Gesetzen des Staates, welchem der Kläger angehört, ein Deutscher in gleichem Falle zu einer besonderen Vorauszahlung oder zu einer Sicherstellung der Gerichtskosten nicht verpflichtet ist [6]);
2. im Urkunden- und Wechselprozesse;
3. bei Widerklagen;

4. bei Klagen, welche in Folge einer öffentlichen Aufforderung angestellt werden[7]);
5. bei Klagen aus Ansprüchen, welche in das Grund- oder Hypothekenbuch einer deutschen Behörde eingetragen sind;
6. wenn dem Kläger das Armenrecht bewilligt ist.

Die Verpflichtung besteht auch dann, wenn im Laufe des Rechtsstreits der Kläger die Eigenschaften eines Deutschen verliert[8]), oder die Voraussetzung, unter welcher der Ausländer von der Verpflichtung befreit war, wegfällt[9]).

Unter den gleichen Voraussetzungen haben Ausländer in den Fällen des § 83 Abs. 1 einen Gebührenvorschuß von 30 M. zu zahlen[10]).

Vor Zahlung des von einem Ausländer nach den vorstehenden Bestimmungen oder den Bestimmungen der § 83 Abs. 2, § 84 zu zahlenden Vorschusses ist die Vornahme jeder gerichtlichen Handlung abzulehnen, sofern nicht glaubhaft gemacht wird, daß die Verzögerung dem Ausländer einen nicht zu ersetzenden Nachtheil bringen würde[11]).

1. Die besonderen Vorschriften des § 85 rechtfertigen sich aus den fast unüberwindlichen Schwierigkeiten, mit welchen die Einziehung von Gerichtskosten im Auslande verknüpft ist. Sie schließen sich thunlichst an die der C.P.O. §§ 110, 111 und der St.P.O. § 419 an. Im Allgemeinen ist davon ausgegangen, daß die Verpflichtung des ausländischen Klägers oder Privatklägers zur Zahlung des in Abs. 1 und 2 vorgesehenen Vorschusses nur dann eintritt, wenn von ihm wegen der Prozeßkosten Seitens des Beklagten oder Beschuldigten Sicherheitsleistung verlangt werden kann. Das Erforderniß der Gegenseitigkeit ist im § 110 Nr. 1 d. C.P.O. nur rücksichtlich der Rechte der Parteien untereinander aufgestellt, während es sich hier darum handelt, in welchem Umfange der ausländische Staat einem Deutschen Rechtsschutz gewährt. Ebenso muß die im § 111 d. C.P.O. gegebene Beschränkung der Kautionspflicht durch den Umstand, daß der Beklagte in einem unbestrittenen Theile des erhobenen Anspruches Deckung hat, für das Recht der Staatskasse, Sicherheit wegen der Gebühren zu fordern, ohne Einfluß bleiben.

Durch die Bewilligung des Armenrechts wird der Ausländer natürlich von jeder Vorschußleistung entbunden (Motive).

2. Ausländer ist ein Jeder, der nicht nach der Reichsverfassung und dem Reichsgesetze vom 1. Juni 1870 (B.G.Bl. S. 355) als Reichsangehöriger gilt. Ein Deutscher, der im Aus-

lande wohnt, ist deshalb noch nicht ein Ausländer. Maßgebend ist, ob er die deutsche Staatsangehörigkeit noch besitzt. Eine im Auslande domizilirende Handelsgesellschaft, welche nur aus Reichsangehörigen besteht, hat nicht den Ausländervorschuß zu leisten (R.G. v. 25. 11. 95 Bd. 36 S. 393).

Für die Beurtheilung der Frage wegen der Ausländereigenschaft von juristischen Personen, Gesellschaften, Stiftungen u. s. w. ist entscheidend, wo dieselben ihren Hauptsitz haben.

3. Voraussetzung ist, daß der Ausländer nur als Kläger, gleichviel in welcher Instanz auftritt. Ist er aber nur Antragsteller oder Beklagter oder legt er als Beklagter Berufung oder Revision ein, so kann die Vorschrift des § 85 ihm gegenüber nicht angewendet werden (RG. v. 6. 4. 93 Bd. 31 S. 385).

4. Vergleiche §§ 81 dann 91.

5. Hiemit ist die Verpflichtung, den dreifachen Vorschuß zu leisten, gemeint; die Bestimmungen nach §§ 81—84 bleiben jedoch zu Recht bestehen.

6. Zu einer besonderen Vorauszahlung sind Deutsche nicht verpflichtet in:

Belgien, (Staatsvertrag vom 18. 12. 78, R.G.Bl. 1879 S. 316.)

Frankreich, (Staatsvertrag vom 20. 2. 80, R.G.Bl. 1881 S. 81.)

Italien, (Staatsvertrag vom 1. 10. 79, R.G.Bl. 1879 S. 312.)

Luxemburg, (Staatsvertrag vom 12. 6. 79, R.G.Bl. 1879 S. 318).

Oesterreich-Ungarn, (Staatsvertrag vom 17. Jan. 1852 mit Bayern abgeschlossen.)

Hinsichtlich Ungarn ist jedoch zu erwähnen, daß die vor den Gerichten dortselbst auftretenden Ausländer auf Verlangen des Beklagten eine Kaution zu stellen haben, und ist somit eine Gegenseitigkeit nicht verbürgt. Eine Ausnahme besteht nur für das Wechselverfahren (Bekanntmachung d. bayr. Staatsminist. d. Justiz v. 20. April 1896).

In Rußland wird Ausländern das Armenrecht gewährt, allein die Zulassung befreit nicht von der Kautionspflicht. (Bek. v. 30. 9. 97 R.G.Bl. S. 775).

In der Schweiz wird von einigen Kantonen das Armenrecht Ausländern gewährt, von anderen wie z. B. Solothurn, nicht.

In England werden Ausländer zum Armenrechte nicht zugelassen, jedoch sind Einheimische und Ausländer bezüglich der Kostenvorauszahlung gleichgestellt. Es hat demnach ein Engländer nicht den Ausländervorschuß zu entrichten (R.G. v. 5. 12. 96 Bd. 38 S. 403). Die Befreiung des Ausländers soll nur dann nicht eintreten, wenn ein in dem betreffenden fremden Staate klagender Deutscher vermöge seiner Eigenschaft als Ausländer oder speziell als Deutscher an Gerichtskosten mehr vorauszahlen oder sicherstellen muß als der dort einheimische Kläger (R.G. v. 5. 12. 96 Bd. 38 S. 403, u. v. 24. 5. 97 Bd. 39 S. 406).

7. Das sind die Klagen nach §§ 946 ff. d. C.P.O.

8. Siehe §§ 13 ff. d. Ges. v. 1. Juni 1870, B.G.Bl. S. 355.

9. Dies kann eintreten, wenn die Staatsverträge eine Aenderung erfahren oder wenn dem Ausländer das Armenrecht entzogen wird.

10. Besteht die Klagspartei aus mehreren inländischen und ausländischen Privatklägern, so haben die Inländer 10 Mk. und die Ausländer 20 Mk. Vorschuß zu bezahlen, da der Vorschuß unter allen Umständen nur 30 Mk. beträgt.

11. Die Verpflichtung zur Zahlung des Ausländervorschusses ist mit der Einreichung der Klage gegeben.

Jede gerichtliche Handlung, also auch die Anberaumung eines Verhandlungstermines, ist abzulehnen.

Bringt jedoch die Verzögerung voraussichtlich einen nicht zu ersetzenden Nachtheil, wie z. B. infolge Ablaufes der Frist bei Einlegung von Rechtsmitteln, so ist die Terminsbestimmung nicht von der vorherigen Zahlung des dreifachen Gebührenvorschusses abhängig zu machen. (Siehe Entschdg. d. R.G. v. 23. 1. 93, J. W. S. 126; Rittmann G.K.G. S. 445).

Hinsichtlich der Glaubhaftmachung siehe § 294 d. C.P.O.

§ 86.

Schuldner der entstandenen Gebühren und Auslagen[1]) ist derjenige, welchem durch gerichtliche Entscheidung[2]) die Kosten des Verfahrens auferlegt sind, oder welcher dieselben durch eine vor dem Gericht abgegebene oder demselben mitgetheilte Erklärung[3]) übernommen hat.[4])[5])

Schuldner der Schreibgebühr für Ausfertigungen und Abschriften, welche nicht von Amtswegen zu ertheilen sind, ist der Antragsteller.[6])

1. Vom Standpunkte der Zweckmäßigkeit und zugleich der Billigkeit bestimmt das Gesetz, daß diejenige Feststellung, welche unter den Parteien über ihre Kostenpflicht durch richterliche Entscheidung oder eine dem Gerichte gegenüber getroffene Uebereinkunft ergeht, auch für die schließliche Kostenpflicht im Verhältniß zur Staatskasse als wirksam zu betrachten sei.

Die Bestimmungen in §§ 86 mit 92 regeln die Zahlungspflicht hinsichtlich der bereits entstandenen Kosten, und ist diese Pflicht völlig unabhängig von der in §§ 81—85 behandelten Vorschußpflicht.

2. Das Gesetz nimmt die richterliche Entscheidung ohne Rücksicht auf deren Rechtskraft zur thatsächlichen Grundlage der Kostenerstattungspflicht der Parteien gegenüber der Staatskasse in der Voraussetzung, daß diese Verbindlichkeit nicht blos zur Zeit der Kosten-

anforderung besteht, sondern auch bis zur Kostenzahlung in Wirksamkeit bleibt (R.G. v. 9. 3. 86 Bd. 15 S. 114.)

Werden im Urtheile die Kosten gegen einander aufgehoben, so hat jede Partei die Hälfte derselben zu tragen (R.G. v. 11. 3. 82 Bd. 6 S. 398).

3. Die Erklärung muß vor dem Gerichte abgegeben oder demselben mitgetheilt sein. Als vor dem Gerichte abgegeben gilt auch die Erklärung zu Protokoll des Gerichtsschreibers. Dieselbe kann auch nach einer gerichtlichen Entscheidung abgegeben werden, jedoch wird diese hiedurch nicht aufgehoben. Es hat vielmehr in einem solchen Falle die Staatskasse die Wahl, welchen Weg zur Kosteneinziehung sie als den sichereren einschlagen will.

Wird in Privatklagesachen oder in Strafsachen auf öffentliche Klage infolge Zurücknahme des Antrages das Verfahren durch Einstellung erledigt und die Kosten dem Antragsteller überbürdet, so kann, wenn eine Uebereinkunft der Parteien über die Kostentragung vorliegt, die Staatskasse die Kosten entweder vom Antragsteller ganz oder vom Antragsteller und Angeschuldigten je zur Hälfte, oder vom Angeschuldigten, wenn dieser nach der von dem Gerichte abgegebenen Erklärung die Tragung der Kosten übernommen hat, allein einziehen.

Wird in einem Rechtsstreite über die Kosten der Klage und Widerklage dahin entschieden, daß jede Partei die auf seiner Seite erwachsenen Kosten zu tragen hat, so sind dieselben nach dem Verhältnisse zu theilen, in welchem der für den Klagegegenstand maßgebende Gebührenansatz zu dem für den Streitgegenstand der Widerklage maßgebenden steht. (R.G. v. 2. 2. 91, Seufferts Archiv, Neue Folge XVII S. 338; Rittmann G.K.Ges. S. 452). Betreffen Klage und Widerklage denselben Streitgegenstand, so sind die Kosten zu halbiren.

4. Hinsichtlich der sonstigen Kostentheilung siehe auch noch die Bestimmungen der Civilprozeßordnung in §§ 91 ff.; weiter vergleiche § 88 und hinsichtlich des Zeitpunktes der Erhebung der Kosten die Bestimmungen in §§ 93 mit 96.

5. Vergleiche ferner auch Note 12 S. 109 hinsichtlich der Kostenpflicht in Armenrechtssachen. Hier ist besonders zu beachten, daß nach § 123 Abs. 2 d. C.P.O. die Gerichtskosten, von deren Berichtigung der Gegner der armen Partei nach § 120 a. a. O. einstweilen befreit ist, von demselben einzuziehen sind, wenn der Rechtsstreit ohne Urtheil über die Kosten beendigt ist, bezw. ruhen bleibt.

6. Schuldner der Schreibgebühren ist immer der Antragsteller unbeschadet der Entscheidung im Kostenpunkte oder der Kostenübernahme seitens des Gegners.

Vergleiche auch § 97 Abs. 2.

§ 87.

Die durch gerichtliche Entscheidung[1]) begründete Verpflichtung zur Zahlung der Gebühren und Auslagen

(§ 86) erlischt, insoweit eine Aufhebung oder Abänderung der Entscheidung erfolgt.

Die Zurückzahlung[2]) bereits bezahlter Beträge findet, soweit der Gebührenansatz bestehen bleibt, nicht statt.

1. Die aus § 86 herzuleitende Kostenerstattungspflicht ist keine endgültige, sondern eine vorläufige und hört mit der Beseitigung des ergangenen richterlichen Urtheils von selbst auf. Die Ausnahme, welche Abs. 2 von der Regel des Abs. 1 macht, trifft nur den Fall, daß der nach der früheren Entscheidung Zahlungspflichtige auf die ergangene Aufforderung die berechneten Gebühren an die Staatskasse wirklich bezahlt hat; alsdann soll eine Rückzahlung dieser Beträge, soweit der Gebührenansatz bestehen bleibt, nicht stattfinden, aber nicht etwa deshalb, weil eine fortdauernde Verpflichtung zur Tragung der entstandenen Gebühren und Auslagen als begründet anzunehmen sei, sondern deshalb, weil die betreffende Partei zur Zeit der Zahlung immerhin nach § 87 Schuldnerin der Staatskasse war, und daraus, daß sie nach diesem Zeitpunkte bei veränderter Sachlage aufhört, Schuldnerin zu sein, nur folgt, daß sie die noch nicht bezahlten Beträge fernerhin nicht mehr schuldet. (R.G. v. 9. 3. 86 Bd. 15 S. 416.)

2. Die Zurückzahlung erfolgt nur, wenn der Gebührenansatz nicht bestehen bleibt. Dies ist der Fall, wenn durch die neue Entscheidung die Kosten einer der in § 98 bezeichneten Staatskassen zur Last gelegt werden, oder wenn die Kosten niedergeschlagen oder nachträgliche Gebührenfreiheit gewährt wird § 6.

In Strafsachen bleibt der Gebührenansatz in dem Falle nicht bestehen, wenn in Folge Ablebens des Privatklägers oder des Beschuldigten das Instanzgericht das Verfahren einstellt. Zur Erhebung kommt nur die Gebühr für das Einstellungsurtheil nach § 70 Nr. 1.

Der Abs. 2 bezieht sich jedoch nicht auf den nach § 84 erhobenen Auslagenvorschuß und die wirklich entstandenen Auslagen. (R.G. v. 21. 9. 83, J. W. S. 270.)

§ 88.

Sind die entstandenen Gebühren und Auslagen von der einen oder der anderen Partei durch Uebereinkunft beider Parteien übernommen (§ 86), so haftet jede Partei wenigstens für die Hälfte derselben.[1])

Diese Haftbarkeit kann erst geltend gemacht werden, wenn eine Zwangsvollstreckung in das bewegliche Vermögen der nach § 86 zahlungspflichtigen Partei erfolglos geblieben ist.[2])

1. Einer Uebereinkunft unter den Parteien (Vergleich) ist eine unbedingt maßgebende Bedeutung für die Staatskasse nicht beizumessen, zumal die Gefahr einer mißbräuchlichen Anwendung so weitgehender Befugnisse zum Nachtheile des Aerars hier sehr nahe liegen würde. Es war deshalb im Interesse der Staatskasse obige Bestimmung über schon entstandene Gebühren zu treffen. (Motive.)

Die Staatskasse hat die Wahl, ob sie die Kosten nach Maßgabe der Uebereinkunft der Parteien oder von jeder Partei zur Hälfte einheben will. Liegt überdies noch eine gerichtliche Entscheidung im Kostenpunkte vor, so kann die Staatskasse auch auf Grund dieser die entstandenen Kosten einfordern. Obige Bestimmung ist auch auf Privatklagesachen anwendbar.

Wenn in einem Rechtsstreite vereinbart wird, daß jeder Theil diejenigen Gerichtskosten zu tragen habe, zu deren Tragung oder Erlage er nach der gegenwärtigen Lage des Prozesses gesetzlich verpflichtet erscheint, so liegt weder der Fall vor, daß die Parteien eine Abrede über die Prozeßkosten überhaupt nicht getroffen haben (§ 98 d. C.P.O.), noch der Fall, daß die eine oder die andere Partei oder daß beide Theile die Verbindlichkeit zur Kostenzahlung vertragsmäßig übernommen haben, und aus diesem Grunde der Staatskasse ein neuer Schuldner neben dem gesetzlich zur Kostenzahlung Verpflichteten geschaffen worden ist (§§ 86, 88); die Kostenersatzpflicht der streitenden Theile ist vielmehr ausschließlich nach den maßgebenden Bestimmungen des Gerichtskostengesetzes zu beurtheilen (R.G. v. 9. 3. 86 Bd. 15 S. 414).

2. Die Bestimmung in Abs. 2 beschränkt jedoch das Wahlrecht der Staatskasse insofern, als sie, für den Fall daß eine andere Art der Kostenübernahme vereinbart wurde, die Einziehung der Kosten nach Hälften nicht eher vornehmen darf, bis durch eine Zwangsvollstreckung in das Mobiliarvermögen der infolge Uebereinkunft als zahlungspflichtig bezeichneten oder mitgetheilten Partei der Nachweis erbracht ist, daß die Einhebung der Kosten gemäß der Uebereinkunft nicht stattfinden kann.

Die Inanspruchnahme des Gegners der zum Armenrechte zugelassenen Partei ist jedoch nicht von einer vorausgehenden Zwangsvollstreckung gegen die letztere abhängig. Es kann sofort die Haftung des Gegners in Anspruch genommen werden, soferne dies für die Staatskasse günstiger ist. Die Hälfte der Kosten berechnet sich aus dem Gesammtbetrage aller Gebühren und Auslagen des Verfahrens. (R.G. v. 30. 9. 86, Bureaubl. S. 178.)

Die unter Zustimmung des Gegners erfolgte Zurücknahme der Klage enthält nicht eine Uebereinkunft im Sinne des § 88 (O.L.G. Zweibrücken v. 5. 3. 91, J. W. S. 240, Rittmann G.K.Ges. S. 466.)

§ 89.

In Ermangelung eines anderen Schuldners (§ 86) [1])

ist derjenige, welcher das Verfahren der Instanz beantragt[2]) hat, Schuldner[3]) der entstandenen[4]) Gebühren und Auslagen. Soweit es sich jedoch um Auslagen[5]) handelt, für welche der Gegner in Gemäßheit des § 84 Vorschuß zu leisten verpflichtet war, sind diese Auslagen vom Gegner zu erheben.

1. Diese Bestimmung ist auch dann maßgebend, wenn die Instanz oder das Verfahren beendigt ist, ohne daß eine gerichtliche Entscheidung über die Kosten ergangen oder eine Erklärung der bezeichneten Art (§ 86) abgegeben worden ist. Die Verpflichtung zur Kostenzahlung tritt, abgesehen von der Ausnahmebestimmung des § 94 Abs. 3 ein mit dem Zeitpunkte, wenn das Verfahren oder die Instanz beendigt wird.

2. Schuldner ist der Antragsteller, welcher eine Klage oder ein Gesuch eingereicht hat oder in einem Schriftsatze als solcher bezeichnet ist.

Antragsteller im Zwangsvollstreckungsverfahren ist derjenige, welcher das Verfahren betreibt. Er ist der Staatskasse gegenüber kostenpflichtig, nicht der Schuldner. Die Bestimmung im § 788 d. C.P.O. regelt nur das Verhältniß der Parteien untereinander. (R.G. v. 14. 11. 82, Seufferts Archiv, Neue Folge VIII S. 221.) Siehe § 27 Nr. 2, § 35 Nr. 1, 2, 4 u. § 38 Nr. 2.

Der Antragsteller ist auch dann zahlungspflichtig, wenn ihm ein von Zahlung der Gebühren befreiter Gegner nach § 98 gegenüber steht.

3. Wird ein Rechtsstreit durch einen Vergleich erledigt, welcher hinsichtlich des Kostenpunktes keine Bestimmung enthält, so haftet der Kläger für alle entstandenen Gebühren und Auslagen, soweit die letzteren nach Satz 2 des § 89 nicht ausschließlich dem Gegner zur Last fallen. (O.L.G. Jena v. 30. 10. 86, Seufferts Archiv, Neue Folge XIII S. 94).

Die nach §§ 89, 93 begründete Kostenpflicht bleibt in Kraft, selbst wenn in einem Rechtsstreite die Sache unter Vorbehalt der Kostenentscheidung in die untere Instanz zurückverwiesen wurde, und in derselben noch vor der Zahlung der Kosten ein Urtheil erlassen wird, durch welches dieselben dem Gegner überbürdet werden. (R.G. v. 27. 9. 89 Bd. 24 S. 435.)

Wird in der Rechtsmittelinstanz das Urtheil der unteren Instanz aufgehoben und die Sache zurückverwiesen, so können, soferne über die Kosten eine Entscheidung nicht getroffen wurde, von dem Berufungs- oder Revisionskläger die Kosten der Rechtsmittelinstanz eingezogen werden, da dieselbe anderweitig erledigt ist (§ 93). (R.G. v. 17. 2. 88 Bd. 20 S. 428 u. v. 27. 8. 89 Bd. 24 S. 435.)

4. Die Zahlungspflicht des § 89 erstreckt sich nur auf die

entstandenen Kosten und setzt die Fälligkeit derselben voraus §§ 93—96.

Der Antragsteller hat sämmtliche Kosten der Instanz zu tragen, auch wenn dieselben durch den Gegner veranlaßt worden sind. Nur hinsichtlich der vom Gegner hervorgerufenen Auslagen besteht eine Ausnahme.

Hinsichtlich des Konkursverfahrens ist abgesehen von der Vorschußpflicht § 89 nicht anwendbar.

5. Die Auslagen, die der Gegner veranlaßt hat und für die er nach § 84 vorschußpflichtig ist, fallen diesem allein zur Last. Werden dieselben Auslagen durch beide Parteien veranlaßt, so haftet jede derselben für den ganzen Betrag.

§ 90.

Die Verpflichtung zur Zahlung der vorzuschießenden,[1]) Beträge (§§ 81 bis 85) bleibt bestehen,[2])[3]) wenn auch die Kosten des Verfahrens einem Anderen auferlegt oder von einem Anderen übernommen sind.[4])[5])

1. Die Vorschußpflicht bleibt für alle Fälle bestehen und hat zur Folge, daß die Staatskasse, wenn die Kosten dem Gegner auferlegt wurden, im Falle der bereits erfolgten Einzahlung des Vorschusses, nur noch den nach Abzug desselben verbleibenden Kostenrest von dem Gegner einzuziehen braucht. Ist der Vorschuß nicht voraus bezahlt worden, so hat die Staatskasse in dem vorerwähnten Falle bis zur Höhe des Vorschußbetrages zwei Schuldner und hat die Wahl, ob sie von dem in die Kosten verurtheilten Gegner den Gesammtbetrag desselben einziehen oder ob sie von dem vorschußpflichtigen Kläger den dem Klagsanspruche entsprechenden Vorschußbetrag und sodann vom Gegner nur den Restbetrag der Kosten erheben will.

2. Der Gebührenvorschuß des Klägers wird selbst dann ganz innebehalten oder kann im vollen Betrage eingezogen werden, wenn auch über die Kostenvertheilung zwischen den Parteien eine Uebereinkunft getroffen oder eine gerichtliche Entscheidung im Kostenpunkte erlassen wurde. Der Kläger kann nicht verlangen, daß der seine Kostenschuld übersteigende Betrag des von ihm geleisteten Vorschusses an ihn zurückgezahlt werde, er muß es sich vielmehr gefallen lassen, daß dieser Mehrbetrag auch zur Deckung des dem Beklagten auferlegten Kostentheils verwendet wird. (R.G. v. 13. 4. 94.) Dem Kläger bleibt nur der Regreß an den Gegner offen. Der Kläger kann auch nach Ablauf der Frist des § 5 zur Einzahlung seines Vorschusses angegangen werden.

3. Ist dem Kläger, Berufungs- oder Revisionskläger das Armenrecht bewilligt, so ist der vermögliche Gegner nach § 120

d. C.P.O. bis zum Eintritte der in §§ 121, 122 u. 125 Abs. 2 d. C.P.O. vorgesehenen Fälle von der Vorschußpflicht (§ 84) auch dann noch befreit, wenn die Kosten der Instanz durch gerichtliche Entscheidung der armen Partei auferlegt werden. Findet aber der Rechtsstreit durch Vergleich, Zurücknahme oder anderweit seine Erledigung, so ist der reiche Gegner nach § 123 Abs. 2 d. C.P.O. zur Einzahlung des Vorschusses (§ 84) bezw. der Auslagen und im Falle, daß er Widerklage erhoben oder sich einem von der armen Partei eingelegten Rechtsmittel angeschlossen hat, zur Erlage des Gebührenvorschusses aus dem Werthsgegenstande der Widerklage oder Anschlußberufung verpflichtet.

Ja selbst in dem Falle, als dem zum Armenrechte zugelassenen Beklagten durch Urtheil die sämmtlichen Kosten auferlegt werden, kann der reiche Kläger die Zurückzahlung des von ihm eingeforderten und bezahlten Gebührenvorschusses nicht beanspruchen. (R.G. v. 9. 12. 81, Seufferts Archiv, Neue Folge VII S. 215.)

4. Nach der Erklärung der Reichstagskommission zu § 81 darf der Gebührenvorschuß einer Partei, soweit diese nicht Schuldner wird, zur Deckung von Gebühren, für welche der Gegner vorschußpflichtig, nicht verwendet werden.

Ein Beispiel dürfte diese Erklärung am besten erläutern: A erhebt gegen B Klage auf Zahlung von 1200 Mk. Im Verhandlungstermine zieht A seine Klage bezüglich des Betrages von 1000 Mk. zurück, und erhebt B unter Bestreitung der klägerischen Restforderung von 200 Mk. Widerklage auf 400 Mk. Nach kontradiktorischer Verhandlung über die Widerklage wird sodann Urtheil dahin erlassen, daß der Beklagte unter Abweisung seiner Widerklage zur Zahlung von 200 Mk. Restforderung an den Kläger sowie zur Kostentragung verurtheilt wird.

Nach § 81 Abs. 1 u. 2 hat A einen Gebührenvorschuß von 32 Mk. und B für seine Widerklage einen solchen von 15 Mk. zu erlegen.

An Gebühren kommen zum Ansatz:

Für die Zurücknahme von 800 Mk. (§ 46)	2 Mk. 60 Pf.
Für die Verhandlung aus 200 + 400 Mk. (§§ 18, 11)	20 „ — „
Für das Urtheil 200 + 400 Mk. (§ 18 Nr. 3)	20 „ — „
Gesammtkosten:	42 Mk. 60 Pf.
Von diesen trifft den Kläger die Zurücknahmegebühr mit	2 Mk. 60 Pf.
Dann kommen gegen Anrechnung an seinem Gebührenvorschuß die nachstehenden Gebührenantheile als von ihm veranlaßt zur Berücksichtigung:	
Von der Verhandlungs- und Entscheidungsgebühr mit Bezug auf 200 Mk. Restforderung 2×6 Mk. 66 Pf. = ...	13 Mk. 32 Pf.
S.	15 Mk. 92 Pf.

Da A einen Vorschuß von 32 Mk. einbezahlt hat, so sind ihm der Rest von 32 Mk. — 15 Mk 92 Pf. = 16 Mk. 8 Pf. zurückzubezahlen.

Für den Kostenrest von 42 Mk. 60 Pf. — 15 Mk. 92 Pf. = 26 Mk. 68 Pf. ist B alleiniger Schuldner und zwar aus seiner Vorschußpflicht hinsichtlich der von ihm erhobenen Widerklage und aus der Kostenpflicht des § 86. Der Vorschußrestbetrag des Klägers A kann in diesem Falle nicht zur Deckung der von B allein geschuldeten Beträge von 26 Mk. 68 Pf. verwendet werden, da für diese Beträge der B allein vorschußpflichtig ist.

Die Staatskasse selbst hat die Wahl, ob sie vom Kläger unter Anrechnung an dessen Gebührenvorschuß nur 2 Mk. 60 Pf. und vom Beklagten die übrigen Kosten von 40 Mk. einziehen oder, wie die nach gesetzlicher Vorschrift vorgenommene Kostenausscheidung ergiebt, vom Kläger 15 Mk. 92 Pf. und vom Beklagten 26 Mk. 68 Pf. erheben will.

5. Die Bestimmung des § 90 findet auch Anwendung im Konkursverfahren hinsichtlich der dort zu erhebenden Vorschüsse nach § 82.

§ 91.

Besteht die Partei aus mehreren Personen[1]), so haften dieselben in Ermangelung einer gerichtlichen Entscheidung über die Kostenvertheilung nach Kopftheilen[2-4]).

1. Die mehreren Personen haften unabbrüchig besonderer desfallsiger Vorschriften des bürgerlichen Rechts und der Prozeßgesetze (§§ 100 Abs. 4, 788 d. C.P.O., §§ 57—60, 142 d. K.O., §§ 61, 73, 498 Abs. 2, 503 Abs. 4, 504 d. St.P.O.). Siehe auch § 92.

Die Vorschrift des § 91 erstreckt sich auf Gebühren, Auslagen und Vorschüsse.

2. In Civilsachen kommen mehrere Personen bei der Streitgenossenschaft nach §§ 59—63 d. C.P.O. in Berücksichtigung.

Für die Frage, ob die Streitgenossen solidarisch für die Kosten haften, ist lediglich der Ausspruch des Urtheils im Kostenpunkte maßgebend. Enthält derselbe hierüber keine besondere Bestimmung, so haften die Streitgenossen nur nach Kopftheilen. (Vergl. auch R.G. v. 24. 10. 92 Bd. 30 S. 338 u. v. 21. 6. 97 Bd. 39 S. 414.)

Auf eine Genossenschaft, einen Verein, eine Handelsgesellschaft, die rechtlich als eine Person anzusehen sind, ist § 91 nicht anwendbar.

Werden mehrere Aufgebotssachen (§§ 946 ff. d. C.P.O.) verbunden, so sind die Auslagen, wenn möglich, auf die einzelnen Sachen auszusondern, eventuell nach gleichen Theilen zu repartiren.

3. Im Konkursverfahren kann der § 91 insoweit Anwendung finden, als es sich um die Auslagen handelt, mit welchen ein besonderer Prüfungstermin verknüpft ist. Hier tritt auch die Haftung nach Kopftheilen ein.

4. Hinsichtlich der Strafsachen siehe §§ 61 Note 1—3, 69 Note 3, 73.

§ 92.

Durch die Bestimmungen der §§ 81 bis 91 wird eine nach den Vorschriften des bürgerlichen Rechts[1]) oder den Vorschriften[2]) der Civilprozeßordnung § 100 Abs. 4, § 788, der Konkursordnung §§ 57 bis 60, 142 oder der Strafprozeßordnung § 498 Abs. 2, § 503 Abs. 4, § 504 begründete Verpflichtung zur Zahlung[3]) der entstandenen Gebühren und Auslagen nicht berührt.[4])

1. Nach §§ 1387, 1388, 1412 Abs. 2, 1415 Nr. 3, 1416 Abs. 2, 1443, 1460 Abs. 2, 1463 Nr. 3, 1464 Abs. 2, 1532, 1535 Nr. 2 u. 1536 Nr. 4 d. Bürgerl.Ges.B. ist der Ehemann der Frau gegenüber verpflichtet, die Kosten der von dieser geführten Rechtsstreite sowie die ihrer Vertheidigung in Strafsachen zu tragen.

Der Vater ist nach § 1654 a. a. O. verpflichtet, für sein Kind die Kosten eines Rechtsstreits oder seiner Vertheidigung zu tragen.

Nach §§ 128, 130 d. H.G.B. § 421 d. Bürgerl. Ges.B. haften die Gesellschafter für die Verbindlichkeiten der Gesellschaft sammtverbindlich. Nach § 269 d. H.G.B. ist die Minderheit der Gesellschaft gegenüber verpflichtet, die Kosten des Rechtsstreits zu tragen. In Rechtsstreitigkeiten, welche die Gesammtheit der Kommanditisten gegen die persönlich haftenden Gesellschafter u. s. w. zu führen haben, haftet die Gesellschaft nach § 328 Abs. 2 d. H.G.B. für die Kosten des Rechtsstreits. (Siehe auch Entscheidung des R.G. v. 24. 10. 92 Bd. 30 S. 338.)

2. Nach § 788 d. C.P.O. fallen die Kosten der Zwangsvollstreckung dem Schuldner zur Last.

3. Die Staatskasse hat in allen diesen Fällen neben dem eigentlichen Schuldner nach den Bestimmungen des Gerichtskostengesetzes noch einen zweiten Schuldner auf Grund der Bestimmungen des bürgerlichen Rechts und der Civilprozeßordnung. Sie hat demnach die Wahl, von wem sie die Kosten einziehen will.

4. Siehe auch § 91. Vergleiche auch § 874 Abs. 2 d. C.P.O. hinsichtlich der Kosten im Vertheilungsverfahren, dann §§ 61, 69, 73 hinsichtlich der Kostenpflicht in Strafsachen.

§ 93.

Die Gebühren und Auslagen werden fällig[1]), sobald das Verfahren oder die Instanz durch unbedingte[2])

Entscheidung über die Kosten, durch Vergleich[3]) oder Zurücknahme oder anderweite[4]) Erledigung beendigt ist.[5–7])

1. Durch obige Bestimmung wird die Frage geregelt, wann die Kosten fällig werden.

2. Unter „unbedingter" Entscheidung ist eine solche zu verstehen, durch welche nach Erschöpfung des dem Gerichte unterbreiteten Streitstoffes das Verfahren für die Instanz ohne weitere Bedingung unter Regelung des Kostenpunktes entschieden wird.

Eine rechtskräftige Entscheidung wird nicht vorausgesetzt. Siehe jedoch S. 108 hinsichtlich der Armensachen. Bei Anträgen im Mahnverfahren, Arrest- und Zwangsvollstreckungsverfahren, sowie in den sonstigen Verfahren, welche durch Beschluß verbeschieden werden, sind die Kosten fällig mit Erlaß des Letzteren, da damit das Verfahren beendigt ist.

Siehe auch § 94 Nr. 3.

3. Es ist ohne Einfluß, ob der Vergleich bei Gericht aufgenommen oder demselben nur mitgetheilt ist.

4. Eine „anderweite" Erledigung liegt vor, wenn von dem Urkunden- und Wechselprozesse abgestanden wird, oder wenn der Rechtsstreit an ein bestimmtes Amtsgericht oder an ein Landgericht ohne Entscheidung über den Kostenpunkt verwiesen wird. (§§ 276, 505 d. C.P.O.) Wegen Rückverweisung einer Sache siehe Note 3 Abs. 3 zu § 89 (R.G. v. 17. 2. 88 Bd. 20 S. 428).

5. Im Konkursverfahren werden die Kosten erst mit der Beendigung desselben (§§ 163, 190 u. 204 d. K.O.) fällig, und sind die Massekosten, wozu die Gerichtskosten gehören, und die Masseschulden vorweg zu berichtigen (§§ 57—59 d. K.O.).

6. In Strafsachen vergleiche §§ 449 Abs. 1, 498 Abs. 2, 501, 504, 505 Abs. 3 d. St.P.O. u. § 68.

7. In Armensachen findet der § 93 keine Anwendung, da hier zur Einziehung der Kosten von dem in die Prozeßkosten verurtheilten Gegner der armen Klagspartei eine rechtskräftige Entscheidung notwendig ist (R.G. v. 13. 2. 82 Bd. 6 S. 418).

§ 94.

In bürgerlichen Rechtsstreitigkeiten[1]) kommen folgende besondere Vorschriften zur Anwendung:

1. Schon vor der Beendigung der Instanz[2]) werden mit dem Ablaufe je eines Jahres seit Bestimmung des ersten Termins oder Stellung des ersten Antrags[3]) die bis dahin entstandenen Gebühren und Auslagen fällig[4]). Die einjährigen Fristen können auf Antrag von dem Gerichte verlängert werden[5]).

Der Ablauf der Fristen begründet nicht die Zurückforderung eines nicht verbrauchten Vorschusses.

2. In den Fällen einer Widerklage oder wechselseitig eingelegter Rechtsmittel kann jede Partei, wenn sie das von ihr beantragte Verfahren zurücknimmt, die getrennte Berechnung der Gebühren und Auslagen für dasselbe und die Zurückzahlung des von ihr gezahlten nicht verbrauchten Vorschusses fordern[6]).

3. Eine nach § 47 Abs. 2, § 48 beschlossene Gebühr kann sofort nach dem Beschlusse von der in diesem bezeichneten Partei ohne Anrechnung eines derselben obliegenden Vorschusses erhoben werden.

1. Der Umstand, daß in bürgerlichen Rechtsstreitigkeiten der Prozeßbetrieb lediglich in den Händen der Parteien ruht, machte es nothwendig, dafür zu sorgen, daß die Staatskasse den sich daraus ergebenden Zufällen und Willkürlichkeiten nicht preisgegeben werde. Der Prozeß kann sich, nachdem schon Akte richterlicher Thätigkeit stattgefunden haben und mit ihnen Gebühren und Auslagen erwachsen sind, unberechenbar in die Länge ziehen oder völlig ruhen bleiben.

2. Nach § 506 d. C.P.O. bildet das weitere Verfahren vor dem Landgerichte keine neue Instanz, so daß der Fristenlauf mit der ersten Terminsbestimmung bei dem Amtsgerichte beginnt. Im Falle der Verweisung des Rechtsstreits nach §§ 276, 505 a. a. O. aber beginnt die Frist mit der Terminsbestimmung seitens des zuständigen Gerichts. Dies gilt auch für das ordentliche Verfahren nach Abstandnahme vom Urkunden- und Wechselprozesse (§§ 596, 600 d. C.P.O.).

3. Maßgebend ist die erste Terminsbestimmung und bei den in (§§ 27 Nr. 2, 34—36, 44, 45) aufgeführten Angelegenheiten der Tag, an welchem der erste Antrag gestellt wurde. Die Frist beginnt mit diesem Tage und endet an dem gleichen Tage desselben Monats des darauffolgenden Jahres.

4. Die durch § 94 Nr. 1. festgestellte Fälligkeit der entstandenen Gebühren und Auslagen ist für die Staatskasse eine endgültige wie die nach § 93. Die entstandenen Kosten sind unter Beobachtung der in §§ 86, 88 u. 89 enthaltenen Bestimmungen über die Kostenpflicht entweder von dem, welchem sie durch eine unbedingte Entscheidung zur Last gelegt wurden, oder von der Partei, welche sie durch Uebereinkunft übernommen hat, und endlich von dem Antragsteller einzuziehen.

Auf Grund des § 94 Nr. 1 entsteht für den Kläger die Verpflichtung, alle bis dahin erwachsenen durch den Streit veranlaßten Gebühren zu bezahlen, sofern nicht vorher eine Entscheidung über die Kosten ergeht oder die Jahresfrist verlängert wird. Die Staatskasse hat zur Erhebung dieser Gebühren ein wohlerworbenes ihr nicht entziehbares Recht. Ergeht nach Ablauf der Jahresfrist eine die Kostenlast regelnde Entscheidung, so hebt diese zwar eine frühere die Verpflichtung zur Zahlung der Kosten regelnde Entscheidung (§ 87) auf, allein es wird durch sie eine auf §§ 93, 94 verbunden mit 89 begründete Zahlungsverpflichtung in keiner Weise berührt. Die Staatskasse enthält dann vielmehr, wenn die Kosten einer anderen nach §§ 93, 94, 89 kostenpflichtigen Person auferlegt werden, neben dieser einen zweiten Schuldner. Beide haften dann für die betreffenden Kosten uneingeschränkt nebeneinander. Die Verpflichtung des nach §§ 93, 94 Kostenpflichtigen ist nicht davon abhängig, daß vorher vergeblich versucht worden ist, die Kosten von demjenigen einzuziehen, dem sie durch spätere gerichtliche Entscheidung auferlegt worden sind.

Nach dem klaren Wortlaut des § 94 Z. 1 tritt die Zahlungspflicht des Antragstellers ohne Weiteres mit Ablaufe des Jahres seit der Bestimmung des ersten Termines ein, und kommt es nicht darauf an, zu welcher Zeit die Kostenrechnung aufgestellt und die Zahlungsforderung erlassen wurde.

Wird eine Beweisaufnahme angeordnet, aber im Laufe des Fristenjahres weder ganz noch theilweise zur Ausführung gebracht, so ist der Antragsteller nur zur Zahlung der halben Beweisgebühr verpflichtet (R.G. v. 7. 1. 96 Bd. 36 S. 409).

Ist dem Beklagten das Armenrecht bewilligt, so können dennoch die entstandenen Gebühren und Auslagen nach Ablaufe eines Jahres von dem Kläger eingezogen werden. Eine Ausnahme besteht nur hinsichtlich der Auslagen, welche vom Beklagten zu vertreten sind (§ 89). (R.G. v. 17. 10. 95, J.W. S. 521).

Im Falle, daß dem Kläger das Armenrecht bewilligt ist und der Rechtsstreit nach Ablauf der Jahresfrist ruht, so hat sich auf Auffordern der reiche Beklagte zu äußern, ob der Prozeß weiter geführt wird oder nicht. Gegebenen Falls sind die Kosten, von denen er nach §§ 115 Nr. 1 u. 120 d. C.P.O. einstweilen befreit war, nach § 123 Abs. 2 a. a. O. von ihm einzuziehen. Siehe auch Armenrecht Note 5, lit. a Seite 108.

5. Das Gericht der Instanz kann die Fristen verlängern, und ist es zweckmäßig, wenn dieselben nur je von Jahr zu Jahr verlängert werden. Das richterliche Ermessen ist hier in keiner Weise eingeschränkt. Die Fristenverlängerung könnte angezeigt erscheinen in dem Falle, in welchem die Verhandlungen sich ohne Schuld des Klägers der Instanz in die Länge ziehen, ein Ruhen des Verfahrens aus sachlichen Gründen gerechtfertigt erscheint oder eine Unterbrechung oder Aussetzung des Verfahrens unumgänglich ist (Motive).

Der Antrag muß jedoch vor Ablauf der Jahresfrist gestellt werden und die Entscheidung vor deren Ablauf ergangen sein, da mit

Ablauf der Frist die Zahlungspflicht für den Antragsteller u. s. w. eintritt. Das Verfahren ist nach § 47 Nr. 1 gebührenfrei.

6. Nothwendig ist, daß das ganze beantragte Verfahren zurückgenommen wird. Die Kosten werden nur aus der Höhe des Werthsgegenstandes und nur für die denselben betreffenden Akte berechnet. §§ 11, 12 sind nicht anwendbar. Betreffen die Klage und Widerklage oder die wechselseitig eingelegten Rechtsmittel denselben Streitgegenstand, so werden die gemeinsamen Aktsgebühren getheilt, hiebei aber jede Partei als für das Ganze haftbar bezeichnet. Das Gleiche gilt bezüglich der Auslagen (§ 84). Ein etwaiger Ueberschuß der Vorschüsse ist zurückzugeben (Rittmann G.K.Ges. S. 495).

§ 95.

Im Konkursverfahren können auf die im § 51 und § 58 Abs. 1 bestimmte Gebühr je nach dem Fortgange des Verfahrens Abschlagszahlungen erhoben werden.[1])

Die Erhebung der Gebühren und Auslagen kann im Falle des § 54 sofort nach Abhaltung des Prüfungstermins oder Zurücknahme der Anmeldung, im Falle des § 58 Abs. 2 sofort nach Erledigung des Antrags erfolgen.[2])

1. In der nach § 51 sich ergebenden Abstufung sind daher bis zum Ablaufe der Anmeldefrist $^{4}/_{10}$, nach demselben weitere $^{4}/_{10}$ und nach Vollzug einer Abschlagsvertheilung oder nach einem Vergleichstermine wiederum $^{2}/_{10}$ der Gebühr des § 8 vom Konkursverwalter aus der Konkursmasse zu zahlen. Sollte bei einer solchen Abschlagszahlung der Werth der Masse zu hoch oder zu gering berechnet gewesen sein, so kann die Berichtigung des Gebührensatzes und die Ausgleichung bei der Schlußerhebung erfolgen.

2. Die Fälligkeit der Gebühren und die Verpflichtung, die noch nicht vorschußweise vergüteten Auslagen zu erstatten, tritt im Uebrigen nach der allgemeinen Vorschrift des § 93 mit der Erledigung des Verfahrens — Eröffnungsverfahrens (§ 53), des Konkursverfahrens (§§ 51, 55, 58 Abs. 1) bezw. der Beschwerdeinstanz (§ 57) — ein. Die Erhebung der besonderen Gebühren und Auslagen in den Fällen der §§ 54 u. 58 Abs. 2 kann, da der Betrag derselben von der Art der Erledigung des Konkursverfahrens nicht abhängt, bis zur Beendigung desselben nicht ausgesetzt werden (Motive).

§ 96.

In Strafsachen werden die Gebühren und Auslagen, welche dem verurtheilten Beschuldigten zur Last fallen, erst mit der Rechtskraft[1]) des Urtheils fällig.[2])

1. Die Rechtskraft tritt ein, wenn die Frist zur Einlegung des Rechtsmittels verstrichen, auf Einlegung desselben verzichtet oder dasselbe zurückgenommen worden ist oder ein Urtheil von der höchsten Instanz vorliegt.

Wenn ein Beschuldigter vor der Rechtskraft des Urtheils stirbt, so haftet sein Nachlaß weder für die Geldstrafe noch für die Kosten (Reichst.Commiss. Protokoll v. 8. April 1878).

2. Obige Bestimmung ist auch für Privatklagesachen maßgebend. Stirbt im Laufe des Privatklageverfahrens der Beschuldigte vor Rechtskraft des Urtheils, so treffen den Privatkläger in dem Umfange des § 503 Abs. 2 d. St.P.O. die Kosten auch dann, wenn ein den Beschuldigten verurtheilendes Erkenntnis ergangen ist (R.G. v. 6. 12. 87. R. Bd. IX S. 705).

Vergleiche auch § 93 u. Note 6 hiezu.

§ 97.

Die Schreibgebühr für Abschriften und Ausfertigungen, welche nicht von Amtswegen zu ertheilen sind, wird sofort nach Anfertigung der Schriftstücke fällig[1][2]. Die Anfertigung kann von vorgängiger Zahlung eines die Gebühr deckenden Betrags abhängig gemacht werden[3].

1. Die Schreibgebühren für Abschriften und Ausfertigungen, welche auf Antrag gefertigt werden, können nur vom Antragsteller (§ 86 Abs. 2) und zwar sofort nach Anfertigung gefordert werden. Die Frage, ob im Falle des Obsiegens im Rechtsstreite der Antragsteller die Erstattung vom Gegner oder von der Staatskasse (§ 499 Abs. 2 d. St.P.O.) fordern kann, darüber entscheidet im Streitfalle nach § 91 d. C.P.O. oder § 503 d. St.P.O. das Gericht.

2. In Armenrechtsachen erstreckt sich die Befreiung des reichen Beklagten auch auf die Berichtigung der Schreibgebühren. Ihre eventuelle Einziehung erfolgt mit den übrigen Gebühren und Auslagen.

Den bestellten Offizialanwälten muß auf deren Verlangen der Regel nach kostenfreie Abschriften oder Auszüge aller zur Rechtsverfolgung erforderlichen bei den Gerichtsakten befindlichen Schriftstücke ertheilt werden (R.G. v. 16. 5. 82 Bd. 7 S. 341).

3. Dem Gerichtsschreiber ist es anheimgestellt, die Anfertigung von der Erlage der Schreibgebühren eventuell sogar eines Vorschusses abhängig zu machen. Gegen die Entscheidung des Gerichtsschreibers kann die des Gerichts angerufen werden.

Siebenter Abschnitt.

Schlußbestimmungen.

§ 98.

Von Zahlung der Gebühren[1]) sind befreit:

das Reich in dem Verfahren vor den Landesgerichten[2]),

die Bundesstaaten in dem Verfahren vor dem Reichsgerichte.

Die landesgesetzlichen Vorschriften, welche für gewisse Rechtssachen oder gewisse Personen in dem Verfahren vor den Landesgerichten Gebührenfreiheit gewähren, werden durch dieses Gesetz nicht berührt[3]).

Für das Verfahren vor dem Reichsgerichte kann die Befreiung von Gebühren durch Kaiserliche Verordnung mit Zustimmung des Bundesraths gewährt werden[4]).

Soweit demjenigen, welchem die Gebührenfreiheit zusteht, Kosten des Verfahrens auferlegt werden (§ 86), sind Gebühren überhaupt nicht zu erheben und erhobene zurückzuzahlen[5]).

1. Die Befreiung erstreckt sich **nicht** auf die Auslagen (§ 79). Insoferne in Ehe- oder Entmündigungssachen der Staatsanwalt als Partei auftritt und unterliegt, fallen die Kosten der Staatskasse zur Last, und sind eventuell die Auslagen aus derselben zu erstatten (§§ 637, 658, 673, 677 d. C.P.O.).

2. Die Reichs-Post- und Telegraphenverwaltung genießt als Vertreterin des Reichs auch vor den Gerichten Bayerns und Württembergs die Gebührenfreiheit nach § 98.

Die Postverwaltungen Bayerns und Württembergs genießen dagegen in dem Verfahren vor den Landesgerichten anderer Bundesstaaten keine Gebührenfreiheit.

Die Militärverwaltungen der Bundesstaaten, welche für Ansprüche, die aus der Verwaltung ihres Kontingents entstanden sind, als Partei auftreten, vertreten das Reich (R.G. v. 26. 9. 89 J. W. S. 402, v. 13. 6. 82 Bd. 8 S. 1, v. 9. 3. 88 Bd. 20 S. 148 u. v. 24. 9. 89 Bd. 24 S. 36; Rittmann G.K.Ges. S. 503).

3. Z. B. hinsichtlich der Bundesfürsten.

4. Durch Kaiserliche Verordnung v. 24. Dezbr. 1883 (R.G. Bl. 1884 S. 1) ist verfügt:

In dem Verfahren vor dem Reichsgericht sind von Zahlung der Gebühren befreit:

1. öffentliche Armen-, Kranken-, Arbeits- und Besserungsanstalten, ferner Waisenhäuser und andere milde Stiftungen, insoferne solche nicht einzelne oder bestimmte Personen betreffen, oder in bloßen Studienstipendien bestehen;
2. öffentliche Volksschulen;
3. öffentliche gelehrte Anstalten und Schulen, Kirchen, Pfarreien, Kaplaneien, Vikarien und Küstereien, jedoch nur insoweit, als die Einnahmen derselben die etatsmäßige Ausgabe, einschließlich der Besoldung oder des statt dieser überlassenen Nießbrauchs, nicht übersteigen, und dieses durch ein Zeugniß der denselben vorgesetzten Staatsbehörden bescheinigt wird. Insoweit aber in Rechtsstreitigkeiten derselben solche Ansprüche, welche lediglich das zeitige Interesse derjenigen berühren, welchen die Nutzung des betreffenden Vermögens für ihre Person zusteht, zugleich mitverhandelt werden, haben letztere die auf ihren Theil verhältnißmäßig fallenden Gebühren zu tragen.

5. Die Vorschrift des § 98 hat zur Folge, daß der gegen den Fiskus obsiegende Kläger die Erstattung des von ihm gezahlten Gebührenvorschusses von dem Fiskus nicht verlangen kann. Er muß vielmehr bei der Kasse, bei der er seinen Vorschuß einbezahlt hat, die Zurückzahlung desselben fordern und ist seinem Ansuchen auch zu entsprechen (R.G. v. 18. 5. 93, Seufferts Archiv Neue Folge XIX S. 86, J. W. S. 309).

§ 99.

Die Behörden haben einander zum Zwecke der Einziehung von Gebühren und Auslagen nach näherer Bestimmung der vom Bundesrath zu erlassenden Anweisung Beistand zu leisten[1–4].

1. Die Art und Regelung der Einziehung von Gerichtskosten im Wege der Rechtshilfe ist durch die Bundesraths-Anweisung vom 23. April 1880 (Centr.-Blatt S. 278) wie folgt festgestellt worden:

§ 1. Das Ersuchen ist von der Behörde (Kasse) zu erlassen, welcher die zwangsweise Beitreibung nach den landesgesetzlichen Bestimmungen obliegt. Die ersuchte Behörde hat nicht zu prüfen, ob die Kostenrechnung dem Zahlungspflichtigen mitgetheilt ist.

§ 2. Dem Ersuchen ist eine Reinschrift der Kostenrechnung beizufügen. Dieselbe muß unter Beidrückung des Gerichtssiegels von dem Gerichtsschreiber unterschrieben sein und enthalten:

1) den Namen des Zahlungspflichtigen,

2. die Bezeichnung der Sache,
3. die einzelnen Kostenansätze mit Hinweis auf die angewendete Vorschrift des Kostengesetzes,
4. die Gesammtsumme der Kosten.

§ 3. Das Ersuchen ist an diejenige Behörde zu richten, welche die zwangsweise Einziehung zu betreiben hätte, wenn die Kosten bei dem Amtsgerichte entstanden wären, in dessen Bezirk der Zahlungspflichtige seinen Wohnsitz oder Aufenthaltsort hat, oder, wenn die Gegenstände der Zwangsvollstreckung sich in einem anderen Bezirke befinden, an die zur Beitreibung von Gerichtskosten zuständige Behörde dieses Bezirks.

Diese Behörde betreibt die Einziehung und sorgt für Uebersendung der eingezogenen Beträge an die ersuchende Behörde; sie vertritt dieselbe bei allen zur Einziehung oder Sicherstellung erforderlichen Maßregeln. Die Zwangsvollstreckung ist in gleichem Umfange zulässig, wie für eine Kostenforderung des Staates, welchem die ersuchte Behörde angehört. Die endgültigen Entscheidungen über Stundungen oder Niederschlagungen verbleiben der ersuchenden Behörde.

§ 4. Alle Postsendungen, einschließlich der Geld- und Werthsendungen, sind von der absendenden Behörde frankiert abzulassen. Die ersuchende Behörde hat weder der ersuchten Behörde noch den Vollziehungsbeamten für das Einziehungs- und Beitreibungsverfahren Gebühren oder Auslagen zu erstatten.

§ 5. Sollen die Kosten des Strafverfahrens gleichzeitig mit den in diesem Verfahren festgesetzten Geldstrafen durch einen Gerichtsvollzieher beigetrieben werden, so kann die Vermittlung des Gerichtsschreibers (§ 162 d. G.V.G.) auch für die Einziehung der Kosten in Anspruch genommen werden.

Ein Behördenverzeichniß ist durch das Centralblatt für das deutsche Reich von 1885 S. 79 sowie Abänderungen und Nachträge hiezu 1886 S. 67, 1887 S. 33 u. 86, 1888 S. 2 u. 120, 1890 S. 145, 1891 S. 84, 1892 S. 175 u. 624, 1893 S. 20 u. 105 veröffentlicht worden.

2. Bezüglich der Einziehung und Verrechnung der für die Geschäfte des Reichsgerichts in Ansatz kommenden Kosten ist vom Bundesrath unterm 21. Juni 1879 mit Abänderung vom 7. Juli 1887 besondere Anweisung ergangen.

3. Das ganze bei der Beitreibung etwa nothwendig werdende Verfahren der ersuchten Behörde ist gebührenfrei, und kann eine Erstattung von Gebühren und Auslagen seitens der ersuchenden Behörde nicht verlangt werden.

4. Für die Einziehung von Vermögensstrafen siehe §§ 161, 162 d. G.V.G. und das Gesetz über den Beistand bei Einziehung von Abgaben und Vollstreckung von Vermögensstrafen vom 9. Juni 1895 (R.G.Bl. S. 256).

§ 100.

Unberührt bleiben die bestehenden Landesgesetze,

nach welchen neben der für ein Urtheil zu erhebenden Entscheidungsgebühr die Registrirungsgebühr für das im Urtheil festgestellte Rechtsverhältniß zu erheben ist.

Die Vorschrift bezieht sich auf diejenigen Bundesstaaten, in welchen die französische Enregistrements-Gesetzgebung Geltung hat. Es handelt sich um die Titelgebühr (droit de titre), welche neben den Gebühren auf Grund des Gerichtskostengesetzes zu erheben ist. Siehe auch G.B.G. § 165 Abs. 4.

§ 101.

Beträgt die Gebühr für die Aufnahme eines Vergleichs oder die auf Grund eines Anerkenntnisses oder Verzichts erlassene Entscheidung (§§ 23, 41) weniger als die Gebühr oder Abgabe, welche nach den Landesgesetzen für einen außerhalb des Rechtsstreits abgeschlossenen Vergleich zur Staatskasse zu erheben sein würde, so ist der Mehrbetrag der letzteren neben der Entscheidungsgebühr zu erheben.

Ist die nach den landesgesetzlichen Vorschriften für einen Vergleich zu erhebende Gebühr *höher* als die $^3/_{10}$ Gebühr der §§ 23, 41, so wird der *Mehrbetrag* der ersteren *neben* der Gerichtsgebühr erhoben. Diese aus dem Mehrbetrag bestehende *landesgesetzliche Gebühr* ist für sich vollständig unabhängig, und ist eine Zusammenrechnung mit der $^3/_{10}$ Entscheidungsgebühr S. Sinne des § 12 Abs. 2 *nicht* zulässig. (R.G. v. 6. 7. 97 J.W. m 167). Diese landesgesetzliche Gebühr *und* die gerichtliche Entscheidungsgebühr zusammengerechnet geben Maß für die Höhe des in der Instanz nach § 81 zu berechnenden und zu erhebenden Gebührenvorschusses.

I. Tabelle.

Gebühren in bürgerlichen Rechtsstreitigkeiten,

mit Ausnahme der Urkunden- und Wechselprozesse.

Erste Instanz.

Wertsklasse	Bei Gegenständen im Werte von mehr als	bis einschließlich	10/10 Volle Gebühr §§ 8, 18 (Verhandlungs-, Beweis-, Entscheidungsgebühr) 20 (in Ehe- u. Rechnungssachen) 24 (bedingtes Endurteil) 48 (Verzögerungsgebühr)	5/10 §§ 22 (halbe Beweisgebühr) 26 (Prozeßhindernde Einreden, Zulässigkeit der Wiedereinsetzung, der Berufung, der Revision, Einspruch, Einwendungen gegen Zwangsvollstreckung, Verfahren in Arrestsachen u. einstweiligen Verfügungen u. s. w.) 29 (Urteilsergänzung) 36[2] (Sicherung des Beweises, dessen Aufnahme) 42[1] (Vertheilungs-Verfahren) 48 (Verzöger.-Gebühr)	3/10 §§ 23 (Vergleich, Anerkenntnis, Verzicht) 27 (Nebenintervention, Zwangsvollstreckung zur Erwirkung v. Handlungen und Unterlassungen) 34 (Entmündigung u. s. w.) 36[1] (Sicherung des Beweises, Entscheidung) 41 (Sühneversuch) 42[3] (Umgangnahme von Verteilungs-Verfahren) 45 (Beschwerdeverfahren) 47 Abs. 2 (Mutwillensgebühr) 48 (Verzöger.-Gebühr)	2/10 §§ 35 (Pfändungs-Arrestbeschlüsse, einstweilige Verfügung, Einwendung gegen Zwangsvollstreckung, Erzwingung der Eidesleistung u. s. w.) 37[1] (Zahlungsbefehl) 43 (Verfahren bei Leistung des Offenbarungseides) 48 (Verz.-Geb.)	1/10 §§ 37[2] (Vollstreckungsbefehl) 38 Kostenfestsetzung, Erteilung der Vollstreckungsklausel auf Anordnung des Vorsitzenden u. s. w.) 44 (Aufgebotsverfahren) 46 (Klags-Antrags-Einspruchs- u. Rechtsmittel-Zurücknahme)
	ℳ	ℳ	ℳ ₰	ℳ ₰	ℳ ₰	ℳ ₰	ℳ ₰
1	—	20	1.—	—.50	—.30	—.20	—.20
2	20—	60	2.40	1.20	—.80	—.50	—.30
3	60—	120	4.60	2.30	1.40	1.—	—.50
4	120—	200	7.50	3.80	2.30	1.50	—.80
5	200—	300	11.—	5.50	3.30	2.20	1.10
6	300—	450	15.—	7.50	4.50	3.—	1.50
7	450—	650	20.—	10.—	6.—	4.—	2.—
8	650—	900	26.—	13.—	7.80	5.20	2.60
9	900—	1200	32.—	16.—	9.60	6.40	3.20
10	1200—	1600	38.—	19.—	11.40	7.60	3.80
11	1600—	2100	44.—	22.—	13.20	8.80	4.40
12	2100—	2700	50.—	25.—	15.—	10.—	5.—
13	2700—	3400	56.—	28.—	16.80	11.20	5.60
14	3400—	4300	62.—	31.—	18.60	12.40	6.20
15	4300—	5400	68.—	34.—	20.40	13.60	6.80
16	5400—	6700	74.—	37.—	22.20	14.80	7.40
17	6700—	8200	81.—	40.50	24.30	16.20	8.10
18	8200 —	10000	90.—	45.—	27.—	18.—	9.—

Wertsklasse	Bei Gegenständen im Werte von mehr als	bis einschließlich	10/10 Volle Gebühr §§ 8, 18, 20, 24, 48, (wie vor).	5/10 §§ 22, 26, 29, 36², 42¹, 48 (wie vor).	3/10 §§ 23, 27, 34, 36¹, 41, 42² 45, 47, Abs. 2, 48 (wie vor).	2/10 §§ 35, 37¹, 43, 48 (wie vor).	1/10 §§ 37², 38, 44, 46 (wie vor).
	M.	M.	M ₰	M ₰	M ₰	M ₰	M ₰
19	10000	12000	100.—	50.—	30.—	20.—	10.—
20	12000	14000	110.—	55.—	33.—	22.—	11.—
21	14000	16000	120.—	60.—	36.—	24.—	12.—
22	16000	18000	130.—	65.—	39.—	26.—	13.—
23	18000	20000	140.—	70.—	42.—	28.—	14.—
24	20000	22000	150.—	75.—	45.—	30.—	15.—
25	22000	24000	160.—	80.—	48.—	32.—	16.—
26	24000	26000	170.—	85.—	51.—	34.—	17.—
27	26000	28000	180.—	90.—	54.—	36.—	18.—
28	28000	30000	190.—	95.—	57.—	38.—	19.—
29	30000	32000	200.—	100.—	60.—	40.—	20.—
30	32000	34000	210.—	105.—	63.—	42.—	21.—
31	34000	36000	220.—	110.—	66.—	44.—	22.—
32	36000	38000	230.—	115.—	69.—	46.—	23.—
33	38000	40000	240.—	120.—	72.—	48.—	24.—
34	40000	42000	250.—	125.—	75.—	50.—	25.—
35	42000	44000	260.—	130.—	78.—	52.—	26.—
36	44000	46000	270.—	135.—	81.—	54.—	27.—
37	46000	48000	280.—	140.—	84.—	56.—	28.—
38	48000	50000	290.—	145.—	87.—	58.—	29.—
39	50000	52000	300.—	150.—	90.—	60.—	30.—
40	52000	54000	310.—	155.—	93.—	62.—	31.—
41	54000	56000	320.—	160.—	96.—	64.—	32.—
42	56000	58000	330.—	165.—	99.—	66.—	33.—
43	58000	60000	340.—	170.—	102.—	68.—	34.—
44	60000	62000	350.—	175.—	105.—	70.—	35.—
45	62000	64000	360.—	180.—	108.—	72.—	36.—
46	64000	66000	370.—	185.—	111.—	74.—	37.—
47	66000	68000	380.—	190.—	114.—	76.—	38.—
48	68000	70000	390.—	195.—	117.—	78.—	39.—
49	70000	72000	400.—	200.—	120.—	80.—	40.—
50	72000	74000	410.—	205.—	123.—	82.—	41.—
51	74000	76000	420.—	210.—	126.—	84.—	42.—
52	76000	78000	430.—	215.—	129.—	86.—	43.—
53	78000	80000	440.—	220.—	132.—	88.—	44.—
54	80000	82000	450.—	225.—	135.—	90.—	45.—
55	82000	84000	460.—	230.—	138.—	92.—	46.—
56	84000	86000	470.—	235.—	141.—	94.—	47.—
57	86000	88000	480.—	240.—	144.—	96.—	48.—
58	88000	90000	490.—	245.—	147.—	98.—	49.—

Wertsklasse	Bei Gegenständen im Werte von mehr als	bis einschließlich	10/10 Volle Gebühr §§ 8, 18, 20, 24, 48 (wie vor).	5/10 §§ 22, 26, 29, 36², 42¹, 48 (wie vor).	3/10 §§ 23, 27, 34, 36¹, 41, 42², 45, 47 Abs. 2, 48 (wie vor).	2/10 §§ 35, 37¹, 43, 48 (wie vor).	1/10 §§ 37², 38, 44, 46 (wie vor).
	M	M	M ₰	M ₰	M ₰	M ₰	M ₰
59	90000	92000	500.—	250.—	150.—	100.—	50.—
60	92000	94000	510.—	255.—	153.—	102.—	51.—
61	94000	96000	520.—	260.—	156.—	104.—	52.—
62	96000	98000	530.—	265.—	159.—	106.—	53.—
63	98000	100000	540.—	270.—	162.—	108.—	54.—
64	100000	102000	550.—	275.—	165.—	110.—	55.—
65	102000	104000	560.—	280.—	168.—	112.—	56.—
66	104000	106000	570.—	285.—	171.—	114.—	57.—
67	106000	108000	580.—	290.—	174.—	116.—	58.—
68	108000	110000	590.—	295.—	177.—	118.—	59.—
69	110000	112000	600.—	300.—	180.—	120.—	60.—
70	112000	114000	610.—	305.—	183.—	122.—	61.—
71	114000	116000	620.—	310.—	186.—	124.—	62.—
72	116000	118000	630.—	315.—	189.—	126.—	63.—
73	118000	120000	640.—	320.—	192.—	128.—	64.—
74	120000	122000	650.—	325.—	195.—	130.—	65.—
75	122000	124000	660.—	330.—	198.—	132.—	66.—
76	124000	126000	670.—	335.—	201.—	134.—	67.—
77	126000	128000	680.—	340.—	204.—	136.—	68.—
78	128000	130000	690.—	345.—	207.—	138.—	69.—
79	130000	132000	700.—	350.—	210.—	140.—	70.—
80	132000	134000	710.—	355.—	213.—	142.—	71.—
81	134000	136000	720.—	360.—	216.—	144.—	72.—
82	136000	138000	730.—	365.—	219.—	146.—	73.—
83	138000	140000	740.—	370.—	222.—	148.—	74.—
84	140000	142000	750.—	375.—	225.—	150.—	75.—
85	142000	144000	760.—	380.—	228.—	152.—	76.—
86	144000	146000	770.—	385.—	231.—	154.—	77.—
87	146000	148000	780.—	390.—	234.—	156.—	78.—
88	148000	150000	790.—	395.—	237.—	158.—	79.—
89	150000	152000	800.—	400.—	240.—	160.—	80.—
90	152000	154000	810.—	405.—	243.—	162.—	81.—
91	154000	156000	820.—	410.—	246.—	164.—	82.—
92	156000	158000	830.—	415.—	249.—	166.—	83.—
93	158000	160000	840.—	420.—	252.—	168.—	84.—
94	160000	162000	850.—	425.—	255.—	170.—	85.—
95	162000	164000	860.—	430.—	258.—	172.—	86.—
96	164000	166000	870.—	435.—	261.—	174.—	87.—
97	166000	168000	880.—	440.—	264.—	176.—	88.—
98	168000	170000	890.—	445.—	267.—	178.—	89.—

Wertsklasse	Bei Gegenständen im Werte vom mehr als	bis einschließlich	10/10 Volle Gebühr §§ 8, 18, 20, 24, 48 (wie vor).	5/10 §§ 22, 26, 29, 36^2, 42^1, 48 (wie vor).	3/10 §§ 23, 37, 34, 36^1, 41, 42^2, 45, 47, Abs. 2, 48 (wie vor).	2/10 §§ 35, 37^1 43, 48, (wie vor).	1/10 §§ 37^2, 38, 44, 46, (wie vor).
	ℳ	ℳ	ℳ ₰	ℳ ₰	ℳ ₰	ℳ ₰	ℳ ₰
99	170000	172000	900.—	450.—	270.—	180.—	90.—
100	172000	174000	910.—	455.—	273.—	182.—	91.—
101	174000	176000	920.—	460.—	276.—	184.—	92.—
102	176000	178000	930.—	465.—	279.—	186.—	93.—
103	178000	180000	940.—	470.—	282.—	188.—	94.—
104	180000	182000	950.—	475.—	285.—	190.—	95.—
105	182000	184000	960.—	480.—	288.—	192.—	96.—
106	184000	186000	970.—	485.—	291.—	194.—	97.—
107	186000	188000	980.—	490.—	294.—	196.—	98.—
108	188000	190000	990.—	495.—	297.—	198.—	99.—
109	190000	192000	1000.—	500.—	300.—	200.—	100.—
110	192000	194000	1010.—	505.—	303.—	202.—	101.—
111	194000	196000	1020.—	510.—	306.—	204.—	102.—
112	196000	198000	1030.—	515.—	309.—	206.—	103.—
113	198000	200000	1040.—	520.—	312.—	208.—	104.—
114	200000	202000	1050.—	525.—	315.—	210.—	105.—
115	202000	204000	1060.—	530.—	318.—	212.—	106.—
116	204000	206000	1070.—	535.—	321.—	214.—	107.—
117	206000	208000	1080.—	540.—	324.—	216.—	108.—
118	208000	210000	1090.—	545.—	327.—	218.—	109.—
119	210000	212000	1100.—	550.—	330.—	220.—	110.—
120	212000	214000	1110.—	555.—	333.—	222.—	111.—
121	214000	216000	1120.—	560.—	336.—	224.—	112.—
122	216000	218000	1130.—	565.—	339.—	226.—	113.—
123	218000	220000	1140.—	570.—	342.—	228.—	114.—
124	220000	222000	1150.—	575.—	345.—	230.—	115.—
125	222000	224000	1160.—	580.—	348.—	232.—	116.—
126	224000	226000	1170.—	585.—	351.—	234.—	117.—
127	226000	228000	1180.—	590.—	354.—	236.—	118.—
128	228000	230000	1190.—	595.—	357.—	238.—	119.—
129	230000	232000	1200.—	600.—	360.—	240.—	120.—
130	232000	234000	1210.—	605.—	363.—	242.—	121.—
131	234000	236000	1220.—	610.—	366.—	244.—	122.—
132	236000	238000	1230.—	615.—	369.—	246.—	123.—
133	238000	240000	1240.—	620.—	372.—	248.—	124.—
134	240000	242000	1250.—	625.—	375.—	250.—	125.—
135	242000	244000	1260.—	630.—	378.—	252.—	126.—
136	244000	246000	1270.—	635.—	381.—	254.—	127.—
137	246000	248000	1280.—	640.—	384.—	256.—	128.—
138	248000	250000	1290.—	645.—	387.—	258.—	129.—

Wertsklasse	Bei Gegenständen im Werte von mehr als	bis einschließlich	10/10 Volle Gebühr §§ 8, 18, 20, 24, 48 (wie vor).	5/10 §§ 22, 26, 29, 36^{2}, 42^{1}, 48 (wie vor).	3/10 §§ 23, 27, 34, 36^{1}, 41, 42^{2}, 45, 47 Abs. 2, 48 (wie vor).	2/10 §§ 35, 37^{1}, 43, 48 (wie vor).	1/10 §§ 37^{2}, 38, 44, 46 (wie vor).
	M	M	M ₰	M ₰	M ₰	M ₰	M ₰
Die ferneren Wertsklassen steigen um je 2000 M mehr z. B. von			je (10)	je (5)	je (3)	je (2)	je (1)
143	258000	—260000	1340.—	670.—	402.—	268.—	134.—
148	268000	—270000	1390.—	695.—	417.—	278.—	139.—
153	278000	—280000	1440.—	720.—	432.—	288.—	144.—
158	288000	—290000	1490.—	745.—	447.—	298.—	149.—
163	298000	—300000	1540.—	770.—	462.—	308.—	154.—
168	308000	—310000	1590.—	795.—	477.—	318.—	159.—
173	318000	—320000	1640.—	820.—	492.—	328.—	164.—
178	328000	—330000	1690.—	845.—	507.—	338.—	169.—
183	338000	—340000	1740.—	870.—	522.—	348.—	174.—
188	348000	—350000	1790.—	895.—	537.—	358.—	179.—
193	358000	—360000	1840.—	920.—	552.—	368.—	184.—
198	368000	—370000	1890.—	945.—	567.—	378.—	189.—
203	378000	—380000	1940.—	970.—	582.—	388.—	194.—
208	388000	—390000	1990.—	995.—	597.—	398.—	199.—
213	398000	—400000	2040.—	1020.—	602.—	408.—	204.—

II Tabelle.

Gebühren in bürgerlichen Rechtsstreitigkeiten, mit Ausnahme der Urkunden- und Wechselprozesse.

Wertsklasse	Bei Gegenständen im Werte von mehr als	bis einschließlich	Berufungsinstanz 10/10 Volle Gebühr §§ 8, 49	Berufungsinstanz 5/10	Berufungsinstanz 3/10	Berufungsinstanz 2/10	Berufungsinstanz 1/10	Revisionsinstanz 10/10 Volle Gebühr §§ 8, 49	Revisionsinstanz 5/10	Revisionsinstanz 3/10	Revisionsinstanz 2/10	Revisionsinstanz 1/10
	ℳ	ℳ	ℳ ₰	ℳ ₰	ℳ ₰	ℳ ₰	ℳ ₰	ℳ ₰	ℳ ₰	ℳ ₰	ℳ ₰	ℳ ₰
1	—	20	1 30	—.70	—.40	—.30	—.20	1.50	—.80	—.50	—.30	—.20
2	20 —	60	3 —	1.50	.90	—.60	— 30	3.60	1.80	1.10	—.80	—.40
3	60	120	5.80	2.90	1 80	1.20	— 60	6.30	3.50	2.10	1 40	—.70
4	120 —	200	9.40	4.70	2.90	1.90	1.—	11 30	5.70	3.40	2.30	1.20
5	200 —	300	13.80	6.90	4.20	2.80	1.40	16.50	8.30	5.—	3.30	1.70
6	300 —	450	18 80	9.40	5.70	3.80	1.90	22.50	11.30	6.80	4 50	2.30
7	450 —	650	25.—	12.50	7.50	5.—	2.50	30.—	15.—	9.—	6.—	3.—
8	650 —	900	32.50	16.30	9.80	6.50	3.30	39.—	19.50	11.70	7.80	3.90
9	900 —	1200	40.—	20.—	12.—	8.—	4.—	48.—	24.—	14.40	9.60	4.80
10	1200 —	1600	47.50	23.80	14.30	9.50	4 80	57.—	28.50	17.10	11.40	5.70
11	1600 —	2100	55.—	27.50	16 50	11.—	5.50	66.—	33.—	19.80	13.20	6.60
12	2100 —	2700	62.50	31.30	18.80	12.50	6.30	75.—	37.50	22.50	15.—	7.50
13	2700 —	3400	70.—	35.—	21.—	14.—	7.—	84.—	42.—	25.20	16.80	8.40
14	3400 —	4300	77.50	38.80	23.30	15.50	7.80	93.—	46.50	27.90	18.60	9.30
15	4300 —	5400	85.—	42.50	25.50	17.—	8.50	102.—	51.—	30.60	20.40	10.20
16	5400 —	6700	92.50	46.30	27.80	18.50	9.30	111.—	55.50	33.30	22.20	11.10

17	6700— 8200	101.30	50.70	30.40	20.30	10.20	121.50	60.80	36.50	24.30	12.20
18	8200—10000	112.50	56.30	33.80	22.50	11.30	135.—	67.50	40.50	27.—	13.50
19	10000—12000	125.—	62.50	37.50	25.—	12.50	150.—	75.—	45.—	30.—	15.—
20	12000—14000	137.50	68.80	41.30	27.50	13.80	165.—	82.50	49.50	33.—	16.50
21	14000—16000	150.—	75.—	45.—	30.—	15.—	180.—	90.—	54.—	36.—	18.—
22	16000—18000	162.50	81.30	48.80	32.50	16.30	195.—	97.50	58.60	39 —	19.50
23	18000—20000	175.—	87.50	52.50	35.—	17.50	210.—	105.—	63.—	42.—	21.—
24	20000—22000	187.50	93.80	56.30	37.50	18.80	225.—	112.50	67.50	45.—	22.50
25	22000—24000	200.—	100.—	60.—	40.—	20.—	240.—	120.—	72.—	48.—	24.—
26	24000—26000	212.50	106.30	63.80	42.50	21.30	255.—	127.50	76.50	51.—	25.50
27	26000—28000	225.—	112.50	67.50	45.—	22.50	270.—	135.—	81.—	54.—	27.—
28	28000—30000	237.50	118.80	71.30	47.50	23.80	285.—	142.50	85.50	57.—	28.50
29	30000—32000	250.—	125.—	75.—	50.—	25.—	300.—	150.—	90.—	60.—	30.—
30	32000—34000	262.50	131.30	78.80	52.50	26.30	315.—	157.50	94.50	63.—	31.50
31	34000—36000	275.—	137.50	82.50	55.—	27.50	330.—	165.—	99.—	66.—	33.—
32	36000—38000	287.50	143.80	86.30	57.50	28.80	345.—	172.50	103.50	69.—	34.50
33	38000—40000	300.—	150.—	90.—	60.—	30.—	360.—	180.—	108.—	72.—	36.—
34	40000—42000	312.50	156.30	93.80	62.50	31.30	375.—	187.50	112.50	75.—	37.50
35	42000—44000	325.—	162.50	97.50	65.—	32.50	390.—	195.—	117.—	78.—	39.—
36	44000—46000	337.50	168.80	101.30	67.50	33.80	405.—	202.50	121.50	81.—	40.50
37	46000—48000	350.—	175.—	105.—	70.—	35.—	420.—	210.—	126.—	84.—	42.—
38	48000—50000	362.50	181.30	108.80	72.50	36.30	435.—	217.50	130.50	87.—	43.50
39	50000—52000	375.—	187.50	112.50	75.—	37.50	450.—	225.—	135.—	90.—	45.—
40	52000—54000	387.50	193.80	116.30	77.50	38.80	465.—	232.50	139.50	93.—	46.50
41	54000—56000	400.—	200.—	120.—	80.—	40.—	480.—	240.—	144.—	96.—	48.—
42	56000—58000	412.50	206.30	123.80	82.50	41.30	495.—	247.50	148.50	99.—	49.50
43	58000—60000	425.—	212.50	127.50	85.—	42.50	510.—	255.—	153.—	102.—	51.—
44	60000—62000	437.50	218.80	131.30	87.50	43.80	525.—	262.50	157.50	105.—	52.50
45	62000—64000	450.—	225.—	135.—	90.—	45.—	540.—	270.—	162.—	108.—	54.—
46	64000—66000	462.50	231.30	138.80	92.50	46.30	555.—	277.50	166.50	111.—	55.50

Wertsklasse	Bei Gegenständen im Werte von mehr als	bis einschließlich	Berufungsinstanz 10/10 Volle Gebühr §§ 8, 49	5/10	3/10	2/10	1/10	Revisionsinstanz 10/10 Volle Gebühr §§ 8, 49	5/10	3/10	2/10	1/10
	ℳ	ℳ	ℳ ₰	ℳ ₰	ℳ ₰	ℳ ₰	ℳ ₰	ℳ ₰	ℳ ₰	ℳ ₰	ℳ ₰	ℳ ₰
47	66000—	68000	475.—	237.50	142.50	95.—	47.50	570.—	285.—	171.—	114.—	57.—
48	68000—	70000	487.50	243.80	146.30	97.50	48.80	585.—	292.50	175.50	117.—	58.50
49	70000—	72000	500.—	250.—	150.—	100.—	50.—	600.—	300.—	180.—	120.—	60.—
50	72000—	74000	512.50	256.30	153.80	102.50	51.30	615.—	307.50	184.50	123.—	61.50
51	74000—	76000	525.—	262.50	157.50	105.—	52.50	630.—	315.—	189.—	126.—	63.—
52	76000—	78000	537.50	268.80	161.30	107.50	53.80	645.—	322.50	193.50	129.—	64.50
53	78000—	80000	550.—	275.—	165.—	110.—	55.—	660.—	330.—	198.—	132.—	66.—
54	80000—	82000	562.50	281.30	168.80	112.50	56.30	675.—	337.50	202.50	135.—	67.50
55	82000—	84000	575.—	287.50	172.50	115.—	57.50	690.—	345.—	207.—	138.—	69.—
56	84000—	86000	587.50	293.80	176.30	117.50	58.80	705.—	352.50	211.50	141.—	70.50
57	86000—	88000	600.—	300.—	180.—	120.—	60.—	720.—	360.—	216.—	144.—	72.—
58	88000—	90000	612.50	306.30	183.80	122.50	61.30	735.—	367.50	220.50	147.—	73.50
59	90000—	92000	625.—	312.50	187.50	125.—	62.50	750.—	375.—	225.—	150.—	75.—
60	92000—	94000	637.50	318.80	191.30	127.50	63.80	765.—	382.50	229.50	153.—	76.50
61	94000—	96000	650.—	325.—	195.—	130.—	65.—	780.—	390.—	234.—	156.—	78.—
62	96000—	98000	662.50	331.30	198.80	132.50	66.30	795.—	397.50	238.50	159.—	79.50
63	98000—	100000	675.—	337.50	202.50	135.—	67.50	810.—	405.—	243.—	162.—	81.—
64	100000—	102000	687.50	343.80	206.30	137.50	68.80	825.—	412.50	247.50	165.—	82.50
65	102000—	104000	700.—	350.—	210.—	140.—	70.—	840.—	420.—	252.—	168.—	84.—
66	104000—	106000	712.50	356.30	213.80	142.50	71.30	855.—	427.50	256.50	171.—	85.50

67	106000—108000	725.—	362.50	217.50	145.—	72.50	870.—	435.—	261.—	174.—	87.—
68	108000—110000	737.50	368.80	221.30	147.50	73.80	885.—	442.50	265.50	177.—	88.50
69	110000—112000	750.—	375.—	225.—	150.—	75.—	900.—	450.—	270.—	180.—	90.—
70	112000—114000	762.50	381.30	228.80	152.50	76.30	915.—	457.50	274.50	183.—	91.50
71	114000—116000	775.—	387.50	232.50	155.—	77.50	930.—	465.—	279.—	186.—	93.—
72	116000—118000	787.50	393.80	236.30	157.50	78.80	945.—	472.50	283.50	189.—	94.50
73	118000—120000	800.—	400.—	240.—	160.—	80.—	960.—	480.—	288.—	192.—	96.—
74	120000—122000	812.50	406.30	243.80	162.50	81.30	975.—	487.50	292.50	195.—	97.50
75	122000—124000	825.—	412.50	247.50	165.—	82.50	990.—	495.—	297.—	198.—	99.—
76	124000—126000	837.50	418.80	251.30	167.50	83.80	1005.—	502.50	301.50	201.—	100.50
77	126000—128000	850.—	425.—	255.—	170.—	85.—	1020.—	510.—	306.—	204.—	102.—
78	128000—130000	862.50	431.30	258.80	172.50	86.30	1035.—	517.50	310.50	207.—	103.50
79	130000—132000	875.—	437.50	262.50	175.—	87.50	1050.—	525.—	315.—	210.—	105.—
80	132000—134000	887.50	443.80	266.30	177.50	88.80	1065.—	532.50	319.50	213.—	106.50
81	134000—136000	900.—	450.—	270.—	180.—	90.—	1080.—	540.—	324.—	216.—	108.—
82	136000—138000	912.50	456.30	273.80	182.50	91.30	1095.—	547.50	328.50	219.—	109.50
83	138000—140000	925.—	462.50	277.50	185.—	92.50	1110.—	555.—	333.—	222.—	111.—
84	140000—142000	937.50	468.80	281.30	187.50	93.80	1125.—	562.50	337.50	225.—	112.50
85	142000—144000	950.—	475.—	285.—	190.—	95.—	1140.—	570.—	342.—	228.—	114.—
86	144000—146000	962.50	481.30	288.80	192.50	96.30	1155.—	577.50	346.50	231.—	115.50
87	146000—148000	975.—	487.50	292.50	195.—	97.50	1170.—	585.—	351.—	234.—	117.—
88	148000—150000	987.50	493.80	296.30	197.50	98.80	1185.—	592.50	355.50	237.—	118.50
89	150000—152000	1000.—	500.—	300.—	200.—	100.—	1200.—	600.—	360.—	240.—	120.—
90	152000—154000	1012.50	506.30	303.80	202.50	101.30	1215.—	607.50	364.50	243.—	121.50
91	154000—156000	1025.—	512.50	307.50	205.—	102.50	1230.—	615.—	369.—	246.—	123.—
92	156000—158000	1037.50	518.80	311.30	207.50	103.80	1245.—	622.50	373.50	249.—	124.50
93	158000—160000	1050.—	525.—	315.—	210.—	105.—	1260.—	630.—	378.—	252.—	126.—
94	160000—162000	1062.50	531.30	318.80	212.50	106.30	1275.—	637.50	382.50	255.—	127.50
95	162000—164000	1075.—	537.50	322.50	215.—	107.50	1290.—	645.—	387.—	258.—	129.—
96	164000—166000	1087.50	543.80	326.30	217.50	108.80	1305.—	652.50	391.50	261.—	130.50

Wertsklasse	Bei Gegenständen im Werte von mehr als	bis einschließlich	Berufungsinstanz 10/10 Volle Gebühr §§ 8, 49	Berufungsinstanz 5/10	Berufungsinstanz 3/10	Berufungsinstanz 2/10	Berufungsinstanz 1/10	Revisionsinstanz 10/10 Volle Gebühr §§ 8, 49	Revisionsinstanz 5/10	Revisionsinstanz 3/10	Revisionsinstanz 2/10	Revisionsinstanz 1/10
	ℳ	ℳ	ℳ ₰	ℳ ₰	ℳ ₰	ℳ ₰	ℳ ₰	ℳ ₰	ℳ ₰	ℳ ₰	ℳ ₰	ℳ ₰
97	166000	168000	1100.—	550.—	330.—	220.—	110.—	1320.—	660.—	396.—	264.—	132.—
98	168000	170000	1112.50	556.30	333.80	222.50	111.30	1335.—	667.50	400.50	267.—	133.50
99	170000	172000	1125.—	562.50	337.50	225.—	112.50	1350.—	675.—	405.—	270.—	135.—
100	172000	174000	1137.50	568.80	341.30	227.50	113.80	1365.—	682.50	409.50	273.—	136.50
101	174000	176000	1150.—	575.—	345.—	230.—	115.—	1380.—	690.—	414.—	276.—	138.—
102	176000	178000	1162.50	581.30	348.80	232.50	116.30	1395.—	697.50	418.50	279.—	139.50
103	178000	180000	1175.—	587.50	352.50	235.—	117.50	1410.—	705.—	423.—	282.—	141.—
104	180000	182000	1187.50	593.80	356.30	237.50	118.80	1425.—	712.50	427.50	285.—	142.50
105	182000	184000	1200.—	600.—	360.—	240.—	120.—	1440.—	720.—	432.—	288.—	144.—
106	184000	186000	1212.50	606.30	363.80	242.50	121.30	1455.—	727.50	436.50	291.—	145.50
107	186000	188000	1225.—	612.50	367.50	245.—	122.50	1470.—	735.—	441.—	294.—	147.—
108	188000	190000	1237.50	618.80	371.30	247.50	123.80	1485.—	742.50	445.50	297.—	148.50
109	190000	192000	1250.—	625.—	375.—	250.—	125.—	1500.—	750.—	450.—	300.—	150.—
110	192000	194000	1262.50	631.30	378.80	252.50	126.30	1515.—	757.50	454.50	303.—	151.50
111	194000	196000	1275.—	637.50	382.50	255.—	127.50	1530.—	765.—	459.—	306.—	153.—
112	196000	198000	1287.50	643.80	386.30	257.50	128.80	1545.—	772.50	463.50	309.—	154.50
113	198000	200000	1300.—	650.—	390.—	260.—	130.—	1560.—	780.—	468.—	312.—	156.—
Die ferneren Wertsklassen steigen um je 2000 ℳ mehr z. B. von			je 12.50	je 6.25	je 3.75	je 2.50	je 1.25	je 15	je 7.50	je 4.50	je 3.—	je 1.50

118	208000—210000	1362.50	681.30	408.80	272.50	136.30	1635.—	817.50	490.50	327.—	163.50
123	218000—220000	1425.—	712.50	427.50	285.—	142.50	1710.—	855.—	513.—	342.—	171.—
128	228000—230000	1487.50	743.80	446.30	297.50	148.80	1785.—	892.50	535.50	357.—	178.50
133	238000—240000	1550.—	775.—	465.—	310.—	155.—	1860.—	930.—	558.—	372.	186.—
138	248000—250000	1612.50	806.30	483.80	322.50	161.30	1935.—	967.50	580.50	387.—	193.50
143	258000—260000	1675.—	837.50	502.50	335.—	167.50	2010.—	1005.—	603.—	402.—	201.—
148	268000—270000	1737.50	868.80	521.30	347.50	173.80	2085.—	1042.50	625.50	417.—	208.50
153	278000—280000	1800.—	900.—	540.—	360.—	180.—	2160.—	1080.—	648.—	432.—	216.—
158	288000—290000	1862.50	931.30	558.80	372.50	186.30	2235.—	1117.50	670.50	447.—	223.50
163	298000—300000	1925.—	962.50	577.50	385.—	192.50	2310.—	1155.—	693.—	462.—	231.—

III. Tabelle.

Gebühren im Urkunden- und Wechselprozesse.

Wertklasse	Bei Gegenständen im Werte von mehr als	bis einschließlich	Erste Instanz				Berufungs-Instanz				Revisions-Instanz			
			6/10 Einheitsgebühr §§ 18, 24, 25	5/10 §§ 22, 29, 48	3/10 §§ 23, 47 Abs. 2	1/10 § 46	6/10 Einheitsgebühr §§ 18, 24, 25	5/10 §§ 22, 29	3/10 §§ 23, 47 Abs. 2	1/10 § 46	6/10 Einheitsgebühr §§ 18, 24, 25	5/10 §§ 22, 29	3/10 §§ 23, 47 Abs. 2	1/10 § 46
	M	M	M ₰	M ₰	M ₰	M ₰	M ₰	M ₰	M ₰	M ₰	M ₰	M ₰	M ₰	M ₰
1	—	20	—.60	—.30	—.20	—.20	—.80	—.40	—.30	—.20	—.90	—.50	—.30	—.20
2	20—	60	1.50	—.80	—.50	—.20	1.80	—.90	—.60	—.20	2.20	1.10	—.70	—.30
3	60—	120	2.80	1.40	—.90	—.30	3.50	1.80	1.10	—.40	4.20	2.10	1.30	—.50
4	120—	200	4.50	2.30	1.40	—.50	5.70	2.90	1.80	—.60	6.80	3.40	2.10	—.70
5	200—	300	6.60	3.30	2.—	—.70	8.30	4.20	2.50	—.90	9.90	5.—	3.—	1.—
6	300—	450	9.—	4.50	2.70	—.90	11.30	5.70	3.40	1.20	13.50	6.80	4.10	1.40
7	450—	650	12.—	6.—	3.60	1.20	15.—	7.50	4.50	1.50	18.—	9.—	5.40	1.80
8	650—	900	15.60	7.80	4.70	1.60	19.50	9.80	5.90	2.—	23.40	11.70	7.10	2.40
9	900—	1200	19.20	9.60	5.80	2.—	24.—	12.—	7.20	2.40	28.80	14.40	8.70	2.90
10	1200—	1600	22.80	11.40	6.90	2.30	28.50	14.30	8.60	2.90	34.20	17.10	10.30	3.50
11	1600—	2100	26.40	13.20	8.—	2.70	33.—	16.50	9.90	3.30	39.60	19.80	11.90	4.—
12	2100—	2700	30.—	15.—	9.—	3.—	37.50	18.80	11.30	3.80	45.—	22.50	13.50	4.50
13	2700—	3400	33.60	16.80	10.10	3.40	42.—	21.—	12.60	4.20	50.40	25.20	15.20	5.10
14	3400—	4300	37.20	18.60	11.20	3.80	46.50	23.30	14.—	4.70	55.80	27.90	16.80	5.60
15	4300—	5400	40.80	20.40	12.30	4.10	51.—	25.50	15.30	5.10	61.20	30.60	18.40	6.20
16	5400—	6700	44.40	22.20	13.40	4.50	55.50	27.80	16.70	5.60	66.60	33.30	20.—	6.70

17	6700 – 8200	48.60	24.30	14.60	4.90	60.80	30.40	18.30	6.10	72.90	36.50	21.90	7.30
18	8200 – 10000	54.—	27.—	16.20	5.40	67.50	33.80	20.30	6.80	81.—	40.50	24.30	8.10
19	10000 – 12000	60.—	30.—	18.—	6.—	75.—	37.50	22.50	7.50	90.—	45.—	27.—	9.—
20	12000 – 14000	66.—	33.—	19.80	6.60	82.50	41.30	24.80	8.30	99.—	49.50	29.70	9.90
21	14000 – 16000	72.—	36.—	21.60	7.20	90.—	45.—	27.—	9.—	108.—	54.—	32.40	10.80
22	16000 – 18000	78.—	39.—	23.40	7.80	97.50	48.80	29.30	9.80	117.—	58.50	35.10	11.70
23	18000 – 20000	84.—	42.—	25.20	8.40	105.—	52.50	31.50	10.50	126.—	63.—	37.80	12.60
24	20000 – 22000	90.—	45.—	27.—	9.—	112.50	56.30	33.80	11.30	135.—	67.50	40.50	13.50
25	22000 – 24000	96.—	48.—	28.80	9.60	120.—	60.—	36.—	12.—	144.—	72.—	43.20	14.40
26	24000 – 26000	102.—	51.—	30.60	10.20	127.50	63.80	38.30	12.80	153.—	76.50	45.90	15.30
27	26000 – 28000	108.—	54.—	32.40	10.80	135.—	67.50	40.50	13.50	162.—	81.—	48.60	16.20
28	28000 30000	114.—	57.—	34.20	11.40	142.50	71.30	42.80	14.30	171.—	85.50	51.30	17.10
29	30000 – 32000	120.—	60.—	36.—	12.—	150.—	75.—	45.—	15.—	180.—	90.—	54.—	18.—
30	32000 – 34000	126.—	63.—	87.80	12.60	157.50	78.80	47.30	15.80	189.—	94.50	56.70	18.90
31	34000 – 36000	132.—	66.—	39.60	13.20	165.—	82.50	49.50	16.50	198.—	99.—	59.40	19.80
32	36000 – 38000	138.—	69.—	41.40	13.80	172.50	86.30	51.80	17.30	207.—	103.50	62.10	20.70
33	38000 – 40000	144.—	72.—	43.20	14.40	180.—	90.—	54.—	18.—	216.—	108.—	64.80	21.60
34	40000 – 42000	150.—	75.—	45.—	15.—	187.50	93.80	56.30	18.80	225.—	112.50	67.50	22.50
35	42000 – 44000	156.—	78.—	46.80	15.60	195.—	97.50	58.50	19.50	234.—	117.—	70.20	23.40
36	44000 – 46000	162.—	81.—	48.60	16.20	202.50	101.30	60.80	20.30	243.—	121.50	72.90	24.30
37	46000 – 48000	168.—	84.—	50.40	16.80	210.—	105.—	63.—	21.—	252.—	126.—	75.60	25.20
38	48000 – 50000	174.—	87.—	52.20	17.40	217.50	108.80	65.30	21.80	261.—	130.50	78.30	26.10
39	50000 – 52000	180.—	90.—	54.—	18.—	225.—	112.50	67.50	22.50	270.—	135.—	81.—	27.—
40	52000 – 54000	186.—	93.—	55.80	18.60	232.50	116.30	69.80	23.30	279.—	139.50	83.70	27.90
41	54000 – 56000	192.—	96.—	57.60	19.20	240.—	120.—	72.—	24.—	288.—	144.—	86.40	28.80
42	56000 – 58000	198.—	99.—	59.40	19.80	247.50	123.80	74.30	24.80	297.—	148.50	89.10	29.70
43	58000 – 60000	204.—	102.—	61.20	20.40	255.—	127.50	76.50	25.50	306.—	153.—	91.80	30.60
44	60000 – 62000	210.—	105.—	63.—	21.—	262.50	131.30	78.80	26.30	315.—	157.50	94.50	31.50
45	62000 – 64000	216.—	108.—	64.80	21.60	270.—	135.—	81.—	27.—	324.—	162.—	97.20	32.40
46	64000 – 66000	222.—	111.—	66.60	22.20	277.50	138.80	83.30	27.80	333.—	166.50	99.90	33.30

Wertsklassen	Bei Gegenständen im Werte vom mehr als	bis einschließlich	Erste Instanz 6/10 (wie vor)	5/10 (wie vor)	3/10 (wie vor)	1/10 (wie vor)	Berufungsinstanz 6/10 (wie vor)	5/10 (wie vor)	3/10 (wie vor)	1/10 (wie vor)	Revisionsinstanz. 6/10 (wie vor)	5/10 (wie vor)	3/10 (wie vor)	1/10 (wie vor)
	M	M	M ₰	M ₰	M ₰	M ₰	M ₰	M ₰	M ₰	M ₰	M ₰	M ₰	M ₰	M ₰
47	66000	68000	228.—	114.—	68.40	22.80	285.—	142.50	85.50	28.50	342.—	171.—	102.60	34.20
48	68000	70000	234.—	117.—	70 20	23 40	292.50	146.30	87.80	29.30	351.—	175.50	105.30	35.10
49	70000	72000	240.—	120.—	72.—	24.—	300.—	150.—	90.—	30.—	360.—	180.—	108.—	36.—
50	72000	74000	246.—	123.—	73.80	24.60	307.50	153.80	92.30	30 80	369.—	184.50	110.70	36.90
51	74000	76000	252.—	126.—	75.60	25.20	315.—	157.50	94.50	31.50	378.—	189.—	113.40	37.80
52	76000	78000	258.—	129.—	77.40	25 80	322.50	161.30	96.80	32.30	387.—	193.50	116.10	38.70
53	78000	80000	264.—	132.—	79.20	26.40	330.—	165.—	99.—	33.—	396.—	198.—	118.80	39.60
54	80000	82000	270.—	135.—	81.—	27.—	337.50	168.80	101 30	33.80	405.—	202.50	121.50	40.50
55	82000	84000	276.—	138.—	82.80	27.60	345.—	172.50	103.50	34.50	414.—	207.—	124.20	41.40
56	84000	86000	282.—	141.—	84.60	28.20	352.50	176.30	105.80	35.30	423.—	211 50	126.90	42.30
57	86000	88000	288.—	144.—	86.40	28.80	360.—	180.—	108.—	36.—	432.—	216.—	129.60	43.20
58	88000	90000	294.—	147.—	88.20	29.40	367.50	183.80	110 30	36.80	441.—	220.50	132.30	44.10
59	90000	92000	300.—	150.—	90.—	30.—	375.—	187.50	112.50	37.50	450.—	225.—	135.—	45.—
60	92000	94000	306.—	153.—	91.80	30.60	382.50	191.30	114.80	38.30	459.—	229 50	137.70	45.90
61	94000	96000	312.—	156.—	93.60	31.20	390.—	195.—	117.—	39.—	468.—	234.—	140.40	46.80
62	96000	98000	318.—	159.—	95.40	31.80	397 50	198.80	119.30	39.80	477.—	238.50	143.10	47.70
63	98000	100000	324.—	162.—	97.20	32.40	405.—	202.50	121.50	40.50	486.—	243.—	145.80	48.60
	um je 2000 M mehr		je 6	je 3	je 1 80	je 0.60	je 7.50	je 3.75	je 2.25	je 0.75	je 9	je 4.50	je 2.70	je 0.90
68	108000	110000	354.—	177.—	106.20	35.40	442 50	221.30	132.80	44.30	531.—	265.50	159.30	53.10
73	118000	120000	384.—	192.—	115.20	38.40	480.—	240.00	144.00	48.—	576.—	288.—	172 80	57.60

78	128000—130000	414.—	207.—	124.20	41.40	517.50	258.80	155.30	51.80	621.—	310.50	186.30	62.10
83	138000—140000	444.—	222.-	133.20	44.40	555.—	277.50	166.50	55.50	666.—	333.00	199.80	66.60
88	148000—150000	474.—	237.—	142.20	47.40	592.50	296.30	177.80	59.30	711.—	355.50	213.30	71.10
93	158000—160000	504.—	252.—	151.20	50.40	630.—	315.—	189.—	63.—	756 —	378.—	226.80	75.60
98	168000—170000	534.—	267.—	160.20	53.40	667.50	333.80	200.30	66.80	801.—	400.50	240.30	80.10
103	178000—180000	564.—	282.—	169.20	56.40	705.—	352.50	211.50	70.50	846.—	423.—	253.80	84.60
108	188000—190000	594.—	297.—	178.20	59.40	742.50	371.30	222.80	74.30	891.—	445.50	267.30	89.10
113	198000—200000	624.—	312.—	187.20	62.40	780.—	390.—	234.—	78.—	936.—	468.—	280.80	93.60
118	208000—210000	654.—	327.—	196.20	65.40	817.50	408.80	245.30	81.80	981.—	490.50	294.30	98.10
123	218000—220000	684.—	342.—	205.20	68.40	855.—	427.50	256.50	85.50	1026.—	513.—	307.80	102.60
128	228000—230000	714.—	357.—	214.20	71.40	892.50	446.30	267.80	89.30	1071.—	535.50	321.30	107.10
133	238000—240000	744.—	372.—	223.20	74.40	930.—	465.00	279.—	93.—	1116.—	558.—	334.80	111.60
138	248000—250000	774.—	387.—	232.20	77.40	967.50	483.80	290.30	96.80	1161.—	580.50	348.30	116.10

IV. Tabelle.

Gebühren im Konkursverfahren.

Wertsklasse	Gegenstandssumme von mehr als	bis einschließlich	1/10 § 53 Abs. 2	3/10 §§ 53 Abs. 1, 54 Satz 2	8/10 § 51 N. 5	10/10 §§ 54 Satz 1, 58	13/10 die volle Gebühr und 3/10 § 51 N. 4	15/10 die volle Gebühr und 5/10 § 51 N. 3	18/10 die volle Gebühr und 8/10 § 51 N. 2	20/10 2fache Gebühr § 51 N. 1
	M	M	M ₰	M ₰	M ₰	M ₰	M ₰	M ₰	M ₰	M ₰
1	—	20	—.20	—.30	—.80	1.—	1.30	1.50	1.80	2.—
2	20—	60	—.30	—.80	2.—	2.40	3.20	3.60	4.40	4.80
3	60—	120	—.50	1.40	3.70	4.60	6.—	6.90	8.30	9.20
4	120—	200	—.80	2.30	6.—	7.50	9.80	11.30	13.50	15.—
5	200—	300	1.10	3.30	8.80	11.—	14.30	16.50	19.80	22.—
6	300—	450	1.50	4.50	12.—	15.—	19.50	22.50	27.—	30.—
7	450—	650	2.—	6.—	16.—	20.—	26.—	30.—	36.—	40.—
8	650—	900	2.60	7.80	20.80	26.—	33.80	39.—	46.80	52.—
9	900—	1200	3.20	9.60	25.60	32.—	41.60	48.—	57.60	64.—
10	1200—	1600	3.80	11.40	30.40	38.—	49.40	57.—	68.40	76.—
11	1600—	2100	4.40	13.20	35.20	44.—	57.20	66.—	79.20	88.—
12	2100—	2700	5.—	15.—	40.—	50.—	65.—	75.—	90.—	100.—
13	2700—	3400	5.60	16.80	44.80	56.—	72.80	84.—	100.80	112.—
14	3400—	4300	6.20	18.60	49.60	62.—	80.60	93.—	111.60	124.—
15	4300—	5400	6.80	20.40	54.40	68.—	88.40	102.—	122.40	136.—
16	5400—	6700	7.40	22.20	59.20	74.—	96.20	111.—	133.20	148.—

17	6700— 8200	8.10	24.30	64.80	81.—	105.30	121.50	145.80	162.—
18	8200—10000	9.—	27.—	72.—	90.—	117.—	135.—	162.—	180.—
19	10000—12000	10.—	30.—	80.—	100.—	130.—	150.—	180.—	200.—
20	12000—14000	11.—	33.—	88.—	110.—	143.—	165.—	198.—	220.—
21	14000—16000	12.—	36.—	96.	120.—	156.—	180.—	216.—	240.—
22	16000—18000	13.—	39.—	104.—	130.—	169.—	195.—	234.—	260.—
23	18000—20000	14.—	42.—	112.—	140.—	182.—	210.—	252.—	280.—
24	20000—22000	15.—	45.—	120.—	150.—	195.—	225.—	270.—	300.—
25	22000—24000	16.—	48.—	128.—	160.—	208.—	240.—	288.—	320.—
26	24000—26000	17.—	51.—	136.—	170.—	221.—	255.—	306.—	340.—
27	26000—28000	18.—	54.—	144.—	180.—	234.—	270.—	324.—	360.—
28	28000—30000	19.—	57.—	152.—	190.—	247.—	285.—	342.—	380.—
29	30000—32000	20.—	60.—	160.—	200.—	260.—	300.—	360.—	400.—
30	32000—34000	21.—	63.—	168.—	210.—	273.—	315.—	378.—	420.—
31	34000—36000	22.—	66.—	176.—	220.—	286.—	330.—	396.—	440.—
32	36000—38000	23.—	69.—	184.—	230.—	299.—	345.—	414.—	460.—
33	38000—40000	24.—	72.—	192.—	240.—	312.—	360.—	432.—	480.—
34	40000—42000	25.—	75.—	200.—	250.—	325.—	375.—	450.—	500.—
35	42000—44000	26.—	78.—	208.—	260.—	338.—	390.—	468.—	520.—
36	44000—46000	27.—	81.—	216.—	270.—	351.—	405.—	486.—	540.—
37	46000—48000	28.—	84.—	224.—	280.—	364.—	420.—	504.—	560.—
38	48000—50000	29.—	87.—	232.—	290.—	377.—	435.—	522.—	580.—
39	50000—52000	30.—	90.—	240.—	300.—	390.—	450.—	540.—	600.—
40	52000—54000	31.—	93.—	248.—	310.—	403.—	465.—	558.—	620.—
41	54000—56000	32.—	96.—	256.—	320.—	416.—	480.—	576.—	640.—
42	56000—58000	33.—	99.—	264.—	330.—	429.—	495.—	594.—	660.—
43	58000—60000	34.—	102.—	272.—	340.—	442.—	510.—	612.—	680.—
44	60000—62000	35.—	105.—	280.—	350.—	455.—	525.—	630.—	700.—
45	62000—64000	36.—	108.—	288.—	360.—	468.—	540.—	648.—	720.—
46	64000—66000	37.—	111.—	296.—	370.—	481.—	555.—	666.—	740.—

Wertsklasse	Gegenstandssumme von mehr als	bis einschließlich	1/10 § 53 Abs. 2	3/10 §§ 53 Abs. 1, 54 Satz 2	8/10 § 51 N. 5	10/10 §§ 54 Satz 1, 58	13/10 die volle Gebühr und 3/10 § 51 N. 4	15/10 die volle Gebühr und 5/10 § 51 N. 3	18/10 die volle Gebühr und 8/10 § 51 N. 2	20/10 2 fache Gebühr § 51 N. 1
	ℳ	ℳ	ℳ ₰	ℳ ₰	ℳ ₰	ℳ ₰	ℳ ₰	ℳ ₰	ℳ ₰	ℳ ₰
47	66000 —	68000	38.—	114.—	304.—	380.—	494.—	570.—	684.—	760.—
48	68000 —	70000	39.—	117.—	312.—	390.—	507.—	585.—	702.—	780.—
49	70000 —	72000	40.—	120.—	320.—	400.—	520.—	600.—	720.—	800.—
50	72000 —	74000	41.—	123.—	328.—	410.—	533.—	615.—	738.—	820.—
51	74000 —	76000	42.—	126.—	336.—	420.—	546.—	630.—	756.—	840.—
52	76000 —	78000	43.—	129.—	344.—	430.—	559.—	645.—	774.—	860.—
53	78000 —	80000	44.—	132.—	352.—	440.—	572.—	660.—	792.—	880.—
54	80000 —	82000	45.—	135.—	360.—	450.—	585.—	675.—	810.—	900.—
55	82000 —	84000	46.—	138.—	368.—	460.—	598.—	690.—	828.—	920.—
56	84000 —	86000	47.—	141.—	376.—	470.—	611.—	705.—	846.—	940.—
57	86000 —	88000	48.—	144.—	384.—	480.—	624.—	720.—	864.—	960.—
58	88000 —	90000	49.—	147.—	392.—	490.—	637.—	735.—	882.—	980.—
59	90000 —	92000	50.—	150.—	400.—	500.—	650.—	750.—	900.—	1000.—
60	92000 —	94000	51.—	153.—	408.—	510.—	663.—	765.—	918.—	1020.—
61	94000 —	96000	52.—	156.—	416.—	520.—	676.—	780.—	936.—	1040.—
62	96000 —	98000	53.—	159.—	424.—	530.—	689.—	795.—	954.—	1060.—
63	98000 —	100000	54.—	162.—	432.—	540.—	702.—	810.—	972.—	1080.—
64	100000 —	102000	55.—	165.—	440.—	550.—	715.—	825.—	990.—	1100.—
65	102000 —	104000	56.—	168.—	448.—	560.—	728.—	840.—	1008.—	1120.—
66	104000 —	106000	57.—	171.—	456.—	570.—	741.—	855.—	1026.—	1140.—

67	106000—108000	58.—	174.—	464.—	580.—	754.—	870.—	1044.—	1160.—
68	108000—110000	59.—	177.—	472.—	590.—	767.—	885.—	1062.—	1180.—
69	110000—112000	60.—	180.—	480.—	600.—	780.—	900.—	1080.—	1200.—
70	112000—114000	61.—	183.—	488.—	610.—	793.—	915.—	1098.—	1220.—
71	114000—116000	62.—	186.—	496.—	620.—	806.—	930.—	1116.—	1240.—
72	116000—118000	63.—	189.—	504.—	630.—	819.—	945.—	1134.—	1260.—
73	118000—120000	64.—	192.—	512.—	640.—	832.—	960.—	1152.—	1280.—
74	120000—122000	65.—	195.—	520.—	650.—	845.—	975.—	1170.—	1300.—
75	122000—124000	66.—	198.—	528.—	660.—	858.—	990.—	1188.—	1320.—
76	124000—126000	67.—	201.—	536.—	670.—	871.—	1005.—	1206.—	1340.—
77	126000—128000	68.—	204.—	544.—	680.—	884.—	1020.—	1224.—	1360.—
78	128000—130000	69.—	207.—	552.—	690.—	897.—	1035.—	1242.—	1380.—
79	130000—132000	70.—	210.—	560.—	700.—	910.—	1050.—	1260.—	1400.—
80	132000—134000	71.—	213.—	568.—	710.—	923.—	1065.—	1278.—	1420.—
81	134000—136000	72.—	216.—	576.—	720.—	936.—	1080.—	1296.—	1440.—
82	136000—138000	73.—	219.—	584.—	730.—	949.—	1095.—	1314.—	1460.—
83	138000—140000	74.—	222.—	592.—	740.—	962.—	1110.—	1332.—	1480.—
84	140000—142000	75.—	225.—	600.—	750.—	975.—	1125.—	1350.—	1500.—
85	142000—144000	76.—	228.—	608.—	760.—	988.—	1140.—	1368.—	1520.—
86	144000—146000	77.—	231.—	616.—	770.—	1001.—	1155.—	1386.—	1540.—
87	146000—148000	78.—	234.—	624.—	780.—	1014.—	1170.—	1404.—	1560.—
88	148000—150000	79.—	237.—	632.—	790.—	1027.—	1185.—	1422.—	1580.—
89	150000—152000	80.—	240.—	640.—	800.—	1040.—	1200.—	1440.—	1600.—
90	152000—154000	81.—	243.—	648.—	810.—	1053.—	1215.—	1458.—	1620.—
91	154000—156000	82.—	246.—	656.—	820.—	1066.—	1230.—	1476.—	1640.—
92	156000—158000	83.—	249.—	664.—	830.—	1079.—	1245.—	1494.—	1660.—
93	158000—160000	84.—	252.—	672.—	840.—	1092.—	1260.—	1512.—	1680.—
94	160000—162000	85.—	255.—	680.—	850.—	1105.—	1275.—	1530.—	1700.—
95	162000—164000	86.—	258.—	688.—	860.—	1118.—	1290.—	1548.—	1720.—
96	164000—166000	87.—	261.—	696.—	870.—	1131.—	1305.—	1566.—	1740.—

Wertklasse	Gegenstandssumme von mehr als	bis einschließlich	1/10 § 53 Abs. 2	3/10 §§ 53 Abs. 1, 54 Satz 2	8/10 § 51 Nr. 2	10/10 §§ 54 Satz 1, 58	13/10 die volle Gebühr und 3/10 § 51 Nr. 4	15/10 die volle Gebühr und 5/10 § 51 Nr. 3	18/10 die volle Gebühr und 8/10 § 51 Nr. 2	20/10 2fache Gebühr § 51 Nr. 1
	M	M	M ₰	M ₰	M ₰	M ₰	M ₰	M ₰	M ₰	M ₰
97	166000	168000	88.—	264.—	704.—	880.—	1144.—	1320.—	1584.—	1760.—
98	168000	170000	89.—	267.—	712.—	890.—	1157.—	1335.—	1602.—	1780.—
99	170000	172000	90.—	270.—	720.—	900.—	1170.—	1350.—	1620.—	1800.—
100	172000	174000	91.—	273.—	728.—	910.—	1183.—	1365.—	1638.—	1820.—
101	174000	176000	92.—	276.—	736.—	920.—	1196.—	1380.—	1656.—	1840.—
102	176000	178000	93.—	279.—	744.—	930.—	1209.—	1395.—	1674.—	1860.—
103	178000	180000	94.—	282.—	752.—	940.—	1222.—	1410.—	1692.—	1880.—
104	180000	182000	95.—	285.—	760.—	950.—	1235.—	1425.—	1710.—	1900.—
105	182000	184000	96.—	288.—	768.—	960.—	1248.—	1440.—	1728.—	1920.—
106	184000	186000	97.—	291.—	776.—	970.—	1261.—	1455.—	1746.—	1940.—
107	186000	188000	98.—	294.—	784.—	980.—	1274.—	1470.—	1764.—	1960.—
108	188000	190000	99.—	297.—	792.—	990.—	1287.—	1485.—	1782.—	1980.—
109	190000	192000	100.—	300.—	800.—	1000.—	1300.—	1500.—	1800.—	2000.—
110	192000	194000	101.—	303.—	808.—	1010.—	1313.—	1515.—	1818.—	2020.—
111	194000	196000	102.—	306.—	816.—	1020.—	1326.—	1530.—	1836.—	2040.—
112	196000	198000	103.—	309.—	824.—	1030.—	1339.—	1545.—	1854.—	2060.—
113	198000	200000	104.—	312.—	832.—	1040.—	1352.—	1560.—	1872.—	2080.—
114	200000	202000	105.—	315.—	840.—	1050.—	1365.—	1575.—	1890.—	2100.—
115	202000	204000	106.—	318.—	848.—	1060.—	1378.—	1590.—	1908.—	2120.—
116	204000	206000	107.—	321.—	856.—	1070.—	1391.—	1605.—	1926.—	2140.—

117	206000—208000	108.—	324.—	864.—	1080.—	1404.—	1620.—	1944.—	2160.—
118	208000—210000	109.—	327.—	872.—	1090.—	1417.—	1635.—	1962.—	2180.—
119	210000—212000	110.—	330.—	880.—	1100.—	1430.—	1650.—	1980.—	2200.—
120	212000—214000	111.—	333.—	888.—	1110.—	1443.—	1665.—	1998.—	2220.—
121	214000—216000	112.—	336.—	896.—	1120.—	1456.—	1680.—	2016.—	2240.—
122	216000—218000	113.—	339.—	904.—	1130.—	1469.—	1695.—	2034.—	2260.—
123	218000—220000	114.—	342.—	912.—	1140.—	1482.—	1710.—	2052.—	2280.—
124	220000—222000	115.—	345.—	920.—	1150.—	1495.—	1725.—	2070.—	2300.—
125	222000—224000	116.—	348.—	928.—	1160.—	1508.—	1740.—	2088.—	2320.—
126	224000—226000	117.—	351.—	936.—	1170.—	1521.—	1755.—	2106.—	2340.—
127	226000—228000	118.—	354.—	944.—	1180.—	1534.—	1770.—	2124.—	2360.—
128	228000—230000	119.—	357.—	952.—	1190.—	1547.—	1785.—	2142.—	2380.—
129	230000—232000	120.—	360.—	960.—	1200.—	1560.—	1800.—	2160.—	2400.—
130	232000—234000	121.—	363.—	968.—	1210.—	1573.—	1815.—	2178.—	2420.—
131	234000—236000	122.—	366.—	976.—	1220.—	1586.—	1830.—	2196.—	2440.—
132	236000—238000	123.—	369.—	984.—	1230.—	1599.—	1845.—	2214.—	2460.—
133	238000—240000	124.—	372.—	992.—	1240.—	1612.—	1860.—	2232.—	2480.—
134	240000—242000	125.—	375.—	1000.—	1250.—	1625.—	1875.—	2250.—	2500.—
135	242000—244000	126.—	378.—	1008.—	1260.—	1638.—	1890.—	2268.—	2520.—
136	244000—246000	127.—	381.—	1016.—	1270.—	1651.—	1905.—	2286.—	2540.—
137	246000—248000	128.—	384.—	1024.—	1280.—	1664.—	1920.—	2304.—	2560.—
138	248000—250000	129.—	387.—	1032.—	1290.—	1677.—	1935.—	2322.—	2580.—
139	250000—252000	130.—	390.—	1040.—	1300.—	1690.—	1950.—	2340.—	2600.—
	um je 2000 ℳ mehr	je 1 ℳ	je 3 ℳ	je 8 ℳ	je 10 ℳ	je 13 ℳ	je 15 ℳ	je 18 ℳ	je 20 ℳ
144	260000—262000	135.—	405.—	1080.—	1350.—	1755.—	2025.—	2430.—	2700.—
149	270000—272000	140.—	420.—	1120.—	1400.—	1820.—	2100.—	2520.—	2800.—

Wertsklasse	Gegenstandssumme von mehr als	bis einschließlich	$^{1}/_{10}$ § 58 Abs. 2	$^{3}/_{10}$ §§ 58 Abs. 1, 54 Satz 2	$^{8}/_{10}$ § 51 N. 5	$^{10}/_{10}$ §§ 54 Satz 1, 58	$^{13}/_{10}$ die volle Gebühr und $^{3}/_{10}$ § 51 N. 4	$^{15}/_{10}$ die volle Gebühr und $^{5}/_{10}$ § 51 N. 3	$^{18}/_{10}$ die volle Gebühr und $^{8}/_{10}$ § 51 N. 2	$^{20}/_{10}$ 2fache Gebühr § 51 N. 1
	M	M	M ₰	M ₰	M ₰	M ₰	M ₰	M ₰	M ₰	M ₰
154	280000	282000	145.—	435.—	1160.—	1450.—	1885.—	2175.—	2610.—	2900.—
159	290000	292000	150.—	450.—	1200.—	1500.—	1950.—	2250.—	2700.—	3000.—
164	300000	302000	155.—	465.—	1240.—	1550.—	2015.—	2325.—	2790.—	3100.—
169	310000	312000	160.—	480.—	1280.—	1600.—	2080.—	2400.—	2880.—	3200.—
174	320000	322000	165.—	495.—	1320.—	1650.—	2145.—	2475.—	2970.—	3300.—
179	330000	332000	170.—	510.—	1360.—	1700.—	2210.—	2550.—	3060.—	3400.—
184	340000	342000	175.—	525.—	1400.—	1750.—	2275.—	2625.—	3150.—	3500.—
189	350000	352000	180.—	540.—	1440.—	1800.—	2340.—	2700.—	3240.—	3600.—
194	360000	362000	185.—	555.—	1480.—	1850.—	2405.—	2775.—	3330.—	3700.—
199	370000	372000	190.—	570.—	1520.—	1900.—	2470.—	2850.—	3420.—	3800.—
204	380000	382000	195.—	585.—	1560.—	1950.—	2535.—	2925.—	3510.—	3900.—
209	390000	392000	200.—	600.—	1600.—	2000.—	2600.—	3000.—	3600.—	4000.—
214	400000	402000	205.—	615.—	1640.—	2050.—	2665.—	3075.—	3690.—	4100.—
219	410000	412000	210.—	630.—	1680.—	2100.—	2730.—	3150.—	3780.—	4200.—
224	420000	422000	215.—	645.—	1720.—	2150.—	2795.—	3225.—	3870.—	4300.—
229	430000	432000	220.—	660.—	1760.—	2200.—	2860.—	3300.—	3960.—	4400.—
234	440000	442000	225.—	675.—	1800.—	2250.—	2925.—	3375.—	4050.—	4500.—
239	450000	452000	230.—	690.—	1840.—	2300.—	2990.—	3450.—	4140.—	4600.—
244	460000	462000	235.—	705.—	1880.—	2350.—	3055.—	3525.—	4230.—	4700.—
249	470000	472000	240.—	720.—	1920.—	2400.—	3120.—	3600.—	4320.—	4800.—

254	480000-482000	245.—	735.—	1960.—	2450.—	3185.—	3675.—	4410.—	4900.—
259	490000-492000	250.—	750.—	2000.—	2500.—	3250.—	3750.—	4500.—	5000.—
264	500000-502000	255.—	765.—	2040.—	2550.—	3315.—	3825.—	4590.—	5100.—

Gebührentabelle

Einheitsgebührensatz §§ 62, 64, 65 Abs. 1.																ℳ
Im Falle einer Geld- oder Freiheitsstrafe von																
	mehr als	ℳ	bis **einschl.**	ℳ	oder **mehr** als				bis **einschl.**							
1.	„ „	1	„ „	20	„ „ „	1 Tg.	„ „	10 Tg.								5
2.	„ „	20	„ „	30	„ „ „	10 Tg.	„ „	14 Tg.								10
3.	„ „	30	„ „	60	„ „ „	14 Tg.	„ „	4 Wch.								20
4.	„ „	60	„ „	150	„ „ „	4 Wch.	„ „	6 Wch.								30
5.	„ „	150	„ „	300	„ „ „	6 Wch.	„ „	3 Mt.								45
6.	„ „	300	„ „	500	„ „ „	3 Mt.	„ „	6 Mt.								60
7.	„ „	500	„ „	1000	„ „ „	6 Mt.	„ „	1 Jahr								75
8.	„ „	1000	„ „	1500	„ „ „	1 Jahr	„ „	2 Jahr								100
9.	„ „	1500	„ „	3000	„ „ „	2 Jahr	„ „	3 Jahr								130
10.	„ „	3000	. . . . .		„ „ „	3 Jahr	„ „	10 Jahr								180
11. im Falle einer schweren Strafe																300
12. „ „ eines Verweises																5
13. „ „ ausschließlicher Erkennung auf Verlust der bürgerlichen Ehrenrechte überhaupt oder einzelner Ehrenrechte																45
§ 69. Wenn es sich um eine **Uebertretung** handelt																20
„ „ „ „ ein **Vergehen** „																50
„ „ „ „ „ **Verbrechen** „																100

in Strafsachen.

5/10 §§ 64, 65 Abs. 2	4/10 §§ 63 Abs. 2 65 Abs. 2 67 Abs. 1 Satz 2	2/10 §§ 63 Abs. 1 67 Abs. 1 Satz 1	1/10 §§ 66 67 Abs. 2	§ 76. 3/10 v. 4/10	3/10 v. 2/10	3/10 v. 1/10	Privatklagesachen. Nach § 70	Nach § 71	Nach § 73	Nach § 76 zu § 71	Nach § 76 zu § 73
ℳ ₰	ℳ ₰	ℳ ₰	ℳ ₰	ℳ ₰	ℳ ₰	ℳ ₰	ℳ	ℳ	ℳ	ℳ ₰	ℳ ₰
							1. 5	—	10	—	—
							2. 15	—	30	—	—
							3. 20	—	40	—	—
2.50	2.—	1.—	—.50	—.60	—.30	—.20	—	N. 1. 2	4	—.60	1.20
5.—	4.—	2.—	1.—	1.20	—.60	—.30		N. 2. 4	8	1.20	2.40
10.—	8.—	4.—	2.—	2.40	1.20	—.60		" 8	16	2.40	4.80
15.—	12.—	6.—	3.—	3.60	1.80	—.90		N. 3. 2	4	—.60	1.20
22.50	18.—	9.—	4.50	5.40	2.70	1.40		N. 4. 1	2	—.30	—.60
30 —	24.—	12.—	6.—	7.20	3.60	1.80		N. 5. 3	6	—.90	1.80
37.50	30.—	15.—	7.50	9.—	4.50	2.30		N. 6. 3	6	—.90	1.80
50.—	40.—	20.—	10.—	12.—	6.—	3.—					
65.—	52.—	26.—	13.—	15.60	7.80	3.90					
90.—	72.—	36.—	18.—	21.60	10.80	5.40					
150.—	120.—	60.—	30.—	36.—	18.—	9.—					
2.50	2.—	1.—	—.50	—.60	—.30	—.20					
22.50	18.—	9.—	4.50	5.40	2.70	1.20					
				§ 76.							
—	—	—	—	—.60	—	—					
—	—	—	—	1.50	—	—					
—	—	—	—	3.00	—	—					

Gebührenordnung

für

Zeugen und Sachverständige

vom 30. Juni 1878

in der vom 1. Januar 1900 an geltenden Fassung.*)

§ 1.

In den vor die ordentlichen Gerichte[1]) gehörigen Rechtssachen, auf welche die Civilprozeßordnung, die Strafprozeßordnung oder die Konkursordnung Anwendung findet, erhalten die Zeugen und Sachverständigen[2]) Gebühren[3])[4]) nach Maßgabe der folgenden Bestimmungen[5]).

1. Vergleiche Erläuterung zu § 1 d. G.K.Ges. (S. 1.)

2. Gemäß § 401 d. C.P.O. und § 70 d. St.P.O. hat jeder Zeuge nach Maßgabe der Gebührenordnung Anspruch auf Entschädigung aus der Staatskasse für Zeitversäumniß und, wenn sein Erscheinen eine Reise erforderlich macht, auf Erstattung der Kosten, welche durch die Reise und den Aufenthalt am Orte der Vernehmung verursacht werden.

Desgleichen hat ein Sachverständiger gemäß § 413 d. C.P.O. und § 84 d. St.P.O. Anspruch auf Entschädigung für Zeitversäumniß, auf Erstattung der ihm verursachten Kosten und außerdem auf angemessene Vergütung für seine Mühewaltung.

3. Die Gebühren werden nur auf Verlangen gewährt. Die Ansprüche der Zeugen und Sachverständigen richten sich gegen die Staatskasse, vor dessen Gericht sie geladen sind, also nicht gegen die Partei, in deren Interesse ihre Vernehmung erfolgt.

Bei weiter Entfernung des Aufenthaltsortes der geladenen Zeugen und Sachverständigen oder bei Mittellosigkeit derselben ist ihnen ein Vorschuß zur Bestreitung der Auslagen zur Hinfahrt an den Vernehmungsort zu bewilligen. Siehe auch § 166 Abs. 3 d. G.V.Ges.

4. Ein Zeuge, der das Zeugniß verweigert hat und zur Verhandlung über die Rechtmäßigkeit seiner Weigerung vor dem Prozeßgerichte persönlich erschienen ist, kann auf Grund der Gebührenordg. f. Zeug. u. Sachverst. keinerlei Ersatz für Reisekosten, Aufwand u. s. w. beanspruchen. (R.G. v. 26. 1. 92 Bd. 28 S. 438.)

5. Eine Ausnahme besteht nur in Rechtshülfesachen. Nach § 166 Abs. 2 d. G.V.G. können die geladenen Personen, wenn die Beträge nach dem Rechte ihres Aufenthaltsortes höher sind als nach den für das Gericht, vor welches die Ladung erfolgt, maßgebenden Bestimmungen, die höheren Beträge beanspruchen.

---

*) Bekanntmachung des Reichskanzlers v. 20. Mai 1898 (R.G.Bl. S. 689.)

§ 2.

Der Zeuge erhält eine Entschädigung[1]) für die erforderliche Zeitversäumniß im Betrage von zehn Pfennig bis zu einer Mark auf jede angefangene Stunde.

Die Entschädigung ist unter Berücksichtigung des von dem Zeugen versäumten Erwerbes zu bemessen und für jeden Tag auf nicht mehr als zehn Stunden zu gewähren.

Personen[2]), welche durch gemeine Handarbeit, Handwerksarbeit oder geringeren Gewerbebetrieb ihren Unterhalt suchen, oder sich in gleichen Verhältnissen mit solchen Personen befinden, erhalten die nach dem geringsten Satze zu bemessende Entschädigung auch dann, wenn die Versäumniß eines Erwerbes nicht stattgefunden hat.

1. Eine Entschädigung wird mit Ausnahme der in Abs. 3 bezeichneten Personen dem Zeugen nur dann gewährt, wenn mit der Zeitversäumniß auch eine Erwerbsversäumniß verbunden war. Der Mindestbetrag dieser Entschädigung ist 10 Pfg. pro Stunde oder 1 Mk. pro Tag, der Maximalbetrag 1 Mk. pro Stunde oder 10 Mk. pro Tag. Sowohl unter das Mindestmaß darf nicht herunter-, als auch über den Maximalbetrag nicht hinaufgegangen werden.

Die Festsetzung der Entschädigung hat in jedem einzelnen Falle nach billigem Ermessen zu erfolgen. Doch kann, wenn aus den Erwerbsverhältnissen des Zeugen ein sicherer Schluß auf die Rechtmäßigkeit des von ihm beanspruchten Betrages für Zeitversäumniß nicht gezogen werden kann, der Zeuge angehalten werden, über den versäumten Erwerb oder über die Auslagen an Stellvertretungskosten Nachweise vorzulegen.

Bleibt der Maximalsatz der Entschädigung für Zeitversäumniß hinter der wirklichen Einbuße am Erwerbe zurück, so ist trotzdem eine Erhöhung dieses Satzes ausgeschlossen. In solchen Fällen hat man es dann ohnehin mit Personen zu thun, welche zu den wohlhabenderen gehören und deshalb im Stande sind, ein solches Opfer unschwer zu ertragen.

So konnte z. B. einem Arzte, der für seine zweitägige Abwesenheit von zu Hause einen Stellvertreter aufstellte und demselben täglich 20 Mk. Honorar zahlen mußte, trotzdem nicht mehr als 10 Mk. Entschädigung für Zeitversäumniß pro Tag bewilligt werden.

Ein Maurermeister, welcher außer 10 Mk. Entschädigung für Zeitversäumniß seiner Person, noch weitere 30 Mk. dafür forderte, daß während seiner Abwesenheit seine sechs Arbeiter nicht verwendet werden könnten, ferner 8 Mk. 20 Pfg. Entschädigung dafür, daß sein Fuhrwerk an diesem Tage unausgenützt blieb, wurde mit dem den Maximalsatz von 10 Mk. übersteigenden Betrage von

38 M. 20 Pf. abgewiesen. (O.L.G. München v. 30. 11. 95 Bd. VIII S. 466.)

Die Entschädigung für Zeitversäumniß ist an eine Tageszeit nicht gebunden und kann je nach dem Erwerbe des Zeugen sowohl für Tages- als auch für Nachtstunden beansprucht werden.

2. Zu den Personen, welche sich in gleichen Verhältnissen mit Handarbeitern befinden, zählen Frauen, welche in ihrer eigenen Wirthschaft thätig sind, Hauskinder, welche den Eltern in Ausübung ihres Gewerbes behilflich sind, dann gehören auch hieher die Dienstboten u. A. Die ihnen zu gewährende Entschädigung bemißt sich nach dem geringsten Satze.

Vergleiche noch § 5 und Note 4 zu § 1.

§ 3.

Der Sachverständige[1]) erhält für seine Leistungen eine Vergütung nach Maßgabe der erforderlichen Zeitversäumniß[2]) im Betrage bis zu zwei Mark auf jede angefangene Stunde.

Die Vergütung ist unter Berücksichtigung der Erwerbsverhältnisse des Sachverständigen zu bemessen und für jeden Tag auf nicht mehr als zehn Stunden zu gewähren[2]).

Außerdem sind dem Sachverständigen die auf die Vorbereitung des Gutachtens verwendeten Kosten, sowie die für eine Untersuchung verbrauchten Stoffe und Werkzeuge zu vergüten[3])[4]).

1. Die vom Sachverständigen zu beanspruchende Vergütung kann eine zweifache sein:

a. nach Maßgabe der erforderlichen Zeitversäumniß,

b. in Erstattung der Kosten, die auf die Vorbereitung des Gutachtens verwendet wurden, oder die für eine Untersuchung an verbrauchten Stoffen und Werkzeugen entstanden sind.

2. Der Maximalbetrag ist 20 M. pro Tag, und nur in Ausnahmefällen kann § 4 zur Anwendung kommen. Es soll dem Sachverständigen für seine Mühewaltung grundsätzlich eine gleiche Vergütung gewährt werden, wie wenn seine Leistung außerhalb eines gerichtlichen Verfahrens einem Privaten gemacht würde. Es ist deshalb ähnlich wie bei einem Zeugen die Vergütung nach der Leistung auf Grund der erforderlichen Zeitversäumniß und der Erwerbsverhältnisse des Sachverständigen zu bemessen.

Liegt eine Erwerbsversäumnis wie bei festbesoldeten Personen nicht vor, so kann auch keine Vergütung für Zeitversäumniß zugebilligt werden.

Die Vergütung für Leistungen ist auch auf vorkommende Reisen und zwar nicht etwa bloß für Reisen zur Vorbereitung des

Gutachtens, sondern auch für Reisen zum Termine vorgesehen. (Beschl. d. R.G. V C.S. v. 23. Febr. 1881.)

3. Neben den Gebühren hat der Sachverständige auch Anspruch auf die zur Vorbereitung des Gutachtens verwendeten Kosten.

Hierunter fallen alle Auslagen, welche dem Sachverständigen zum Zwecke und im Interesse der ihm übertragenen Begutachtung erwachsen sind, sei es durch Beschaffen von Gegenständen, Anstellung von Probeversuchen, Herstellung von Präparaten oder durch Zuziehung von Schreibgehülfen, Zeichnern oder anderen Arbeits- und Hülfskräften; ferner kommen hier diejenigen Auslagen in Betracht, welche für die dem Arzte bei Vornahme einer Leichenschau oder einer Leichenöffnung geleistete Hülfe und für die Beschaffung der hiezu etwa erforderlichen Gegenstände, wie Tücher, Schüsseln, Töpfe, Arzneimittel, Chemikalien und dergleichen mehr erwachsen sind, nicht aber solche Auslagen, welche durch Reparatur oder Wiederinstandsetzung von chirurgischen Instrumenten entstanden sind oder entstehen werden. Hat der Sachverständige zum Zwecke der Untersuchung einen besonderen Apparat anschaffen müssen, so kann er Vergütung der vollen Anschaffungskosten nur dann verlangen, wenn er für denselben voraussichtlich keine weitere Verwendung in Ausübung seines Berufes haben wird. — In diesem Falle ist aber auch der Apparat mit dem Gutachten in Vorlage zu bringen bezw. dem Gerichte zur Verfügung zu stellen.

Sodann gehören hieher auch diejenigen Kosten, welche durch Reisen ärztlich zu untersuchender Personen und eventuell auch deren Begleiter, sowie durch den Aufenthalt derselben am Orte der Untersuchung und Beobachtung — mögen diese Personen zugleich Prozeßparteien sein oder nicht —, sowie solche Kosten, welche im gleichen Falle durch den Transport und die Unterbringung von Thieren entstehen. (Siehe auch Rittmann G.K.G. Note 2 zu § 79 Nr. 4 S. 380.)

Unter den zur Vorbereitung des Gutachtens verwendeten Kosten sind nur die zu dem bezeichneten Zweck erforderlich gewesenen Auslagen zu verstehen, nicht aber kann eine Geldentschädigung für das zur Abgabe des Gutachtens nothwendige Studium der betreffenden Sache beansprucht werden, da die Entschädigung für das Studium in der Vergütung für Zeitversäumniß inbegriffen ist. (O.L.G. München v. 20. 7. 81 Bd. I S. 541 u. v. 8. 7. 85. Bd. III S. 577.)

Die auf die Vorbereitung des Gutachtens verwendeten Kosten sind zu spezificiren und nachzuweisen.

4. Siehe auch § 4.

§ 4.

Bei schwierigen Untersuchungen und Sachprüfungen [1]) ist dem Sachverständigen auf Verlangen für die aufgetragene Leistung eine Vergütung nach dem üblichen Preise derselben und für die außerdem stattfindende Theilnahme an Terminen die im § 3 bestimmte Vergütung zu gewähren [2]).

1. Ob die Untersuchungen und Sachprüfungen als schwierige zu gelten haben, bildet eine Thatfrage. Die von einzelnen Sachverständigenvereinen aufgestellten Normen hinsichtlich der Entschädigung für Leistungen ihrer Mitglieder sind für die Entscheidungen der Gerichte bei Bemessung und Festsetzung der Vergütung für Untersuchungen oder Prüfungen nicht bindend, und ist die Anwendbarkeit dieser Normen abhängig von der Anerkennung derselben durch die Regierung des jeweiligen Bundesstaates. Andernfalls sind uur die anerkannten oder ortsüblichen Preise zu Grunde zu legen.

2. Außerdem ist dem Sachverständigen die in § 3 für Zeitversäumniß bestimmte Gebühr zu gewähren.

§ 5.

Als versäumt gilt für den Zeugen oder Sachverständigen auch die Zeit, während welcher er seine gewöhnliche Beschäftigung nicht wieder aufnehmen kann [1]) [2]).

1. Nicht nur die Zeit ist als versäumt zu vergüten, welche die Abgabe des Zeugnisses oder des Gutachtens in Anspruch genommen hat, sondern auch die Zeit, während welcher vor und nach Genügung der Zeugnißpflicht der Zeuge oder Sachverständige seinem Berufe nicht wieder nachgehen kann. So kann ein Zeuge, trotzdem er nur eine Stunde von zu Hause abwesend war, dennoch Vergütung für Zeitversäumniß eines vollen Tages beanspruchen, wenn er im Laufe des Tages, wie das bei Fabrikarbeitern, Bergleuten und Eisenbahnarbeitern häufig der Fall ist, seine Tagesarbeit nicht mehr aufnehmen kann.

Ist ein Zeuge zugleich auch als Partei oder Angeklagter in ein und dieselbc Gerichtssitzung geladen, und verursacht seine Vernehmung als Zeuge eine längere Anwesenheit, als sein vorher stattgefundenes Verhör oder die Verhandlung der Sache bedingt, in der er als Partei betheiligt ist, so kann derselbe für die durch die Vernehmung als Zeuge veranlaßte längere Zeitversäumniß die gesetzliche Vergütung beanspruchen.

2. Für die auf Vorbereitung des Gutachtens verwendete Zeit kann der Sachverständige keine Versäumnis-Entschädigung beanspruchen. Siehe auch Note 3 auf S. 165.

§ 6.

Mußte der Zeuge oder Sachverständige außerhalb seines Aufenthaltsortes [1]) einen Weg bis zur Entfernung von mehr als zwei Kilometer zurücklegen, so ist ihm außer den nach §§ 2 bis 5 zu bestimmenden Beträgen eine Entschädigung für die Reise und für den durch die Abwesenheit von dem Aufenthaltsorte verursachten Aufwand[2]) nach Maßgabe der folgenden Bestimmungen zu gewähren[3]).

1. Das Gesetz versteht unter „Aufenthaltsort" nicht den politischen oder Gemeindebezirk eines Ortes, welcher unter Umständen mehrere Ortschaften umfassen kann, sondern gebraucht diesen Ausdruck im nackten engsten Wortsinne, so daß z. B. als Aufenthaltsort auch nur ein Einzelgehöft in Betracht kommen kann. Voraussetzung ist, daß eine vom behördlich festgesetzten Hauptpunkte (Gerichtsgebäude, Postamt oder sonstigem öffentlichen Gebäude) des Aufenthaltsortes aus zu berechnende Wegstrecke von mehr als zwei Kilometer zurückgelegt wurde, und daß der Ort der Vernehmung oder Augenscheinseinnahme auch außerhalb der Grenzen des Aufenthaltsortes liegt. Bezüglich der Ausnahme bei großen Orten vergleiche § 9.

Beträgt die zurückgelegte Wegstrecke weniger als 2 Kilometer, so wird eine Reiseentschädigung nicht gewährt. Doch werden diese 2 Kilometer von einer sie übersteigenden Gesammtwegstrecke nicht in Abzug gebracht, so daß, während bei 2 Kilometer keine Reiseentschädigung gewährt wird, bei 2,1 Kilometer eine solche für 3 Kilometer beansprucht werden kann.

2. Neben der Gebühr für Zeitversäumniß und den Kosten auf Vorbereitung des Gutachten, sowie der Vergütung für die aufgetragene Leistung hat der Zeuge oder Sachverständige Entschädigung für die Reise und für den durch die Abwesenheit außerhalb seines Aufenthaltsortes verursachten Aufwand zu beanspruchen.

3. Vergleiche §§ 7, 8 und 9.

§ 7.

Soweit nach den persönlichen Verhältnissen des Zeugen oder Sachverständigen oder nach äußeren Umständen die Benutzung von Transportmitteln für angemessen zu erachten ist[1]), sind als Reiseentschädigung die nach billigem Ermessen in dem einzelnen Falle erforderlichen Kosten zu gewähren. In anderen Fällen beträgt die Reiseentschädigung für jedes angefangene Kilometer des Hinweges und des Rückweges fünf Pfennig[2])[3]).

1. Für die Frage, ob die Benützung von Transportmitteln (Fuhrwerk, Post, Eisenbahn u. s. w.) als angemessen zu erachten ist, ist außer der sozialen Stellung des Zeugen auch noch dessen Alter, etwaige Gebrechlichkeit, seine Gesundheitsverhältnisse u. A. in Betracht zu ziehen. Ferner kann von Einfluß sein, die Länge und Beschwerlichkeit des Weges, die Jahreszeit, die Witterung, die Gewohnheit der Gegend und die Art der anwendbaren Transportmittel, welche eine Reise zu Fuß unter Umständen theurer erscheinen

lassen. Wo die Anwendung von Transportmitteln billiger und zweckentsprechender ist, hat der Zeuge diese zu benützen und kann auch nur die hiefür aufzuwendenden Reisekosten ersetzt beanspruchen.

2. Für die Berechnung der Reisekosten, im Falle die Reise zu Fuß zurückgelegt wird, liegt zur Erleichterung bei jedem Gerichte eine Ortsentfernungstabelle hinsichtlich der Entfernung der Orte des Bezirks vom Gerichtssitze auf, mit deren Hülfe die Berechnung schnell und sicher bewirkt werden kann. Weiter ist zu beachten, daß jedes angefangene Kilometer für voll berechnet wird, und daß die Kilometerzahl sowohl des Hin- als auch des Rückweges zu Grunde zu legen ist.

So berechnet sich z. B. bei der Entfernung des Ortes A von B mit 5,3 Kilometer die Reisekostenentschädigung auf $6+6\times5 = 60$ Pf.

Andern Falls bedarf es zum Nachweise, daß der Punkt, zu welchem der Zeuge z. B. zum Zwecke des Augenscheins gerichtlich vorgeladen wurde, von dem Hauptpunkte des Aufenthaltsortes mehr als 2 Kilometer entfernt ist, einer besonderen behördlichen Bescheinigung, sofern die Entfernung nicht gerichtsnotorisch ist.

3. Benützt der Zeuge oder Sachverständige eigenes Fuhrwerk, so hat er entweder den ortsüblichen Preis für die Benutzung eines solchen sowohl für den Hinweg als auch für den Rückweg besonders als Reisekosten zu beanspruchen oder er muß sich, wenn ihm nach seinen Verhältnissen die Benutzung eines Transportmittels nicht zugebilligt werden könnte oder die Reise mit einem andern Transportmittel z. B. der Eisenbahn billiger hätte zurückgelegt werden können, mit der gesetzlichen oder entsprechend geringeren Reisekostenvergütung begnügen. Dasselbe gilt bei Benützung eigener Motorfahrzeuge.

Für die Benützung von Fahrrädern wird eine besondere Entschädigung nicht gewährt.

§ 8.

Die Entschädigung für den durch Abwesenheit von dem Aufenthaltsorte verursachten Aufwand[1]) ist nach den persönlichen Verhältnissen des Zeugen oder Sachverständigen zu bemessen, soll jedoch den Betrag von fünf Mark für jeden Tag, an welchem der Zeuge oder Sachverständige abwesend gewesen ist, und von drei Mark für jedes außerhalb genommene Nachtquartier nicht überschreiten[2]).

1. Bedingung ist, daß dem Zeugen oder Sachverständigen durch seine Abwesenheit von zu Hause zur Bestreitung seiner Lebsucht besondere Auslagen erwachsen sind. Nur die dem Zeugen wirklich verursachten Auslagen werden ihm vergütet und zwar bis zu dem Betrage von 5 M. pro Tag. Unter „Tag" ist ein Zeitraum von 24 Stunden zu verstehen.

Dieser Betrag darf nicht überschritten werden, selbst wenn dem Zeugen oder Sachverständigen in der That für seine Verpflegung mehr, den Höchstbetrag von 5 M. übersteigende Auslagen verursacht wurden.

Bei Berechnung der Aufwandsentschädigung hinsichtlich der dem Zeugen oder Sachverständigen bereits erwachsenen oder voraussichtlich noch erwachsenden Auslagen, haben die persönlichen Verhältnisse des Zeugen, seine soziale Stellung, sein Alter, Geschlecht, seine Gesundheitsverhältnisse u s. w., dann die Jahreszeit, das Wetter, sowie die Lebensgewohnheit in der Gegend Maaß zu geben.

2. Auch bei Bemessung der Entschädigung für Nachtquartier sind die vorerwähnten persönlichen Verhältnisse des Zeugen oder Sachverständigen sowie die ortsüblichen Preise in den Hotels oder Gasthäusern zu Grunde zu legen.

§ 9.

Mußte der Zeuge oder Sachverständige innerhalb seines Aufenthaltsortes[1]) einen Weg bis zu einer Entfernung von mehr als zwei Kilometer zurücklegen, so ist ihm für den ganzen zurückgelegten Weg eine Reiseentschädigung nach den Vorschriften des § 7 zu gewähren.[2])

1. Die Vorschrift des § 9 bildet eine Ergänzung zu § 6. Während nach § 6 vorausgesetzt wird, daß die Reise außerhalb des Aufenthaltsortes vorzunehmen ist, wird nach § 9 die Reiseentschädigung, aber nur diese, nicht auch Entschädigung für Aufwand nach § 8, gewährt, wenn die Reise innerhalb des Aufenthaltsortes zurückgelegt wird. Dies ist jedoch nur möglich, wenn der Aufenthaltsort in einer größeren geschlossenen Ortschaft (Stadt) besteht, welche sich um ihren Hauptpunkt herum um mehr als zwei Kilometer ausbreitet.

2. Vergleiche auch §§ 6 u. 7.

§ 10.

Konnte der Zeuge oder Sachverständige den erforderlichen Weg ohne Benutzung von Transportmitteln nicht zurücklegen, so sind die nach billigem Ermessen erforderlichen Kosten auch außer den in den §§ 6, 9 bestimmten Fällen zu gewähren[1]).

1. Hier kommen besonders gebrechliche oder kranke Personen, dann auch sehr alte Leute und Kinder in Betracht. Dieselben können auch, soferne ihr Unvermögen, den Weg zu Fuß zurückzulegen, augenscheinlich oder nachgewiesen ist, für Benützung von Transportmitteln auch bei einer unter 2 Kilometer weiten Wegstrecke Entschädigung beanspruchen.

§ 11.

Abgaben für die erforderliche Benutzung eines Weges sind in jedem Falle zu erstatten[1]).

1. Diese Abgaben sind nur dann zu bewilligen, wenn der Weg zu Fuß zurückgelegt wird. Sie betreffen in der Regel die vom Fußgänger zu zahlenden sogenannten Brücke-, Wege- oder Tunnelzölle, ferner gehören hieher auch Abgaben für Benützung einer Fähre. Sind für Benützung eines Fuhrwerkes die Kosten bewilligt, so können die vorerwähnten Abgaben nicht noch besonders beansprucht werden, sondern dieselben, welche ohnehin nie bedeutend sind, sind in den zugebilligten Transportkosten mit inbegriffen.

§ 12.

Bedarf der Zeuge wegen jugendlichen Alters oder wegen Gebrechen eines Begleiters, so sind die bestimmten Entschädigungen für Beide zu gewähren[1]).

1. Ob der Zeuge eines Begleiters bedurfte, ist eine Thatfrage und von dem Gerichte nach freiem Ermessen zu entscheiden.

Zu erwähnen ist auch noch die Begleitung von Gefangenen, welche als Zeugen vernommen werden.

Die bestimmten Entschädigungen bestehen in der Vergütung für Zeitversäumniß und eventuell für Reise, Aufwand und Nachtquartier.

§ 13.

Soweit für gewisse Arten[1]) von Sachverständigen besondere Taxvorschriften bestehen, welche an dem Orte des Gerichts, vor welches die Ladung erfolgt, und an dem Aufenthaltsorte des Sachverständigen gelten, kommen lediglich diese Vorschriften in Anwendung. Gelten solche Taxvorschriften nur an einem dieser Orte, oder gelten an demselben verschiedene Taxvorschriften, so kann der Sachverständige die Anwendung der ihm günstigeren Bestimmungen verlangen.[2])

Dolmetscher[3]) erhalten Entschädigung als Sachverständige nach den Vorschriften dieses Gesetzes, sofern nicht ihre Leistungen zu den Pflichten eines von ihnen versehenen Amtes gehören.

1. Darunter fallen in erster Linie die Medizinalpersonen als Aerzte, Wundärzte, Bader und Hebammen, dann Thierärzte, Feldmesser, Chemiker, Pharmazeuten u. A. Bezüglich dieser Personen bestehen fast in jedem Bundesstaate besondere Taxvorschriften.

Ein nichtamtlicher Arzt, welcher zu einer strafgerichtlichen Hauptverhandlung als Zeuge und Sachverständiger in Bezug auf Vorkommnisse seiner Privatpraxis zugezogen worden ist, kann für Zeitversäumniß und Vergütung nach der Leistung nur Entschädigung nach §§ 2, 3, 5 beanspruchen und nicht nach dem Taxnormativ für Aerzte, da sein Zeugniß und Gutachten weder als ein amtsärztliches Dienstgeschäft noch als ein Akt seiner Privatpraxis sich darstellt. (O.L.G. München v. 23. 11. 88 u. 16. 11. 89 Bd. V S. 257 u. 486.)

Einem preußischen Medizinalbeamten, welcher als Sachverständiger geladen ist, steht für die von ihm im Auftrage des Gerichtes vor dem Termine in seiner Wohnung vorgenommene Untersuchung neben der Gebühr für die Abwartung des Termines eine besondere Vergütung nach dem preuß. Gesetze vom 9. März 1872 (Gesetzessammlg. S. 265) nicht zu, da, soweit für gewisse Arten von Sachverständigen, wie in diesem Falle, besondere Taxvorschriften bestehen, welche an dem Orte des Gerichtes und an dem Aufenthaltsorte des Sachverständigen zugleich gelten, lediglich diese Vorschriften zur Anwendung zu kommen haben und die Anwendung der deutschen Gebührenordnung für Zeugen und Sachverständige hier ausgeschlossen ist. (R.G. v. 6. 2. 93 Bd. 31 S. 365.)

2. Diese Vorschrift entspricht dem § 166 Abs. 2 des G.V.G., wornach der Zeuge oder Sachverständige die Beträge nach dem Rechte seines Aufenthaltsortes fordern kann, wenn diese höher, als die für das Gericht, vor das er vorgeladen ist, bestimmten Beträge sind.

3. Ohne Belang ist, ob der Dolmetscher als Sachverständiger in der Gerichtssitzung auftritt oder nur eine Uebersetzung des in fremder Sprache abgefaßten Schriftstückes bei Gericht einbringt. Sofern für die Vergütung der Dienstleistung der Dolmetscher besondere Taxvorschriften bestehen, kommen diese in erster Linie in Betracht.

Ist ein Beamter zugleich als Dolmetscher verpflichtet, und sind seine Leistungen in dieser Eigenschaft zu dem von ihm versehenen Amte zu rechnen, so hat derselbe eine besondere Vergütung nicht anzusprechen. Siehe auch § 14 Z. 2.

§ 14.

Oeffentliche[1]) Beamte erhalten Tagegelder und Erstattung von Reisekosten nach Maßgabe der für Dienstreisen geltenden Vorschriften,[2]) falls sie zugezogen werden:

1. als Zeugen über Umstände, von denen sie in Ausübung ihres Amtes Kenntniß erhalten haben;[3])
2. als Sachverständige, wenn sie aus Veranlassung ihres Amtes zugezogen werden und die Ausübung

der Wissenschaft, der Kunst oder des Gewerbes, deren Kenntniß Voraussetzung der Begutachtung ist, zu den Pflichten des von ihnen versehenen Amtes gehört.

Werden nach den Vorschriften dieses Paragraphen Tagegelder und Reisekosten gewährt, so findet eine weitere Vergütung an den Zeugen oder Sachverständigen nicht statt.[4])

Die vorstehenden Bestimmungen finden auf Personen des Soldatenstandes[5]) entsprechende Anwendung.

1. Die Vorschrift des § 14 hat nur Bezug auf öffentliche Beamte, nicht aber auf Privatbeamte. Inwiefern ein Beamter zu den öffentlichen Beamten beizuzählen ist, ist nach den einzelnen landesgesetzlichen Bestimmungen des jeweiligen Bundesstaates zu entscheiden. Der Anspruch auf Tagegelder und Reisekosten nach § 14 muß sich auf ein Gesetz oder eine Verordnung stützen. (R.G. v. 15. 2. 98 Bd. 41 S. 363.)

2. Die für Dienstreisen öffentlicher Beamten geltenden Vorschriften sind ungemein mannigfaltig und in einem jeden Bundesstaate verschieden.

Eine Uebereinstimmung ist nur hinsichtlich der Personen des Soldatenstands aller Bundescontingente sowie hinsichtlich der Reichsbeamten vorhanden.

3. Der Beamte kann nach den Vorschriften für Dienstreisen nur dann liquidiren, wenn er über Verhältnisse vernommen wird, welche zu seinem amtlichen Wirkungskreise gehören, so daß seine Vernehmung oder Begutachtung als eine amtliche Auskunft erscheint, und er kraft seines Amtes die Verpflichtung gehabt hat, von dem fraglichen Vorgange Kenntniß zu nehmen. Das Gleiche gilt für den Sachverständigen, welcher mit den in Frage stehenden Verhältnissen amtlich befaßt sein muß, so daß das geforderte Gutachten als eine ihm obliegende Leistung erscheint. (R.G. v. 10. 6. 84 Bd. 11 S. 435.) Siehe auch C.P.O. § 407 u. St.P.O. § 75.

Es genügt zur Liquidirung nach § 14 nicht, daß der Beamte die Wahrnehmung, über welche sein Zeugniß verlangt wird, blos bei Gelegenheit der Ausübung seines Amtes gemacht hat. Das Gleiche trifft in dem unter Nr. 2 vorgesehenen Falle zu. (Motive).

4. Wird nach § 14 liquidirt, so ist eine weitere Vergütung nach §§ 2, 3, 6 ausgeschlossen.

5. Siehe Art. 1 d. Reichsgesetzes vom 11. Juni 1890 (R.G.Bl. S. 73).

§ 15.

Ist ein Sachverständiger für die Erstattung von Gutachten im allgemeinen beeidigt, so können die

Gebühren für die bei bestimmten Gerichten vorkommenden Geschäfte durch Uebereinkommen bestimmt werden. 1)

1. Ein solches Uebereinkommen kann abgeschlossen werden mit Dolmetschern, Chemikern, Schriftexperten u. A.

§ 16.

Die Gebühren der Zeugen und Sachverständigen werden nur auf Verlangen denselben gewährt. Der Anspruch erlischt, wenn das Verlangen binnen drei Monaten nach Beendigung der Zuziehung oder Abgabe des Gutachtens bei dem zuständigen Gerichte nicht angebracht wird 1).

1. Die Gebühren werden nur auf Verlangen gewährt. Ist dasselbe innerhalb der dreimonatlichen Frist nicht schriftlich oder mündlich bei Gericht angebracht worden, so ist der Anspruch verjährt. Das Ende der Frist tritt mit dem Tage ein, welcher seiner Zahl nach dem Anfangstage entspricht. Ist z. B. die Vernehmung am 7. Januar 1900 erfolgt, so ist nach Umfluß des 7. April 1900 der Anspruch erloschen.

§ 17.

Die einem Zeugen oder Sachverständigen zu gewährenden Beträge werden durch das Gericht 1) oder den Richter, 2) vor welchem die Verhandlung stattfindet, festgesetzt.

Sofern die Beträge aus der Staatskasse gezahlt und dieser nicht erstattet sind, kann die Festsetzung von dem Gerichte oder dem Richter, durch welche sie erfolgt ist, sowie von dem Gerichte der höheren Instanz von Amtswegen berichtigt werden. 3)

Gegen die Festsetzung findet Beschwerde nach Maßgabe des § 567 Abs. 2 und der §§ 568 bis 575 der Civilprozeßordnung sowie des § 4 Abs. 3 des Gerichtskostengesetzes, in Strafsachen nach Maßgabe der §§ 346 bis 352 der Strafprozeßordnung statt. 4)

1. Nicht der Vorsitzende, sondern das Gericht, z. B. die Strafkammer hat die Beträge festzusetzen.

2. Hierunter ist der Einzelrichter „Amtsrichter, Untersuchungsrichter u. s. w.“ zu verstehen.

3. Soferne die Beträge der Staatskasse noch nicht erstattet sind, kann dieselbe, wenn die Festsetzung lediglich zu ihrem Nachtheil geführt hat, Offizialberichtigung der Anweisung durch das

Gericht, bei welchem sie erfolgte, anregen oder im Falle dasselbe sich weigert die angesonnene Berichtigung vorzunehmen, Beschwerde zu dem Gerichte der höheren Instanz einreichen. (R.G. v. 16. 1. 83 R. Bd. V S. 34, O.L.G. München v. 22. 9. 83 Bd. II S. 560).

4. Die in der Beschwerdeinstanz erfolgte Festsetzung der Gebühren kann nicht durch weitere Beschwerde wieder von dem, der die Entscheidung in der Beschwerdeinstanz herbeigeführt hat, noch von anderer Seite angefochten werden. (O.L.G. München v. 22. 9. 83 Bd. II S. 560).

Die Beschwerde gegen die Festsetzung der einem Zeugen oder Sachverständigen zu gewährenden Beträge durch einen ersuchten oder beauftragten Richter in Civilsachen ist nicht bei dem Prozeßgericht (§ 576 d. C.P.O.), sondern bei dem im Instanzenzug zunächst höheren Gerichte einzureichen. (§ 568 d. C P.O.), (R.G. v. 20. 11. 86 Bd. 17 S. 352).

Gebührenordnung
für
Gerichtsvollzieher
vom 24. Juni 1878
in der vom 1. Januar 1900 an geltenden Fassung.*)

§ 1.

In den vor die ordentlichen Gerichte gehörigen Rechtssachen, auf welche die Civilprozeßordnung, die Strafprozeßordnung oder die Konkursordnung Anwendung findet, werden Gebühren und Auslagen des Gerichtsvollziehers nur nach Maßgabe der folgenden Bestimmungen erhoben[1]).

1. Vergleiche Erläuterung zu § 1 d. G.K.Ges. (S. 1).

§ 2.

Die Gebühr für jede Zustellung beträgt ...... 80 Pfennig,

in den amtsgerichtlichen und den schöffengerichtlichen Sachen, soweit diese Sachen nicht durch Einlegung eines Rechtsmittels an ein höheres Gericht gebracht sind .... 50 Pfennig,

für die Zustellung durch Aufgabe zur Post (Civilprozeßordnung § 175), für das an die Post gerichtete Ersuchen um Bewirkung einer Zustellung (Civilprozeßordnung § 194), sowie für die im Auftrag eines Anwalts an den Gegenanwalt bewirkte Zustellung die Hälfte jener Sätze.

Die Zustellung an den Zustellungsbevollmächtigten mehrerer Betheiligter (Civilprozeßordnung § 189 Abs. 2) gilt als Eine Zustellung[1]).

1. Sind in derselben Sache mehrere Schriftstücke demselben Betheiligten zusammen zuzustellen, so kann die Zustellungsgebühr selbstverständlich nur einmal erhoben werden. (Motive S. 649.) Ob dem Gerichtsvollzieher für eine förmliche Zustellung im Auftrage eines Anwalts an einen Anwalt die volle Zustellungsgebühr zusteht, ist nach §§ 91 ff. d. C.P.O. zu entscheiden (R.G. v. 14. 1. 98 Bd. 40 S. 411).

---

*) Bekanntmachung des Reichskanzlers v. 20. Mai 1898 (R.G.Bl. S. 683).

§ 3.

Ist eine Zustellung durch den Gerichtsvollzieher bewirkt, obgleich sie mit geringeren Kosten durch die Post hätte erfolgen können, so erhält derselbe die Mehrkosten nur, wenn er zur Vornahme der Zustellung ohne Benutzung der Post ausdrücklich ermächtigt worden ist[1]).

1. Diese Bestimmung soll den Auftraggeber gegen eine mißbräuchliche Außerachtlassung der billigeren Zustellungsart sicherstellen. (Motive S. 650.)

§ 4.

Die Gebühr für die Pfändung von beweglichen körperlichen Sachen (Civilprozeßordnung §§ 808, 809), von Früchten, welche von dem Boden noch nicht getrennt sind (Civilprozeßordnung § 810), sowie von Forderungen aus Wechseln oder anderen Papieren, welche durch Indossament übertragen werden können (Civilprozeßordnung § 831), beträgt nach der Höhe der beizutreibenden Forderung:[1])

bei	einem	Betrage	bis	50	Mark	einschließlich	1 Mark,
"	"	"	"	100	"	"	2 "
"	"	"	"	300	"	"	3 "
"	"	"	"	1000	"	"	4 "
"	"	"	"	5000	"	"	5 "
"	"	"	über	5000	"	....	6 "

Erfolgt die Pfändung zur Vollziehung eines Arrestes, so ist der in dem Arrestbefehle nach § 923 der Civilprozeßordnung festgestellte Geldbetrag maßgebend. Bei der Pfändung eines im Schiffsregister eingetragenen Schiffes (Civilprozeßordnung § 931) ist der Mindestbetrag der Gebühr 3 Mark.

Nimmt die Pfändung einen Zeitaufwand[2]) von mehr als zwei Stunden in Anspruch, so erhöht sich die Gebühr für jede angefangene weitere Stunde um ein Viertheil.

Ist eine versuchte Pfändung ohne Erfolg geblieben, weil nach Inhalt des Protokolls pfändbare Gegenstände nicht vorhanden waren oder die Pfändung nach § 803 Abs. 2, § 812 der Civilprozeßordnung zu unterbleiben hatte, so erhält der Gerichtsvollzieher die Hälfte der Gebühr.

1. Aus der Fassung dieser Vorschrift ergiebt sich, daß für den ganzen Betrag der einzuziehenden Forderung der Gebührensatz derjenigen Stufe gilt, unter welche dieselbe fällt.

Die Bestimmung des letzten Absatzes soll einer mißbräuchlichen Hinziehung des Geschäftes vorbeugen.

Für eine erfolglos versuchte Pfändung erhält der Gerichtsvollzieher ebenso wie für andere erfolglos versuchte Vollstreckungshandlungen eine Vergütung nur unter der Voraussetzung, daß die Erfolglosigkeit durch ein nach Maßgabe des § 762 d. C.P.O. aufzunehmendes Protokoll konstatirt ist. (Motive S. 650.)

2. Für alle nach Zeitdauer bestimmten Gebühren des Gerichtsvollziehers wird die Reisezeit nicht eingerechnet. (Reichstg. Commiss.-Prot. v. 10. April 1878.)

§ 5.

Für die Uebernahme beweglicher Sachen zum Zwecke der Verwerthung in den Fällen der §§ 790, 847, 854 der Civilprozeßordnung, sowie im Falle des Ausscheidens des Gerichtsvollziehers, welcher die Pfändung vorgenommen hat, und für die Pfändung bereits gepfändeter Sachen (Civilprozeßordnung § 826) erhält der Gerichtsvollzieher die Hälfte der in § 4 bestimmten Gebühr.[1])

1. Die Herabsetzung der Gebühr rechtfertigt sich durch die geringere Thätigkeit. (Motive S. 650).

§ 6.

Der Gerichtsvollzieher erhält für die Wegnahme beweglicher Sachen einschließlich der Uebergabe derselben (Civilprozeßordnung § 883) eine Gebühr von 3 Mark.

Nimmt das Geschäft einen Zeitaufwand von mehr als zwei Stunden in Anspruch, so erhöht sich die Gebühr für jede angefangene weitere Stunde um 1 Mark.

Ist eine versuchte Wegnahme ohne Erfolg geblieben, weil nach Inhalt des Protokolls die herauszugebenden Sachen nicht aufzufinden waren, so erhält der Gerichtsvollzieher die Hälfte der Gebühr, jedoch nicht unter 2 Mark.[1])

1. Zu Absatz 2 siehe Anmerkung 2 zu § 4.

§ 7.

Für die Versteigerung oder den Verkauf aus freier Hand von beweglichen Sachen, Früchten, welche von dem

Boden noch nicht getrennt sind, Forderungen oder anderen Vermögensrechten erhält der Gerichtsvollzieher[1])

von dem Betrage des erzielten Erlöses bis zu 100 Mark 5 vom Hundert,

von dem Betrage über 100 Mark bis 300 Mark 3 vom Hundert,

von dem Betrage über 300 Mark bis 1000 Mark 2 vom Hundert,

von dem Betrage über 1000 Mark bis 5000 Mark 1 vom Hundert,

von dem Betrage über 5000 Mark $1/2$ vom Hundert,

jedoch nicht unter 2 Mark.[2])

1. Dieser Gebührensatz erstreckt sich nicht auf freiwillige Mobiliarversteigerungen, zu deren Abhaltung der Gerichtsvollzieher in einzelnen Bundesstaaten befugt ist. (Motive S. 650.) Die Gebühr umfaßt alle Vorbereitungshandlungen, dann die Aufbewahrung und Ablieferung des Erlöses.

2. Die Gebühr beträgt:

bei	einem	Erlöse	von	100	Mark	5	Mark	
"	"	"	"	200	"	8	"	
"	"	"	"	300	"	11	"	
"	"	"	"	400	"	13	"	
"	"	"	"	500	"	15	"	
"	"	"	"	600	"	17	"	
"	"	"	"	700	"	19	"	
"	"	"	"	800	"	21	"	
"	"	"	"	900	"	23	"	
"	"	"	"	1000	"	25	"	u. s. w.

§ 8.

Der Gerichtsvollzieher erhält

1. für die Entsetzung aus dem Besitz unbeweglicher Sachen oder bewohnter Schiffe und die Einweisung in denselben (Civilprozeßordnung § 885),
2. im Falle der Zuziehung zur Beseitigung des Widerstandes des Schuldners gegen die Vornahme einer Handlung (Civilprozeßordnung § 892)

eine Gebühr von 3 Mark für jede angefangene Stunde von dem Erscheinen an Ort und Stelle bis zur Beendigung seiner Thätigkeit.

In die Dauer der unter Nr. 1 erwähnten Vollstreckungshandlungen ist auch die Zeit einzurechnen, welche der Gerichtsvollzieher zu verwenden hat, um bewegliche Sachen, welche nicht Gegenstand der Zwangsvollstreckung sind, wegzuschaffen, zu übergeben oder in Verwahrung zu bringen.[1][2])

1. Obige Bestimmungen berücksichtigen, daß die Erledigung derartiger Geschäfte häufig von dem guten Willen des Schuldners abhängen, der es in der Hand hat, durch freiwillige Räumung oder Aufgabe des Widerstandes der Thätigkeit des Gerichtsvollziehers ein Ziel zu setzen. Die Gebühr ist im Falle Nr. 1 übrigens nicht blos dann begründet, wenn eine Entsetzung und Einweisung erfolgt, sondern auch dann, wenn nur die eine oder die andere stattgefunden hat. (Motive S. 651.)

2. Siehe auch Anmerkung 2 zu § 4.

§ 9.

Der Gerichtsvollzieher erhält für die Verhaftung einer Person, einschließlich der Ablieferung derselben zur Haft, und für die zwangsweise Vorführung einer Person eine Gebühr von 15 Mark, für die Nachverhaftung einer bereits verhafteten Person 2 Mark.

Konnte eine unternommene Verhaftung nicht ausgeführt werden, weil nach Inhalt des Protokolls sich bei derselben das Vorhandensein eines der in den §§ 904, 906 der Civilprozeßordnung aufgeführten Gründe herausgestellt hat, so erhält der Gerichtsvollzieher eine Gebühr von 5 Mark.[1])

1. Der § 9 bezieht sich nur auf diejenige Verhaftung oder zwangsweise Vorführung einer Person, zu welcher die Civilprozeßordnung und die Konkursordnung Veranlassung geben, findet dagegen nicht statt im Strafverfahren.

Für die zum Zwecke des Vollzugs aufgewandte Mühe, insbesondere für die Aufsuchung der zu verhaftenden oder vorzuführenden Person wird eine Vergütung nicht gewährt. (Motive S. 651.)

§ 10.

Hat eine Vollstreckungshandlung, nachdem der Gerichtsvollzieher sich an Ort und Stelle begeben hatte, zufolge der Vorschrift des § 775 der Civilprozeßordnung oder in Folge der Zurücknahme des Auftrags nicht stattgefunden, so erhält derselbe

in den Fällen der §§ 4, 5 die Hälfte der im § 4 Abs. 1, 2 bestimmten Gebühr, im Falle des § 4 Abs. 2 Satz 2 jedoch nicht unter 2 Mark, im Falle des § 6 die daselbst Abs. 3 bestimmte Gebühr,

im Falle des § 7 eine Gebühr von 2 Mark,

im Falle des § 8 eine Gebühr von 3 Mark,

im Falle des § 9 eine Gebühr von 5 Mark.[1])

1. Wird der dem Gerichtsvollzieher ertheilte Auftrag zur Vornahme einer Vollstreckungshandlung vor Beginn derselben erledigt, so hat derselbe im Allgemeinen nur einen Anspruch auf Ersatz der baaren Auslagen (§ 13). (Motive S. 651.)

§ 11.

Wird der Auftrag zur Zwangsvollstreckung durch Leistung an den Gerichtsvollzieher erledigt, so erhält derselbe

bei Zahlungen die in § 4 bestimmte, nach dem gezahlten Betrage zu berechnende Gebühr, jedoch wenn eine Pfändung vorausgegangen war, nicht unter 2 Mark,

bei Herausgabe von Sachen die in § 6 bestimmte Gebühr.[1])

1. Auf die dem Gerichtsvollzieher durch die Vornahme einer Pfändung oder Versteigerung nach Maßgabe der §§ 4 und 7 bereits erwachsenen Gebührenansprüche ist eine vor Beendigung des Geschäfts erfolgende freiwillige Zahlung ohne Einfluß. (Motive S. 651.)

§ 12.

Die in den §§ 4 bis 11 bestimmten Gebühren umfassen die gesammte Thätigkeit des Gerichtsvollziehers bei der Zwangsvollstreckung,[1]) insbesondere:

1. die Nachsuchung der Unterstützung der polizeilichen Vollzugsorgane und die Zuziehung der Zeugen und Sachverständigen (Civilprozeßordnung §§ 758, 759, 813, 814);
2. die zu den Vollstreckungshandlungen gehörenden Mittheilungen, Aufforderungen, Zustellungen und Postsendungen;
3. die Umschreibung eines auf den Namen lautenden Werthpapiers auf den Namen des Käufers und die Wiederinkurssetzung eines gepfändeten Inhaberpapiers (Civilprozeßordnung §§ 822, 823);

4. die Annahme und Quittirung, Ablieferung oder Hinterlegung der schuldigen Leistungen, sowie des gepfändeten oder erlösten Geldes und die Zurückgabe gepfändeter Gegenstände;
5. die Bekanntmachung der Versteigerung.

1. Durch die Vorschrift des § 12 soll keineswegs ausgedrückt werden, daß die in demselben aufgeführten Akte bei solchen Vollstreckungshandlungen, deren Gebühr sich nach dem Maßstabe der verwendeten Zeit bemißt, für diese Zeitberechnung immer mit in Betracht kommen. Vielmehr ist nach der Fassung der Vorschriften in den §§ 4, 6, 8 nur die auf die betreffende Vollstreckungshandlung, auf die Pfändung, Besitzentsetzung u. s. w. selbst verwendete Zeit zu berücksichtigen, wodurch die Mitberechnung des Zeitaufwandes für solche Akte, welche der eigentlichen Vollstreckungshandlung vorausgehen oder nachfolgen, ausgeschlossen wird. Soweit aber im gegebenen Falle einzelne der hier fraglichen Akte, z. B. eine Zuziehung von Zeugen oder ein Nachsuchen polizeilicher Unterstützung im Verlaufe der Vollstreckungshandlung selbst im kontinuirlichen Zusammenhange mit derselben vorgenommen sind, werden sie auch von der Zeitberechnung mit umfaßt.

Zufolge der Bestimmung in Nr. 2 ist im Falle des § 763 Abs. 2 d. C.P.O. eine Zustellungsgebühr neben der Pfändungsgebühr nicht begründet, für die in § 763 erwähnte Abschrift des Pfändungsprotokolls erhält der Gerichtsvollzieher nur die Schreibgebühr des § 14 und für die in den Fällen Nr. 3 erforderliche Thätigkeit nur den Ersatz der baaren Auslagen (§ 13 Nr. 6). Daß die Vorschrift der Nr. 4 sich nicht auf diejenigen Zahlungen oder Leistungen bezieht, welche vor der Ausführung einer Vollstreckungshandlung an den Gerichtsvollzieher bewirkt werden, erhellt aus § 11. (Motive S. 651).

§ 13.

An baaren Auslagen[1]) werden dem Gerichtsvollzieher vergütet:

1. die Schreibgebühren;
2. die Post- und Telegraphengebühren;[2])
3. die durch öffentliche Bekanntmachungen, insbesondere durch Einrückung in öffentliche Blätter entstandenen Kosten;
4. die an Zeugen und Sachverständige zu zahlenden Beträge;
5. die Entschädigung der zum Oeffnen von Thüren und Behältnissen zugezogenen Personen;
6. die für Umschreibung eines auf Namen lautenden

Werthpapiers oder für Wiederinkurssetzung eines Inhaberpapiers zu zahlenden Beträge;

7. die Kosten eines Transports von Personen oder Sachen, die Kosten der Verwahrung und Beaufsichtigung von Gegenständen, die Kosten der Aberntung von Früchten, sowie der Erhaltung von Thieren;

8. die Reisekosten.

1. Eine Vergütung für Auslagen, welche nicht unter die in § 13 aufgezeichneten fallen, sollen ausgeschlossen sein. Daher hat z. B. der Gerichtsvollzieher für verwendete Schreibmaterialien, für Beschaffung, Heizung oder Beleuchtung des Versteigerungslokales u. dergl. mehr eine Entschädigung nicht zu beanspruchen.

Für den Fall, daß der Gerichtsvollzieher in die Lage kommen sollte, zur Beaufsichtigung der gepfändeten noch nicht vom Boden getrennten Frucht eine besondere Person als Hüter aufzustellen, überläßt es die Gebührenordnung in einem solchen Falle dem Gerichtsvollzieher, die Entschädigung nach ortsüblichen Preisen zu leisten. Der Ausdruck „Transport" soll sowohl den Transport einer verhafteten oder vorzuführenden Person, als die Fortschaffung gepfändeter oder weggenommener Gegenstände umfassen (Motive S. 652).

2. Die Vergütung von Fernsprechgebühren dürfte in der Intention des Gesetzes liegen.

§ 14.

Schreibgebühren werden dem Gerichtsvollzieher nach Maßgabe des § 80 des Gerichtskostengesetzes[1]) vergütet:

1. für alle nach gesetzlicher Vorschrift oder auf Antrag ertheilten Abschriften der von demselben aufgenommenen Urkunden und Protokolle, mit Ausnahme der nach gesetzlicher Vorschrift zu ertheilenden Abschrift der Zustellungsurkunde; im Falle des § 2 Abs. 2 wird ihm jedoch für jede Abschrift der Zustellungsurkunde die Schreibgebühr vergütet;

2. für die bei einer Hinterlegung zu erstattende Anzeige an das Vollstreckungsgericht (Civilprozeßordnung §§ 827, 854);

3. für die Aufnahme der von dem Drittschuldner nach Zustellung eines Pfändungsbeschlusses abgegebenen Erklärungen (Civilprozeßordnung § 840):

4. für die vor der Verhaftung erforderliche Anzeige an die vorgesetzte Dienstbehörde des zu Verhaftenden (Civilprozeßordnung § 910).[2])

1. Siehe Gerichtskostengesetz Seite 102.

2. Für die sonstigen Schreibgebühren des Gerichtsvollziehers, namentlich für die Korrespondenz mit den Parteien, steht ihm eine Vergütung nicht zu. Ausnahmen enthalten indessen die Nr. 2—4 für gewisse Arbeiten, welche außerhalb des gewöhnlichen Geschäftsganges nöthig werden. Wird die Anfertigung der nach § 169 Abs. 1 d. C.P.O. dem Gerichtsvollzieher zur Zustellung zu übergebenden Abschriften demselben von der Partei übertragen, so bleibt die Feststellung der Entschädigung für diese außerdienstliche Verrichtung dem Wege der Vereinbarung überlassen. Gegen mißbräuchliche Forderungen des Gerichtsvollziehers werden die Landesjustizverwaltungen Vorkehr treffen (Motive S. 652).

§ 15.

Den zu einer Vollstreckungshandlung in Gemäßheit der Vorschrift des § 759 der Civilprozeßordnung zugezogenen Zeugen kann eine Entschädigung bis zum Betrage von je 1 Mark gewährt werden.[1])

1. Es erschien nicht rathsam, auf die im Falle des § 759 d. C.P.O. zuzuziehenden Zeugen die allgemeinen Bestimmungen über Zeugengebühren anzuwenden und mit der Abmessung der hiernach dem Zeugen zu gewährenden Entschädigung den Gerichtsvollzieher zu befassen. Das Gesetz überläßt es deshalb dem Gerichtsvollzieher sich mit der als Zeuge zuzuziehenden Person zu verständigen und zieht nur eine Grenze, über welche hinaus er einen Ersatz der bezüglichen Auslagen nicht beanspruchen kann. Ob und inwieweit Polizei- und Gemeindebeamte verpflichtet sind, in dem hier fraglichen Falle unentgeltlichen Beistand zu leisten, bemißt sich nach landesrechtlichen Bestimmungen (Motive S. 652).

§ 16.

Dem in den Fällen der §§ 813, 814 der Civilprozeßordnung zugezogenen Sachverständigen kann eine Vergütung nach dem ortsüblichen Preise einer solchen Leistung gewährt werden.[1])

1. Auf die Festsetzung der Entschädigungen finden die Bemerkungen zu § 15 mit der Maßgabe Anwendung, daß in diesem Falle der Gerichtsvollzieher die ortsüblichen Preise nicht überschreiten darf (Motive S. 652).

§ 17.

Muß der Gerichtsvollzieher behufs Vornahme einer

Amtshandlung außerhalb seines dienstlichen Wohnsitzes einen Weg bis zur Entfernung von mehr als 2 Kilometer zurücklegen, so erhält er an Reisekosten für jedes angefangene Kilometer des Hinweges und des Rückweges eine Entschädigung von 10 Pfg.

Nimmt der Gerichtsvollzieher mehrere Geschäfte auf derselben Reise vor, so erhält er für jedes derselben die volle, nach der Entfernung des Ortes von seinem Amtssitz zu berechnende Entschädigung; dabei gelten jedoch mehrere Geschäfte, welche für denselben Auftraggeber an demselben Orte vorgenommen werden und welche sich auf dieselbe Rechtsangelegenheit beziehen, als Ein Geschäft.[1])

1. Die Entfernung zwischen dem Wohnsitze des Gerichtsvollziehers und dem Orte der Vornahme der Amtshandlung muß mehr als 2 Kilometer betragen und wird die Wegstrecke wie bei den Zeugen und Sachverständigen berechnet. (Siehe S. 167.)

§ 18.

Der Gerichtsvollzieher kann die Uebernahme[1]) eines Geschäfts von der Zahlung eines zur Deckung der baaren Auslagen und des vermuthlichen Betrags der Gebühren hinreichenden Vorschusses abhängig machen,[2]) sofern nicht das Geschäft von Amtswegen angeordnet oder für eine zum Armenrecht[3]) zugelassene Person auszuführen ist.

1. Der Gerichtsvollzieher kann von dem Auftraggeber Zahlung seiner Gebühren und Auslagen verlangen, sobald der ertheilte Auftrag in der einen oder anderen Weise erledigt ist, und wird in der Regel von Einforderung eines Vorschusses absehen.

2. Der Gerichtsschreiber, welcher nur Vermittler des Auftraggebers ist, ist dem Gerichtsvollzieher für seine Kosten nicht verhaftet.

3. Der für die arme Partei bestellte Gerichtsvollzieher ist ermächtigt, seine Gebühren und Auslagen von dem in die Prozeßkosten rechtskräftig verurtheilten Gegner einzuziehen und nach § 788 d. C.P.O. seine Kosten zugleich mit dem zur Zwangsvollstreckung stehenden Anspruch beizutreiben (Motive S. 653).

§ 19.

Schuldner der Gebühren und Auslagen des Gerichtsvollziehers ist bei Geschäften, welche von Amtswegen angeordnet werden, die Staatskasse, bei sonstigen Geschäften der Auftraggeber.[1])

1. Die Frage, ob, wenn die auftraggebende Partei aus mehreren Personen besteht, diese dem Gerichtsvollzieher nach Kopftheilen oder solidarisch für die Gebühren und Auslagen haften, ist nach den für den einzelnen Fall maßgebenden Grundsätzen des materiellen Civilrechts zu entscheiden (Motive S. 653). Ueber Mehrheit von Schuldnern und Gläubigern siehe §§ 420 ff. des Bürgerl. Ges.B.

§ 20.

Die Gebühren und Auslagen sind, unbeschadet der Bestimmung des § 788 der Civilprozeßordnung, fällig, so bald der Auftrag erledigt ist. Der Gerichtsvollzieher ist berechtigt, dieselben von dem Auftraggeber durch Postvorschuß zu erheben.[1])

1. Für Klagen der Gerichtsvollzieher wegen Gebühren und Auslagen ist zufolge § 34 d. C.P.O. das Gericht des Hauptprozesses zuständig.

§ 21.

Im Falle der Bewilligung des Armenrechts werden dem für die arme Partei bestellten Gerichtsvollzieher die baaren Auslagen von der Staatkasse ersetzt, falls nicht dieselben von dem Ersatzpflichtigen beigetrieben werden können (Civilprozeßordnung §§ 124, 788).[1])

1. Daß der Staatskasse der Rückgriff gegen den kostenpflichtigen Theil und nach Maßgabe des § 125 Abs. 1 d. C.P.O. gegen die arme Partei zusteht, ergibt sich von selbst als rechtliche Folge, da die Staatskasse durch die Ersatzleistung an den Gerichtsvollzieher nur in das Rechtsverhältniß zwischen dem Gerichtsvollzieher einerseits und der armen Partei bezw. dem Dritten andererseits eintritt, ohne daß hierdurch eine sachliche Aenderung in der Verpflichtung zur Tragung der Kosten begründet wird (Mot. S. 653).

§ 22.

Bei Erinnerungen gegen den Ansatz von Gebühren oder Auslagen des Gerichtsvollziehers findet, soweit nicht § 766 Abs. 2 der Civilprozeßordnung Platz greift, § 4 des Gerichtskostengesetzes[1]) entsprechende Anwendung.

1. Siehe Gerichtskostengesetz Seite 4.

Diese Vorschrift beschränkt sich nur auf Erinnerungen gegen Kostenansätze für Zustellungen.

§ 23.

Die Gerichtsvollzieher sind verpflichtet, unter den Urschriften und Abschriften ihrer Akte eine Berechnung der Gebühren und Auslagen aufzustellen, und bei Geschäften, welche nach Verhältniß der verwendeten Zeit vergütet werden, in dem Protokolle die Dauer der letzteren anzugeben. Ist die Zeitangabe unterblieben, so darf nur die für die geringste Zeitdauer bestimmte Gebühr berechnet werden.[1])

1. Diese Vorschrift erleichtert die Kontrollirung der Gerichtsvollzieher hinsichtlich der Gebührenerhebung und entspricht gleichen Vorschriften der zur Zeit bestehenden Gebührenordnungen (Motive S. 653).

§ 24.

Den einzelnen Bundesstaaten bleibt vorbehalten:

1. für Zustellungen, für deren Nachweis auf Grund des § 39 der Strafprozeßordnung einfachere Formen zugelassen sind, abweichend von den Vorschriften dieses Gesetzes geringere Gebühren zu bestimmen;[1])
2. an Stelle von Gebühren und Auslagen, welche die Gerichtsvollzieher auf Grund dieses Gesetzes zu beanspruchen haben, denselben eine anderweite Vergütung zu gewähren.[2])

Für die von den ersatzpflichtigen Personen zu erhebenden Beträge bleiben im Falle der Nr. 2 die Bestimmungen dieses Gesetzes maßgebend.

1. Von dieser Bestimmung haben Gebrauch gemacht: Preußen, Bayern, Baden und Hessen.

2. Die in Nr. 2 ertheilte Ermächtigung bezweckt, den einzelnen Bundesstaaten die Möglichkeit zu gewähren, den Gerichtsvollziehern aus der Staatskasse eine Gesammtentschädigung in Bauschbeträgen zu bewilligen und die festgesetzten Gebühren zur Staatskasse einzuziehen (Motive S. 653).

§ 25.

Den einzelnen Bundesstaaten bleibt die Feststellung der Vergütung überlassen, wenn den Gerichtsvollziehern in Sachen, auf welche die Civilprozeßordnung, die Strafprozeßordnung oder die Konkursordnung Anwendung findet, Geschäfte übertragen werden, welche denselben in jenen Gesetzen nicht ausdrücklich zugewiesen sind.[1])

1. **Das Gesetz hat die Vergütung der Gerichtsvollzieher reichsgesetzlich nur insoweit normirt, als denselben in den Prozeßordnungen bestimmte Amtshandlungen ausdrücklich zugewiesen sind** (Motive S. 653).

Gebührenordnung

für

Rechtsanwälte

vom 7. Juli 1879

in der vom 1. Januar 1900 an geltenden Fassung.*)

Erster Abschnitt.

Allgemeine Bestimmungen.

§ 1.

Die Vergütung[1]) für die Berufsthätigkeit des Rechtsanwalts[2]) in einem Verfahren vor den ordentlichen Gerichten[3]), auf welches die Civilprozeßordnung, die Strafprozeßordnung oder die Konkursordnung Anwendung[4]) findet, sowie für die berathende[5]) Berufsthätigkeit des Rechtsanwalts, welche den Beginn oder die Fortsetzung eines solchen Verfahrens betrifft, bestimmt sich nach den Vorschriften dieses Gesetzes.

1. Unter „Vergütung" sind sowohl die Gebühren als auch die Auslagen zu verstehen. (R.G. v. 9. 4. 88 Bd. 21 S. 351.)

2. Die nach gegenwärtigem Gesetze festgesetzten Gebühren und Auslagen hat in erster Linie nur der zur Rechtsanwaltschaft zugelassene rechtskundige Vertreter einer Partei und nicht jeder sonstige rechtskundige oder nichtrechtskundige Parteivertreter (z. B. Rechtskonsulenten, Rechts- oder Geschäftsagenten u. s. w.) anzusprechen. Diesen letzteren ist vielmehr vom Gerichte für ihre Thätigkeit eine angemessene Entschädigung als Entlohnung zuzusprechen. (R.G. v. 22. 11. 83 Bd. 10 S. 379.)

In zweiter Linie steht dem Rechtsanwalte der zu seinem Stellvertreter nach § 25 Abs. 1 d. R.A.O. bestellte Rechtskundige gleich.

Wird der Rechtsanwalt in seiner Berufsthätigkeit durch einen seit mindestens zwei Jahren im Vorbereitungsdienste beschäftigten Juristen unterstützt (§ 25 Abs. 3 d. R.A.O), so spricht die vorherrschende Praxis der Gerichte diesem Stellvertreter eine Vergütung an Gebühren und Auslagen nach den Bestimmungen dieses Gesetzes nicht zu, sondern sie genehmigt demselben eine Vergütung überhaupt nur in angemessener und thatsächlich aufgewendeter Höhe. (Siehe Entschdg. d. R.G. v. 18. 9. 85 Bd. 14 S. 393, v. 9. 4. 88 Bd. 21 S. 349 u. v. 25. 9. 93 Bd. 31 S. 425). Eine andere Gruppe von Gerichten genehmigt für diese Stellvertreter zwar die Ge-

*) Bekanntmachung des Reichskanzlers vom 20. Mai 1898 (R.G.Bl. S. 692.)

bühren nach diesem Gesetze, aber nicht die den Rechtsanwälten zustehenden Tagegelder und Reisekosten, sondern billigt nur den für die Reise thatsächlich aufgewendeten Betrag zu. (Siehe Walter R.A.G.O. Z. XI zu § 1). Eine dritte Gruppe billigt aber diesen mehrerwähnten Stellvertretern die Gebühren und Auslagen wie einem Rechtsanwalte zu. (Siehe Meyer R.A.G.O. 3. Aufl. S. 10.)

Der Anspruch auf die in diesem Gesetze festgestellten Gebühren ist jedoch nicht durch die Zulassung beim Prozeßgerichte bedingt (R.G. v. 30. 6. 90 Bd. 26 S. 416.)

3. Unter „ordentlichen" Gerichten sind die Amtsgerichte, Landgerichte, Oberlandesgerichte und für Bayern das oberste Landesgericht in München und das Reichsgericht zu verstehen. Siehe auch Note zu § 1 d. G.K.G. auf S. 1.

4. Vergleiche hieher Note 3 zu § 1 des Gerichtskostengesetzes auf S. 1. Der Bereich des § 1 wird jedoch noch erweitert durch die Ausnahmen im § 91, dann durch § 44 d. Reichsgesetzes über die Konsulargerichtsbarkeit v. 10. VII. 1879 (R.G.Bl. S. 197) sowie durch landesgesetzliche Bestimmungen einiger Bundesstaaten, denen zufolge die Rechtsanwaltsgebührenordnung auch für die Thätigkeit der Rechtsanwälte in anderen als den obenbezeichneten Sachen ganz oder teilweise Platz zu greifen hat. (Siehe Näheres im Anhang.)

5. Die Vorschrift des § 1 erstreckt sich auch auf die vorbereitende Thätigkeit des Anwalts, da sich dieselbe von der gerichtlichen Thätigkeit nicht trennen läßt, andererseits aber nicht nothwendig ist, daß die Sache thatsächlich an die Gerichte gebracht wird. Voraussetzung ist nur, daß die berathende Thätigkeit eine Sache betrifft, welche vor die ordentlichen Gerichte gehört und welche nach den Reichsprozeßordnungen zu behandeln ist. (Motive).

§ 2.

Für die Ausführung eines Auftrags, dessen gemeinschaftliche Erledigung 1) mehreren Rechtsanwälten übertragen ist, steht jedem derselben die volle Vergütung zu. 2)

1. Obige Vorschrift entscheidet den Fall, daß jemand mehreren Rechtsanwälten die gemeinschaftliche Ausführung eines Geschäftes aufträgt. In einem solchen Falle geht die Willensmeinung des Auftraggebers dahin, daß jeder Anwalt sich vollständig mit der ganzen Sache befasse. Ob und wie eine Theilung der Arbeit eintritt, ist den Anwälten überlassen und für das Verhältniß derselben zum Auftraggeber nicht von Belang. Möglich ist zwar, daß die Arbeit des einen Anwalts die Arbeit des anderen erleichtert, aber auch das Gegentheil ist denkbar. Dazu tritt, daß solche Fälle regelmäßig besonders schwierige oder verwickelte Rechtssachen betreffen werden. Es rechtfertigt sich daher die getroffene Entscheidung, daß jedem Rechtsanwalte die Gebühren voll zustehen sollen.

Unterschieden von dem Falle des § 2 ist der, wenn bei der Ertheilung des Auftrags an mehrere Rechtsanwälte die Absicht des Auftraggebers nicht auf gemeinschaftliche Ausführung, sondern dahin ging, daß der Auftrag von dem einen oder dem andern der

Anwälte ausgeführt werde. Dies wird gemeinhin zutreffen, wenn die mehreren Anwälte sich zur gemeinsamen Ausübung der Rechtsanwaltschaft verbunden haben. In solchen Fällen können die mehreren Anwälte zusammen nur diejenige Vergütung beanspruchen, welche einem einzelnen Vertreter zustehen würde. (Motive.)

2. Geht die Absicht des Auftraggebers ausdrücklich dahin, daß die zur gemeinsamen Ausübung der Rechtsanwaltschaft verbundenen Rechtsanwälte gemeinschaftlich den Auftrag erledigen (z. B. beide die Vertheidigung in der Hauptverhandlung führen), so ist die Bewilligung der vollen Gebühren an jeden dieser Rechtsanwälte gerechtfertigt. (Kommiss.-Prot. v. 3. u. 31. 5. 79).

Wenn jedoch mehrere Rechtsanwälte nach einander thätig sind, siehe §§ 42, 43.

Für eine Prozeßvollmacht, welche an zwei Rechtsanwälte ausgestellt wird, kommt nur die einfache Stempelgebühr zur Erhebung. (Urtheil d. R.G. v. 14. 6. 88, Walter R.A.G.O. S. 50).

§ 3.

Bei Ausführung von Aufträgen mehrerer Auftraggeber durch dieselbe Thätigkeit haftet jeder Auftraggeber dem Rechtsanwalte für denjenigen Betrag an Gebühren und Auslagen, welcher bei abgesonderter Ausführung seines Auftrags erwachsen sein würde. Die Mitverhaftung der anderen Auftraggeber kann dem Rechtsanwalte gegenüber nicht geltend gemacht werden.[1][2])

1. Der § 3 befaßt sich nicht mit der Frage, wie hoch sich die Gesammtvergütung des Anwalts beläuft, sofern ein Rechtsanwalt die Aufträge mehrerer Auftraggeber durch dieselbe Thätigkeit erledigt (§§ 51, 62, 72, 79 Abs. 3), sondern er behandelt die Frage, inwieweit der einzelne Auftraggeber haftet.

Bei Prüfung dieser Frage ist zunächst der einfachere Fall ins Auge zu fassen, wenn die Gesammtvergütung des Anwaltes demjenigen Betrage gleich ist, welchen er von jedem einzelnen Auftraggeber zu beanspruchen haben würde, wenn kein anderer Auftraggeber vorhanden wäre. Das trifft z. B. zu, wenn es sich um Vergütung einer Auslage handelt, ebenso bezüglich der Gebühren, wenn der Anwalt mehrerer Streitgenossen, die ein gleiches Interesse am Streitgegenstande haben, bei einer Verhandlung im Civilprozesse vertritt. In allen solchen Fällen haftet sachgemäß jeder Auftraggeber dem Anwalte für die ganze Vergütung, ohne Theilung (beneficium divisionis) beanspruchen zu können; denn keiner der mehreren Auftraggeber hat ein Recht darauf, aus der Betheiligung der übrigen auf Kosten des Anwalts einen Vortheil zu ziehen. Die rechtlichen Beziehungen, in welchen die mehreren Auftraggeber zu einander stehen, mögen einen Anspruch auf Ausgleichung zwischen ihnen begründen; für das auf dem Auftrage beruhende Rechtsverhältniß des Einzelnen zum Anwalte sind sie nicht von Erheblichkeit. Demgemäß spricht der Entwurf aus, daß die Mitverhaftung der anderen Auftraggeber dem Rechtsanwalte gegenüber nicht geltend gemacht werden kann.

Wenn jedoch z. B. die Vertheidigung mehrerer Angeschuldigter zu führen war (§ 72), oder in einem Civilprozesse mehrere Streitgenossen zu vertreten gewesen sind, von denen einige bei dem ganzen Streitgegenstande, andere nur bei einem Theile desselben interessirt sind und das geringere Interesse eine niedrigere Werthsklasse als der ganze Streitgegenstand bedingt, so beschränkt der Entwurf, von dem Grundsatze ausgehend, daß das Vertragsverhältniß zu einem Auftraggeber dem Anwalte keinen Anspruch gegen einen anderen Auftraggeber gibt, die Haftung jedes Auftraggebers auf denjenigen Betrag der Vergütung, welcher bei abgesonderter Ausführung seines Auftrages erwachsen sein würde. Wenn also z. B. in einem Rechtsstreite über 2000 Mark der Anwalt den Beklagten und außerdem auf Grund einer gleichzeitig ausgestellten Vollmacht (§ 51) einen Intervenienten vertritt, welcher nur in Höhe von 100 Mark bei dem Streite betheiligt ist, und die Gebühren das Doppelte des Gebührensatzes (§ 9) betragen, so haftet der Beklagte für 72 Mark, der Intervenient für 8 Mark; eine Solidarhaft ist daher nur in Höhe des letzteren Betrages vorhanden, indem die Gebühren überhaupt nur 72 Mark betragen. (Motive).

2. Ob die Aufträge mehrerer Auftraggeber durch dieselbe Thätigkeit ausgeführt sind, ist nach der Sachlage des einzelnen Falles zu beurtheilen. Bei Beantwortung dieser Thatfrage ist auf die Bestimmungen dieses Gesetzes Bedacht zu nehmen. (Siehe § 72.)

Vergleiche auch §§ 421 ff. d. Bürgerl. G.B. Desgleichen Entscheidg. d. R.G. v. 13. 7. 93 Bd. 31 S. 406.

§ 4.

Für die Thätigkeit als Beistand stehen dem Rechtsanwalte die gleichen Gebühren zu wie für die Vertretung.[1])

1. Ob der Rechtsanwalt als Bevollmächtigter oder als Beistand einer Partei handelt, soll auf den Betrag der zustehenden Gebühren keinen Einfluß ausüben. Es erscheint für den Prozeßgang förderlicher, wenn die Partei, welche in ihrer Sache der Hülfe eines Rechtskundigen bedarf, durch die Gleichstellung der Gebühren veranlaßt wird, einen Prozeßbevollmächtigten zu bestellen. (Motive.)

Siehe § 90 d. C.P.O.

§ 5.

Für Unterzeichnung[1]) eines Schriftsatzes[2]) erhält der Rechtsanwalt die gleichen Gebühren wie für Anfertigung desselben.

1. Da der Rechtsanwalt mit der Unterzeichnung der Schrift dieselbe Verantwortlichkeit übernimmt, wie wenn er dieselbe selbst angefertigt hätte, so wäre es unbillig, nicht die gleich hohen Gebühren dafür festzusetzen, zumal auch häufig die Prüfung und die

damit sich als nöthig erweisende Verbesserung oft mehr Schwierigkeiten bietet, als die Anfertigung eines Schriftstückes auf Grund eines klar und übersichtlich zusammengestellten Materials.

2. Unter Schriftsätzen im Sinne dieses Gesetzes sind nicht nur diejenigen Schriften zu verstehen, welche in der Civilprozeßordnung ausdrücklich als solche bezeichnet werden, sondern alle schriftlichen Anträge und Gesuche, welche bei Gericht gestellt werden. (Motive.)

Siehe auch St.P.O. §§ 170, 385 u. 430.

§ 6.

Für Anfertigung und Uebersendung von Rechnungen über Gebühren und Auslagen und für Zahlungsaufforderungen wegen derselben kann der Rechtsanwalt eine Gebühr[1]) nicht beanspruchen.

1. Es ist strittig, ob unter dem Ausdrucke „Gebühr" damit gemeint sei, daß der Ansatz von Auslagen zulässig ist, oder ob überhaupt nichts beansprucht werden darf. Für die erstere Ansicht ist Walter R.A.G.O. S. 60, Willenbücher S. 63, Kammergericht IV C. S. v. 23. 3. 91, für die letztere Pfafferoth und Schönfeld R.A.G.O. S. 6 bezw. 5.

§ 7.

Bei dem Betrieb eigener Angelegenheiten[1]) kann der Rechtsanwalt von dem zur Erstattung der Kosten des Verfahrens verpflichteten Gegner Gebühren und Auslagen bis zu dem Betrage fordern, in welchem er Gebühren und Auslagen eines bevollmächtigten Rechtsanwalts erstattet verlangen könnte.[2])

1. Die Vorschrift erstreckt sich auf alle eigenen Angelegenheiten, auf welchem Rechtsgrunde dieselben auch beruhen mögen; es ist demnach gleichgiltig, ob es sich um eine Forderung für Gebühren und Auslagen handelt oder um eine sonstige andere Forderung. Auch ist die Parteistellung des Rechtsanwalts ohne Belang, er kann Kläger oder Beklagter sein.

Es ist kein Grund vorhanden, dem Rechtsanwalte in seinen eigenen Angelegenheiten diejenige Vergütung zu versagen, welche er sonst für seine Berufsthätigkeit zu beanspruchen hat. (Motive.)

2. So ist z. B. ein Rechtsanwalt, welcher als Verwalter einer Konkursmasse zur Leistung eines ihm in der Prozeßsache der Konkursmasse durch Urtheil auferlegten Eides in dem betreffenden auswärtigen Termine erscheint, berechtigt, neben der Reisegebühr des § 78 die Beweisgebühr nach § 13 Nr. 4 zu beanspruchen. (R.G. v. 26. 10. 83 Bd. 10 S. 374.)

Anders, wenn er als Konkursverwalter in einem Prozesse der Konkursmasse den Prozeßbevollmächtigten informirt, da er dabei nicht eigene Angelegenheiten besorgt. (R.G. v. 28. 11. 90, J.W. 91 S. 4 u. v. 1. 12. 97, J.W. 98 S. 54.)

§ 8.

Der niedrigste Betrag einer jeden[1]) nach den Vorschriften der Abschnitte zwei bis vier zu berechnenden Gebühr wird auf eine Mark bestimmt.[2])

1. Der niedrigste Betrag einer jeden einzelnen Gebühr ist auf 1 Mark bestimmt. Jede einzelne Gebühr wird auch bei einer Zusammenrechnung mehrerer Gebühren für sich berechnet und gegebenen Falls auf 1 Mark erhöht. So beträgt z. B. in einem Wechselprozesse über 20 Mark, in welchem die Prozeßgebühr und die halbe Verhandlungsgebühr zur Erhebung zu gelangen haben, die Gebühr (§§ 9. 19. 16) nicht $^6/_{10} + ^3/_{10} = ^9/_{10}$ aus 2 Mark, nämlich 1,80 Mark, sondern $^6/_{10}$ = 1,20 Mark Prozeßgebühr und $^3/_{10}$ halbe Verhandlungsgebühr = 0,60 Mark erhöht auf 1 Mark, somit 2,20 Mark.

2. Nicht erstreckt sich die Vorschrift auf die Gebühr des § 17, dann auf die Auslagen (Abschnitt 5) und auf die Gebühren des 7. Abschnittes.

Zweiter Abschnitt.

Gebühren in bürgerlichen Rechtsstreitigkeiten.

§ 9.

In bürgerlichen Rechtsstreitigkeiten[1]) werden die Gebühren nach dem Werthe des Streitgegenstandes erhoben.

Der Gebührensatz[2]) beträgt bei Gegenständen im Werthe:

1.	bis	20 Mark	einschließlich		. . . .	2	Mark
2.	von mehr als	20	bis	60	Mark einschl.	3	„
3.	„ „ „	60	„	120	„ „	4	„
4.	„ „ „	120	„	200	„ „	7	„
5.	„ „ „	200	„	300	„ „	10	„
6.	„ „ „	300	„	450	„ „	14	„
7.	„ „ „	450	„	650	„ „	19	„
8.	„ „ „	650	„	900	„ „	24	„
9.	„ „ „	900	„	1200	„ „	28	„
10.	„ „ „	1200	„	1600	„ „	32	„
11.	„ „ „	1600	„	2100	„ „	36	„
12.	„ „ „	2100	„	2700	„ „	40	„
13.	„ „ „	2700	„	3400	„ „	44	„
14.	„ „ „	3400	„	4300	„ „	48	„
15.	„ „ „	4300	„	5400	„ „	52	„
16.	„ „ „	5400	„	6700	„ „	56	„
17.	„ „ „	6700	„	8200	„ „	60	„
18.	„ „ „	8200	„	10000	„ „	64	„

Die ferneren Werthsklassen steigen um je 2000 Mark und die Gebührensätze in den Klassen bis 50000 Mark einschließlich um je 4 Mark, bis 100000 Mark einschließlich um je 3 Mark und darüber hinaus um je 2 Mark.[3])

1. Zu den „bürgerlichen Rechtsstreitigkeiten" gehören im Sinne der C.P.O. (Siehe auch G.K.G. Seite 7) die Ehesachen, die Feststellung des Rechtsverhältnisses zwischen Eltern und Kindern, die Entmündigungssachen, das Sühneverfahren, das Mahnverfahren, die Aufgebotssachen und das schiedsrichterliche Verfahren.

2. Gleich dem § 8 d. G.K.Ges. stellt der § 9 dieses Gesetzes den Einheitsgebührensatz hinsichtlich der Werthsklassen für die Berechnung der Anwaltsgebühren fest. Die Werthsklassen entsprechen denen des Gerichtskostengesetzes (siehe S. 8).

3. Siehe Gebührentabelle auf Seite 264.

§ 10.

Auf die Werthsberechnung[1]) finden die Vorschriften der §§ 9 bis 13 des Gerichtskostengesetzes[2]) Anwendung.

1. Die richtige Ermittelung und Feststellung des Werthsgegenstandes ist für die Gebührenberechnung die allererste und wichtigste Vorbedingung.

2. Die näheren hier einschlägigen gesetzlichen Bestimmungen wollen aus den Erläuterungen zu §§ 9 bis 13 d. G.K.G. entnommen werden. Siehe G.K.G. S. 9 bis 29.

§ 11.

Die für die Berechnung der Gerichtsgebühren maßgebende Festsetzung[1]) des Werthes ist für die Berechnung der Gebühren der Rechtsanwälte maßgebend.[2])

1. Die maßgebende Festsetzung erfolgt, soferne eine solche erforderlich werden sollte, durch das Gericht. (§§ 15, 16, 17 d. G.K.G. siehe S. 31 bis 34.)

2. Ist einmal nach §§ 15, 16, 17 d. G.K.G ein Gerichtsbeschluß hinsichtlich des Streitgegenstandswerthes ergangen, so ist dieser richterlich festgestellte Werth auch für den Ansatz der Rechtsanwaltsgebühren maßgebend.

Durch eine nachträgliche, den Werth des Streitgegenstandes anders festsetzende Entscheidung kann die Abänderung eines schon rechtskräftigen Kostenfestsetzungsbeschlusses veranlaßt werden, wenn der letztere auf Grund einer Werthsberechnung erlassen wurde, von welcher die neue Entscheidung abweicht. (Siehe § 107 d. C.P.O.)

Vergleiche hieher auch R.G. v. 3. 1. 88 Bd. 20 S. 408 u. v. 30. 11. 94, J.W. 95 S. 6.

§ 12.

Gegen den im § 16 des Gerichtskostengesetzes bezeichneten Beschluß[1]) steht dem Rechtsanwalte die Beschwerde nach Maßgabe des § 567 Abs. 2 und der §§ 568 bis 575 der Civilprozeßordnung zu. [2]) [3]).

1. Die Parteien sind zwar verpflichtet, bei jedem Antrage den Werth des Streitgegenstandes anzugeben (§ 14 d. G.K.G.), allein das Gericht ist an diese Angabe nicht gebunden und kann selbst bei gegenseitigem Einverständniß der Parteien über den Werth des Streitgegenstandes denselben auf Grund des unbeschränkten Ermessens unter Berücksichtigung der Bestimmungen in §§ 3 bis 9 d. C.P.O., § 148 d. K.O., §§ 9a bis 13 d. G.K.G. anders festsetzen. Ja sogar die in der unteren Instanz erfolgte Werthsfestsetzung ist nicht unbedingt maßgebend für die höheren Instanzen; doch ist der in der höheren Instanz festgesetzte Streitgegenstandswerth auch für die untere Instanz verpflichtend. (R.G. v. 5. 7. 92, J.W. S. 372 u. v. 17. 12. 80 Bd. 3 S. 94, dann v. 29. 5. 83 Deutsche Jur.Ztg. Bd. IX S. 52.)

2. Dem Rechtsanwalte kann die Beschwerde Kraft eigenen Rechtes, also auch seinem eigenen Vollmachtgeber gegenüber nicht versagt werden, da er ja an der nach § 16 d. G.K.Ges. erfolgenden Werthsfestsetzung persönlich beteiligt ist. (Motive.)

Obige Vorschrift bezieht sich nur auf Werthsfestsetzungsbeschlüsse nach Maßgabe des § 16 d. G.K.G, nicht aber steht dem Rechtsanwalte in eigenem Namen das Recht der Beschwerde gegenüber Kostenfestsetzungsbeschlüssen zu. (R.G. v. 2. 6. 83 B. 35/83 u. v. 14. 3. 93, J.W. S. 236, ferner v. 13. 4. 96 Bd. 37 S. 384.) Eine Ausnahme ist nur gegeben, wenn der einer armen Partei bestellte Offizialanwalt auf Grund des § 124 d. C.P.O. seine Gebühren und Auslagen von dem in die Prozeßkosten verurteilten reichen Gegner feststellen läßt. In diesem Falle steht der Rechtsanwalt dem Gegner als selbstständiger Forderungsberechtigter gegenüber und kann sowohl die Beschwerde nach § 105 Abs. 3 d. C.P.O., als auch die Beschwerde im eigenen Namen erheben. (R.G. v. 14. 7. 83 Bd. 9 S. 389 u. 29. 1. 87. Bd. 17 S. 376, dann v. 25. 1. 98 J.W. S. 144.)

3. Die Beschwerde nach § 12 ist zunächst nur für die Anwaltsgebühren, dann mittelbar auch auf die Gerichtsgebühren wirksam und kann sich nur auf eine Erhöhung des zu niedrig bemessenen Streitgegenstandswerths richten. (R.G. v .10. 12. 88 Bd. 22 S. 425, ferner siehe über das gegenseitige Verhältniß von Werthsfestsetzungs- und Kostenfestsetzungsverfahren (R.G. v. 2. 10. 93 Bd. 31 S. 419.)

Da das Gesetz nur eine einheitliche Festsetzung des Streitwerthes kennt, so kann nicht lediglich eine Festsetzung für die Gebührenberechnung der Rechtsanwälte oder des einen oder anderen derselben erfolgen, während für die Gerichtskosten ein anderer Streitwerth maßgebend sein soll, es ist vielmehr jede durch Gerichtsbeschluß erfolgte Festsetzung, wenn sie auch auf persönliche Beschwerde des Anwalts allein stattgefunden hat, zugleich für die Gerichtskosten und für alle in Betracht kommenden Beziehungen von maßgebender Bedeutung. (R.G. v. 14. 3. 93. Bd. 31 S. 394.)

Siehe hinsichtlich der Beschwerde gegen Entscheidungen der Oberlandesgerichte § 567 Abs. 2, dann § 568 Abs. 2 u. 3 d. C.P.O., ferner R.G. v. 13. 4. 96 Bd. 37 S. 384.

§ 13.

Die Sätze des § 9 stehen dem als Prozeßbevollmächtigten bestellten Rechtsanwalte zu[1]):

1. für den Geschäftsbetrieb, einschließlich der Information (Prozeßgebühr)[2]);
2. für die mündliche Verhandlung (Verhandlungsgebühr)[3]);
3. für die Mitwirkung bei einem zur Beilegung des Rechtsstreits abgeschlossenen Vergleiche (Vergleichsgebühr).[4])

Die Sätze des § 9 stehen demselben zu fünf Zehntheilen zu:

4. für die Vertretung in dem Termine zur Leistung des durch ein Urtheil auferlegten Eides, sowie in einem Beweisaufnahmeverfahren, wenn die Beweisaufnahme nicht blos in Vorlegung der in den Händen des Beweisführers oder des Gegners befindlichen Urkunden besteht (Beweisgebühr).[5])

1. Im Anschlusse an § 18 d. G.K.Ges. führt der § 13 die Momente der anwaltlichen Thätigkeit auf, mit welchen im ordentlichen Prozeßverfahren die Gewährung von Anwaltsgebühren verbunden ist. Daß die Momente mit den im § 18 a. a. O. bezeichneten prozessualen Akten nur theilweise zusammenfallen, findet seine Rechtfertigung in dem Umstande, daß das Maß der gerichtlichen Thätigkeit nicht immer dem Maße der Thätigkeit des Anwalts entspricht und ein Teil des letzteren außerhalb des gerichtlichen Verfahrens liegt. (Motive.)

Der § 13 bestimmt die Gebühren des Rechtsanwalts als Prozeßbevollmächtigten. (§§ 81–83 d. C.P.O.)

2. a) Die Prozeßgebühr umfaßt in ihrer verschiedenen Abstufung die gesammte Thätigkeit des Anwalts außerhalb der mündlichen Verhandlung, insbesondere die Information, die Anfertigung aller vorkommenden Schriftsätze oder schriftlichen Anträge, die Wahrnehmung von Terminen, soweit solche neben der mündlichen Verhandlung etwa vorkommen und den zur Prozeßführung erforderlichen Verkehr mit den Parteien, dem Gericht und den Gerichtsvollziehern. Dem Anwalte steht dieselbe in vollem Betrage aus dem Streitgegenstandswerthe der Klage, Widerklage, Klagsbeantwortung u. s. w. zu, sobald er die Klage eingereicht hat (C.P.O. § 496) oder einen Schriftsatz hat zustellen lassen (C.P.O. § 253). Der Anwalt hat auch die volle Prozeßgebühr dann anzusprechen, wenn ihm erst nach der Schlußverhandlung, aber vor Verkündung des Urtheils Prozeßvollmacht ertheilt wird. (Siehe Walter R.A.G.O. S. 208, Willenbücher R.A.G.O. Anm. 3 zu § 29, R.G. v. 21.

10. 91, J.W. S. 528). Erfolgt vor der mündlichen Verhandlung eine Zurücknahme, so erhält der Rechtsanwalt nur die Hälfte der Prozeßgebühr (§ 14). (Siehe auch R.G. v. 5. 5. 82 Bd. 7 S. 356.)

b) Nicht zum Prozeßbetriebe sind zu rechnen, bezw. nicht in die Prozeßgebühr mit inbegriffen, die Erhebung und Ablieferung der Streitsumme, nicht aber von Kostenvorschüssen, ferner Mahnbriefe und Kündigungsschreiben. Für diese letztere Art der Thätigkeit kann zwar der Anwalt eine Vergütung nach § 87 und bezw. nach landesgesetzlichen Vorschriften beanspruchen, jedoch können dieselben nicht von dem kostenpflichtigen Gegner erstattet verlangt werden, da diese Vergütungen nicht zu den Prozeßkosten gerechnet werden können. (Siehe Walter R.A.G.O. S. 214, Meyer S. 44.)

Hinsichtlich der Gebühren für Erlage und Rückforderung von Prozeßkautionen (§ 109 und § 175 d. C.P.O.) siehe §§ 23 Nr. 1 u. 30 Nr. 3. Diese Gebühren werden neben der Prozeßgebühr erhoben.

Die Erstattung der Auslagen eines Anwalts für eine vor der mündlichen Verhandlung vorgenommene Informationsreise hängt im einzelnen Falle von der Prüfung ab, ob dieselbe zur zweckentsprechenden Rechtsverfolgung nothwendig war. (R.G. v. 9. 1. 85 Bd. 13 S. 312.)

Ueber Ermäßigung der Prozeßgebühr siehe § 14, dann §§ 19 bis 24, 41, 43 bis 45, über Erhöhung vergleiche § 51.

c) Im Falle der Erhebung einer Widerklage steht dem Rechtsanwalte gleichfalls die volle Prozeßgebühr zu, wenn er dieselbe in einem dem Gegner zugestellten Schriftsatz erhoben hat. (R.G. v. 22. 3. 95, J.W. S. 98.) Bezüglich der Höhe dieser Gebühr ist zu unterscheiden, ob die Widerklage „denselben Streitgegenstand wie die Klage betrifft" (§ 11 d. G.K.G.), oder ob dies nicht der Fall ist, und die Gegenstandswerthe der Klage und Widerklage zusammenzurechnen sind (siehe S. 25).

d) Hat ein Anwalt in seiner Klagsbeantwortung eine prozeßhindernde Einrede geltend gemacht, gleichwohl aber in demselben Schriftsatze auf die Hauptsache selbst sich eingelassen, so steht ihm die volle Prozeßgebühr zu (R.G. v. 13. 2. 88 Bd. 20 S. 427).

e) Bei der Klagserweiterung bemißt sich die Prozeßgebühr beider Anwälte nach dem erhöhten Objekte. Dies ist selbst dann der Fall, wenn die im Schriftsatze angekündigte Klagserweiterung in der mündlichen Verhandlung nicht vorgetragen worden ist. (R.G. v. 14. 12. 94 Bd. 34 S. 426.)

f) Wird die Verhandlung nur auf die Zulässigkeit der Berufung beschränkt, so hat gleichwohl der Anwalt die volle Prozeßgebühr anzusprechen. (R.G. v. 3. 4. 86, Bolze Bd. 3 S. 319.)

g) Bei der Berechnung der Prozeßgebühr ist der Werth des Streitgegenstandes zur Zeit des vorbereitenden Verfahrens auch dann zu Grunde zu legen, wenn der Berufungskläger seine Berufung oder die vorher angekündigten Anträge bei der mündlichen Verhandlung der Berufung beschränkt. (R.G. v. 14. 1. 87 Bd. 17 S. 374.)

3. a) Die Verhandlungsgebühr ist aus dem Werthsgegenstande zu berechnen, über welchen wirklich verhandelt worden ist. Ohne Belang ist es, ob die Verhandlung in einem Termine oder in mehreren äußerlich getrennten Terminen stattgefunden hat. Wird die Verhandlung jedoch nur z. B. auf eine prozeßhindernde Einrede beschränkt, so ist dieselbe nur aus dem Werthe des eingeschränkten Gegenstandes anzusetzen.

b) Voraussetzung zum Ansatze dieser Gebühr ist, daß eine Partei eine Erklärung abgibt, welche, die Grundlage einer Entscheidung zu bilden, geeignet ist. (Siehe Meyer R.A.G.O. 45). In einem besonderen Vertagungsfalle hat das Reichsgericht mit Beschluß v. 7. 5. 87 (J.W. S. 273) entschieden, daß in dem Falle, als nach beiderseitiger Antragstellung der klägerische Prozeßbevollmächtigte die Klage vortrug und im Laufe des Vortrages wegen plötzlicher Erkrankung mit Zustimmung des Gegners Vertagung der Verhandlung beantragte, eine Verhandlungsgebühr nicht beansprucht werden kann, da eine zwar begonnene, aber unvollendet gebliebene Verhandlung mit Zustimmung der Betheiligten wie nicht stattgehabt behandelt wurde. Das Gericht hatte auch demgemäß nicht einen Termin zur Fortsetzung der Verhandlung anberaumt, sondern den Termin vertagt. (Siehe auch Walter R.A.G.O. S. 219.)

c) Wird in einem Rechtsstreite, ohne daß in die Verhandlung zur Sache eingetreten wird, seitens der Parteien die Erklärung abgegeben, daß sie sich verglichen haben, und dieser Vergleich sodann zu Gerichtsprotokoll aufgenommen, so kommt keine Verhandlungsgebühr zum Ansatz. (O.L.G. Dresden v. 7. 7. 80, Annal. Bd. 2 S. 343.)

d) Wird infolge Zurücknahme der Klage oder eines Rechtsmittels vor der mündlichen Verhandlung nur über die Kosten des Rechtsstreits oder über die durch das Rechtsmittel entstandenen verhandelt und Urtheil erlassen, so kann die Verhandlungsgebühr nur aus dem Gesammtbetrage der gerichtlichen und außergerichtlichen Kosten des Rechtsstreits der Instanz erhoben werden.

Nimmt der Kläger in der mündlichen Verhandlung die Klage zurück, so liegt ein Verhandeln zur Sache nicht vor, und kann keine Gebühr, nicht einmal die für eine nichtkontradiktorische Verhandlung angesetzt werden. (R.G. v. 23. 1. 82, J.W. S. 95.).

e) Ausnahme hinsichtlich des Nichtanfalles einer Verhandlungsgebühr siehe § 15; über Ermäßigung derselben siehe § 16; über Erhöhung vergleiche § 17.

4. a) Ueber Begriff des Vergleiches (§ 779 d. Bürgerl. G.B. siehe S. 38.)

In einer Erklärung des Klägers, daß er die erhobene Klage unter Uebernahme der Prozeßkosten zurücknehme, worauf sodann der Beklagte die Rücknahme genehmigte, ist kein Vergleich zu erblicken. (R.G. v. 19. 1. 88 Bd. 20 S. 414.)

b) Voraussetzung ist, daß der Anwalt zum Vergleichsabschlusse mitgewirkt hat. Jedoch ist es nicht unbedingt nothwendig, daß der Rechtsanwalt beim Vergleichsabschlusse selbst mitwirkt oder anwesend ist. Seine mitwirkende Thätigkeit kann sich z. B. nur auf Vornahme von Vergleichsunterhandlungen unter den Parteien erstrecken, um den Rechtsstreit beizulegen, beziehen.

c) Was die Höhe der Vergleichsgebühr anlangt, so richtet sich dieselbe nach dem Betrag des vom Vergleiche betroffenen Werthes des Streitgegenstandes oder eines Theiles desselben.

d) Ueber Ermäßigung der Vergleichsgebühr vergl. § 18.

5. Voraussetzung zum Ansatze einer Beweisgebühr ist die Anordnung eines besonderen Beweisaufnahmeverfahrens. (§ 284 d. C.P.O.)

Ein Beweisaufnahmeverfahren liegt jedoch dann nicht vor, wenn sich die Parteien auf bei dem Prozeßgerichte befindliche Vorprozeßakten beziehen, welche ohne Weiteres aus der Gerichtsschreiberei geholt werden, den Rechtsanwälten vorgelegt und von ihnen als die in Bezug genommenen anerkannt wurden. (R.G. v. 29. 9. 83 Bd. 10 S. 370 u. v 22. 9. 85 Bd. 14, S. 394.)

b) Da die Civilprozeßordnung keine Vorschrift dahin kennt, daß die Beweisaufnahme nothwendig in einem von dem Verhandlungstermine zeitlich getrennten Termine bewirkt werden müsse, so ist die Beweisgebühr auch dann geschuldet, wenn beim Zeugenbeweise, nach stattgehabter Verhandlung auf Antrag eines Prozeßvertreters, einen zur Stelle gebrachten Zeugen sofort zu vernehmen, das Gericht diesbezüglichen Beweisbeschluß erläßt und den Zeugen in demselben Termine sofort vernimmt. (R.G. v. 3. 1. 94 Bd. 32 S. 410)

c) Als ein Beweisaufnahmeverfahren ist es nicht anzusehen, und steht die Beweisgebühr dem Rechtsanwalte dann nicht zu, wenn die Beweisaufnahme zwar angeordnet, aber nur in Vorlegung der in den Händen des Beweisführers oder des Gegners befindlichen Urkunde besteht, da die Nothwendigkeit eines besonderen Verfahrens in diesem Falle allzusehr von dem Belieben der Anwälte abhängt. (Motive.)

d) Die Beweisgebühr steht dem Rechtsanwalte nur einmal zu (§ 25). Hat derselbe die Partei im Beweisaufnahmeverfahren und dann später in derselben Instanz im Termine zur Leistung eines durch Urtheil auferlegten Eides vertreten, so kann er doch die Beweisgebühr nur einmal beanspruchen. (R.G. v. 6. 4. 83, J.W. S. 207.)

e) Die Beweisgebühr steht jedoch dem Rechtsanwalte nicht zu, wenn die Beweisaufnahme zwar angeordnet, aber nicht stattgefunden hat. (Im Gegensatze zu den Bestimmungen des § 22 d. G.K.G.)

f) Der Rechtsanwalt hat die Beweisgebühr auch dann anzusprechen, wenn er, soferne die Beweisaufnahme in der Vernehmung von Zeugen besteht, im Termine nicht erscheint. (R.G. v. 3. 7. 82, J.W. S. 186 u. v. 14. 4. 90 Bd. 26 S. 376, Meyer R.A.G.O. S. 48.)

g) Wenn es sich um Leistung eines durch Urtheil auferlegten Eides handelt, so kann der Anwalt die Beweisgebühr nur dann beanspruchen, wenn er die Partei in dem Eidesleistungstermine vertreten hat.

Der Anwalt hat jedoch keinen Anspruch auf die Beweisgebühr für die Vertretung einer Partei, welche in einem Erbschaftsprozesse durch Theilurtheil zur Edierung eines eidlich zu bestärkenden Inventares verurtheilt ist und diesen Eid abgeleistet hat. (R.G. v. 22. 9. 85 Bd. 14 S. 395.)

Wenn ein durch Beweisbeschluß auferlegter Eid sofort geleistet wird, so hat der Rechtsanwalt die Beweisgebühr anzusprechen (R.G. v. 5. 12. 95 Bd. 36 S. 386).

Ein seine eigenen Angelegenheiten betreibender Rechtsanwalt kann für den Termin zur Leistung eines ihm durch Urtheil auferlegten Eides die Beweisgebühr beanspruchen. (R.G. v. 26. 10. 83 Bd. 10 S. 374.)

Im Falle der Eidesverweigerung oder der Erlassung des Eides oder des Nichterscheinens des Schwurpflichtigen im Eidestermin ist der Ansatz der Beweisgebühr gerechtfertigt.

§ 14.

Soweit der Auftrag vor der mündlichen Verhandlung erledigt ist,[1]) ohne daß der Rechtsanwalt die Klage eingereicht hat oder einen Schriftsatz hat zustellen lassen,[2]) steht ihm die Prozeßgebühr nur zu fünf Zehntheilen zu.

In einem Verfahren, für welches eine mündliche Verhandlung durch das Gesetz nicht vorgeschrieben ist,[3]) findet die gleiche Ermäßigung statt, soweit der Auftrag erledigt ist, bevor der Antrag an das Gericht eingereicht,[4])[5]) der mündliche Antrag gestellt oder der Auftrag an den Gerichtsvollzieher oder den diesen Auftrag vermittelnden Gerichtsschreiber ertheilt ist.

1. Da die Prozeßgebühr eine Vergütung für die Information und den Betrieb der ganzen Sache sein soll, so muß sie entsprechend verkürzt werden, wenn der Auftrag erledigt wird, ehe die Thätigkeit des Anwaltes nach außen zur Erscheinung gekommen ist. Dies ist namentlich der Fall, wenn der Rechtsstreit nicht bis zur mündlichen Verhandlung fortgeführt wird, und auch der Anwalt die Klage noch nicht eingereicht hat, bezw. dem Gegner einen Schriftsatz noch nicht hat zustellen lassen. Ob der Anwalt die Klage oder den Schriftsatz bereits angefertigt hat, ist belanglos. (Motive.)

2. Die Vorschrift des § 14 bezieht sich sowohl auf den Anwalt des Klägers, als auch auf den des Beklagten, falls der diesem ertheilte Auftrag vor der mündlichen Verhandlung und, bevor derselbe einen Schriftsatz hat zustellen lassen, sich erledigt. (R.G. v. 14. 7. 83 Walter R.A.G.O. S. 241.)

3. Als eine Handlung, die für das Verfahren, für welches eine mündliche Verhandlung nicht vorgeschrieben ist, eine Scheidelinie zwischen der ganzen und halben Gebühr ziehen soll, ist die Einreichung des schriftlichen Antrages bei Gericht, die Stellung des mündlichen Antrages und die Ertheilung des Auftrags an den Gerichtsvollzieher bezw. an den Gerichtsschreiber anzusehen. (Motive.)

4. Der § 14 sieht den Fall der Erledigung in einem besonders frühen Stadium vor, in welchem von anderen Gebühren, als der Prozeßgebühr der Natur der Sache nach nicht die Rede sein kann, und auch die ganze Prozeßgebühr als eine zu hohe Vergütung erscheint. Wird der Auftrag in einem späteren Stadium (durch Zurücknahme der gestellten Anträge, Befriedigung des Klägers, Untergang der streitigen Sache oder aus anderen Gründen) „erledigt", so bestimmt sich die Vergütung des Anwalts nach dem Grundsatze des § 50. Er erhält die Prozeßgebühr und die übrigen Gebühren nach der Thätigkeit, die er in dem Prozesse entwickelt hat. (Meyer R.A.G.O. 2. Aufl. S. 38.)

5. Vergleiche auch § 47 Abs. 2.

§ 15.

Die Verhandlungsgebühr steht dem Rechtsanwalte nicht zu, welcher zur mündlichen Verhandlung geladen hat, ohne daß dieselbe durch das Gesetz vorgeschrieben oder durch das Gericht oder den Vorsitzenden angeordnet war.[1])

1. Bringt ein Rechtsanwalt eine Angelegenheit unnöthiger Weise zur mündlichen Verhandlung, ohne daß die vorerwähnten Voraussetzungen gegeben sind, so kann ihm die Verhandlungsgebühr nicht zugebilligt werden. (Motive.)

§ 16.

Für eine nicht kontradiktorische[1]) Verhandlung (Gerichtskostengesetz § 19) steht dem Rechtsanwalte die Verhandlungsgebühr nur zu fünf Zehntheilen zu. Diese Minderung tritt in den im § 20 Nr. 1 des Gerichtskostengesetzes bezeichneten Rechtsstreitigkeiten nicht ein, sofern der Kläger verhandelt.[2])

Die Verhandlung im vorbereitenden Verfahren (Civilprozeßordnung §§ 348 bis 351) gilt als kontradiktorische mündliche Verhandlung.[3])

1. a) Voraussetzung einer „kontradiktorischen" Verhandlung ist, daß in derselben beide Parteien verhandeln, und daß dem Antrage der einen Partei ein Antrag der Gegenpartei widerspricht. (Siehe Erläuterungen zu § 19 d. G.K.G. auf S. 37, dann R.G. v. 27. 1. 83 Bd. 8 S. 381 u. v. 24. 4. 89 Bd. 23 S. 395.)

b) Das Verlesen der Anträge im Termine ist noch kein Verhandeln. (R.G. v. 7. 5. 87, J. W. S. 273.)

c) Ueber Begriff der nichtkontradiktorischen Verhandlung im Sinne des § 16 d. G.O. f. R.A. siehe R.G. v. 14. 6. 94 Bd. 33 S. 403. Die Verhandlung ist „nichtkontradiktorisch", wenn die Partei den Klagsanspruch anerkennt oder auf denselben verzichtet (§§ 307, 306 d. C.P.O.), oder wenn sie vom Termine wegbleibt oder in demselben nicht verhandelt (§§ 330, 333 d. C.P.O.). Vergleiche auch über Zugeständniß (§ 21 d. G.K.G. Erläuterungen auf S. 38). Gesteht der Beklagte zwar seine Verpflichtung an sich zu, beantragt aber Abweisung der Klage oder erklärt seine Zahlungsweigerung, so ist die Verhandlung kontradiktorisch (R.G. v. 19. 11. 82, J.W. 83 S. 5).

d) Stellt eine Partei überhaupt keine Anträge, so hat der Anwalt die halbe Verhandlungsgebühr anzusprechen. (Siehe R.G. v. 3. 11. 80 Bd. 4 S. 359.)

e) Alle diejenigen Verhandlungen, in welchen von den Parteien nicht einander widersprechende Anträge gestellt werden, sind nicht kontradiktorische Verhandlungen im Sinne des Gesetzes. (R.G. v. 24. 4. 89 Bd. 23 S. 394.)

f) Wenn im Wechselprozesse der Beklagte erklärt, daß er zwar die eingeklagte Forderung als an sich richtig anerkenne, aber den Antrag stellt, seine Rechte ihm zur besonderen Ausführung im Urtheile vorzubehalten (§ 600 d. C.P.O.), so ist die mündliche Verhandlung eine kontradiktorische. (Entschdg. d. O.L.G. Dresden v. 28. 9. 81, Wengler 1882 S. 304, Walter R.A.G.O. S. 247.)

Anderer Meinung sind Pfafferoth und Willenbücher, dann Meyer R.A.G.O. S. 52.

g) Die Verhandlungsgebühr kommt nur zum vollen Betrage aus dem Klagegegenstande zum Ansatz, wenn über diesen kontradiktorisch verhandelt wird. Bezieht sich die kontradiktorische Verhandlung aber nur auf einen Theil des Klagegegenstandes, während der Restbetrag desselben z. B. anerkannt oder auf ihn in der Verhandlung verzichtet wurde, so ist die volle Verhandlungsgebühr nur aus dem ersterwähnten Theile und die halbe Verhandlungsgebühr aus dem Restbetrage des Klagegegenstandes anzusprechen. Wird über den Restbetrag überhaupt nicht verhandelt z. B. infolge Zurücknahme desselben in der Verhandlung, so kann für denselben eine Verhandlungsgebühr nicht beansprucht werden.

h) Die Grundsätze des § 21 d. G.K.G. (siehe S. 38) greifen für die Anwaltsgebühren nicht Platz. Der Anwalt kann vielmehr, wenn nach einer kontradiktorischen Verhandlung ein Vergleich abgeschlossen wird, die volle Verhandlungsgebühr beanspruchen.

2. Vergleiche § 20 d. G.K.G. und Erläuterung hiezu auf S. 37.

3. Auch hier deckt sich der Grundsatz des Gerichtskostengesetzes in § 20 Nr. 2 (S. 37) mit dem der Gebührenordnung für Rechtsanwälte, indem bei der Eigenart des vorbereitenden Verfahrens in Rechnungssachen und ähnlichen Prozessen der Ansatz

einer Gebühr gleich der für die kontradiktorische mündliche Verhandlung gerechtfertigt erschien.

§ 17.

Insoweit sich in den Fällen des § 13 Nr. 4 die Vertretung auf die weitere mündliche Verhandlung erstreckt, erhöht[1]) sich die dem Rechtsanwalte zustehende Verhandlungsgebühr[2]) um fünf Zehntheile[3]) und, wenn die weitere mündliche Verhandlung eine nicht kontradiktorische[4]) ist, um die Hälfte dieses Betrags.

1. Der § 17 bestimmt, daß in allen Fällen, wo derselbe Anwalt eine Partei sowohl bei einer der Beweisaufnahme vorausgegangenen, als bei einer derselben nachfolgenden Verhandlung vertreten hat, ihm die erhöhte 1½ oder 1¼fache Verhandlungsgebühr zustehen soll. Der Grund ist darin zu finden, daß die Vertretung in einer solchen weiteren Verhandlung regelmäßig mehr Aufwand an Zeit und Mühe verursacht, da infolge der Beweisaufnahme die Sache, wenigstens der Regel nach, in ein neues verändertes Stadium tritt, in welchem neue Gesichtspunkte auftreten können und zu würdigen sind. (Siehe Motive u. R.G. v. 6. 4. 83 Bd. 9 S. 332 u. v. 24. 4. 89 Bd. 23 S. 394.)

2. a) Es ist nicht nothwendig, daß die weitere mündliche Verhandlung in einem besonderen Termine nach der Beweisaufnahme stattgefunden hat. Die erhöhte Verhandlungsgebühr hat der Anwalt auch dann anzusprechen, wenn sich die weitere Verhandlung unmittelbar an die vor dem Prozeßgericht stattgehabte Beweisaufnahme anschließt. (R.G. v. 6. 4. 83 Bd. 9 S. 332, v. 3. 1. 94 Bd 32 S. 410 u. v. 5. 12. 95 Bd. 36 S. 386.)

b) Für den Anspruch auf die erhöhte Verhandlungsgebühr ist belanglos, ob der Anwalt auch im vorangehenden Beweisaufnahmeverfahren thätig war oder nicht. (R.G. v. 26. 10. 83 Bd. 10 S. 374).

Wurde jedoch der Rechtsanwalt erst später Bevollmächtigter und hat die Vertretung in der dem Beweisbeschlusse vorausgangenen Verhandlung nicht geführt, so steht ihm nur die volle (einfache) Verhandlungsgebühr zu. (Meyer R.A.G.O. S. 53).

c) Besteht die Beweisaufnahme nur in Vorlegung der in den Händen des Beweisführers oder des Gegners befindlichen Urkunde, so kann § 17 nicht zur Anwendung kommen. Desgleichen nicht, wenn ein einziger Termin stattgefunden hat, in welchem auf Antrag der Parteivertreter bei dem Prozeßgerichte befindliche Vorprozeßakten von kurzer Hand erholt, diese als die in Bezug genommenen von den Anwälten anerkannt wurden, und dann Urtheilsfällung ergangen war. (R.G. v. 29. 9. 83 Bd. 10 S. 370.)

d) Die erhöhte Verhandlungsgebühr steht dem Rechtsanwalte auf Grund des § 25 nur einmal zu, selbst wenn nach beendigtem Beweisaufnahmeverfahren noch mehrere Termine zur weiteren

Verhandlung stattgefunden haben sollten. (R.G. v. 6. 4. 83, J.W. S. 207.)

3. Für die Berechnung der Gebühr des § 17 ist der Streitsgegenstandswerth in seinem nackten Wortsinne maßgebend. Die weitere mündliche Verhandlung, welche in der Regel mit der Schlußverhandlung zusammenfällt, erstreckt sich nicht nur über den vom Beweisaufnahmeverfahren betroffenen Theil des Klagegegenstandes, sondern sie kann auch den weiteren, einer Beweisaufnahme nicht unterworfenen streitigen Theil des Klagsanspruchs umfassen. (Siehe nähere Ausführungen bei Walter R.A.G.O. S. 251). Anderer Ansicht ist Dr. Meyer in seiner R.A.G.O. Z. 7 zu § 17 (S. 54), welcher die „weitere" Verhandlungsgebühr nur aus dem Theil für zulässig erklärt, welchen das vorangegangene Beweisaufnahmeverfahren betraf.

4. Ueber den Begriff „kontradiktorische" Verhandlung siehe Note 1 zu § 16 auf S. 201.

§ 18.

Die Vergleichsgebühr steht dem Rechtsanwalte nur zu fünf Zehntheilen zu,[1]) wenn ihm für denselben Streitgegenstand die volle Verhandlungsgebühr zusteht, und der Vergleich vor dem Prozeßgericht oder einem ersuchten oder beauftragten Richter abgeschlossen ist.[2–5])

1. Voraussetzung ist, daß a) dem Anwalt für eine kontradiktorische Verhandlung hinsichtlich desselben Streitgegenstandes bereits die volle Verhandlungsgebühr zusteht und b) daß der Vergleich vor dem mit der Sache befaßten Prozeß-Richter abgeschlossen wird. Ist letzteres der Fall, so ist der Regel nach anzunehmen, daß die richterliche Thätigkeit auf das Zustandekommen des Vergleichs von Einfluß gewesen ist. (Motive.)

2. Ein Vergleich gilt vor dem Richter abgeschlossen, wenn er als ein „gerichtlicher" anzusehen ist (siehe S. 38); also nicht blos dann, wenn der Richter den Vergleich zu Protokoll aufnimmt, sondern auch dann, wenn er den bereits vorher von den Parteien außergerichtlich geschlossenen und schriftlich überreichten Vergleich zu gerichtlichem Protokolle feststellt. (O.L.G. Jena v. 16. 6. 81, Bl. f. R. Bd. 29 S. 64, siehe auch die Ausführungen bei Walter R.A.G.O. S. 255, dann R.G. v. 27. 1. 88, J.W. S. 100.)

3. Wird der Vergleich in dem ersten Termine sofort verlautbart, ohne daß eine mündliche Verhandlung stattgehabt hat, so steht dem Rechtsanwalte nur die volle Vergleichsgebühr zu, nicht aber die Verhandlungsgebühr.

4. Der Gebührenansatz nach den in §§ 13 bis 18 getroffenen Bestimmungen stellt sich für einen regelmäßigen Prozeßgang wie folgt dar:

a) Wird ein Rechtsstreit z. B. über 250 M. ohne kontradiktorische

Verhandlung durch Versäumnißurtheil erledigt, so hat der Rechtsanwalt die Prozeßgebühr und die halbe Verhandlungsgebühr, das sind die Sätze des § 9 zum 1½fachen Betrage, anzusprechen, nämlich mit 10 + 5 M. = 15 M.

b) Wird der Rechtsstreit nach kontradiktorischer Verhandlung über den ganzen Streitgegenstand von 250 M. sofort durch Urtheil beendet, so erhält der Rechtsanwalt die Prozeßgebühr und die volle Verhandlungsgebühr, das sind die Sätze des § 9 doppelt, nämlich 10 + 10 = 20 M.

c) Wird der Rechtsstreit nach kontradiktorischer Verhandlung und nach stattgehabter Beweisaufnahme hinsichtlich des Klagsanspruches zu 250 M. ohne weitere Verhandlung erledigt, so erhält der Rechtsanwalt die Prozeß- und Verhandlungsgebühr und die Beweisgebühr, das sind die Sätze des § 9 2½fach, nämlich 10 + 10 + 5 = 25 M.

d) Wird der Rechtsstreit nach stattgehabter Beweisaufnahme und weiterer Verhandlung über den ganzen Klagsanspruch durch Urtheil erledigt, so hat der Rechtsanwalt die Prozeßgebühr, die 1½fache Verhandlungs- und Beweisgebühr anzusprechen, das sind die Sätze des § 9 dreifach, nämlich 10 + 15 + 5 = 30 M.

e) Wird vor Verkündung des Urtheiles in lit. d ein außergerichtlicher Vergleich abgeschlossen, so hat der Rechtsanwalt die Prozeßgebühr, die 1½fache Verhandlungsgebühr, die Beweisgebühr und die volle Vergleichsgebühr zu erhalten, das sind die Sätze des § 9 vierfach, nämlich 10 + 15 + 5 + 10 = 40 M.

5. Da die Grundsätze des Gerichtskostengesetzes in § 12 auch hinsichtlich der Werthsberechnung für die Gebühren der Rechtsanwälte maßgebend sind (§ 10), so hat für jede einzelne Sache Prüfung dahin einzutreten, welcher Theil des Streitgegenstandes von den Hauptgebühren (Prozeßgebühr, Verhandlungsgebühr u. s. w.) betroffen wird, und ob nicht von einzelnen Werthstheilen in derselben Instanz für gleiche Akte Gebühren zu berechnen sind. Ist letzteres der Fall, so darf nicht mehr erhoben werden, als wenn die Gebühr von dem Gesammtbetrage der Werthstheile zu berechnen wäre; treten für die Akte verschiedene Gebührensätze ein, so ist der höchste Satz maßgebend. (Siehe § 12 d. G.K.G. mit Erläuterungen S. 26.)

Beispiel.

Der Anwalt A hat von B einen Auftrag auf Klagestellung gegen C wegen Zahlung von 1000 M. erhalten. Bevor noch die Klage bei Gericht eingereicht wird, erhält der Anwalt von seinem Auftraggeber B die Mittheilung, daß von der Hauptsache an ihn inzwischen 500 M. bezahlt worden sind, und er die Klage hinsichtlich dieses Betrages zurückziehe. In der mündlichen Verhandlung erkennt der Beklagte C an, dem Kläger noch 250 M. zu schulden, und erklärt sich bereit, diese Summe sofort zu bezahlen. Nach sofortiger Erlage der 250 M. zieht der Prozeßbevollmächtigte des B die Klage hinsichtlich dieses Betrages zurück. Rücksichtlich der restigen 250 M. wird kontradiktorisch verhandelt und ergeht sodann über den Theilbetrag von 200 M. Theilurtheil und über den Rest von 50 M. Beweisanordnung. Nach stattgehabter Beweisaufnahme und weiterer Verhandlung wird sodann Beklagter durch Endurtheil zur Zahlung der 50 M. und der Kosten verurtheilt.

An Gebühren hat nun der Prozeßbevollmächtigte des Klägers B, was folgt, zu liquidiren:

1. Prozeßgebühr aus 500 M. nach § 14	$^1/_2$ =	9,50 M.
und aus weiteren 500 M. nach § 13 Nr. 1	voll =	19,— M.
		S. 28,50 M.

Nach § 12 Abs. 2 darf, soferne von einzelnen Werthstheilen (hier je 500 M.) für gleiche Akte (hier Prozeßbetrieb) Gebühren zu berechnen sind, nicht mehr erhoben werden, als wenn die Gebühr (hier Prozeßgebühr) von dem Gesammtbetrage (hier 500 + 500 = 1000 M.) der Werthstheile zu berechnen wäre. Die Gebühr aus 1000 M. beträgt aber nach § 13 Nr. 1 nur 28,— M., folglich dürfen statt 28,50 M. nur 28,— M. in Rechnung gestellt werden.

2. Verhandlungsgebühr.	
Nichtkontradiktorische Verhandlung nach § 16[1] über 250 M. beträgt	5,— M.
Kontradiktorische über 250 M. nach § 13[2]	10,— M.
	S. 15,— M.
3. Beweisgebühr über 50 M. nach § 13[4]	1,50 M.
4. Weitere Verhandlungsgebühr über 50 M. nach § 17	1,50 M.

Wäre hinsichtlich der 200 M. kein Theilurtheil ergangen, und die weitere Verhandlung hätte sich auch noch auf die 200 M. in nicht kontradiktorische Verhandlung erstreckt, so wären noch weitere 1,75 M. ($^1/_4$ aus 200 M. nach § 17) angefallen.

§ 19.

Sechs Zehntheile[1]) der in den §§ 13 bis 18 bestimmten Gebühren erhält der zum Prozeßbevollmächtigten bestellte Rechtsanwalt für die Vertretung im Urkunden- oder Wechselprozesse. (Civilprozeßordnung §§ 592 bis 605.)[2])

1. Die §§ 19 bis 24 bestimmen diejenigen Fälle, in welchen wegen der weniger umfassenden oder einfacheren Thätigkeit des Rechtsanwalts geringere Sätze, als die vollen des § 9 angemessen erschienen. (Motive.)

2. Obige Ermäßigung der Gebühren entspricht der gleichen Bestimmung in § 25 d. G.K.G. (Siehe S. 42.) Die Gebühren nach § 13 Nr. 1—3 betragen somit $^6/_{10}$ von $^{10}/_{10}$, nach § 13 Nr. 4, 14, 16, 17 und 18 $^3/_{10}$ von $^{10}/_{10}$ und nach § 17 Satz 2 $^3/_{20}$ von $^{10}/_{10}$. Siehe jedoch auch § 28.

§ 20.

Fünf Zehntheile[1]) der in den §§ 13 bis 18 bestimmten Gebühren erhält der Rechtsanwalt,[2]) soweit die durch die

Gebühr zu vergütende Thätigkeit ausschließlich[3]) die im Gerichtskostengesetze § 26 Nr. 1 bis 10 bezeichneten Gegenstände[4]) betrifft.[5-8])

1. Die Ermäßigung beträgt demnach nach § 13 Nr. 1—3 $^3/_{10}$, in § 13 Nr. 4, 14, 16, 17 Satz 1 und 18 $^3/_{20}$ und nach § 17 Satz 2 $^1/_8$.

2. Diese Bestimmung ist dahin zu verstehen, daß es nicht darauf ankommt, ob der Rechtsanwalt ausdrücklich zum Prozeßbevollmächtigten bestellt ist oder nicht (Siehe Meyer R.A.G.O. S. 56 und Walter S. 263).

3. Voraussetzung ist, daß die Thätigkeit des Anwalts ausschließlich nur die in § 26 Nr. 1—10 bezeichneten Gegenstände betrifft. Siehe hierüber die Erläuterungen zu § 26 d. G. K.G. auf S. 42 ff.

4. Siehe hierüber § 26 d. G.K.G. (S. 42.)

5. Zu Nr. 1 des § 26 d. G.K.G.:

a) Ist nur über eine prozeßhindernde Einrede verhandelt, so stehen alle Gebühren des § 13, insbesondere auch die Beweisgebühr, dem Anwalte nur zu $^3/_{10}$ bezw. $^3/_{20}$ des Satzes § 9 zu. (R.G. v. 29. 3. 83 J.W. S. 157.)

b) Die Einrede der Unzulässigkeit der Widerklage wegen mangelnder Konnexität derselben mit der Vorklage fällt keineswegs mit der in § 274 Nr. 1 d. C.P.O. aufgeführten prozeßhindernden Einrede des inkompetenten Gerichts zusammen, sondern ist völlig selbstständig und befreit den Widerbeklagten nicht von der Nothwendigkeit der Einlassung auf die Widerklage. Die Voraussetzungen des § 20 d. G.O. f. R.A. u. bezw. § 26 Nr. 1, 2 d. G.K.G. liegen mithin nicht vor, und stehen demgemäß in solchem Falle den Rechtsanwälten die vollen Gebühren nach §§ 13 ff. zu. (R.G. v. 17. 12. 87, J.W. 88 S. 22.)

Die Einrede der mangelnden Parteifähigkeit d. h. der Fähigkeit, Rechte und rechtliche Verpflichtungen zu haben, ist nunmehr nach § 274 Nr. 7 d. C.P.O. eine prozeßhindernde Einrede, nicht aber die Einrede der mangelnden Passivlegitimation. (R.G. v. 25. 4. 84, J.W. IX. S. 301, Rittmann G.K.G. S. 128.)

6. Zu Nr. 5 des § 26.

a) Wird gegen ein die Berufung als unzulässig verwerfendes Urtheil die Revision eingelegt, so handelt es sich in der Revisionsinstanz nur um die Frage der Zulässigkeit der Berufung. In diesem Falle ist für die Berechnung der Gerichtsgebühren § 26 Nr. 5 maßgebend. Das Gleiche gilt auch für die Rechtsanwaltsgebühren. (R.G. 3. 3. 82, Meyer R.A.G.O. Seite 57.)

7. Zu Nr. 8 des § 26.

Nicht unter diese Bestimmung fällt die Widerspruchsklage Dritter (§ 771 d. C.P.O.), desgleichen nicht, wenn der Schuldner statt der Einwendungsklage eine Feststellungsklage erhoben oder verbunden hat.

8. Zu Nr. 9 des § 26.

Maßgebend ist hier, ob die Entscheidung über das Arrestgesuch durch Endurtheil oder durch Beschluß zu erfolgen hat. Im ersteren Falle ist die Gebühr nach § 20, im letzteren Falle nach § 23 Nr. 1 zu erheben.

Der Rechtsanwalt ist nicht berechtigt, für die Vertretung in dem gemäß § 942 d. C.P.O. von dem Gerichte der Hauptsache verordneten Verfahren die volle Prozeß- und Verhandlungsgebühr zu fordern. (RG. v. 1. 11. 82 Bd. 8 S. 338.)

Ueber Anrechnung der Gebühr nach § 23 Nr. 1 siehe Erläuterung dort.

Nach dem Sinne des § 924 d. C.P.O. ist unter Widerspruch nur derjenige des Schuldners zu verstehen, nicht aber der von einem dritten geltend zu machende Widerspruch.

Ueber den Unterschied zwischen Anordnung und Vollziehung des Arrestes siehe G.K.G. S. 29.

§ 21.

Der Rechtsanwalt erhält neben den ihm sonst zustehenden Gebühren die Prozeßgebühr nur zu fünf Zehntheilen, wenn seine Thätigkeit ausschließlich die Erledigung eines bedingten Urtheiles betrifft.[1][2]

1. In Uebereinstimmung mit § 24 d. G.K.G. gilt ein bedingtes Urtheil als Beweisanordnung und dessen Erledigung als Beweisaufnahmeverfahren. Demnach steht dem Rechtsanwalte, welcher die Partei in dem ganzen Prozesse vertreten hat, für die Erledigung eines bedingten Urtheils dieselbe Gebühr, wie für eine Vertretung im Beweisaufnahmeverfahren, nämlich die Hälfte der im § 9 bestimmten Sätze zu — sofern der Rechtsanwalt nicht schon die Beweisgebühr für ein vorangegangenes Beweisaufnahmeverfahren anzusprechen hat —; außerdem kann eine Erhöhung der Verhandlungsgebühr nach § 17 eintreten. § 21 will jedoch den Fall besonders vorsehen, wenn der Rechtsanwalt erst nach Erlaß des bedingten Urtheils eintritt, und seine Vertretung ausschließlich die Erledigung des bedingten Urtheils zum Gegenstande hat. In diesem Falle soll der Rechtsanwalt nur $^5/_{10}$ der durch § 13 bezw. § 19 bestimmten Prozeßgebühr erhalten, daneben aber die Beweisgebühr, die Verhandlungsgebühr und nach Umständen die Vergleichsgebühr. (Motive.)

2. Die Bestimmung in § 21 bezieht sich auch auf § 19.

§ 22.

Der Rechtsanwalt erhält die Prozeßgebühr und die Verhandlungsgebühr nur zu fünf Zehntheilen, wenn seine Thätigkeit Anträge auf Sicherung des Beweises (Civilprozeßordnung §§ 485 bis 494) oder eine gerichtliche Entscheidung über die Ernennung oder Ablehnung eines Schiedsrichters, das Erlöschen eines Schiedsvertrags oder die Anordnung der von Schiedsrichtern für erforderlich erachteten richterlichen Handlungen (Civilprozeßordnung § 1045) betrifft. Für die Vertretung bei der Beweisaufnahme erhält der Rechtsanwalt die Beweisgebühr (§ 13 Nr. 4).[1–5])

1. Auch das Gerichtskostengesetz hat in seinen §§ 36 und 34 Nr. 2 die in § 22 erwähnten beiden Fälle, welche besondere Arten des Verfahrens darstellen, die sich durch ihren beschränkteren Inhalt von dem gewöhnlichen Prozeß unterscheiden, als Gegenstände einer besonderen Besteuerung erachtet. (Siehe S. 52 u. 55.) Die Vorschrift des § 22 setzt nun die Prozeßgebühr und die Gebühr für die mündliche Verhandlung, soferne es zu einer solchen überhaupt kommt (§ 490 d. C.P.O.), auf die Hälfte herab, weil die Thätigkeit des Rechtsanwalts in beiden Richtungen auf einen bestimmten Punkt begrenzt ist und andererseits, falls die Hauptsache nicht anhängig ist, eine mündliche Verhandlung bei dem Beweissicherungsverfahren so sehr als eine selbständige hervortritt, daß die Gebühr für dieselbe nicht etwa in Anrechnung auf eine später im Hauptprozesse fällig werdende Verhandlungsgebühr gebracht werden kann; zudem wird sich nicht selten ereignen, daß die Thätigkeit des Rechtsanwalts im Hauptprozesse durch das vorhergegangene Verfahren auf Sicherung des Beweises nur wenig berührt wird. (Motive.)

2. Was den Werthsgegenstand anlangt, aus welchem die Gebühren nach § 22 zu berechnen sind, so ist der Betrag zu Grunde zu legen, nach welchem im Hauptprozesse die Beweisgebühr zu berechnen ist, eventuell ist das Interesse des Antragstellers richterlich festzusetzen.

3. Ist die Hauptsache bereits anhängig, so gehört das Beweissicherungsverfahren zur Instanz, und hat sodann der Anwalt mit Rücksicht auf § 29 Nr. 3 die Gebühren nach § 22 nicht anzusprechen. (R.G. v. 28. 1. 85 Bd. 13 S. 326.)

In allen anderen Fällen, also insbesondere auch, wenn sich die Thätigkeit des Rechtsanwalts auf die Vertretung in dem Verfahren zur Sicherung des Beweises beschränkt, kommen die Gebühren des § 22 zum Ansatz. Gibt das Amtsgericht dem gestellten Antrage ohne mündliche Verhandlung durch Anordnung der Beweisaufnahme sofort statt, so kann eine Verhandlungsgebühr nach § 22 natürlich nicht verlangt werden. (Siehe R.G. v. 28. 1. 85 w. o.)

Ist die Hauptsache nicht anhängig, so greift die Bestimmung des § 30 Nr. 1 Platz.

4. Die im Beweissicherungsverfahren aufgewendeten Kosten sind in dem Falle, als die Hauptsache nachträglich

anhängig wird, zu erstatten, wenn sie zur zweckentsprechenden Rechtsverfolgung oder Rechtsvertheidigung nothwendig waren. (R.G. v. 7. 3. 88 u. v. 10. 6. 91, Walter R.A.G.O. S. 275.)

5. Im Falle des § 1045 d. C.P.O. gilt das Verfahren als zum schiedsrichterlichen Verfahren gehörig, und sind die Gebühren im Hinblick auf § 91 Abs. 2 zu berechnen bezw. zu liquidiren.

§ 23.

Drei Zehntheile der in den §§ 13 bis 18 bestimmten Gebühren erhält der Rechtsanwalt, wenn seine Thätigkeit betrifft:

1. **die im Gerichtskostengesetze § 27 Nr. 1, § 35 Nr. 1, 3, § 38 Nr. 1, 2, § 47 Nr. 1 bis 12 bezeichneten Angelegenheiten;[1])**
2. **die Zwangsvollstreckung.[2])**

1. Hieher gehören:

§ 27 Nr. 1. Die Zulässigkeit einer Nebenintervention (C.P.O. § 71). Siehe S. 46.

§ 35 Nr. 1. Die Anträge auf vorläufige Einstellung, Beschränkung oder Aufhebung einer Zwangsvollstreckung (C.P.O. §§ 707, 119, 769, 771 Abs. 3 §§ 785, 786, 805 Abs. 4, § 810 Abs. 2.)

Nr. 2. Die Anträge auf Anordnung oder Aufhebung eines Arrestes oder einer einstweiligen Verfügung (C.P.O. §§ 921, 922, 934, 936 bis 944), sofern nicht nachträglich eine Gebühr des § 26 Nr. 9 (§ 20) zur Erhebung kommt. (Siehe auch S. 53.)

§ 38 Nr. 1. Die Anträge auf Kostenfestsetzung, soferne dieselbe in besonderem Verfahren erfolgt (C.P.O. § 105) oder auf Abänderung der Kostenfestsetzung (C.P.O. § 107).

Nr. 2. Die Anträge auf Bestimmung einer Frist zur Rückgabe und auf Anordnung der Rückgabe einer Sicherheit in den Fällen des § 109 Abs. 1, 2 d. C.P.O. (Siehe S. 58.)

§ 47. Die auf S. 68 aufgeführten Angelegenheiten, für welche jedoch Gerichtsgebühren nicht zum Ansatze kommen. Der Rechtsanwalt hat jedoch, soferne seine Thätigkeit sich ausschließlich auf die erwähnten Angelegenheiten erstreckt, Gebühren nach § 23 zu beanspruchen.

Ist das Verfahren über den Antrag auf Erlassung einer einstweiligen Verfügung mit dem über die Hauptsache verbunden, so gehört es zur Instanz, und dürfen besondere Gebühren dafür nicht berechnet werden. (R.G. v. 19. 2. 83 Bd. 8 S. 400 u. v. 28. 1. 85 Bd. 13 S. 323.) Vergleiche auch § 29 Nr. 4 u. § 30 Nr. 2.

Hinsichtlich der Kostenfestsetzung ist zu beachten, daß dieselbe im besonderen Verfahren zu erfolgen hat. Neu ist die Bestimmung über Abänderung der Kostenfestsetzung, sowie über Rückgabe einer Sicherheit nach § 109 Abs. 1, 2 d. C.P.O.

2. Hierunter sind nicht Handlungen zu verstehen, welche die Zwangsvollstreckung nur vorbereiten. (R.G. v. 26. 9. 83 Bd. 11 S. 365.)

Die Zwangsvollstreckung betreffen auch außer den Anträgen nach § 35 Nr. 2 u. 4 d. G.K.G. (Siehe S. 53) auch die nach § 47 Nr. 13 u. 14. (Siehe S. 68, 69), dann das Verfahren, welches die Vollziehung eines Arrestes oder einer einstweiligen Verfügung zum Gegenstand hat. Nicht zur Zwangsvollstreckung gehören die Einwendungen, welche den Anspruch selbst betreffen noch die Widerspruchsklage Dritter, dann der Vollstreckungsbefehl und die Vollstreckungsklausel. Bei der Feststellung der Werthsgegenstandssumme im Zwangsvollstreckungsverfahren ist zu beachten, daß nach § 13 Abs. 2 d. G. K.G. die einzuziehenden Zinsen mitberechnet werden. (Siehe S. 28.)

Die Gebühr des § 23 Nr. 2 wird für jede Instanz der Zwangsvollstreckung besonders erhoben. Vergleiche §§ 31 bis 36 über Instanz.

§ 24.

Zwei Zehntheile der in den §§ 13 bis 18 bestimmten Gebühren erhält der Rechtsanwalt, wenn seine Thätigkeit die im Gerichtskostengesetze § 38 Nr. 3, § 47 Nr. 15, 16 bezeichneten Anträge oder Gesuche betrifft.[1])[2])

1. Siehe § 38 Nr. 3 Ertheilung der Vollstreckungsklausel auf Anordnung des Vorsitzenden oder Zurücknahme der Vollstreckungsklausel oder Ertheilung einer weiteren vollstreckbaren Ausfertigung. (Siehe S. 58.)

§ 47 Nr. 15. Ertheilung der Vollstreckungsklausel nach §§ 724, 725, 795, 797 Abs. 1 d. C.P.O. (Siehe S. 70.)

Nr. 16. Anordnung der Rückgabe einer Sicherheit im Falle des § 715 d. C.P.O., Ertheilung des Rechtskraftzeugnisses oder Bestimmung einer Frist zum Nachweise der Zustellung eines Schriftsatzes (§ 706 d. C.P.O.) (Siehe S. 70.)

2. Diese Handlungen, welche gewöhnlich ein so geringes Maß von Thätigkeit erfordern, werden in der Regel mit in die Bauschgebühr für die betreffende Instanz oder für den Betrieb der Zwangsvollstreckung hineingezogen. (Siehe § 35.) Wo dies nicht angängig, kommt die Gebühr des § 24 zum Ansatz. (Motive.)

§ 25.

Jede der im § 13 benannten Gebühren[1]) kann der Rechtsanwalt in jeder Instanz[2]) rücksichtlich eines jeden Theils des Streitgegenstandes nur einmal beanspruchen.

1. Nicht nur die in § 13 benannten Gebühren können nur einmal beansprucht werden, sondern es hat die obige Bestimmung auch die Modifikationen derselben in §§ 14—18 im Auge. (R.G. v. 6. 4. 83 Bd. 9 S. 333.)

Hat ein Rechtsanwalt über eine prozeßhindernde Einrede und gleichzeitig oder demnächst zur Sache selbst verhandelt, so kann er die Gebühr des § 13 Nr. 2 nicht etwa zum 1½fachen Betrage, sondern nur einmal beanspruchen.

2. Ueber den Begriff „Instanz" siehe S. 47, dann R.G. v. 23. 11. 82 Bd. 8 S. 434.

Die Bestimmung des § 13 setzt dieselbe Instanz und denselben Streitgegenstand und Rechtsstreit voraus. Es hat hingegen ein Rechtsanwalt, wenn eine Widerklage zurückgenommen, demnächst aber von neuem erhoben ist, die Prozeß- und eventuell die Verhandlungsgebühr sowohl für die zurückgenommene, wie für die Widerklage, über welche erkannt wurde, zu beanspruchen. (R.G. v. 6. 7. 91 Bd. 28 S. 404.)

Eine Ausnahme besteht nur in der weiteren Verhandlungsgebühr nach § 17.

Ueber §§ 28 und 33 d. G.K.G. (Siehe S. 46 u. 51.)

§ 26.

Für die Bestimmung des Umfanges einer Instanz im Sinne des § 25 finden die Vorschriften der §§ 30, 31 des Gerichtskostengesetzes entsprechende Anwendung.[1])[2])

1. Siehe § 30 und 31 d. G.K.G. sammt Erläuterungen auf S. 49 u. 50.

2. Wenn durch Verweisung des Prozesses vom Amtsgerichte an das Landgericht ein Wechsel in der Person des Anwalts geboten ist, so muß die unterliegende Partei die Gebühren der beiden Prozeßbevollmächtigten der obsiegenden Partei ersetzen. (R.G. v. 2. 2. 89 Bd. 22 S. 432.)

§ 27.

Im Falle der Zurücknahme oder Verwerfung des gegen ein Versäumnißurtheil eingelegten Einspruchs gilt das Verfahren über denselben für die Gebühren der Rechtsanwälte, mit Ausnahme der Prozeßgebühr, als neue Instanz.[1b])

Im Falle der Zulassung des Einspruchs steht dem Rechtsanwalte des Gegners der den Einspruch einlegenden Partei die Gebühr für die mündliche Verhandlung, auf welche das Versäumnißurtheil erlassen ist, besonders zu.[1a])[2])

1. Hinsichtlich der Erhebung der Anwaltsgebühren mußte gegenüber der Erhebung der Gerichtsgebühren (siehe § 32 G.K.G. S. 51) eine Unterscheidung getroffen werden.

a) Wird der Einspruch zugelassen, so kann nur für den Rechtsanwalt des Gegners der den Einspruch einlegenden Partei eine besondere Gebührenerhebung erfolgen, da der Rechtsanwalt der Einspruch erhebenden Partei nur die seitens seiner Partei (wenn auch ohne seine Schuld) versäumte

Handlung nachholt. Die Verhandlungsgebühr für die frühere Verhandlung, deren Ergebniß infolge der Zulassung des Einspruchs beseitigt wird, ist mit 5/10 nach § 16 Abs. 1 zu bemessen.

b) Im Falle der Zurücknahme oder Verwerfung des Einspruchs erzeugt das Verfahren für die beiden Rechtsanwälte, sowohl für den der Partei, welche den Einspruch erhoben hat, als für den des Gegners, eine besondere Thätigkeit, die mit der auf das Hauptverfahren zu verwendenden in keinem Zusammenhange steht. Aus diesem Grunde spricht der Abs. 1 die Gebühren des Einspruchsverfahrens als eine neue Instanz jedem Rechtsanwalte zu. Eine Ausnahme macht nur die Prozeßgebühr, da hinsichtlich derselben das Verfahren nicht als neue Instanz gilt. Ueber die übrigen Gebühren siehe § 20.

2. Der frühere 3. Absatz zu § 27 war bei der neuen Fassung des Gesetzes infolge Abänderung der Civilprozeßordnung nicht mehr zutreffend.

§ 28.

Das ordentliche Verfahren, welches nach der Abstandnahme vom Urkunden- oder Wechselprozesse, sowie nach dem mit Vorbehalt in demselben erlassenen Urtheil anhängig bleibt (Civilprozeßordnung §§ 596, 600), gilt für die Berechnung der Gebühren des Rechtsanwalts als besonderer Rechtsstreit; der Rechtsanwalt muß sich jedoch die Prozeßgebühr des Urkunden- oder Wechselprozesses auf die gleiche Gebühr des ordentlichen Verfahrens anrechnen.[1])

1. Die Bestimmung des § 28 ist bis auf den letzten Satz gleichlautend mit der des § 33 d. G.K.G. (Siehe S. 51.) Daß der Rechtsanwalt sich die Prozeßgebühr anrechnen lassen muß, beruht darauf, daß die Information für den Wechsel- oder Urkundenprozeß regelmäßig sich schon mit auf die Umstände erstreckt, welche später im ordentlichen Verfahren zur Sprache kommen.

Bei Berechnung der Prozeßgebühren ist auch § 12 d. G.K.G. (S. 26) zu beachten.

§ 29.

Die im § 13 benannten Gebühren umfassen die gesammte Thätigkeit des Rechtsanwalts von dem Auftrage bis zur Beendigung der Instanz.[1])

Zu der Instanz gehören insbesondere:

1. das Verfahren behufs Festsetzung des Werthes des Streitgegenstandes;
2. Zwischenstreite mit Nebenintervenienten[2]) sowie mit Zeugen oder Sachverständigen;

3. das Verfahren zur Sicherung des Beweises (Civilprozeßordnung §§ 485 bis 494), wenn die Hauptsache anhängig ist;[3])
4 das Verfahren über einen Antrag auf Anordnung oder Aufhebung eines Arrestes oder einer einstweiligen Verfügung,[4]) sowie über einen Antrag auf vorläufige Einstellung, Beschränkung oder Aufhebung einer Zwangsvollstreckung (Civilprozeßordnung §§ 707, 719, 769, 771 Abs. 3, §§ 785, 786, 805 Abs. 4, § 810 Abs. 2), soweit das Verfahren mit dem Verfahren über die Hauptsache verbunden ist;
5. das Verfahren über einen Antrag auf Aenderung einer Entscheidung des beauftragten oder ersuchten Richters oder des Gerichtsschreibers[5]) (Civilprozeßordnung § 576);
6. das Verfahren über die im Gerichtskostengesetze § 47 Nr. 1 bis 12 bezeichneten Streitpunkte und Anträge;[6])
7. die Zustellung und Empfangnahme der Entscheidungen und die Mittheilung derselben an den Auftraggeber;
8. die Uebersendung der Handakten an den Bevollmächtigten einer anderen Instanz.[7])

1. Im § 29 wird der Begriff der Instanz (siehe § 25) im Sinne der Rechtsanwalts-Gebührenordnung näher erläutert, indem unter acht Nummern verschiedene Punkte als zur Instanz gehörig bezeichnet werden, bei denen es zweifelhaft sein könnte, ob sie nicht eine neue Instanz würden bilden können. (Motive.)

Nach § 29 können neben den Bauschgebühren des § 13 besondere Gebühren nur dann verlangt werden, wenn es die Gebührenordnung ausnahmsweise gestattet. (R.G. v. 4. 3. 83 Bd. 9 S. 330.)

2. Es kommen hier, da die Hauptintervention stets ein besonderes Verfahren neben dem Hauptprozeß bedingt (C.P.O. §§ 64, 65), nur die Nebenintervenienten in Betracht. (Siehe § 71 d. C.P.O.) Schließt die Thätigkeit des Anwalts des Nebenintervenienten mit der Beendigung des Zwischenstreites ab, also namentlich, wenn die Intervention zurückgewiesen wird, so stehen ihm überhaupt nur nach § 23 Nr. 1 analog der Bestimmung in § 27 Nr. 1 d. G.K.G. $^{3}/_{10}$ der Gebühren der §§ 13–18 zu; verhandelt er hingegen zur Hauptsache, so wird in den meisten Fällen sein Aufwand an Zeit und Arbeit nicht erheblich größer sein, als wenn er ohne Streit zugelassen wäre; ebensowenig wird die Arbeit und Mühe des Anwalts des Gegners durch den Streit über die

Zulässigkeit der Intervention in solchem Grade vermehrt, daß man letztere als besondere Instanz auffassen müßte.

Vergleiche wegen des Zwischenstreites mit Zeugen und Sachverständigen §§ 387, 389, 408 d. C.P.O.

3. Ist die Hauptsache noch nicht anhängig, so vergleiche § 30 Nr. 1.

4. Die Bestimmung des Gesetzes schließt sich an das preußische Recht an. Nach § 8 des Tarifs vom 12. Mai 1851 bezw. § 9 d. G.K.G. vom 10. Mai 1851 stehen dem Rechtsanwalt für „die Verhandlung schleuniger Arrestsachen", welche nicht mit der Hauptsache verhandelt werden, sowie für „Regulierung eines Interimistikums, welches in besonderen Verhandlungen erfolgt" auch besondere Gebühren zu. Aus diesen Vorschriften ergibt sich, daß nur im Falle der Sonderung des Arrestverfahrens von dem Hauptverfahren dem Rechtsanwalte für das erstere Gebühren bewilligt werden. Das Gleiche gilt rücksichtlich der Anträge auf vorläufige Einstellung u. s. w. einer Zwangsvollstreckung. (Motive.)

Es kommt hauptsächlich darauf an, inwieweit es sich in der Hauptsache und bei dem Antrage auf Anordnung eines Arrestes oder einer einstweiligen Verfügung um einen einheitlichen d. h. ungetrennt verhandelten Rechtsstreit handelt oder nicht. Nur soweit letzteres der Fall ist, trifft der Gedanke des Gesetzes zu, daß durch die Trennung eine Mehrarbeit des Anwalts bedingt wird. (R.G. v. 13. 3. 83 Bd. 8 S. 429; Meyer R.A.G.O. 2. Aufl. S. 59). Wenn über den Arrestantrag eine besondere mündliche Verhandlung bezw. Beweisaufnahme stattfindet (C.P.O. §§ 922, 924 u. 925), so liegt natürlich eine Trennung vor.

5. Eine abweichende Bestimmung enthält das Gerichtskostengesetz hiefür in § 45 Abs. 2.

6. Siehe S. 68.

7. Die hier erwähnten Handlungen gehören zum Prozeßbetrieb, vergleiche auch § 44 Abs. 2.

§ 30.

Die Gebühren werden besonders erhoben für die Thätigkeit[1]) bei Streitigkeiten und Anträgen, welche betreffen:

1. die Sicherung des Beweises (Civilprozeßordnung §§ 485 bis 494), wenn die Hauptsache noch nicht anhängig ist;[2])
2. das Verfahren über einen Antrag auf Anordnung oder Aufhebung eines Arrestes oder einer einstweiligen Verfügung, sowie über einen Antrag auf vorläufige Einstellung, Beschränkung oder Aufhebung einer Zwangsvollstreckung (Civilprozeßordnung §§ 769,

771 Abs. 3, §§ 785, 786, 805 Abs. 4, § 810 Abs. 2), sofern das Verfahren von dem Verfahren über die Hauptsache getrennt ist;[3])

3. die im Gerichtskostengesetze § 38 Nr. 1, 2 bezeichneten Angelegenheiten;[4])

Wird die vorläufige Einstellung, Beschränkung oder Aufhebung der Zwangsvollstreckung bei dem Vollstreckungsgericht und bei dem Prozeßgericht beantragt, so wird die Prozeßgebühr nur einmal erhoben.[5])

Die im besonderen Verfahren erfolgte Festsetzung der Kosten und die Abänderung der Kostenfestsetzung (Gerichtskostengesetz § 38 Nr. 1) bilden Eine Instanz. Das Gleiche gilt von dem Verfahren über die im Gerichtskostengesetze § 38 Nr. 2 bezeichneten Anträge.[6])

1. Maßgebend ist, daß es sich in allen im § 30 vorgesehenen Fällen um eine Mehrarbeit des Anwalts handelt, welche besonders zu honoriren ist, sobald eine mündliche von dem Hauptverfahren gesonderte Verhandlung stattgefunden hat. (R.G. v. 28. 1. 85 Bd. 13 S. 322.)

2. Vergleiche hieher §§ 22, 29 Nr. 3. Bei Anträgen auf Sicherung des Beweises findet, wenn es später zum Hauptprozesse kommen sollte, eine Anrechnung der in dem vorhergegangenen besonderen Verfahren erhobenen Gebühren auf die des Hauptprozesses nicht statt, da dieses Verfahren sich nicht selten als ein Probeverfahren für die Aussichten des beabsichtigten Prozesses darstellt und den Prozeß möglicherweise erübrigt. (Motive).

3. Siehe die Erläuterungen zu § 29 Nr. 4. Das Arrestverfahren wird nach § 30 besonders liquidirt, sobald dasselbe neben dem Hauptverfahren besonders behandelt wird, und zwar gleichgültig, ob das Hauptverfahren und der Hauptprozeß bereits anhängig oder noch nicht anhängig sind, wogegen die Bestimmung in § 29 Nr. 4 nur dann anwendbar ist, wenn das Arrestgesuch im Hauptverfahren nur nebensächlich zugleich mit der Hauptsache in denselben Schriftsätzen und in denselben Verhandlungen, in denen die Hauptsache zur Verhandlung kommt, behandelt wird, so daß keinerlei in der Hauptsache getrennte Verhandlungen eintreten. (Völk R.A.G.O. Anmerkg. 3 zu § 30 S. 69.) Nach den Entscheidungen des R.G. v. 13. 3. 83 Bd. 8 S. 428 u. v. 3. 6. 93, J.W. S. 353, u. A. genügt die bloße Stellung des Antrags in einem besonderen Schriftsatze noch nicht, um eine besondere Prozeßgebühr zu begründen, vielmehr kommt es darauf an, inwieweit es sich in der Hauptsache und bei dem Arrestantrage

um einen einheitlichen, d. h. ungetrennt verhandelten Rechtsstreit handelt oder nicht. Anderer Ansicht ist Walter in seinen Ausführungen zu Nr. 2 des Abs. 1 S. 301 ff., wonach schon eine besondere Anfertigung und Einreichung des Antrages den Anspruch auf besondere Prozeßgebühr begründet.

4. Neu eingefügt ist die Bestimmung des § 38 Nr. 2, welche die Anträge auf Bestimmung einer Frist zur Rückgabe und Anordnung der Rückgabe einer Sicherheit betrifft. (Siehe S. 58.)

Voraussetzung ist, daß die Festsetzung in einem besonderen Verfahren erfolgt. (§ 105 d. C.P.O.) Siehe S. 58. Wird im Verfahren vor den Amtsgerichten der Betrag der Prozeßkosten sofort im Urtheile festgesetzt, so hat der Anwalt nicht Anspruch auf die Gebühr nach § 23.

Streitgegenstandswerth ist der Betrag des Kostenanspruchs bezw. der Betrag der Sicherheit.

5. Wenn auch der Rechtsanwalt des Schuldners in dringenden Fällen in die Lage kommen kann, die bezeichneten Anordnungen zunächst bei dem Vollstreckungsgerichte, d. i. dem Amtsgerichte (§ 764 d. C.P.O.), und außerdem nochmals bei dem Prozeßgerichte zu beantragen, soll ihm trotzdem die Prozeßgebühr nur einmal zustehen, weil in diesem Falle die beiden Anträge und die Begründung derselben ein und dieselben sein werden. (Meyer G.O. f. R.A. 2. Aufl. S. 61.)

6. Vergleiche § 39 Abs. 3 d. G.K.G. (S. 60.)

§ 31.

In der Zwangsvollstreckung bildet eine jede Vollstreckungsmaßregel zusammen mit den durch dieselbe vorbereiteten weiteren Vollstreckungshandlungen bis zu der durch die Maßregel zu erlangenden Befriedigung des Gläubigers Eine Instanz.[1])

Die landesgesetzlichen Bestimmungen in Betreff der Gebühren für eine den Vorschriften der Civilprozeßordnung nicht unterliegende Zwangsvollstreckung bleiben unberührt.[2])

1. Die §§ 31 bis 35 bestimmen den für die Gebührenerhebung festzusetzenden Begriff der Instanz in dem Zwangsvollstreckungsverfahren, da dasselbe in seiner mannigfaltigen Entwicklung und bei der infolgedessen höchst verschiedenartigen Thätigkeit des Rechtsanwaltes nicht immer als eine einzige Instanz aufgefaßt werden kann.

Der § 31 gibt den regelmäßigen Begriff der Instanz in der Zwangsvollstreckung. Es werden die Einzelhandlungen für die Gebührenbemessung thunlichst zusammengefaßt. (Vergleiche auch § 39 Abs. 2 d. G.K.G. S. 60). So bildet die vollständige Durchführung jeder einzelnen Vollstreckungsmaßregel bis zur Befriedigung des Gläubigers eine Instanz. Eine Ausnahme macht nur das Vertheilungsverfahren, siehe § 39. (Motive).

Weiter vergleiche die Modifikationen in den §§ 33—35.

2. Den Vorschriften der Civilprozeßordnung unterliegen nicht: Die Zwangseintragungen im Grundbuche (§ 14 d. Grundbuchordnung R.G.Bl. 1898 S. 756), die Zwangsversteigerung und die Zwangsverwaltung von Grundstücken. (R.G.Bl. 1898 S. 713) (§ 865 d. C.P.O.)

§ 32.

Das Verfahren über einen Antrag auf Ertheilung einer weiteren vollstreckbaren Ausfertigung (Civilprozeßordnung § 733)[1]), das Verfahren zur Abnahme des Offenbarungseides (Civilprozeßordnung §§ 900, 901)[2]) und die Ausführung der Zwangsvollstreckung in ein gepfändetes Vermögensrecht durch Verwaltung (Civilprozeßordnung § 857 Abs. 4) bilden besondere Instanzen der Zwangsvollstreckung.[3])[4])

1. Hier rechtfertigt sich die Aussonderung durch die Erwägung, daß die weitere vollstreckbare Ausfertigung derselben Partei nur ausnahmsweise und auf Anordnung des Vorsitzenden ertheilt werden darf, daß in den meisten Fällen eine besondere Thätigkeit des Anwaltes erforderlich sein wird, und daß mitunter sogar eine Art kontradiktorischen Verfahrens stattfinden wird, weil vor der Ertheilung der Schuldner gehört werden kann.

2. Das Verfahren zur Abnahme des Offenbarungseides wird durch die Ladung seitens der Gläubiger eingeleitet und scheidet schon deswegen seiner Natur nach aus der Zwangsvollstreckung aus.

3. Die besondere Thätigkeit des Rechtsanwalts kann in diesem Verfahren eine verschiedenartige sein. Zunächst kann die Thätigkeit des Anwalts erforderlich werden, um dem Schuldner die Detention der Sache zu entziehen und sie dem Verwalter zu übertragen. Es kann sich hieran eine Reihe von Verhandlungen mit dem Verwalter wegen der ihm zustehenden Vergütung und wegen der ihm obliegenden Rechnungslegung, sowie mit den anderen Gläubigern bezüglich der Art der Revenuenvertheilung knüpfen, so daß die auf dieses Verfahren verwendete Thätigkeit des Rechtsanwalts in keiner Weise durch die Gebühr der Zwangsvollstreckung überhaupt angemessen vergütet wird. (Motive.)

4. Vergleiche auch §§ 13, 14, 17, 18 und 23 Nr. 2.

§ 33.

Die Vollstreckung der Entscheidung,[1]) durch welche der Schuldner nach Maßgabe des § 887 Abs. 2 der Civilprozeßordnung zur Vorauszahlung der Kosten verurtheilt wird, scheidet aus der Zwangsvollstreckung zur Erwirkung der Handlung als besonderes Verfahren aus.[2])

Soll die Zwangsvollstreckung auf Unterlassung oder Duldung einer Handlung durch Strafen ausgeführt werden (Civilprozeßordnung § 890 Abs. 1), so bildet eine jede Verurtheilung zu einer Strafe nach Maßgabe der Vorschriften des § 29 den Schluß der Instanz.[3])

Die Erwirkung der einer Verurtheilung vorausgehenden Strafandrohung (Civilprozeßordnung § 890 Abs. 2) gehört zur Instanz der Hauptsache;[4]) dem Rechtsanwalte, welcher diese Instanz nicht geführt hat, steht die im § 23 bestimmte Gebühr zu.

1. Die §§ 33 u. 34 beschäftigen sich speziell mit den Fällen, in welchen es sich um Vornahme einer Handlung oder aber um Unterlassung bezw. Duldung einer solchen handelt. (Motive.)

2. Die unmittelbar gegen das Vermögen des Schuldners gerichtete Vollstreckung der Verurtheilung nach Abs. 2 des § 887 d. C.P.O. geht neben dem weiteren Verfahren zur Vornahme der Handlung ihren eigenen Weg und bedingt eine besondere Thätigkeit des Anwalts.

3. Da jede Verurtheilung für sich als Schluß einer Instanz betrachtet wird, so beginnt mit jedem neuen Antrage auf weitere Verurtheilung eine neue Instanz.

4. Die der Verurtheilung vorausgehende Strafandrohung kann an sich mit dem die Verpflichtung des Schuldners aussprechenden Urtheile verbunden werden; Abs. 3 verfügt deshalb die Einrechnung in die Instanz der Hauptsache auch in dem Falle, wenn die Erwirkung der Strafandrohung dem Urtheil in der Hauptsache nachfolgt. Es steht deshalb eine Sondergebühr nach § 23 für den Anwalt nur dann in Frage, wenn sich seine Thätigkeit auf die Erwirkung der Strafandrohung beschränkt. (Motive).

§ 34.

Bei Ausführung der Zwangsvollstreckung auf Vornahme einer Handlung durch Geldstrafen oder Haft (Civilprozeßordnung § 888) bildet das gesammte Verfahren eine Instanz.[1])

1. Gemäß der Vorschrift des § 34 ist das gesammte Verfahren nach der Regel des § 31 deshalb als eine Instanz anzusehen, weil es sich hier im Wesentlichen nur um ein und denselben, wenn auch mit Steigerung fortgesetzten Zwang handelt, wobei die einzelnen Akte immer auf der gleichen Sachlage beruhen. (Motive.)

§ 35.

Für die einmalige[1]) Erwirkung des Zeugnisses der Rechtskraft (Civilprozeßordnung § 706) oder der Vollstreckungsklausel (Civilprozeßordnung §§ 724 bis 730, 738, 742, 744, 745 Abs. 2, §§ 749, 795, 796 Abs. 1, 797 Abs. 1, 2, § 929) steht weder dem Rechtsanwalte der Instanz,[2]) in welcher dieselben zu ertheilen, noch dem Rechtsanwalte, welcher mit dem Betriebe der Zwangsvollstreckung beauftragt ist, und für die Aufhebung einer Vollstreckungsmaßregel weder dem Rechtsanwalte, welcher deren Vornahme veranlaßt hat, noch dem Rechtsanwalte, welcher mit dem Betriebe der weiteren Zwangsvollstreckung beauftragt ist, eine Gebühr zu.

1. Wird die Erwirkung mehr als einmal herbeigeführt, so steht dem Rechtsanwalte für eine weitere Thätigkeit der Gebührenanspruch nach § 24 zu. Dieser Paragraph umfaßt die oben aufgeführten Fälle des § 38 Nr. 3 und 47 Nr. 15 und 16 d. G.K.G. (Siehe S. 58 u. 70.)

2. Nur der Rechtsanwalt hat eine Gebühr anzusprechen, welcher weder in der Hauptsache noch in der Zwangsvollstreckung thätig gewesen ist.

§ 36.

Die Vorschriften der §§ 31 bis 35 finden bei Vollziehung eines Arrestbefehls oder einer einstweiligen Verfügung (Civilprozeßordnung §§ 928 bis 934, 936) entsprechende Anwendung.[1])[2])

Die Instanz dauert bis zur Aufhebung des Arrestes oder der einstweiligen Verfügung oder bis zum Anfange der Zwangsvollstreckung aus dem in der Hauptsache erlassenen Urtheile.[3])

1. Wie in der prozessualischen Ausführung die Vollziehung eines Arrestes oder einer einstweiligen Verfügung der Zwangsvollstreckung gleichsteht, so rechtfertigt sich auch eine gleiche Gebührenerhebung der Anwälte für beide Fälle. (Motive). Hat ein Rechtsanwalt in einem von der Hauptsache getrennten Arrestverfahren für die Anordnung bezw. Erwirkung des Arrestes die entsprechenden Gebühren bereits liquidirt, so hat derselbe für seine Thätigkeit bei Vollziehung des Arrestbefehles auch noch die Gebühren des § 36 besonders zu beanspruchen (R.G. v. 19. 2. 83 Bd. 8 S. 400 u. v. 25. 6. 90 Bd. 26 S. 414). Wird mit dem Arrestantrag der Antrag auf Pfändung einer Forderung verbunden, so kann, gleichwie bei den Gerichtskosten, für beide Anträge gesondert liquidirt werden. (R.G. 16. 5. 96, J.W. 338.)

2. Die neben der Prozeß- und der Verhandlungsgebühr des kontradiktorischen Arrestverfahrens vom Rechtsanwalte des obsiegenden Arrestklägers für den Vollzug des Arrestes liquidirte $^3/_{10}$ Gebühr hat der unterliegende Gegner ebenfalls zu erstatten, und kann die obsiegende Partei diese Kosten zugleich mit den Prozeßkosten festsetzen lassen. (O.L.G. Karlsruhe v. 28. 9. 83, Zeitschr. f. d. C.P. Bd. 12 S. 156, Walter R.A.G.O. S. 322.)

3. Wird auf Grund des Urtheiles zur Hauptsache die Zwangsvollstreckung, z. B. die Versteigerung der im Arrestwege beschlagnahmten Sachen beantragt, so beginnt damit für die Gebührenforderung des Rechtsanwalts eine neue Instanz, nämlich die der Zwangsvollstreckung. (§ 23 Nr. 2).

§ 37.

Für die Mitwirkung bei einem der Klage vorausgehenden Sühneverfahren[1]) (Civilprozeßordnung §§ 510, 609, 610) erhält der Rechtsanwalt drei Zehntheile der Sätze des § 9.

Diese Gebühr wird im Falle der Verhandlung des Rechtsstreits vor dem Amtsgericht[2]) auf die Prozeßgebühr angerechnet.

Ist in dem Falle des § 510 der Civilprozeßordnung unter der Mitwirkung des Rechtsanwalts ein Vergleich geschlossen, so erhält er die vollen Sätze des § 9.[3])

1. Voraussetzung ist, daß der Auftrag des Rechtsanwalts sich lediglich auf das Sühneverfahren bezieht.

Gleichwie nach § 41 d. G.K.G. diese Gebühr auch dann zum Ansatze kommt, wenn nur eine Partei erscheint, (siehe S. 62), so hat auch der Rechtsanwalt auf die Gebühr nach § 37 Anspruch, wenn der Gegner nicht erscheint.

2. Nur in dem Falle, daß die Verhandlung des Rechtsstreits vor dem Amtsgerichte stattfindet, ist die Anrechnung geboten. Wird dieselbe demnächst vor dem Landgericht gepflogen, so hat der Rechtsanwalt neben der Prozeßgebühr die Gebühr des § 37 besonders zu beanspruchen. (R.G. v. 18. 5. 83, An. 8. 88.)

3. In der Reichstagskommission wurde konstatirt, daß sich Abs. 3 nur auf den Fall des § 510 d. C.P.O. bezieht, daß hiegegen die Thätigkeit des Rechtsanwalts zur Herbeiführung eines Vergleiches in einer noch nicht anhängigen Rechtssache im außergerichtlichen Wege nicht nach dieser Gebührenordnung, sondern nach den einschlägigen landesgesetzlichen Vorschriften zu vergüten ist.

Das Gleiche gilt auch bezüglich eines zur Abwendung eines Konkursantrages vom Rechtsanwalte vermittelten außergerichtlichen Arrangements. (Drucks. d. Reichstags Nr. 137 S. 40; stenogr. Ber. Anlagen V S. 1214.)

§ 38.

Im Mahnverfahren[1]) erhält der Rechtsanwalt von den Sätzen des § 9:

1. drei Zehntheile für die Erwirkung des Zahlungsbefehls, einschließlich der Mittheilung des Widerspruchs an den Auftraggeber;
2. zwei Zehntheile für die Erhebung des Widerspruchs;
3. zwei Zehntheile für die Erwirkung des Vollstreckungsbefehls.

Die Gebühr in Nr. 2 wird auf die in dem nachfolgenden Rechtsstreite zustehende Prozeßgebühr und die Gebühr in Nr. 3 auf die Gebühr für die nachfolgende Zwangsvollstreckung angerechnet.[2])[3])

1. Die Herabsetzung der Gebühr entspricht der Bestimmung in § 37 d. G.K.G. (S. 55.) Für die Mittheilung des erhobenen Widerspruches an die Partei kann der Anwalt keine besondere Gebühr beanspruchen. Im Fall einer Beschwerde gegen den Beschluß des Gerichts, durch welchen das Gesuch um Erlaß des Vollstreckungsbefehls zurückgewiesen wird, tritt die Gebühr des § 41 hinzu. (Motive.)

2. Abweichend von § 37 Abs. 3 d. G.K.G. findet eine Anrechnung der Gebühr des § 38 Nr. 1 nicht statt, wohl aber der nach Nr. 2 u. 3.

3. Der Abs. 2 des § 37 d. G.K.G. (S. 56) findet für die Gebührenberechnung des Rechtsanwalts nicht Anwendung, er hat seine Gebühr aus der geforderten Hauptsache für alle Fälle zu beanspruchen. (R.G. 17. 9. 88, J.W. 1889 S. 21.)

Der Anwalt muß seine Gebühren sofort beim Antrage auf Erlaß des Zahlbefehls sowohl als auch bei dem des Vollstreckungsbefehls liquidiren. Die Liquidation, bis zum Antrag auf Erlaß des Vollstreckungsbefehls aufzuschieben, ist unzulässig.

Nach einer Entscheidung des L.G. Berlin I v. 1. Febr. 1893 (siehe Walter R.A.G.O. S. 328) kann der Rechtsanwalt die Gebühr des § 38 nur für die „Erwirkung" des Zahlungs- bezw. Vollstreckungsbefehles beanspruchen.

§ 39.

Für die Vertretung im Vertheilungsverfahren (Civilprozeßordnung § 858 Abs. 6, §§ 872 bis 877, 882) stehen dem Rechtsanwalte fünf und, falls der Auftrag vor dem Termine zur Ausführung der Vertheilung erledigt wird, drei Zehntheile der Sätze des § 9 zu.[1])

Der Werth des Streitgegenstandes wird durch den Betrag der Forderung und, wenn der zu vertheilende Geldbetrag geringer ist, durch diesen Betrag bestimmt.[2])

1. Der § 39 schließt sich im ersten Absatze eng an die Bestimmung des § 42 d. G.K.G an. (Siehe S. 62.)

2. Nur bezüglich des Werthes des Streitgegenstandes enthält Abs. 2 eine besondere Bestimmung, indem der geringere von den beiden Beträgen als maßgebend festgesetzt wurde.

§ 40.

Im Aufgebotverfahren (Civilprozeßordnung §§ 946 bis 956, 959 bis 972, 977 bis 1024) stehen dem Rechtsanwalt, als Vertreter des Antragstellers[1]) (Civilprozeßordnung § 947), drei Zehntheile der Sätze des § 9 zu:

1. für den Betrieb des Verfahrens, einschließlich der Information;
2. für den Antrag auf Erlaß des Aufgebots;
3. für den Antrag auf Anordnung der Zahlungssperre, sofern derselbe vor dem Antrag auf Erlaß des Aufgebots gestellt wird;
4. für die Wahrnehmung des Aufgebotstermins.

Als Vertreter einer anderen Person erhält der Rechtsanwalt diese Gebühr nur einmal.[2])

1. Die Gebühren nach § 40 entsprechen jenen nach § 44 des G.K.G. (siehe S. 64), wie auch im Wesentlichen die Thätigkeiten des Rechtsanwalts den gerichtlichen Akten. Für die vollständige Beendigung kann der Rechtsanwalt des Antragstellers in der Regel die Gebühr 3mal liquidiren, ist aber noch Zahlungssperre angeordnet worden, so hat er 4mal $^{3}/_{10}$ zu beanspruchen. Eine Erhöhung dieser Gebühren ist ausgeschlossen, selbst wenn in der gleichen Sache nacheinander mehrere Anträge zu stellen bezw. mehrere Termine wahrzunehmen sind. (Motive.)

2. Die Thätigkeit des Anwalts einer anderen Person, für welche er Ansprüche oder Rechte anmeldet, ist verhältnißmäßig so gering, daß sich die Gebühr von $^{3}/_{10}$ für seine geringe Thätigkeit rechtfertigt.

§ 41.

Drei Zehntheile der in den §§ 13 bis 18 bestimmten Gebühren erhält der Rechtsanwalt:

1. in der Beschwerdeinstanz;
2. wenn seine Thätigkeit sich auf ein Verfahren be-

schränkt, welches die Aenderung einer Entscheidung des beauftragten oder ersuchten Richters oder des Gerichtsschreibers (Civilprozeßordnung § 576) betrifft.[1])

In der Instanz der an einer Nothfrist nicht gebundenen Beschwerde steht dem Rechtsanwalte die Prozeßgebühr nicht zu, wenn ihm dieselbe oder eine der in den §§ 37 bis 40 bezeichneten Gebühren in der Instanz zustand, in welcher die angefochtene Entscheidung ergangen ist.[2])

1. Im Anschlusse an § 45 d. G.K.G. (siehe S. 64) regelt der § 41 die Gebühren für die Beschwerdeinstanz (C.P.O. §§ 567 ff.) und für das Verfahren nach § 576 d. C.P.O.

Nicht nur die Prozeßgebühr wird zu $^3/_{10}$ erhoben, sondern auch eine etwaige Verhandlungs- und Beweisgebühr kommt in diesem Betrage zur Liquidation.

Ist der Rechtsanwalt zugleich Prozeßbevollmächtigter, so kann er für seine Thätigkeit im Verfahren des § 41 Z. 2 keine Gebühr beanspruchen; vergleiche § 29 Nr. 5.

2. Handelt es sich um eine sogenannte unbefristete Beschwerde, so hat der Rechtsanwalt, welchem in der Instanz, in der die angefochtene Entscheidung ergangen ist, eine Prozeßgebühr oder eine der in den §§ 37 bis 40 bestimmten Gebühren zusteht, die besondere Gebühr der Beschwerdeinstanz nicht zu beanspruchen. (Siehe auch R.G. v. 13. 3. 83 Bd. 8 S. 429.) Im Falle der sofortigen Beschwerde (§ 577 d. C.P.O.) können die Gebühren nach § 41 ausnahmslos besonders beansprucht werden.

§ 42.

Der zum Prozeßbevollmächtigten bestellte Rechtsanwalt, welcher auf Verlangen der Partei[1]) die Vertretung in der mündlichen Verhandlung einem anderen Rechtsanwalt übertragen hat, erhält neben den ihm zustehenden Gebühren fünf Zehntheile der Verhandlungsgebühr. Diese Gebühr wird auf eine ihm zustehende Verhandlungsgebühr angerechnet.[2])

1. Siehe zunächst Note 1 zu § 43. Voraussetzung ist sowohl für § 42 als § 43, daß die Trennung der Funktionen auf Verlangen der Partei eingetreten ist. Nur in diesem Falle ist die Partei verpflichtet, die erhöhte $1^1/_2$ fache Verhandlungsgebühr zu bezahlen. Ist die Trennung aber durch den Prozeßbevollmächtigten herbeigeführt worden, aus Gründen, die in seiner Person liegen, so kann von Bewilligung der erhöhten Gebühren (Prozeß- und Verhandlungsgebühren §§ 42 u. 43) mit Rücksicht auf § 91 Abs. 2 d. C.P.O.

keine Rede sein. In diesem Falle haben sich die Anwälte wegen Theilung der Gebühren unter einander abzufinden. Es können jedoch unter Umständen dem Prozeßbevollmächtigten die Gebühren nach §§ 42, 43 ohne Abstrich zuerkannt werden, wenn die Voraussetzung gegeben ist, wie sie in Note 2 Abs. 2 zu § 44 angeführt ist. Hat der Vertreter auch noch eine mit der Verhandlung sofort verbundene Beweisaufnahme wahrgenommen, so hat er neben der vollen Verhandlungsgebühr natürlich auch noch die Beweisgebühr anzusprechen. (Siehe auch Motive.)

2. Hinsichtlich der Anrechnung vergleiche § 25.

§ 43.

Dem Rechtsanwalte, welchem von der Partei oder auf deren Verlangen von dem Prozeßbevollmächtigten nur die Vertretung in der mündlichen Verhandlung oder die Ausführung der Parteirechte in derselben übertragen ist, steht neben der Verhandlungsgebühr die Prozeßgebühr zu fünf Zehntheilen zu.[1]) Letztere Gebühr steht ihm auch dann zu, wenn der Auftrag vor der mündlichen Verhandlung erledigt wird. Erstreckt sich die Vertretung auf eine mit der mündlichen Verhandlung verbundene Beweisaufnahme (§ 13 Nr. 4), so erhält der Rechtsanwalt außerdem die Beweisgebühr.[2])[3])

1. Nach § 27 Abs. 2 d. R.A.O. kann jeder Rechtsanwalt in der mündlichen Verhandlung, einschließlich der vor dem Prozeßgerichte erfolgenden Beweisaufnahme die Ausführung der Parteirechte und für den Fall, daß der bei dem Prozeßgerichte zum Prozeßbevollmächtigten bestellte Rechtsanwalt ihm die Vertretung überträgt, auch diese übernehmen. Nun wäre es naheliegend, daß in einem solchen Falle der Rechtsanwalt die Gebühren nur für die Funktion erhalten sollte, welche er ausübte, also entweder die Prozeßgebühr oder die Verhandlungsgebühr; gegen eine solche Gebührentheilung aber spricht das Gesetz aus Rücksichten der Billigkeit. Der Prozeßbevollmächtigte nämlich, welcher die Ausführung der Parteirechte oder die Vertretung in der mündlichen Verhandlung einem anderen Rechtsanwalte überträgt, hat immer noch einen besonderen Verkehr mit diesen zur Vorbereitung der Verhandlung oder auch zum Zwecke der weiteren Prozeßführung zu führen. Andererseits bedarf auch der Rechtsanwalt, welchem nur die Vertretung in der mündlichen Verhandlung oder nur die Ausführung der Parteirechte in derselben übertragen wird, für seine Thätigkeit ohne Zweifel der Information, welche durch die Prozeßgebühr mit vergütet wird. Es muß deshalb jedem der beiden Rechtsanwälte ein entsprechendes Maaß der einen oder der anderen Gebühr zukommen. Daß im Falle des § 42 diese Quote der Verhandlungsgebühr dem Prozeßbevollmächtigten auf eine ihm sonst zustehende

Verhandlungsgebühr angerechnet wird, bedarf mit Rücksicht auf § 25 keine nähere Begründung. Die obenerwähnte Quote der Prozeßgebühr kann nicht dadurch wegfallen, daß der ertheilte Auftrag sich erledigt, bevor es zur mündlichen Verhandlung kommt. (Motive.) Deshalb billigt das Gesetz dem Prozeßbevollmächtigten nach § 42 die volle Prozeß- und halbe Verhandlungsgebühr und dem Vertreter in der mündlichen Verhandlung nach § 43 die volle Verhandlungsgebühr und die halbe Prozeßgebühr zu.

2. Siehe auch Note 1 zu § 42.

3. Vergleiche wegen der Höhe der Gebühren im Urkunden- und Wechselprozesse § 19.

§ 44.

Dem Rechtsanwalte, welcher lediglich den Verkehr [1]) der Partei mit dem Prozeßbevollmächtigten führt, steht eine Gebühr in Höhe der Prozeßgebühr zu. Er erhält nur fünf Zehntheile, wenn ihm in unterer Instanz die vorbezeichnete Gebühr oder die Prozeßgebühr zustand.[2])

Die mit der Uebersendung der Akten an den Rechtsanwalt der höheren Instanz verbundenen gutachtlichen Aeußerungen dienen nicht zur Begründung dieser Gebühr, wenn nicht zu denselben Auftrag ertheilt war.[3])

1. Abs. 1 des § 44 setzt die Gebühr für den Korrespondenzmandatar fest. Diese Gebühr steht dem Rechtsanwalte zu, welcher lediglich den Verkehr der Partei mit dem Prozeßbevollmächtigten der Instanz führt. (R.G. v. 1. 6. 83 Bd. 9 S. 357 u. v. 14. 4. 90 Bd. 26 S. 379.)

2. Derselbe soll eine Gebühr in Höhe der Prozeßgebühr erhalten, eventuell aber nur die Hälfte derselben, wenn ihm diese Gebühr oder aber die Prozeßgebühr in der unteren Instanz bereits zustand. Das letztere liegt dann vor, wenn der Prozeßbevollmächtigte der unteren Instanz den Verkehr der Partei mit dem Prozeßbevollmächtigten der höheren Instanz führt. Das „Führen des Verkehrs" womit nur ein auf der Kenntniß der Sachlage beruhender juristischer Verkehr gemeint sein kann, ist eine Thatfrage. Die bloße Uebersendung des Kostenvorschusses und die Empfangnahme der Kostenrechnung kann für einen solchen Verkehr nicht gelten. (O.L.G. Kolmar v. 4. 7. 81, Deutsche Jur. Zeitschr. Jahrgg. VI S. 384; Meyer R.A.G.O. S. 87).

Was die Erstattung der Gebühr nach § 44 anlangt, so ist die Entscheidung nach § 91 Abs. 1 d. C.P.O. zu treffen und hat das richterliche Ermessen, ob die Kosten zur zweckentsprechenden Rechtsverfolgung oder Rechtsvertheidigung nothwendig waren, Platz zu greifen. Wenn derjenige, welcher einen Rechtsstreit beginnen will, nach den Umständen des Falles, insbesondere in Berücksichtigung seiner Persönlichkeit und der Natur des Rechtsstreits nicht imstande ist, seinem Anwalte die zur richtigen Einleitung und Durchführung des Rechtsstreits erforderliche Information brieflich zu ertheilen, so ist er genöthigt, entweder selbst an den Gerichtssitz zu reisen oder sich der Vermittlung einer andern Person und zwar der Regel nach eines Rechtsverständigen zu bedienen. Die infolge hiervon entstehenden Kosten sind ohne Zweifel nothwendige im Sinne des § 91 Abs. 1 d. C.P.O. (R.G. v. 29. 1. 86 Bd. 15 S. 402.)

3. Der Gesetzgeber ist davon ausgegangen, daß der Regel nach die bei Uebersendung der Akten an den Rechtsanwalt der höheren Instanz von dem Vertreter der Partei in den Vorinstanzen, gemachten gutachtlichen Aeußerungen nicht besonders honoriert werden sollen, daß ein Anspruch auf Gebühr vielmehr nur dann bestehen soll, wenn die Partei besonderen Auftrag ertheilt hat, dem Anwalte der höheren Instanz gegenüber sich gutachtlich zu äußern. (R.G. v. 12. 1. 83 Bd. 8 S. 374.)

§ 45.

Der Rechtsanwalt, dessen Thätigkeit sich auf die Vertretung in einem nur zur Leistung des durch ein Urtheil auferlegten Eides oder nur zur Beweisaufnahme bestimmten Termine beschränkt, erhält neben der dem Prozeßbevollmächtigten im gleichen Falle zustehenden Beweisgebühr eine Gebühr in Höhe von fünf Zehnteilen der Prozeßgebühr. Letztere Gebühr steht ihm auch dann zu, wenn der Auftrag vor dem Termine erledigt wird.[1])

Die Wahrnehmung eines weiteren Termins zur Fortsetzung der Verhandlung begründet nicht eine Erhöhung der Gebühr.[2])

1. Zu §§ 45 und 46. Die Vorschriften dieser Paragraphen betreffen die Fälle, in welchen sich die Thätigkeit des Rechtsanwalts nicht auf die eigentliche Prozeßführung bezieht, sondern nur einzelne Handlungen umfaßt.

Das Gesetz zählt als solche Handlungen auf die Wahrnehmung von Terminen und in § 46 die Anfertigung von Schriftsätzen.

Der mitwirkende Rechtsanwalt hat zwei Gebühren zu beanspruchen, einmal dieselbe Beweisgebühr wie der Prozeßbevollmächtigte und außerdem die halbe Prozeßgebühr. Es ist nicht nöthig, daß der Prozeßbevollmächtigte am Beweisaufnahmetermin, für welchen ihm die Beweisgebühr zukommt, persönlich theilnimmt. Die Kosten des § 45 sind nach § 91 d. C.P.O. erstattungsfähig. (R.G. v. 8. 10. 88 Bd. 21 S. 408 u. v. 14. 4. 90 Bd. 26 S. 379.)

2. Die Gebühr für Wahrnehmung des Beweisaufnahmetermins erhöht sich nicht, wenn weitere Termine zur Fortsetzung der Verhandlung stattfinden.

Vergleiche auch §§ 26 u. 19.

§ 46.

Beschränkt sich die Thätigkeit des Rechtsanwalts auf die Anfertigung eines Schriftsatzes,[1]) so erhält er eine Gebühr in Höhe von fünf Zehntheilen der Prozeßgebühr.[2])

1. Unter Schriftsätze sind alle schriftlichen Anträge und Gesuche zu verstehen. Siehe auch Noten 2 zu § 6 u. 1 zu § 45.

2. Vergleiche auch § 19.

§ 47.

Für einen ertheilten Rath[1]) erhält der nicht zum Prozeßbevollmächtigten bestellte Rechtsanwalt eine Gebühr in Höhe von drei Zehntheilen der Prozeßgebühr.

Eine Gebühr in Höhe von fünf Zehntheilen der Prozeßgebühr steht dem mit Einlegung der Berufung oder der Revision beauftragten Rechtsanwalte zu, wenn derselbe von der Einlegung abräth und der Auftraggeber seinen Auftrag zurücknimmt.[2])

1. Unter Rath ist nicht das nach § 88 ausgearbeitete Gutachten mit juristischer Begründung zu verstehen, für welch letzteres dem Rechtsanwalte eine angemessene Vergütung zusteht.

Ueber Höhe der Gebühr in einer Angelegenheit des Urkunden- oder Wechselprozeßverfahrens siehe § 19.

2. Durch diese Bestimmung soll die erfolglose Einlegung von Rechtsmitteln möglichst beschränkt werden. Diese Gebühr hat jedoch nur der zur Einlegung des Rechtsmittels zuständige, bei dem Berufungs- oder Revisionsgerichte zugelassene Rechtsanwalt zu beanspruchen, ein anderer dagegen nicht.

§ 48.

Der nicht zum Prozeßbevollmächtigten bestellte Rechtsanwalt erhält höchstens die für den Prozeßbevollmächtigten bestimmte Gebühr, falls die ihm aufgetragenen Handlungen in den Kreis derjenigen Thätigkeit fallen, für welche die dem Prozeßbevollmächtigten zustehende Gebühr bestimmt ist.[1])[2])

Zu §§ 48 und 49.

1. Im Anschlusse an die vorstehenden Bestimmungen mußte Vorkehrung getroffen werden, daß nicht der zum Prozeßbevollmächtigten bestellte Rechtsanwalt, der nur einzelne Handlungen vornimmt, für diese zusammen nicht höhere Gebühren erhalte, als der wirkliche Prozeßbevollmächtigte. Es soll daher sowohl derjenige Rechtsanwalt, welcher nur einzelne Handlungen, die in den Kreis

der durch die Gebühr des Prozeßbevollmächtigten vergüteten Thätigkeit fallen, vornimmt (§ 48), als auch derjenige Rechtsanwalt, welcher, nachdem er bereits in einer Rechtssache thätig gewesen, später zum Prozeßbevollmächtigten bestellt wird (§ 49), im Ganzen nicht mehr Gebühren erheben, als er erhalten würde, wenn er von vornherein zum Prozeßbevollmächtigten bestellt worden wäre. (Motive.)

2. Es kommt darauf an, ob die dem nicht zum Prozeßbevollmächtigten bestellten Rechtsanwalt aufgetragenen Handlungen in den Kreis der Thätigkeit fallen, für welche die dem Prozeßbevollmächtigten zustehende Gebühr bestimmt ist, oder ob auch der letztere besondere Gebühren für die Handlung zu fordern, berechtigt sein würde. (Meyer, R.A.G.O. S. 92.)

§ 49.

Wird ein Rechtsanwalt, nachdem er in einer Rechtssache thätig gewesen, zum Prozeßbevollmächtigten bestellt, so erhält er für die ihm vorher aufgetragenen Handlungen, soweit für dieselben die dem Prozeßbevollmächtigten zustehende Gebühr bestimmt ist, und als Prozeßbevollmächtigter zusammen nicht mehr an Gebühren, als ihm zustehen würde, wenn er vorher zum Prozeßbevollmächtigten bestellt worden wäre. [1] [2]

1. Siehe Note 1 zu § 48.

2. In der Reichstagskommission wurde zu Protokoll vom 11. 3. 79 konstatiert: „Für die in § 49 erwähnte Rechtssache gilt die in § 1 festgestellte Beschränkung" — Anwendung dieses Gesetzes auf die Verfahren vor den ordentlichen Gerichten, auf welche die Reichsprozeßordnungen Anwendung finden —.

§ 50.

Wird der einem Rechtsanwalt ertheilte Auftrag vor Beendigung der Instanz aufgehoben, so stehen dem Rechtsanwalte die Gebühren in gleicher Weise zu, als wenn die Instanz zur Zeit der Aufhebung des Auftrags durch Zurücknahme der gestellten Anträge erledigt wäre, unbeschadet der aus einem Verschulden sich ergebenden civilrechtlichen Folgen. [1] [2]

1. Das Gesetz macht keinen Unterschied, je nachdem der Grund für die Aufhebung des Auftrags in der Person des Anwalts oder des Auftraggebers liegt. Nur die civilrechtlichen Folgen eines Verschuldens sind ausdrücklich vorbehalten. Im Uebrigen ist die Frage, ob nach dem Anlasse, aus welchem der Auftrag aufgehoben wird, der Gebührenanspruch des Anwaltes überhaupt besteht, oder

ob eine Herabsetzung der in § 50 bezeichneten Gebührenbeträge mit Rücksicht auf die durch die Bestellung eines anderen Anwaltes dem Auftraggeber entstehenden Mehrkosten gefordert werden kann, nach den Vorschriften des bürgerlichen Rechts zu beantworten. Aber auch nach diesen kann die Entscheidung nicht ohne Rücksicht auf die besondere Natur des Auftrages zur Prozeßführung und auf die öffentlichrechtliche Stellung des Anwalts getroffen werden und, wenn dies geschieht, so ist nicht anzunehmen, daß schon die Freiwilligkeit der Mandatsniederlegung genügt, um den Gebührenanspruch des Anwaltes zu vernichten oder zu vermindern. So z. B. wird dem Anwalte der Anspruch auf die vollen im § 50 bezeichneten Gebühren nicht versagt werden können, wenn er im Laufe der Instanz kündigt, weil er die Ueberzeugung gewinnt, daß die Rechtsverfolgung seines Auftraggebers aussichtslos ist. Ebensowenig aber kann der freiwilligen Aufgabe der Zulassung bei dem Prozeßgerichte jene Wirkung in Bezug auf die sämmtlichen zur Zeit der Aufgabe der Zulassung von dem Anwalte geführten Prozesse unbedingt beigelegt werden. Es kann bei der Ertheilung wie bei der Uebernahme des Prozeßauftrages nicht als der Vertragswille der Betheiligten angesehen werden, daß der Anwalt die Vertretung unter allen Umständen bis zur Beendigung der Instanz durchführe. Die freiwillige Aufgabe der Zulassung bei dem Prozeßgerichte beraubt den Anwalt der Regel nach des Anspruches auf die nach § 50 zu bemessenden Gebühren nicht. (R.G. v. 5. 5. 94 Bd. 33 S. 370.)

2. Vergleiche auch die Ausnahme in § 14.

§ 51.

Bei Vertretung mehrerer Streitgenossen,[1]) einschließlich der Nebenintervenienten, stehen dem Rechtsanwalte die Gebühren nur einmal zu. Bei nachträglichem Beitritte von Streitgenossen erhöht sich durch jeden Beitritt die Prozeßgebühr um zwei Zehntheile. Die Erhöhung wird nach dem Betrage berechnet, bei welchem die Vollmachtgeber gemeinschaftlich betheiligt sind, mehrere Erhöhungen dürfen den einfachen Betrag der Prozeßgebühr nicht übersteigen.[2])

1. Es kann die Voraussetzung, daß durch das Vorhandensein von Streitgenossen eine Berücksichtigung erheischende Mehrarbeit für den mehrere Streitgenossen vertretenden Anwalt entsteht, als allgemein zutreffend nicht anerkannt werden, da die besonderen Ausführungen, welche der Anwalt Namens eines einzelnen Streitgenossen macht, nicht mehr Weiterungen veranlassen, als wenn sie von den übrigen oder durch einen besonderen Anwalt vorgebracht würden. Einzelne eigenartige Fälle, für welche dieser Grund nicht zutrifft, müssen bei einem Bauschgebührensystem außer Betracht

bleiben. Als Regel kann nur gelten, daß, wenn die Streitgenossen nicht gleichzeitig Vollmacht ertheilen, eine Vermehrung der Schriftsätze, der Konferenzen, oder der Korrespondenz eintritt. Es steigert sich also diejenige Thätigkeit, welche durch die Prozeßgebühr vergütet werden soll, und es rechtfertigt sich daher eine Erhöhung der Prozeßgebühr, nicht aber der übrigen Gebühren. Nach dem Entwurfe soll dieselbe bei jedem nachfolgenden gesonderten Beitritt um je $^2/_{10}$ erhöht werden, jedoch mit der Maßgabe, daß bei einer Mehrheit solcher Beitritte der doppelte Betrag der einfachen Gebühr nicht überschritten werden darf.

Beispiel.

Stellt bei einem Rechtsstreite über 10,000 M. zunächst der bei dem ganzen Streitgegenstande betheiligte A, dann der in der Höhe von 1400 M. betheiligte B, demnächst der in Höhe von 60 M. betheiligte C Vollmacht aus, so erhöht sich die regelmäßige Prozeßgebühr von 64 M. durch den Hinzutritt von B um zwei Zehntheile des Gebührensatzes der zehnten Werthsklasse, also um 6 M. 40 Pfg. und durch den Hinzutritt von C um zwei Zehntheile des Gebührensatzes der zweiten Klasse, also um 60 Pfg., zusammen also um 7 M. oder auf 71 M. Nach dem Grundsatze des § 3 haftet aber A nur in Höhe von 64 M., B nur in Höhe von 32 M., C nur in Höhe von 3 M. Wenn noch weitere Genossen einer nach dem andern zutreten, so darf die Prozeßgebühr doch das Duplum, also hier den Betrag von 128 M., nicht übersteigen. (Motive.)

2. Ist eine Rechtsgemeinschaft zwischen den Streitgenossen in Ansehung des Streitgegenstandes nicht vorhanden, so tritt eine Erhöhung der Prozeßgebühr um eine Quote nicht ein. Dies ist auch nicht nothwendig, da hier in der Regel der Hinzutritt von Mehreren für den Rechtsanwalt eine höhere Werthsklasse bedingen wird. Im Falle der Verbindung von mehreren Rechtsstreiten zum Zwecke der gleichzeitigen Verhandlung und Entscheidung greift eine Verringerung der schon vorher erwachsenen Gebühren nicht Platz.

Tritt der Prozeßvollmacht des Intervenienten nachträglich die Hauptpartei bei, so kommt § 51 gleichfalls zur Anwendung (R.G. v. 8. 3. 95 Bd. 35 S. 361.)

§ 52.

Für die bei dem Reichsgerichte zugelassenen Rechtsanwälte erhöhen sich die Gebührensätze in der Revisionsinstanz um drei Zehntheile.[1])

1. Diese Bestimmung findet nur Anwendung auf die bei dem Reichsgerichte zugelassenen Rechtsanwälte und nur in der Revisionsinstanz.

Dritter Abschnitt.

Gebühren im Konkursverfahren.

§ 53.

Auf die Gebühren im Konkursverfahren[1]) finden die Vorschriften der §§ 9, 11, 12 entsprechende Anwendung.[2])

1. Die in diesem Abschnitte festgestellten Gebühren stehen dem Rechtsanwalte nur zu, wenn er den Gemeinschuldner oder einen Gläubiger vertritt. Festzuhalten ist die Bestimmung des § 1 dieses Gesetzes. Unter dasselbe fällt nur die Berufsthätigkeit des Rechtsanwalts im Konkursverfahren, sowie seine berathende Thätigkeit, welche den Beginn oder die Fortsetzung eines solchen Verfahrens betrifft, nicht dagegen die vor Eröffnung des Konkursverfahrens entwickelte Thätigkeit des Rechtsanwalts z. B. wegen Herbeiführung eines außergerichtlichen Vergleiches. Insoweit die Vorschriften dieses Abschnittes eine Lücke zeigen, kommt der allgemeine Grundsatz des § 89 zur Geltung, daß die Gebühr unter entsprechender Anwendung der Bestimmungen dieses Gesetzes zu bemessen ist.

Ist ein Rechtsanwalt zum Konkursverwalter oder zum Mitgliede des Gläubigerausschusses bestellt, so finden auf die ihm hiefür gebührende Vergütung die Vorschriften der §§ 85, 91 d. K.O. Anwendung.

2. Das Gesetz schließt sich dem Vorgange des Gerichtskostengesetzes an, welches in § 50 die für bürgerliche Rechtsstreitigkeiten festgesetzten Werthsklassen und Gebührensätze auch für das Konkursverfahren beibehält. (Motive). Vergleiche §§ 50 ff. d. G.K.G. (S. 74.)

§ 54.

Im Verfahren über einen Antrag auf Eröffnung des Konkursverfahrens (Konkursordnung §§ 104 bis 106), erhält der Rechtsanwalt zwei Zehntheile,[1]) oder, wenn er einen Gläubiger[2]) vertritt, fünf Zehntheile der Sätze des § 9.

1. Die Gebühr berechnet sich nach dem Stande der Aktivmasse, siehe § 52 d. G.K.G. (S. 76.)

2. In diesem Falle ist der Nennwerth der Forderung maßgebend (§ 59 Abs. 2). Ob die in § 106 d. K.O. vorgesehenen Maßregeln getroffen worden sind oder nicht, ist ohne Belang.

Siehe auch §§ 55 u. 56.

§ 55.

Für die Vertretung im Konkursverfahren erhält der Rechtsanwalt sechs Zehntheile, wenn jedoch die Vertretung vor dem allgemeinen Prüfungstermine (Konkursordnung § 138) sich erledigt oder erst nach demselben beginnt, vier Zehntheile der Sätze des § 9.[1][2])

1. Neben der Gebühr des § 54 hat der Rechtsanwalt die Gebühr des § 55 besonders anzusprechen, wenn er nicht nur den Antrag auf Konkurseröffnung gestellt hat, sondern auch den Gemeinschuldner oder Gläubiger im Konkursverfahren weiter vertritt.

2. Siehe auch Note 1 zu § 56 und hinsichtlich der Werthsberechnung § 59.

§ 56.

Der Rechtsanwalt erhält die Sätze des § 9 besonders:[1][2])

1. für die Thätigkeit bei Prüfung der Forderungen;
2. für die Thätigkeit in dem Zwangsvergleichsverfahren;
3. für die Thätigkeit in dem Vertheilungsverfahren.

1. Die §§ 55, 56 normiren die Gebühr, wenn der Rechtsanwalt mit der Vertretung eines Betheiligten für das ganze Verfahren beauftragt ist.

Der Rechtsanwalt kann im Konkursverfahren nicht nur Anspruch auf die Gebühren der §§ 54 u. 55 haben, sondern, wenn er auch die in § 56 bezeichneten Thätigkeiten entwickelt hat, auch noch auf die des § 56, weil diese Gebühren besonders und nacheinander neben denen der §§ 54 u. 55 zum Anfall kommen können.

2. Wenn auch nach § 56 die vollen Sätze des § 9 zur Erhebung gelangen, werden diese in der Regel die Gebühr des § 55 doch nicht übersteigen, da die letztere, soferne z. B. ein Konkursgläubiger Auftraggeber ist, aus dem Nennwerthe, die Gebühr des § 56 hingegen aus dem wirklichen Werthe seiner Forderung zu berechnen ist. Siehe auch § 59.

§ 57.

Beschränkt sich die Thätigkeit des Rechtsanwalts auf die Anmeldung einer Konkursforderung, so erhält derselbe zwei Zehntheile der Sätze des § 9.[1])

1. Voraussetzung ist, daß sich der Rechtsanwalt nur auf die Anmeldung beschränkt. Die §§ 55, 56 können hier nicht zur Anwendung kommen. Wird der Rechtsanwalt später noch mit der Wahrnehmung weiterer Handlungen oder mit der Vertretung beauftragt, so greift die einschränkende Bestimmung des § 61 Platz. Siehe auch § 59 Abs. 2 hinsichtlich des Forderungswerthes.

§ 58.

Für die Vertretung:

1. in der Beschwerdeinstanz,[1])

2. in dem Verfahren über Anträge auf Anordnung von Sicherheitsmaßregeln im Falle des § 197 Abs. 2 der Konkursordnung

erhält der Rechtsanwalt besonders die im zweiten Abschnitte (§§ 23, 41) bestimmten Gebühren.[2])

1. Die Gebühren betragen drei Zehntheile des im § 9 bestimmten Einheitsgebührensatzes (§ 41).

2. Da hier die Thätigkeit des Rechtsanwalts als dieselbe erscheint, wie in dem Verfahren auf Anordnung oder Aufhebung eines Arrestes oder einer einstweiligen Verfügung, so hat derselbe drei Zehntheile der Sätze in § 9 anzusprechen (§ 23).

§ 59.

Die Gebühren der §§ 54 bis 56 sowie des § 58 im Falle der Beschwerde gegen den Beschluß über Eröffnung des Konkursverfahrens (Konkursordnung § 109) oder den Beschluß über Bestätigung eines Zwangsvergleichs (Konkursordnung §§ 189, 230 Abs. 2, § 236) werden, wenn der Auftrag von dem Gemeinschuldner ertheilt ist, nach dem Betrage der Aktivmasse (Gerichtskostengesetz § 52) berechnet.[1])

Ist der Auftrag von einem Konkursgläubiger[2]) ertheilt, so werden die Gebühren der §§ 54, 55, 57 und die Gebühr im Falle der Beschwerde gegen den Beschluß über Eröffnung des Konkursverfahrens nach dem Nennwerthe der Forderung, die Gebühren des § 56 und die Gebühr im Falle der Beschwerde gegen den Beschluß über die Bestätigung eines Zwangsvergleichs nach dem Werthe der Forderung des Gläubigers unter entsprechender Anwendung des § 148 der Konkursordnung berechnet.

1. Für die Anwaltsgebühren liegt die Sache anders als wie für die Gerichtsgebühren. Nach § 59 ist, wenn der Rechtsanwalt von dem Gemeinschuldner den Vertretungsauftrag erhalten hat, stets der Betrag der Aktivmasse der Berechnung der Gebühren zu Grunde zu legen, da dieselbe das in Frage stehende Interesse des Gemeinschuldners darstellt.

2. Vertritt hingegen der Rechtsanwalt einen Konkursgläubiger, so entspricht dem Interesse desselben entweder der Nennwerth oder wirkliche Werth (Handelswerth) seiner Forderung, wie dieser durch die Aussicht auf die zu erzielende Dividende bestimmt wird. Die Feststellung dieses letzteren Werthes kann in Anwendung des § 148 d. K.O. nach freiem Ermessen durch das Gericht erfolgen. (Siehe S. 21.)

§ 60.

In einem wieder aufgenommenen Konkursverfahren erhält der Rechtsanwalt die Gebühren nach den Bestimmungen der §§ 55 bis 59 besonders.[1])

1. Gleichwie für ein wiederaufgenommenes Konkursverfahren, das als ein neues Verfahren anzusehen ist, die Gerichtskosten (§ 58 siehe S. 80) wiederholt zu erheben sind, erschien es auch angemessen, den Rechtsanwälten die regelmäßige Gebühr des Konkursverfahrens besonders zu gewähren. (Motive.)

§ 61.

Insoweit dem Rechtsanwalte Gebühren für die Vornahme einzelner Handlungen im Konkursverfahren zustehen, darf der Gesammtbetrag derselben die im § 55 bestimmte Gebühr nicht übersteigen.

Wird der Rechtsanwalt, nachdem er einzelne Handlungen im Konkursverfahren vorgenommen hat, mit der Vertretung im Konkursverfahren beauftragt, so erhält er zusammen nicht mehr an Gebühren, als ihm zustehen würde, wenn er vorher mit der Vertretung im Konkursverfahren beauftragt worden wäre.[1])

1. Die Vorschrift in § 61 entspricht jener, welche in Bezug auf die bürgerlichen Rechtsstreitigkeiten in §§ 48 u. bezw. 49 erlassen ist. (Siehe S. 228 u. 229). Die Bestellung zum Prozeßbevollmächtigten in Civilprozeßsachen gleicht hier der Uebertragung der Vertretung im Konkursverfahren. (§ 55.)

§ 62.

Die Gebühren werden für jeden Auftrag gesondert, ohne Rücksicht auf andere Aufträge, berechnet.[1])

1. Der Fall des Zusammentreffens mehrerer Aufträge in der Hand eines Anwaltes liegt im Konkursverfahren anders wie im Civilprozesse (§ 51). Nach § 62 sollen die Gebühren für jeden Auftrag mehrerer Betheiligter, soferne es sich nicht um ein und dieselbe Forderung handelt, gesondert berechnet werden. Dies ist der Fall, wenn von den einzelnen Auftraggebern verschiedene Forderungen geltend gemacht werden. Eine gesonderte Berechnung ist jedoch ausgeschlossen, wenn mehrere Personen zusammen nur eine gemeinschaftliche Forderung als Mitberechtigte, Miterben ꝛc. geltend zu machen haben, selbst wenn die ertheilten Aufträge einzeln und zu verschiedenen Zeiten ergangen sind. (Motive u. Meyer R.A.G.O. 2. Aufl. S. 93).

Vierter Abschnitt.

Gebühren in Strafsachen.

§ 63.

In Strafsachen erhält der Rechtsanwalt als Vertheidiger in der Hauptverhandlung erster Instanz

1. vor dem Schöffengerichte[1] . . . . 12 Mark
2. vor der Strafkammer . . . . 20 „
3. vor dem Schwurgericht oder dem Reichsgerichte . . . . 40 „

1. Diese Gebühr steht dem Rechtsanwalte auch für die Verhandlung vor dem Amtsrichter nach § 211 Abs. 2 d. St.P.O. zu. Gleichgiltig ist, ob die Sache auf Grund des § 75 d. G.VG. an das Schöffengericht verwiesen wurde, dann ob der Anwalt den anwesenden Beschuldigten vertheidigt oder den abwesenden nur vertritt. Ebenso ist es belanglos, ob die Sache in der Hauptverhandlung durch Urtheil erledigt worden ist oder nicht. Die Gebühr des § 63 steht jedoch dem Rechtsanwalte gleichwohl zu, wenn er bereits schon in der Sache verhandelt hat, diese aber vertagt wurde und der Rechtsanwalt die Vertheidigung in der ferneren Hauptverhandlung aus Gründen, die in seiner Person liegen, nicht führt. Kommt es aber überhaupt zu keiner Verhandlung, so ist der Rechtsanwalt für seine Mühewaltung nach §§ 89, 90 zu entschädigen und zwar in der Regel mit der halben Gebühr des § 63.

Die Gebühren nach § 63 hat auch der Rechtsanwalt für die Vertretung dritter Personen zu beanspruchen, wenn es sich um Einziehungen oder Vermögensbeschlagnahmen handelt. (§ 478 d. St.P.O.) (Walter R.A.G.O. S. 385).

Im Falle der Zurückverweisung einer Sache von der höheren in die untere Instanz hat der Rechtsanwalt die Gebühr des § 63 wiederum voll zu beanspruchen. Desgleichen im Falle des § 270 d. St.P.O. (Meyer R.A.G.O. S. 106, Walter S. 386.)

64.

Erstreckt sich die Verhandlung auf mehrere Tage, so erhöhen sich die im § 63 bestimmten Gebühren für jeden weiteren Tag der Vertheidigung um fünf Zehntheile.[1]

Im Verfahren auf erhobene Privatklage findet diese Bestimmung nicht Anwendung.

1. Ohne Einfluß ist, ob die Hauptverhandlung an dem weiteren Tage fortfährt oder ob sie von Neuem beginnt. Hat die Hauptverhandlung gar nicht begonnen, z. B. wegen Ausbleibens von

Angeklagten oder Zeugen, so tritt eine Erhöhung nicht ein. Doch steht dem Rechtsanwalte die Gebühr nach § 64 zu, wenn die Urtheilsverkündung ausgesetzt ist, und der Rechtsanwalt den Publikationstermin wahrnimmt. (Meyer R.A.G.O. S. 107, Willenbücher S. 133, Pfafferoth S. 116, Walter S. 388.)

§ 65.

Findet in den auf Privatklage verhandelten Sachen eine Beweisaufnahme statt, so erhöht sich die im § 63 bestimmte Gebühr um 6 Mark.[1][2]

1. Ueber den Begriff „Beweisaufnahme" siehe Seite 93. Die Privatklagesachen gehören in erster Instanz nur vor die Schöffengerichte; die Gebühren, welche deshalb in Betracht kommen, können betragen 12 M. und bezw. 18 M.

2. §§ 63 u. 64 beziehen sich nur auf die vertheidigende Thätigkeit des Rechtsanwalts. Hinsichtlich der Vertretung eines Privat- oder Nebenklägers u. s. w. siehe § 67 Abs. 2 u. § 73 Abs. 1.

§ 66.

In der Berufungsinstanz sowie in der Revisionsinstanz stehen dem Rechtsanwalte die in den §§ 63 bis 65 bestimmten Sätze zu. Die Stufe bestimmt sich nach der Ordnung des Gerichts, welches in erster Instanz erkannt hat.[1][2]

1. Es kommen demnach folgende Gebühren zum Ansatz:

I. Vor dem Schöffengerichte . . . . 12 M.

II. Vor dem Landgerichte:
- a) als Berufungsinstanz . . . . 12 „
- b) als erkennendes Gericht erster Instanz . . . 20 „

III. Vor dem Oberlandesgerichte:
- a) als Revisionsgericht 3. Instanz gegen Urtheile der Strafkammern in der Berufungsinstanz . . 12 „
- b) als Revisionsgericht 2. Instanz gegen Urtheile der Strafkammer erster Instanz . . . . 20 „

IV. Vor dem Reichsgerichte:
- a) als Revisionsgericht 3. Instanz (wie Z. III lit. a oben) . . . . 12 „
- b) als Revisionsgericht 2. Instanz (wie Z. III lit. b oben) . . . . 20 „
- c) als Revisionsgericht 2. Instanz gegen schwurgerichtliche Urtheile . . . . 40 „
- d) als erkennendes Gericht erster Instanz . . . 40 „

2. In Privatklagesachen beträgt die Gebühr in jeder Instanz 12 M. bezw. 18 M.

§ 67.

Für die Vertheidigung im Vorverfahren[1][2]) erhält der Rechtsanwalt:

1. in den zur Zuständigkeit der Schöffengerichte gehörigen Sachen . . . . . 6 Mark,
2. in den zur Zuständigkeit der Strafkammer gehörigen Sachen . . . . 10 Mark,
3. in den zur Zuständigkeit der Schwurgerichte oder des Reichsgerichts gehörigen Sachen . . . . 20 Mark.

1. Die Vertheidigung im Vorverfahren (§§ 137, 142 d. St.P.O.), welche niemals eine nothwendige ist, muß als ein völlig abgesonderter Theil der Thätigkeit des Vertheidigers angesehen werden. Sie muß deshalb auch besonders vergütet werden. (Motive.)

Unter „Vorverfahren" ist sowohl das Ermittlungsverfahren, als auch die gerichtliche Voruntersuchung zu verstehen. Streitig ist nur, ob darunter auch das in Gemäßheit des § 199 d. St.P.O. eintretende Verfahren zu dem Vorverfahren gehört. Die richtige Meinung dürfte die sein, daß die in Rede stehende Thätigkeit des Vertheidigers zum Vorverfahren zu rechnen und nach § 67 zu vergüten sei. (O.L.G. München v. 21. 1. 82, Zeitschr. d. Anwaltsvereins in Bayern 22. Jahrgg. S. 40, 47, O.L.G. Breslau v. 12. 12. 83, J.W. 84 S. 40, O.L.G. Stuttgart v. 9. 1. 86, J.W. S. 213, O.L.G. Karlsruhe v. 5. 11. 88, J.W. 89 S. 90, O.L.G. Jena v. 12. 4. 87, O.L.G. Rostock v. 28. 5. 88; Walter R.A.G.O. S. 395).

Für die Gebühr nach § 67 ist die Zuständigkeit der Gerichte maßgebend, und findet § 75 d. G.V.G. keine Berücksichtigung. Voraussetzung für den Anspruch auf die Gebühr des § 67 ist, daß der Rechtsanwalt in der That auf die Vertheidigung bezughabende materielle Anträge stellt.

2. In Privatklagesachen kann nach der vorherrschenden Gerichtspraxis die Gebühr des § 67 für ein Vorverfahren beansprucht werden. Siehe Meyer R.A.G.O. S. 109, Walter A. III. Willenbücher A. 7–10 zu § 67. Vergleiche jedoch auch § 73 Abs. 2.

§ 68.

Fünf Zehntheile der im § 63 bestimmten Sätze stehen dem Rechtsanwalte[1][2]) zu für Anfertigung:

1. einer Schrift zur Rechtfertigung einer Berufung;
2. einer Schrift zur Begründung einer Revision;
3. eines Antrages auf Wiederaufnahme des Verfahrens;
4. eines Gnadengesuchs.

Die Stufe bestimmt sich nach der Ordnung des Gerichts, welches in erster Instanz erkannt hat.

1. Die nach §§ 64, 65 zulässigen Erhöhungen finden hier natürlich keine Anwendung.

Die Gebühr des § 68 hat der Rechtsanwalt dann zu beanspruchen, wenn ihm die Anfertigung der hier erwähnten Schriftstücke allein und losgelöst von der Vertheidigung in der Hauptverhandlung übertragen wurde. (Motive.)

2. Vergleiche auch §§ 70, 71, 72.

§ 69.

Für Einlegung eines Rechtsmittels sowie für Anfertigung anderer, als der im § 68 bezeichneten Anträge, Gesuche und Erklärungen erhält der Rechtsanwalt je 2 Mark.[1][2])

1. Voraussetzung ist auch hier, daß dem Rechtsanwalte die bloße Anfertigung von Gesuchen und Erklärungen, z. B. der Einlegung eines Rechtsmittels, von Beschwerdeschriften (§§ 348 ff. d. St.P.O.), von Anträgen auf Entlassung aus der Haft oder Ladung von Zeugen u. s. w. (nicht aber für Begnadigungsgesuche, weil diese nicht in dem Rahmen des Strafverfahrens liegen) übertragen wurde.

Die Gebühr des § 69 steht dem Rechtsanwalte dann nicht zu, wenn er auf die Gebühr des § 68 für die Rechtfertigung oder Begründung eines Rechtsmittel Anspruch hat. Vergleiche §§ 70 und 71.

2. Ausgenommen sind außer den in § 68 aufgeführten auch die in §§ 73 Abs. 2 u. 74 erwähnten Schriften.

§ 70.

Die in den §§ 63 bis 66 sowie die im § 67 bestimmten Gebühren umfassen die Anfertigung der zu derselben Instanz oder zu dem Vorverfahren gehörigen Anträge, Gesuche und Erklärungen, sowie die Einlegung von Rechtsmitteln gegen Entscheidungen oder Verfügungen derselben Instanz oder des Vorverfahrens.[1][2])

1. In § 70 ist ausgesprochen, für welchen Umfang des Verfahrens die festgesetzte Bauschgebühr als solche, d. h. als Gebühr für die Gesammtthätigkeit des Rechtsanwalts Platz greift.

Was zunächst das Vorverfahren anlangt, so soll die Gebühr in § 67 alle Erklärungen, Gesuche, Beschwerden im Laufe desselben honoriren und neben derselben keine besondere Einzelgebühr gewährt werden.

Die in §§ 63 u. 66 festgesetzten Gebühren sollen nicht blos eine Vergütung für die Vertheidigung in der Hauptverhandlung, sondern auch für die übrige Thätigkeit des Rechtsanwalts in der betreffenden Instanz gewähren. Daß für die Einlegung von Rechtsmitteln dem Rechtsanwalte, welcher die Vertheidigung in der Instanz der angefochtenen Entscheidung geführt hat, keine besondere Gebühr gewährt wird, erscheint mit Rücksicht auf die Vorschrift des § 339 d. St.P.O. zweckmäßig. Unter den Begriff der „Einlegung" von Rechtsmitteln fallen nicht die Rechtfertigung einer Berufung oder die Stellung von Revisionsanträgen und deren Begründung (§§ 355, 358, 381, 385 d. St.P.O.). Dem Rechtsanwalte, welcher die Vertheidigung in der Vorinstanz geführt hat, steht sonach für die Anfertigung der Berufungs- bezw. Revisionsschrift die Gebühr des § 68 besonders zu, vorausgesetzt, daß er nicht auch die Vertheidigung in der betreffenden höheren Instanz führt; denn letzterenfalls umfaßt die ihm für die höhere Instanz zukommende Bauschgebühr (§ 66) zufolge der Vorschrift des § 70 auch die Anfertigung dieser Schriften. (Motive.)

2. Vergleiche § 68 u. § 73.

§ 71.

Auf die Gebühr für Rechtfertigung der Berufung (§ 68 Nr. 1) und auf die Gebühr für Begründung der Revision (§ 68 Nr. 2) wird die Gebühr für Einlegung des Rechtsmittels (§ 69) angerechnet.[1]

1. Vergleiche hieher auch § 69.

§ 72.

Im Falle der Vertheidigung mehrerer Beschuldigter[1] durch einen gemeinschaftlichen Vertheidiger[2] erhöhen sich die Gebühren um fünf Zehntheile.[3]

1. Nach § 146 d. St.P.O. ist Vertheidigung mehrerer Beschuldigter durch einen gemeinschaftlichen Vertheidiger zulässig, so ferne nicht die Interessen derselben collidieren. Das Gesetz erhöht die Gebühr ohne Rücksicht auf die Zahl der hinzutretenden Mitbeschuldigten. Vergleiche auch Note 1 zu § 73 d. G.K.G. (S. 94).

Trifft die in § 64 vorgesehene Erhöhung auch mit der Gebühr des § 72 zusammen: Vertheidigt z. B. der Rechtsanwalt mehrere Beschuldigte in einer Strafsache vor der Strafkammer, so erhält er, falls die Sache an einem Tage sich erledigt, 30 M. und falls die Verhandlung am nächsten Tage fortgesetzt wird, weitere 15 M. und gegebenen Falls für die Vertheidigung im Vorverfahren (§ 67 Nr. 2) neben jenen Gebühren noch 15 M.

Auch in Privatklagesachen (§§ 63, 73) kann die erhöhte Gebühr des § 64 mit der des § 65 zusammentreffen. So hat der Vertreter mehrerer Kläger oder Beschuldigter die um die Hälfte erhöhte Summe der beiden Gebühren der §§ 63 u. 65 also $12 + 6 = 18 + 9 = 27$ M. anzusprechen. Belanglos dürfte sein, ob sich das Beweisverfahren nur auf einen der mehreren Beschuldigten oder auf alle bezieht.

2. Fertigt der Rechtsanwalt für mehrere Beschuldigte einen Schriftsatz, so tritt hinsichtlich der Gebühren nach §§ 68, 69 eine Erhöhung nach § 72 ein, fertigt er hingegen für jeden Beschuldigten einen besonderen Schriftsatz, so hat er für jeden derselben die Gebühren nach §§ 68 bezw. 69 voll anzusprechen.

3. Hinsichtlich der Gebührenhaftung des einzelnen der mehreren Beschuldigten siehe § 3 dieses Gesetzes (S. 190).

§ 73.

In Ansehung der Gebühren für Vertretung eines Privatklägers, eines Nebenklägers oder einer Verwaltungsbehörde (Strafprozeßordnung § 464) kommen die Bestimmungen über die Gebühren für die Vertheidigung zur entsprechenden Anwendung.[1])

Die Anfertigung einer Privatklage begründet für den Rechtsanwalt die im § 67 Nr. 1 bestimmte Gebühr.[2])

1. Die dem Vertreter des Privatklägers nach § 63 Nr. 1 zustehenden Gebühren erhöhen sich nach § 65 um 6 M. und, wenn er mehrere Privatkläger vertritt, nach § 72 um die Hälfte. Auch der Vertreter mehrerer Nebenkläger hat die erhöhten Gebühren nach § 72 anzusprechen; jedoch hat er keinen Anspruch auf die Gebühr des § 65, da der § 65 nur bezüglich „Privatklagesachen" Anwendung findet.

2. Der Absatz 2 sieht den Fall vor, daß dem Rechtsanwalte lediglich die Anfertigung der Privatklage übertragen ist. Wegen der mit dieser Arbeit verbundenen Information mußte eine höhere Gebühr als die in § 69 angegebene festgesetzt werden. (Motive).

Dasselbe gilt auch von der Widerklage.

Hat der Vertheidiger des Beschuldigten gemäß §§ 422, 423 d. St.P.O. eine Erklärung dem Gerichte überreicht, so dürfte demselben die Gebühr nach § 73 Abs. 2 zuzubilligen sein. (Vergleiche auch § 90) (Siehe auch Meyer R.A.G.O. 2. Aufl. S. 105, Walter S. 408).

Die Bauschgebühr des § 63 Nr. 1 umfaßt auch die Anfertigung der Klage. Siehe auch Gebühr im Vorverfahren § 67.

Der Rechtsanwalt, welcher für den Nebenkläger die Erklärung abgibt, daß er sich der öffentlichen Klage anschließe, und den Nebenkläger demnächst in der Hauptverhandlung vertritt, kann für die Anschlußerklärung keine besondere Gebühr beanspruchen. (O.L.G. Rostock v. 20. 5. 80, Meckl. Ztschr. I. 39.)

Die Gebührenerhöhung nach § 72 ist nicht ausgeschlossen, soferne die Anträge mehrerer Privatkläger, welche, selbstständig auf Bestrafung anzutragen, befugt sind, in eine Privatklage zusammengefaßt werden (Siehe Walter R.A.G.O. S. 409).

§ 74.

Für Anfertigung eines Antrags auf gerichtliche Entscheidung im Falle des § 170 der Strafprozeßordnung erhält der Rechtsanwalt die im § 67 bestimmten Sätze.[1][2])

1. Wie im Vorverfahren (§ 67) der Schwerpunkt der Anwaltsthätigkeit regelmäßig in der Information und in der Sammlung von Beweismaterial zur Führung des Entlastungsbeweises liegen wird, so wird die Arbeit des Rechtsanwalts im Falle des § 170 d. St.P.O. sich auf Sammlung und entsprechende Darstellung der belastenden Momente zu richten haben. Ein Unterschied zwischen der Anfertigung des Antrags oder der bloßen Unterzeichnung desselben in betreff der Höhe des Gebührenansatzes ist nicht gemacht. (Motive).

2. Vergleiche auch § 69, § 72 u. § 5.

§ 75.

Nach Maßgabe der Vorschriften des zweiten Abschnitts (§ 23)[1]) stehen dem Rechtsanwalte Gebühren besonders zu für die Vertretung:

1. in dem Verfahren behufs Festsetzung der zu erstattenden Kosten (Strafprozeßordnung § 496 Absatz 2);[2])
2. in der Zwangsvollstreckung aus Entscheidungen, welche über eine Buße oder über Erstattung von Kosten ergangen sind (Strafprozeßordnung §§ 495, 496).

1. Die Gebühren betragen $^3/_{10}$ der in den §§ 13—18 bestimmten Gebühren. Maßgebend ist der Betrag der erstattet verlangten Kosten oder der Betrag der erkannten Buße.

2. Eine Entscheidung erweist sich auch dann nothwendig, wenn ein Streit nicht entsteht und der Gegner die Kosten auf Anfordern nicht erstattet. Die herrschende Praxis hat daher von einer strengen Auslegung des § 496 Abs. 2 d. St.P.O. Umgang genommen und konform dem Verfahren im Civilprozesse auch in Strafsachen ein Kostenfestsetzungsverfahren auf den einfachen Antrag des Erstattungsberechtigten hin für zulässig erachtet und angenommen (Willenbücher R.A.G.O. S. 143, O.L.G. Rostock v. 17. 12. 80, O.L.G. Dresden v. 15. 4. 89, dann Spezialverordnung des Kgl. sächs. Justizministerium vom 16. 10. 89, die Feststellung von Anwaltskosten in Privatklagesachen betreffend; Walter R.A.G.O. S. 411). Der strengeren Ansicht ist jedoch das O.L.G. München in seinen Entscheidungen vom 19. 1. 84 u. v. 5. 9. 85 Bd. III S. 113, 593 u. v. 14. 4. 94 Bd. VIII S. 98.

Die Vorschrift in § 75 Z. 1 greift auch Platz für die Festsetzung der dem Angeschuldigten erwachsenen Kosten gegenüber der zum Ersatze verurtheilten Staatskasse (§§ 499, 505 d. St.P.O.), nicht aber nach § 150 d. St.P.O.

Fünfter Abschnitt.

Auslagen.

§ 76.

Für die Höhe[1]) der dem Rechtsanwalte zustehenden Schreibgebühren sind die Vorschriften des § 80 des Gerichtskostengesetzes maßgebend.[2])

1. Siehe hierüber die Erläuterungen zu § 80 d. G.K.G. (S. 101).

2. Der Rechtsanwalt hat sowohl für Abschriften als auch für Urschriften aller Art, vorausgesetzt, daß dieselben sich als nothwendig und nützlich darstellen, Schreibgebühren zu beanspruchen. (R.G. v. 25. 9. 90 Bd. 26 S. 429.) Siehe hingegen aber auch R.G. v. 29. 6. 91 Bd. 28 S. 401 u. v. 7. 7. 91 Bd. 28 S. 406, wornach dem Rechtsanwalt für die von ihm bei der Zustellung als Urschriften verwendeten Konzepte von Schriftstücken Schreibgebühren ebensowenig zustehen, wie für Reinschriften von Konzepten, welche als Urschriften bei Gericht eingereicht werden, um eine Terminsbestimmung zu bewirken. (Siehe auch Erläuterungen in Walter's R.A.G.O. S. 415 u. Meyer S. 118.)

Für die Aufschrift eines Briefumschlages dürfen Schreibgebühren nicht zum Ansatz gebracht werden (R.G. v. 6. 4. 93 Bd. 31 S. 402). Desgleichen auch nicht für die Adressen auf Postkarten, Packeten u. s. w.

Für unnöthige Schreibereien können gleichfalls Schreibgebühren nicht beansprucht werden.

Ein besonderer Ansatz für Schreibmaterialien ist unstatthaft.

Belanglos ist es, ob die Schriftstücke mittelst Druck, Lithographie u. s. w. hergestellt worden sind.

Das Mindestmaß einer Seite umfaßt 240 Silben. (Siehe Näheres S. 102.)

Hat in Armensachen der Pflichtanwalt durch sein Personal nothwendige Abschriften oder Auszüge aus den Gerichtsakten, zu deren Fertigung die Gerichtsschreiberei verpflichtet gewesen wäre, machen lassen, so hat der Anwalt gegenüber der Staatskasse Anspruch auf Erstattung dieser Schreibgebühren (R.G. v. 16. 5. 82 Bd. 7 S. 342, siehe auch S. 107).

§ 77.

Für Verpackung von Briefen und Akten dürfen Auslagen nicht berechnet werden.[1])

1. Wie die Motive ausdrücklich hervorheben, gehört die Besorgung von Briefen am Orte oder zur Post zum allgemeinen Geschäftsbetrieb und dürfen dafür an Auslagen nur Porto, beziehungsweise, wenn im einzelnen Falle die Annahme eines besonderen

Boten nothwendig gewesen war, der Lohn desselben berechnet werden. Die durch Bestellung von Briefen durch die Stadtpost entstehenden Portoauslagen der Rechtsanwälte sind denselben zuzubilligen und von dem in die Prozeßkosten verurtheilten Gegner zu erstatten. (R.G. v. 29. 1. 86 Bd. 15 S. 404, O.L.G. München v. 1. 12. 81.)

§ 78.

Bei Geschäftsreisen erhält der Rechtsanwalt, vorbehaltlich der Bestimmungen in den §§ 18, 37, 39 Abs. 2 der Rechtsanwaltsordnung[1]):

I. an Tagegeldern[2]) . . . . 12 Mark — Pf.
II. für ein Nachtquartier[3]) . . . 5 Mark — Pf.
III. an Fuhrkosten einschließlich der Kosten der Gepäckbeförderung:
1. wenn die Reise auf Eisenbahnen oder Dampfschiffen gemacht werden kann, für das Kilometer[4]) — Mark 13 Pf.
und für jeden Zu- und Abgang[5]) 3 Mark — Pf.
2. anderenfalls . . . . . . — Mark 60 Pf.
für das Kilometer der nächsten[6]) fahrbaren Straßenverbindung.

Haben höhere Fuhrkosten aufgewendet werden müssen, so werden diese erstattet.[7–9])

1. Die Bestimmungen des § 78 betreffen nur die Höhe der Reisekosten. Ob diese der Rechtsanwalt von seinem Auftraggeber zu beanspruchen berechtigt ist, unterliegt der Prüfung für jeden einzelnen Fall. (§ 91 d. C.P.O. u. § 503 d. St.P.O). Es bestimmt sich außer nach der thatsächlichen Lage des Falles auch nach den Grundsätzen des bürgerlichen Rechtes.

Der Rechtsanwalt wird Reisekosten nicht verlangen können, wenn er weder zu der Reise einen ausdrücklichen Auftrag erhalten hatte, noch der Auftrag aus den Umständen zu folgern, noch die Reise zur Ausführung des Auftrages nothwendig war.

Nach § 18 Abs. 5 d. R.A.O. ist die Gegenpartei nicht verpflichtet, die Mehrkosten, welche bei der Vertretung einer Partei vor einem Kollegialgerichte durch einen bei demselben zugelassenen Rechtsanwalt dadurch entstehen, daß der letztere seinen Wohnsitz nicht am Orte des Gerichts hat, zu erstatten. Doch hat der Rechtsanwalt in Ermangelung besonderer Verabredungen diese Reisekosten von seinem Auftraggeber erstattet zu beanspruchen.

Desgleichen ist die Gegenpartei nicht zu erstatten verpflichtet, die Mehrkosten, welche bei der Vertretung einer armen Partei durch den ihr beigeordneten Rechtsanwalt dadurch entstehen, daß der letztere seinen Wohnsitz nicht am Orte des Gerichts hat. (§ 37 d. R.A.O.)

In den Fällen des § 144 d. St.P.O. stehen den am Sitze des Gerichts wohnhaften Rechtsanwälten die innerhalb des Bezirks desselben wohnhaften und bei demselben zugelassenen gleich. Auf Reisekosten und Tagegelder für die Reise nach dem Sitze des Gerichts haben dieselben keinen Anspruch (§ 39 Abs. 2 d. R.A.O.). Vergleiche auch §§ 82, 83.

Nur soviel wird sich im Allgemeinen sagen lassen, daß die Forderung der Reisekosten in der Regel insoweit begründet wird, als die Vertretung im Termine durch einen am Sitze des Gerichts wohnhaften Rechtsanwalt oder, falls daselbst keiner wohnhaft ist, durch einen in der Nähe desselben wohnhaften Rechtsanwalt ebensoviel Unkosten verursacht hätte und die Vertretung nicht etwa unnöthig war. (Meyer R.A.G.O. 2. Aufl. S. 110.)

2. Für den Bezug der Tagegelder ist nicht eine Abwesenheit des Rechtsanwalts von 24 Stunden Voraussetzung, vielmehr ist nur der Kalendertag maßgebend. Den Unterschied zwischen halben und ganzen Tagegeldern kennt die Rechtsanwaltsgebührenordnung nicht, der Rechtsanwalt hat Anspruch auf das ganze Tagegeld selbst dann, wenn z. B. seine Abwesenheit vom Wohnorte nur eine Stunde in Anspruch genommen hätte.

3. Ob dem Rechtsanwalte eine Vergütung für Nachtquartier zuzubilligen ist, ist nach den Umständen des Falles zu beurtheilen. Jedoch wird man dem Rechtsanwalt nicht zumuthen können, daß er z. B. einen um 3 Uhr morgens abgehenden Eisenbahnzug benützt, um einen morgens um 8½ Uhr anstehenden Termin an einem auswärtigen Gerichtssitze wahrzunehmen. In diesem Falle ist der Anwalt wohl berechtigt, schon tags vorher die Reise anzutreten.

4. Der Berechnung unterliegt die Kilometerzahl des Hinweges sowohl wie des Rückweges. Siehe auch §§ 79, 81.

5. Die Nebenkosten für „Zu- und Abgang“ betragen für beide zusammen lediglich 3 M. Es können deshalb nicht für jeden Zugang 3 M. und für jeden Abgang 3 M. liquidirt werden. Dieselben können nur einmal für die Hin- und einmal für die Rückreise im Gesammtbetrage von 6 M. beansprucht werden.

Wird also z. B. nur die erste Hälfte der Reise mittelst Bahn, die zweite Hälfte von der Eisenbahnstation aus auf der Landstraße mittelst Wagens zurückgelegt, so sind doch neben den Gebühren von je 13 Pfg. für Eisenbahnkilometer und von je 60 Pfg. für Wegkilometer auch noch die Nebenkosten für einmaligen Zu- und Abgang zu vollem Betrage von 3 M., und zwar je besonders für die Hinreise und für die Rückreise zu vergüten. (O.L.G. Jena v. 19. 10. 93, Walter R.A.G.O. S. 426).

6. Bei mehreren fahrbaren Straßen, welche an den Bestimmungsort führen, ist zur Berechnung der Reisekosten die kürzere derselben zu Grunde zu legen. Das gleiche ist bei mehreren Eisenbahnlinien oder Dampfschiffsrouten der Fall.

7. Die Auslagen für höhere Fuhrkosten sind auf Erfordern nachzuweisen.

8. Ein nicht zur Rechtsanwaltschaft zugelassener Rechtskundiger oder eine sonstige Person, welche den Rechtsanwalt in einem auswärtigen Termine vertritt, hat nicht die nur einem Rechtsanwalte zustehenden Auslagen des § 78 zu beanspruchen. Der Rechtsanwalt muß in einem solchen Falle gemäß der allgemeinen Regel nur denjenigen Betrag in Rechnung stellen, welchen er für die Reise seines Vertreters, sei es an denselben, sei es für denselben ausgelegt hat oder auszulegen verpflichtet ist, und welcher außerdem nach den gegebenen Voraussetzungen von dem Standpunkte eines anständigen und redlichen Beauftragten für angemessen, zu zweckentsprechender Auftragsausführung für nothwendig zu erachten ist.

Eine Ausnahme besteht nur für den nach § 25 d. R.A.O. aufgestellten Stellvertreter des an der Ausübung seiner Berufsthätigkeit überhaupt verhinderten Rechtsanwaltes. Dieser Stellvertreter hat, auch wenn er nicht zur Rechtsanwaltschaft zugelassen ist, dennoch Anspruch auf die vollen in § 78 bezeichneten Auslagen. (R.G. v. 9. 4. 88 Bd. 21 S. 349.)

9. Hinsichtlich der Erstattungsfähigkeit der Reisekosten siehe § 91 d. C.P.O. dann R.G. v. 9. 1. 85 Bd. 13 S. 313, v. 22. 9. 85 Bd. 14 S. 377 u. v. 4. 12. 87, J.W. 98 S. 40.

§ 79.

Die Fuhrkosten werden für die Hin- und Rückreise besonders berechnet.[1])

Hat ein Rechtsanwalt Geschäfte an verschiedenen Orten unmittelbar nach einander ausgerichtet, so ist der von Ort zu Ort zurückgelegte Weg ungetheilt der Berechnung der Fuhrkosten zu Grunde zu legen.

Bei einer Reise zur Ausführung der Aufträge mehrerer Auftraggeber findet die Vorschrift des § 3 entsprechende Anwendung.[2])

1. Dieselben Grundsätze gelten für die Reichsbeamten, für Gerichtsvollzieher (S. 183) und für Zeugen und Sachverständige (S. 167.)

2. Die Absätze 2 u. 3 entsprechen dem Grundsatze, daß Reisekosten, da sie Auslagen sind, nur soweit gefordert werden können, als die Reise wirklich stattgefunden hat. Bei Reisen, welche zur Ausführung der Aufträge mehrerer Auftraggeber gemacht sind, findet ferner § 3 entsprechende Anwendung. Ist die Reise nur nach einen Ort gemacht, so kann der Rechtsanwalt die Reisekosten nur einmal, und zwar von jedem seiner Auftraggeber fordern. Wie sich jedoch die Sache dann gestaltet, wenn der Rechtsanwalt auf einer Reise die Aufträge mehrerer Auftraggeber an verschiedenen Orten ausgeführt hat, wird sich aus folgendem, in den Motiven gegebenen Beispiele entnehmen lassen:

„Wenn ein in Berlin wohnhafter Rechtsanwalt, welcher im Auftrage des A eine Reise nach Potsdam, im Auftrage des B eine

Reise nach Magdeburg und im Auftrage des C eine Reise nach Stendal zu machen hat, diese Reise in einer Rundreise Berlin, Potsdam, Magdeburg, Stendal, Berlin erledigt, so stehen ihm an Fuhrkosten zu:

für die Reise von Berlin nach Potsdam	für	26,10 km
" " " " Potsdam nach Magdeburg	"	115,90 "
" " " " Magdeburg nach Stendal	"	58,73 "
" " " " Stendal nach Berlin	"	106,00 "
		306,73 = 307

Demnach für 307 × 13 = 39,91 Mk.; außerdem für jeden Ab- und Zugang 3 Mk., also 12 Mk., zusammen 51,91 Mk. Fuhrkosten. Hiezu treten Tagegelder mit 12 Mk. jeden Tag, desgleichen 5 Mk. für jedes Nachtquartier. Mehr als diesen Betrag kann er von seinen drei Auftraggebern *zusammen* nicht verlangen. Die Frage, wie viel er von *jedem einzelnen* verlangen kann, beantwortet sich nach § 3, wie folgt. Er kann an Fuhrkosten beanspruchen:

1. von A:

für die Hinreise nach Potsdam (26,1 oder)	27 km	
" " Rückreise	27 "	
	54 km =	7,02 Mk.
für 2 Ab- und Zugänge		6,— "
		S. 13,02 Mk.

2. von B.:

für die Hinreise nach Magdeburg	26,1 km		
	115,9 "	142 km	
für die Rückreise		142 "	
		284 km =	36,92 Mk.
für 2 Ab- und Zugänge			6,— "
			42,92 Mk.

3. von C.:

für die Hinreise nach Stendal .	106 km	
" " Rückreise	106 "	
	212 km =	27,56 Mk.
für 2 Ab- und Zugänge		6,— "
		33,56 Mk.

außerdem von jedem Auftraggeber an Tagegeldern und für Nachtquartier so viel, als er zu fordern gehabt haben würde, wenn er die Reise für denselben allein gemacht hätte. Gesetzt, er hätte auf der ganzen Reise 3 Tage und 2 Nächte zugebracht, und gesetzt ferner, er würde zu einzelnen Reisen für A und C nur je einen Tag, zu der für B aber 2 Tage und eine Nacht gebraucht haben, so würde er für die *ganze* Reise zusammen 51,91 + 46,— = 97,91 Mk. zu fordern haben, und er würde A in Höhe von 25,02 Mk., B in Höhe von 71,92 Mk. und C in Höhe von 45,56 Mk. in Anspruch nehmen können, jedoch mit der Maßgabe, daß, wenn z. B. B 71,92 Mk. gezahlt hätte, er von A und C zusammen nur noch den Rest von 25,99 Mk. fordern könnte. (Motive.)

§ 80.

Für Geschäfte am Wohnorte stehen dem Rechtsanwalte weder Tagegelder noch Fuhrkosten zu; dasselbe gilt von Geschäften außerhalb des Wohnortes in geringerer Entfernung als zwei Kilometer von demselben.[1])

War der Rechtsanwalt durch außergewöhnliche Umstände genöthigt, sich eines Fuhrwerks zu bedienen, oder waren sonstige nothwendige Unkosten, wie Brücken- oder Fährgeld aufzuwenden, so sind die Auslagen zu erstatten.[2])

Für einzelne Ortschaften kann durch die Landesjustizverwaltung bestimmt werden, daß den Rechtsanwälten bei den nicht an der Gerichtsstelle vorzunehmenden Geschäften die verauslagten Fuhrkosten zu erstatten sind.[3])

1. Abs. 1 stimmt mit der Vorschrift des § 6 der für die Reichsbeamten erlassenen Verordnung vom 21. Juni 1875 (R.G.Bl. S. 249), und in § 17 der Gebührenordnung für Gerichtsvollzieher (siehe S. 183) überein.

2. Nach Abs. 2 sind wirklich gemachte nothwendige Auslagen zu erstatten.

3. Abs. 3 gestattet der Landesjustizverwaltung Härten, zu welchen der Grundsatz des Abs. 1 in großen Städten führen kann, zu beseitigen.

§ 81.

Bei Berechnung der Entfernungen wird jedes angefangene Kilometer für ein volles Kilometer gerechnet.[1])

1. Vergleiche § 7 der für die Reichsbeamten erlassenen Verordnung vom 21. Juni 1875 (R.G.Bl. S. 249), § 17 der Gebührenordnung für Gerichtsvollzieher (siehe S. 183) und § 7 der Gebührenordnung für Zeugen- und Sachverständige (siehe S. 167).

§ 82.

Der Rechtsanwalt, welcher seinen Wohnsitz verlegt, kann bei Fortführung eines ihm vorher ertheilten Auftrags Tagegelder und Reisekosten nur insoweit verlangen, als sie ihm auch bei Beibehaltung seines Wohnsitzes zugestanden haben würden.[1])

1. Der § 82 regelt den Ausnahmefall, in welchem die Forderung von Reisekosten ausgeschlossen bezw. eingeschränkt sein soll. In den hier gedachten Fällen hängt die Verlegung des Wohnsitzes ledig-

lich von dem Willen des Rechtsanwalts ab, und soll deshalb die Partei dadurch einen Schaden nicht erleiden, wenn der Rechtsanwalt nach übernommenem Auftrage größere Auslagen veranlaßt, als solche bei Uebertragung desselben vorhergesehen werden konnten. Eine anderweite Regulierung der Reisevergütung im Wege des Vertrages bleibt hier wie sonst den Betheiligten vorbehalten. (Motive.) Vergleiche auch §§ 9, 18 d. R.A.O.

§ 83.

Hat ein Rechtsanwalt seinen Wohnsitz an einem Orte, an welchem sich kein Gericht befindet, so kann die Landesjustizverwaltung bestimmen, daß ihm Tagegelder und Reisekosten nur insoweit zustehen, als er solche auch verlangen könnte, wenn er seinen Wohnsitz an dem Orte des Amtsgerichts, in dessen Bezirk er wohnt, genommen hätte.[1])

1. Nach § 18 Abs. 3 d. R.A.O. kann die Landesjustizverwaltung einem bei einem Amtsgerichte zugelassenen Rechtsanwalte gestatten, an einem anderen Orte innerhalb seines Amtsgerichtsbezirkes seinen Wohnsitz zu nehmen. Die in §§ 18 Abs 3 u. 107 d. R.A.O. den Rechtsanwälten zugestandenen Vergünstigungen können dem rechtsuchenden Publikum nachtheilig werden. Deshalb soll die Landesjustizverwaltung bestimmen können, daß ein solcher Rechtsanwalt, der seinen Wohnsitz an einem Orte hat, an welchem sich kein Gericht befindet, Reisekosten nur insoweit erhalten soll, als er sie beanspruchen könnte, wenn er seinen Wohnsitz an dem Orte des Amtsgerichts genommen hätte, in dessen Bezirk er wohnt. (Motive.)

Sechster Abschnitt.

Einforderung von Gebühren und Auslagen.

§ 84.

Der Rechtsanwalt kann von seinem Auftraggeber angemessenen Vorschuß fordern.[1—3])

1. Wie hoch der Vorschuß sein dürfe, läßt sich in dem Gesetze nicht bestimmen. Daß der Rechtsanwalt nicht verpflichtet sein kann, Auslagen aus eigenen Mitteln zu machen, versteht sich von selbst. Er kann daher verlangen, daß ihm die Auslagen vorschußweise gezahlt werden. Was die Gebühren anlangt, so würde ein Vorschuß, welcher den vermuthlichen Betrag derselben überstiege, niemals als ein angemessener erachtet werden können. Welcher Betrag aber innerhalb dieser Grenze als angemessen sich darstellt, kann nur im einzelnen Falle beurtheilt werden. Es wird in der

Regel keinem Bedenken unterliegen, wenn der Rechtsanwalt bei dem Beginn eines Rechtsstreits die Prozeß- und die Verhandlungsgebühr, letztere, wenn eine Beendigung durch Versäumnißurtheil zu erwarten ist, zur Hälfte, als Vorschuß beansprucht. (Motive.)

2. Nach § 33 d. R.A.O. ist der beigeordnete Rechtsanwalt berechtigt, die Uebernahme der Vertretung davon abhängig zu machen, daß ihm ein nach den Vorschriften der Gebührenordnung zu bemessender Vorschuß bezahlt wird. (§ 38 a. a. O.)

3. Ein Vorschuß kann im Laufe des Verfahrens nach Verbrauchung des ersten auch neuerdings gefordert werden. (R.G. v. 8. 10. 81 Bd. 5 S. 415). Der Rechtsanwalt, welcher vom Gerichte in bürgerlichen Rechtsstreitigkeiten einer armen Partei als Vertreter beigeordnet oder in Strafsachen einem Angeklagten als Vertheidiger bestellt ist, ist nicht berechtigt, Zahlung eines Vorschusses zu verlangen. Der Rechtsanwalt kann auch von dem Ehemanne der von ihm im Armenrechte vertretenen Ehefrau einen Vorschuß dann nicht beanspruchen, wenn der Gegenstand des Rechtsstreites vermögensrechtliche Ansprüche des klagenden Ehemannes gegen die Ehefrau und der widerklagenden Ehefrau gegen den Ehemann bilden. (R.G. v. 12. 3. 96 Bd. 37 S. 370.) (Siehe auch Bürgerl. G.B. §§ 1387, 1388, 1415, 1416.)

Nach verschiedenen Erkenntnissen des Ehrengerichtshofes in Leipzig hat der Armenanwalt vorläufig ohne Entgelt Alles zu thun, was die Wahrnehmung der Rechte der armen Partei erfordert. (Siehe Näheres in Walter R.A.G.O. S. 435, Meyer S. 127.)

§ 85.

Dem Auftraggeber gegenüber werden die Gebühren des Rechtsanwaltes fällig, sobald über die Verpflichtung, dieselben zu tragen, eine Entscheidung ergangen ist, sowie bei Beendigung der Instanz oder bei Erledigung des Auftrags.[1][2])

1. Die Bestimmung des § 85 weicht von jener des § 93 d. G.K.G. (siehe S. 127) ab. Ueber Beendigung der Instanz siehe § 25. Die Vorschrift des § 788 d. C.P.O, daß die Kosten der Zwangsvollstreckung, also auch die betreffenden Anwaltsgebühren zugleich mit dem zur Zwangsvollstreckung stehenden Anspruch beizutreiben sind, wird durch § 85 nicht berührt. Vergleiche auch § 87 Abs. 3 über die Gebühr für Erhebung und Ablieferung von Geldern.

2. Hinsichtlich der Fälligkeit der Auslagen enthält das Gesetz keine Vorschrift. Es ist daher anzunehmen, daß dieselben der Rechtsanwalt sofort erstattet verlangen kann.

§ 86.

Die Einforderungen der Gebühren und Auslagen

ist nur zulässig, wenn vorher oder gleichzeitig eine von dem Rechtsanwalt unterschriebene Berechnung derselben mit Angabe des Werthes des Streitgegenstandes, sofern der Werth maßgebend, und unter Bezeichnung der zur Anwendung kommenden Bestimmungen dieses Gesetzes mitgetheilt wird.[1])

Die Mittheilung dieser Berechnung kann auch nach erfolgter Zahlung verlangt werden, solange nicht die Handakten zurückgenommen sind oder die Verpflichtung des Rechtsanwalts zur Aufbewahrung derselben erloschen ist. (Rechtsanwaltsordnung § 32.)[2])

1. Die Civilprozeßordnung enthält in den §§ 104, 105 nur Bestimmungen hinsichtlich des Verfahrens über die Erstattung der von dem Prozeßgegner geschuldeten Anwaltskosten, nicht aber über die Einforderung der Anwaltsgebühren von dem Auftraggeber. Demselben soll nach § 86 der Rechtsanwalt mit der Gebühreneinforderung eine von ihm unterschriebene Kostenaufstellung, welche den obigen Bestimmungen entspricht, mittheilen. Die Partei kann sogar wegen unvollständiger Rechnungsaufstellung die Zahlung verweigern und sich eventuell bei der zuständigen Aufsichtsbehörde, bei dem Vorstande der Anwaltskammer (§ 49 Nr. 1 d. R.A.O.) beschweren. (Siehe Motive.) Zahlt der Auftraggeber nicht freiwillig, so bleibt dem Rechtsanwalte nichts anderes übrig, als im ordentlichen Verfahren zu klagen. (Vergleiche C.P.O. §§ 13, ff. u. 34.)

2. Die Pflicht des Rechtsanwaltes, auch nach erfolgter Zahlung eine Rechnungsaufstellung mitzutheilen, erlischt nach Ablauf von fünf Jahren nach Beendigung des Auftrags und schon vor Beendigung dieses Zeitraums, wenn der Auftraggeber, zur Empfangnahme der Handakten aufgefordert, sie nicht binnen sechs Monaten nach erhaltener Aufforderung in Empfang genommen hat. (§ 32 d. R.A.O.)

Siebenter Abschnitt.

Schlußbestimmungen.

§ 87.

Für Erhebung und Ablieferung[1]) von Geldern erhält der Rechtsanwalt eine Gebühr:[2])

von 1 Mark für jedes angefangene Hundert des Betrags bis 1000 Mark;

von 50 Pfennig für jedes angefangene Hundert des weiteren Betrages bis 10,000 Mark;

von 25 Pfennig für jedes angefangene Hundert des Mehrbetrags.

Für Erhebung und Ablieferung von Werthpapieren[3]) erhält der Rechtsanwalt nach Maßgabe des Werthes die Hälfte der vorstehenden Gebühren.

Die Gebühr für Erhebung und Ablieferung von Geldern kann von diesen bei der Ablieferung entnommen werden.[4])

1. Voraussetzung ist, daß der Rechtsanwalt zur Erhebung und Ablieferung beauftragt ist. Ein solcher Auftrag ist jedoch in der Prozeßvollmacht nicht enthalten. Nimmt der Rechtsanwalt ohne Auftrag die erstrittene Hauptforderung vom Gegner an, so steht ihm hiefür die Gebühr nach § 87 nicht zu. Anders ist es hinsichtlich der Kosten, welche vom Gegner an den durch die Prozeßvollmacht zur Annahme ermächtigten Rechtsanwalt bezahlt werden. (Meyer R.AG.O. 2. Aufl. S. 121.)

2. Nicht für jede Empfangnahme und Ablieferung von Geld trifft die Vorschrift des § 87 zu. Das Gesetz hat nur den Fall im Auge, wo der Anwalt Gelder bezw. Werthpapiere, die seinem Klienten geschuldet werden, für diesen erhebt und an ihn abliefert, also eine Thätigkeit in Frage steht, die zum eigentlichen Prozeßbetriebe nicht gehört. Im Hinblick auf letzteren Umstand ist es auch richtig, wenn in den Motiven zu obiger Gesetzesbestimmung bemerkt ist, es sei nicht zu unterscheiden, ob die Erhebung im Prozesse oder außerhalb desselben gemacht worden sei, da die Thätigkeit des Rechtsanwalts wesentlich dieselbe sei. Es erscheint nun unstatthaft, besagte Ausnahmebestimmungen des § 87 auf Fälle anzuwenden, wo der Anwalt Geld oder Werthpapiere zu prozessualen Zwecken, (Ermöglichung der Rechtsverfolgung § 110 d. C.P.O., Herbeiführung der vorläufigen Vollstreckbarkeit des Urtheils § 713 d. C.P.O.) u. A. für seinen Klienten hinterlegte, welche Fälle nicht blos im Wortlaute des § 87 nicht begriffen, sondern auch, als den Prozeßbetrieb betreffend, ihrer Natur nach vom Falle des § 87 wesentlich verschieden sind. Es darf nicht gefolgert werden, weil das Gesetz in einem Falle für eine gewisse Thätigkeit des Anwalts eine gewisse Gebühr bewillige, müsse es auch dem Willen desselben entsprechen, für eine ähnliche Thätigkeit in einem anderen Falle dieselbe Gebühr zu gewähren. (R.G. v. 12. 1. 83 Bd. 8 S. 373, v. 4. 3. 83 Bd. 9 S. 329 u. v. 26. 9. 83 Bd. 11 S. 364.) Anderer Ansicht ist Walter III. Aufl. S. 442, Meyer S. 131.

Es kann auch der Rechtsanwalt keine Gebühr beanspruchen für Erlage eines Gebühren- oder Auslagenvorschusses, sowie der Gerichtskosten bei Gericht.

Bezüglich der Erstattungspflicht der Gebühr nach § 87 ist die Bestimmung in § 91 Abs. 1 d. C.P.O. maßgebend. Es ist nicht ausgeschlossen, daß der Rechtsanwalt, wenn er eine Summe in verschiedenen Theilen, z. B. von verschiedenen Personen erhoben, aber zusammen abgeliefert hat, oder wenn er einen erhobenen Geldbetrag in verschiedenen Theilen, z. B. an verschiedene Personen abgeliefert hat, die Gebühr für jeden Theil besonders beanspruchen kann. (Motive.)

3. Bei Werthpapieren ist der wirkliche Werth, sonach eventuell der Kurswerth maßgebend. (Motive.)

Zu denselben zählen nicht Schuldurkunden und Legitimationspapiere z. B. ein Interimsschein einer Sparkasse über ein bei derselben belegtes Kapital, sondern nur solche Urkunden, welche Träger der Forderung selbst sind und als solche einen bestimmten Werth haben. (R.G. v. 12. 1. 83 Bd. 8 S. 375.)

4. Diese Bestimmung kann nur bei Geldern, nicht bei Werthpapieren Anwendung finden.

§ 88.

Für die Ausarbeitung eines Gutachtens[1]) mit juristischer Begründung hat der Rechtsanwalt angemessene Vergütung zu beanspruchen. Ueber die Höhe der Vergütung wird im Prozeßwege, nach eingeholtem Gutachten des Vorstandes der Anwaltskammer, entschieden.[2])

1. Wenn das Gesetz von „Ausarbeitung eines Gutachtens mit juristischer Begründung“ spricht, so ist damit die Unterscheidung von einem schriftlichen Rath hinreichend klar ausgedrückt. Uebrigens würde auch der Prozeßbevollmächtigte für ein derartiges Gutachten, welches er im Laufe des Prozesses auf Verlangen seines Vollmachtgebers ausarbeitet, eine besondere Gebühr nach § 88 fordern können, da die Prozeßgebühr, die Vergütung für eine solche ausnahmsweise Arbeit zu gewähren, nicht bestimmt ist. (Motive.)

2. Darunter ist der Vorstand der Anwaltskammer zu verstehen, welcher der betreffende Rechtsanwalt als Mitglied angehört.

§ 89.

Ist für das dem Rechtsanwalt übertragene Geschäft der Betrag der Gebühr in diesem Gesetze nicht bestimmt, so erhält er eine unter entsprechender Anwendung der Bestimmungen dieses Gesetzes zu bemessende Gebühr.[1])[2])

1. Die Aufzählung der Fälle, in welchen der § 89 Anwendung finden kann, würde zu weit führen.

Schlimmstenfalls wird, wenn eine zur Anwendung geeignete Bestimmung sich nicht finden lassen sollte, wie im Falle des § 88, eine für die aufgewendete Thätigkeit angemessene Vergütung zu bewilligen sein. Vergleiche auch Note 2 von § 88.

Ueber Anwendung des § 89 hinsichtlich der Gebühren (§ 23) in einem Verfahren zwischen Litisdenuncianten und Litisdenunciaten siehe R.G. v. 3. 9. 80 Bd. 4 S. 359.

2. Die Vorschrift des § 8, daß die Gebühr nicht weniger als 1 M. beträgt, findet auf eine nach § 89 zuzubilligende Gebühr keine Anwendung.

§ 90.

Insofern in diesem Gesetze für die begonnene oder vorbereitete Ausführung eines vor der vollständigen Ausführung erledigten Auftrags eine Gebühr nicht vorgesehen ist, erhält der Rechtsanwalt eine nach Maßgabe des § 89 zu bemessende Gebühr.[1])

1. § 90 enthält eine Anwendung des in § 89 getroffenen subsidiären Grundsatzes für die Fälle, in welchen ein Auftrag ertheilt, die Ausführung auch schon begonnen, aber nicht beendigt ist, weil sich der Auftrag selbst aus irgend welchen Gründen erledigt hat. Für einzelne Fälle dieser begonnenen Thätigkeit des Rechtsanwalts hat das Gesetz selbst Vorsorge treffen können, so in § 14 bezüglich der Prozeßgebühr. Diese Fälle gänzlich zu erschöpfen, war aber nicht thunlich. Der Entwurf schlug daher im Hinblick auf § 89 vor, daß auch für die begonnene, aber unerledigt gebliebene Ausführung eines Geschäftes dem Rechtsanwalte eine nach der verwendeten Zeit berechnete Belohnung gewährt werde, doch darf dieselbe nicht diejenige Gebühr übersteigen, welche im Falle der vollständigen Ausführung des Auftrages begründet gewesen wäre. (Motive.)

§ 91.

Die Vorschriften dieses Gesetzes finden entsprechende Anwendung:

1. im schiedsrichterlichen Verfahren;[1])
2. im Verfahren wegen Nichtigkeitserklärung oder Zurücknahme eines Patents;[2])
3. im Disciplinarverfahren nach Maßgabe des Gesetzes, betreffend die Rechtsverhältnisse der Reichsbeamten, vom 31. März 1873 (Reichsgesetzbl. S. 61);
4. im ehrengerichtlichen Verfahren gegen Rechtsanwälte;
5. bei der Untersuchung von Seeunfällen.[3])

Für die Berechnung der Gebühren des im schiedsrichterlichen Verfahren als Prozeßbevollmächtigten bestellten Rechtsanwalts gilt das gerichtliche Verfahren im Falle des § 1036 der Civilprozeßordnung als zum schiedsrichterlichen Verfahren gehörig.

Das Verfahren vor der Disziplinarkammer, vor

dem Ehrengericht und vor dem Seeamte steht im Sinne des § 63 dem Verfahren vor der Strafkammer gleich.[4])

1. Das schiedsrichterliche Verfahren (§§ 1025—1048 d. C.P.O.) zählt im Sinne dieses Gesetzes zu den bürgerlichen Rechtsstreitigkeiten. Die angezogene Gesetzesbestimmung, § 1036 d. C.P.O., handelt nur von der Vornahme der für erforderlich erachteten richterlichen Handlungen. Für die Thätigkeit in dem Verfahren über die Anordnung dieser vorerwähnten Handlungen (§ 1045 d. C.P.O.) hat der Rechtsanwalt, soferne er nicht Prozeßbevollmächtigter ist, die Gebühr des § 22 anzusprechen.

2. Das Verfahren wegen Nichtigkeitserklärung oder Zurücknahme eines Patents, für welches das kaiserliche Patentamt und in der Berufungsinstanz das Reichsgericht zuständig ist, ist ein förmlich kontradiktorisches und lehnt sich an das Verfahren der Civilprozeßordnung an. (Motive.) Vergleiche auch § 26 d. R.A.O.

3. Die Verfahren nach Abs. 1 Nr. 3 bis 5 u. Abs. 3 sind dem Strafverfahren ähnlich und analog.

4. Zu den in § 91 aufgeführten Sachen sind durch das spätere Gesetz über die Konsulargerichtsbarkeit v. 10. Juli 1879 (R. G.Bl. S. 197 ff.) noch die der Konsulargerichtsbarkeit zugewiesenen Sachen hinzugekommen, soweit auf dieselben die Prozeßordnungen Anwendung finden und die Gebühren nicht durch Ortsgebrauch geregelt sind.

§ 92.

Fällt eine dem Rechtsanwalt aufgetragene Thätigkeit, für welche ihm nach Vorschrift dieses Gesetzes eine Vergütung zusteht, zugleich in den Kreis derjenigen Angelegenheiten, in welchen die den Rechtsanwälten zustehende Vergütung durch landesgesetzliche Vorschrift geregelt ist, so kommt, soweit die Anwendung beider Vorschriften zu einer zweifachen Vergütung derselben Thätigkeit führen würde, nur eine derselben, und zwar die dem Rechtsanwalt günstigere zur Anwendung.[1])

1. Die Vorschrift des § 92 schließt eine doppelte Vergütung aus. Doch ist es eine Frage thatsächlicher Natur, ob durch die Anwendung beider Vorschriften dieselbe Thätigkeit zweifach vergütet erscheinen würde. Insoferne diese Frage im einzelnen Falle zu verneinen ist, steht der Anwendung beider Vorschriften nichts im Wege, denn in einem solchen Falle liegt nur scheinbar eine Thätigkeit vor, die Leistung des Anwalts sondert sich vielmehr nach Ziel und Gegenstand in zwei Leistungen. (Motive.)

§ 93.

Sofern der Rechtsanwalt nicht einer Partei zur Wahrnehmung ihrer Rechte beigeordnet oder als Vertheidiger bestellt ist, kann der Betrag der Vergütung durch Vertrag abweichend von den Vorschriften dieses Gesetzes festgesetzt werden. Die Festsetzung durch Bezugnahme auf das Ermessen eines Dritten ist ausgeschlossen.[1])

Der Auftraggeber ist an den Vertrag nur gebunden, soweit er denselben schriftlich abgeschlossen hat.[2])

Der Auftraggeber kann eine Berechnung der gesetzlichen Vergütung nach Maßgabe des § 86 verlangen.[3])

Hat der Rechtsanwalt durch den Vertragsschluß die Grenze der Mäßigung überschritten, so kann die durch Vertrag festgesetzte Vergütung im Prozeßwege, nach eingeholtem Gutachten des Vorstandes der Anwaltskammer, bis auf den in diesem Gesetze bestimmten Betrag herabgesetzt werden.[4])

1. Nothwendig ist, daß aus dem Vertrage sich der Betrag der Vergütung ergeben muß. Nothwendig ist jedoch nicht, daß der Betrag im Vertrage selbst ziffermäßig zum Ausdruck gebracht ist, er kann beispielsweise auch auf einen Prozentsatz oder auf eine bestimmte Summe über den Betrag der gesetzlichen Gebühren vereinbart werden. Dagegen kann die Festsetzung der Vergütung dem Ermessen eines Dritten nicht überlassen werden. Eine derartige Vereinbarung würde nicht ausschließen, daß die im Gesetze bestimmten Beträge maßgebend bleiben. (Motive.)

Die Vergütung umfaßt Gebühren und Auslagen.

Der Vertrag kann bei der Annahme des Auftrages als auch nachher im Laufe des Verfahrens abgeschlossen werden.

Eine Beschränkung im Gegenstande des Vertrages durch Abschluß des palmarium und der quota litis erschien praktisch ohne Werth, weil sie leicht zu umgehen ist. Es kann die Festsetzung sowohl höher als niedriger sein, als die Vorschriften dieses Gesetzes bestimmen. (Motive.)

2. Das Gesetz hat die Schriftform als Schutzmittel gegen den Mißbrauch der Vertragsfreiheit im Interesse der Parteien für erforderlich erachtet. Es soll deshalb der Auftraggeber nur dann an den Vertrag gebunden sein, soweit er denselben schriftlich abgeschlossen hat. Der Rechtsanwalt hingegen ist durch seine mündliche Zusage gebunden. (Meyer R.A.G.O. S. 140.)

3. Eine Berechnung der gesetzlichen Vergütung nach § 86 kann für den Auftraggeber dann von Bedeutung sein, wenn es sich um Erstattung der gesetzlichen Vergütung von einem Andern handelt (vergleiche § 94).

4. Die Herabsetzung ist erst nach Einholen eines Gutachtens des Vorstandes der Anwaltskammer, welcher der Rechtsanwalt angehört, zulässig. Die Entscheidung des Richters erfolgt aber trotzdem nach freiem Ermessen.

Die vertragsweise Bestimmung eines Extrahonorars ist statthaft. Hingegen zieht ein generelles Paktiren unter der Taxe ehrengerichtliche Bestrafung nach sich. (Vergleiche hiezu die Erläuterungen in Meyer R.A.G.O. S. 141, Walter S. 460 ff.)

§ 94.

Für das Verhältniß des Auftraggebers oder des Rechtsanwalts zu dem Erstattungspflichtigen kommt die vertragsmäßige Festsetzung der Vergütung (§ 93) nicht in Betracht.[1])

1. Der erstattungspflichtige Gegner soll nicht vom Belieben des andern Theils abhängen, sondern gegen die Folgen der vertragsmäßigen Festsetzung höherer Gebühren gesichert sein. (Motive.) Vergleiche § 91 d. C.P.O. und §§ 499, 501, 507 d. St.P.O.

Anhang.

Von den Landesgesetzen.

Soweit durch die Gebührenordnung nach § 1 derselben die entsprechenden Bestimmungen der Landesgesetze nicht aufgehoben sind, haben die Landesgesetze ihre Gültigkeit beibehalten. In mehreren Bundesstaaten wurden jedoch durch die Landesgesetzgebung die Bestimmungen der Gebührenordnung in größerem oder kleinerem Umfange auch für die Thätigkeit der Rechtsanwälte hinsichtlich solcher Fälle als maßgebend erklärt, welche durch dieselbe nicht betroffen werden.

Nachstehend folgt eine kurze Zusammenstellung der partikulären Gesetze und Verordnungen, durch welche das Gebührenwesen der Rechtsanwälte in den einzelnen Bundesstaaten geregelt ist. Da jedoch mit Rücksicht auf die Einführung des bürgerlichen Gesetzbuches sammt seinen Nebengesetzen auch die landesgesetzlichen Gesetze theils aufgehoben, theils abgeändert werden, somit auch die bisher in dieser Richtung maßgebenden Gesetze eine theilweise Aenderung erfahren dürften, beschränkte man sich auf eine nur kurze Aufzählung derselben.

I. Preußen.

1. Ausführungsgesetz zur deutschen Gebührenordnung für Rechtsanwälte vom 2. Febr. 1880. (Gesetzessammlung S. 43.) Nach demselben findet die deutsche Gebührenordnung für Rechtsanwälte entsprechende Anwendung auf die vor besondere Gerichte gehörigen Rechtssachen, bezüglich deren das Verfahren durch Civil- oder Strafprozeßordnung geregelt ist, dann auf Forstdiebstahl und Disciplinarsachen, ferner auf das Verfahren in der nichtstreitigen Gerichtsbarkeit und das Zwangsvollstreckungsverfahren in das unbewegliche Vermögen.

2. Gesetz über die allgemeine Landesverwaltung vom 30. Juli 1883 (Gesetzessammlung S. 195). Dieses Gesetz bestimmt, daß im Verwaltungsstreitverfahren die Gebühren der Rechtsanwälte, wie dieselben vor den ordentlichen Gerichten geregelt sind, Anwendung zu finden haben.

II. Bayern.

1. Die Verordnung, die Gebühren der Rechtsanwälte betreffend, vom 25. September 1879. (Gesetz-

und Verordnungsblatt S. 1295.) Nach derselben findet die Reichsgebührenordnung für Rechtsanwälte entsprechende Anwendung in dem landesgesetzlich geregelten Verfahren bürgerlicher Rechtsstreitigkeiten und Strafsachen, so in der Zwangsvollstreckung in das unbewegliche Vermögen wegen Geldforderungen, bei der Vollziehung des Arrestes in das unbewegliche Vermögen, im erbschaftlichen Liquidationsprozeß und in Ehesachen. Ferner in den Beschwerdesachen der nichtstreitigen Rechtspflege.

2. Besondere Vorschriften sind für die Pfalz erlassen.

III. Sachsen.

Gesetz, betreffend die Kosten der Zwangsversteigerung und der Zwangsverwaltung unbeweglicher Sachen vom 18. August 1884 (Gesetz- und Verordnungsblatt S. 284—291). Durch dasselbe werden die Vorschriften der Gebührenordnung für Rechtsanwälte theilweise als maßgebend bestimmt.

IV. Württemberg.

1. Verordnung, betreffend die Vergütung für die Berufsthätigkeit der Rechtsanwälte im Verfahren vor den Gemeindegerichten und bei der Zwangsvollstreckung in unbewegliches Vermögen v. 27. Sept. 1879 (Regierungsblatt S. 406). Nach derselben sind die Bestimmungen der Reichsgebührenordnung für Rechtsanwälte auf die vorgenannten Verfahren maßgebend.

2. Bezüglich der Angelegenheiten der freiwilligen Gerichtsbarkeit verblieb es bei den bestehenden Vorschriften.

V. Baden.

1. Verordnung, die Gebühren der Rechtsanwälte betreffend vom 16. Septbr. 1879 (Gesetz- u. Verordnungsblatt S. 687). Nach derselben findet die Reichsgebührenordnung für Rechtsanwälte entsprechende Anwendung in denjenigen Rechtssachen, welche vor besonderen Gerichten oder in besonderem Verfahren zu verhandeln sind.

2. Für die Vergütung der Thätigkeit in der freiwilligen Gerichtsbarkeit sind besondere Gebühren festgesetzt worden.

VI. Hessen.

a. Verordnung vom 27. Aug. 1883, die Gebühren der Rechtsanwälte betreffend (R.G.Bl. S. 89). Gemäß derselben findet die deutsche Gebührenordnung für Rechtsanwälte entsprechende Anwendung:

1. in den vor besondere Gerichte gehörigen Rechtssachen, auf welche die deutschen Prozeßordnungen Anwendung finden;
2. in Forst- und Feldrügesachen;
3. im Disziplinarverfahren;

ferner in denjenigen zur streitigen Gerichtsbarkeit gehörigen Angelegenheiten, auf welche die deutschen Prozeßordnungen nicht Anwendung finden, sowie in dem Hypothekenreinigungs- und Uebergebotsverfahren.

b. Für die nichtstreitige Gerichtsbarkeit und für die Verwaltungs- und verwaltungsgerichtlichen Angelegenheiten sind besondere Gebühren festgesetzt worden.

VII. Mecklenburg-Schwerin und -Strelitz.

Verordnung zur Ausführung der Gebührenordnung für Rechtsanwälte vom 22. Sept. 1879 (Mecklenburg-Schwerin Rgbl. S. 541; Mecklenburg-Strelitz und Lauenburg, Offiz. Anz. S. 627 bezw. 507).

Nach derselben findet die Reichsgebührenordnung für Rechtsanwälte entsprechende Anwendung in dem Verfahren der streitigen Gerichtsbarkeit vor besonderen Gerichten, in Forstfrevelsachen, in polizeilichen Strafverfügungen und Strafbescheiden der Verwaltungsbehörden, in Feldfrevelsachen, in Disziplinarsachen, in Kompetenzkonfliktssachen, bei Zwangsvollstreckungen in das unbewegliche Vermögen, bei Arresten in dasselbe und in Aufgebotssachen, sowie auch auf dem Gebiete der nichtstreitigen Gerichtsbarkeit.

VIII. Braunschweig.

Gesetz, die für die Berufsthätigkeit der Rechtsanwälte außerhalb der deutschen Gebührenordnung für Rechtsanwälte zu gewährenden Vergütungen betreffend, vom 24. März 1882 (Gesetz- und Verordnungssammlung S. 45).

Die deutsche Gebührenordnung für Rechtsanwälte findet entsprechende Anwendung:

1. in prozessualisch zu verhandelnden Sachen:
vor dem Gerichtshofe zur Entscheidung von Kompetenzstreitigkeiten,
vor der Deputation für Heimathssachen,
vor der kollegialen Gewerbebehörde,
vor den Gewerbegerichten und
vor anderen zur Abgabe von Entscheidungen auf Grund eines kontradiktorischen Verfahrens berufenen, nicht zu den ordentlichen Gerichten gehörenden Behörden.
2. im Verfahren, die Zwangsvollstreckung in das unbewegliche Vermögen wegen Geldforderungen betreffend.

IX. Anhalt.

Ausführungsgesetz zur deutschen Gebührenordnung für Rechtsanwälte, vom 25. März 1880 (Gesetzessammlung S. 35).

Die deutsche Gebührenordnung für Rechtsanwälte findet entsprechende Anwendung:

1. in den vor besondere Gerichte gehörigen Rechtssachen, auf welche die deutschen Prozeßordnungen Anwendung finden;

2. in Forstdiebstahlssachen;
3. in Disziplinarsachen gegen Beamte und Notare;
4. in Auseinandersetzungssachen;
5. in den Streitsachen der Armenverbände;
6. im Verwaltungsstreitverfahren;
7. im schiedsrichterlichen Verfahren in streitigen Verwaltungssachen;
8. in den streitigen Angelegenheiten einschließlich der Zwangsvollstreckungen, soweit die deutschen Prozeßordnungen nicht Anwendung finden.

X. Lippe.

Ausführungsgesetz zur deutschen Gebührenordnung für Rechtsanwälte, vom 12. Februar 1880 (Gesetzessammlung S. 45).

Nach demselben sind die Auslagen der Rechtsanwälte in denjenigen Angelegenheiten, auf welche die deutsche Gebührenordnung für Rechtsanwälte keine Anwendung findet, nach den §§ 76 bis 83 der letzteren zu berechnen.

In allen übrigen Beziehungen verbleibt es in Ansehung der von jenem Gesetze nicht betroffenen Angelegenheiten bei der revidirten Taxordnung für die Geschäfte der Rechtsanwälte v. 15. Juni 1864. (Gesetzes-Sammlung S. 589.)

XI. Bremen.

Gesetz, betreffend die Ausführung des Gerichtskostengesetzes und der Gebührenordnungen für Rechtsanwälte, für Gerichtsvollzieher und für Zeugen und Sachverständige, vom 21. Sept. 1879 (Gesetzblatt S. 327).

Die deutsche Gebührenordnung für Rechtsanwälte findet entsprechende Anwendung:

auf das Aufgebotsverfahren behufs Kraftloserklärung von Urkunden;

auf das Beschwerdeverfahren in Sachen der freiwilligen Gerichtsbarkeit;

auf das erbschaftliche Liquidationsverfahren und

auf das Nachlaßverfahren in Gemäßheit des § 51 und der §§ 62—64 des Ausführungsgesetzes zum Gerichtskostengesetze u. s. w.

2. Gesetz, betreffend die Zwangsvollstreckung wegen Geldforderungen in Schiffe, gerichtliche Schiffsverkäufe und Arrest in Schiffe, vom 15. Dezbr. 1887 (Gesetzblatt S. 162 ff. 175, 176.) Nach demselben finden die §§ 2 bis 12, 76, 84 bis 87, 89, 90, 93, 94 der Gebührenordnung für Rechtsanwälte entsprechende Anwendung.

XII. Elsaß-Lothringen.

Gesetz, betreffend die Ausführung des Gerichtskostengesetzes und der Gebührenordnungen für Rechtsanwälte, für Gerichtsvollzieher und für Zeugen und Sachverständige, vom 3. April 1880 (Gesetzblatt S. 58 ff.).

Die deutsche Gebührenordnung für Rechtsanwälte findet entsprechende Anwendung:

in den zur streitigen Gerichtsbarkeit gehörigen Angelegenheiten, welche vor besonderen Gerichten oder in besonderem Verfahren zu verhandeln sind;

in den zur streitigen Gerichtsbarkeit nicht gehörigen Angelegenheiten, in welchen es sich um Entscheidungen handelt,

in allen sonstigen Angelegenheiten, welche nicht unter das Gerichtskostengesetz fallen oder zu den vorerwähnten Verfahren gehören;

im Hypotheken-Reinigungsverfahren;

im Vertheilungsverfahren, welches den Erlös von unbeweglichem Vermögen zum Gegenstande hat;

in Verlassenschaften und bei der Erklärung des Verzichtes auf eine Gütergemeinschaft.

Tabelle I.

Gebühren für Erhebung und Ablieferung von Geldern und Werthpapieren.

Betrag		Gebühr		Betrag		Gebühr	
über	bis einschließlich	bei Geldern	bei Werthpapieren	über	bis einschließlich	bei Geldern	bei Werthpapieren
ℳ	ℳ	ℳ ₰	ℳ ₰	ℳ	ℳ	ℳ ₰	ℳ ₰
—	— 100	1.—	—.50	3700—	3800	24.—	12.—
100—	200	2.—	1.—	3800—	3900	24.50	12.25
200—	300	3.—	1.50	3900—	4000	25.—	12.50
300—	400	4.—	2.—	4000—	4100	25.50	12.75
400—	500	5.—	2.50	4100—	4200	26.—	13.—
500—	600	6.—	3.—	4200—	4300	26.50	13.25
600—	700	7.—	3.50	4300—	4400	27.—	13.50
700—	800	8.—	4.—	4400—	4500	27.50	13.75
800—	900	9.—	4.50	4500—	4600	28.—	14.—
900—	1000	10.—	5.—	4600—	4700	28.50	14.25
1000—	1100	10.50	5.25	4700—	4800	29.—	14.50
1100—	1200	11.—	5.50	4800—	4900	29.50	14.75
1200—	1300	11.50	5.75	4900—	5000	30.—	15.—
1300—	1400	12.—	6.—	5000—	5100	30.50	15.25
1400—	1500	12.50	6.25	5100—	5200	31.—	15.50
1500—	1600	13.—	6.50	5200—	5300	31.50	15.75
1600—	1700	13.50	6.75	5300—	5400	32.—	16.—
1700—	1800	14.—	7.—	5400—	5500	32.50	16.25
1800—	1900	14.50	7.25	5500—	5600	33.—	16.50
1900—	2000	15.—	7.50	5600—	5700	33.50	16.75
2000—	2100	15.50	7.75	5700—	5800	34.—	17.—
2100—	2200	16.—	8.—	5800—	5900	34.50	17.25
2200—	2300	16.50	8.25	5900—	6000	35.—	17.50
2300—	2400	17.—	8.50	6000—	6100	35.50	17.75
2400—	2500	17.50	8.75	6100—	6200	36.—	18.—
2500—	2600	18.—	9.—	6200—	6300	36.50	18.25
2600—	2700	18.50	9.25	6300—	6400	37.—	18.50
2700—	2800	19.—	9.50	6400—	6500	37.50	18.75
2800—	2900	19.50	9.75	6500—	6600	38.—	19.—
2900—	3000	20.—	10.—	6600—	6700	38.50	19.25
3000—	3100	20.50	10.25	6700—	6800	39.—	19.50
3100—	3200	21.—	10.50	6800—	6900	39.50	19.75
3200—	3300	21.50	10.75	6900—	7000	40.—	20.—
3300—	3400	22.—	11.—				
3400—	3500	22.50	11.25	bis 10000 ℳ		(je 50 ₰)	(je 25 ₰)
3500—	3600	23.—	11.50	von 10100 ℳ an		(je 25 ₰)	(je 50 ₰)
3600—	3700	23.50	11.75				

Tabelle II.

Bürgerliche Rechtsstreitigkeiten und Konkurssachen.

I. und II. Instanz.

Werthsklasse	Gegenstandssumme von mehr als	bis einschließlich	10/10 § 9, § 13, Z. 1, 2, 3 Prozeß-Verhandlungs- u. Vergleichsgebühr § 37 Abs. 3, § 56	6/10 § 19, Urkunden- und Wechselprozeß § 55 Satz 1	5/10 § 13 Z. 4 Beweisgebühr, § 14 Abs. 1 § 16 Abs. 1 §§ 18, 20, 21, 22, 39 Satz 1 § 54.	4/10 § 55 Satz 2.	3/10 §§ 23, 37, Abs. 1, § 38 N. 1, § 39 Satz 2, §§ 40, 41 u. 47.	2/10 §§ 24, 38, N. 2 und 3 § 57	Revisionsinstanz § 52 13/10	Revisionsinstanz § 52 78/100
	ℳ	ℳ	ℳ ₰	ℳ ₰	ℳ ₰	ℳ ₰	ℳ ₰	ℳ ₰	ℳ ₰	ℳ ₰
1	1—	20	2.—	1.20	1.—	0.80	0.60	0.40	2.60	1.56
2	20—	60	3.—	1.80	1.50	1.20	0.90	0.60	3.90	2.34
3	60—	120	4.—	2.40	2.—	1.60	1.20	0.80	5.20	3.12
4	120—	200	7.—	4.20	3.50	2.80	2.10	1.40	9.10	5.46
5	200—	300	10.—	6.—	5.—	4.—	3.—	2.—	13.—	7.80
6	300—	450	14.—	8.40	7.—	5.60	4.20	2.80	18.20	10.92
7	450—	650	19.—	11.40	9.50	7.60	5.70	3.80	24.70	14.82
8	650—	900	24.—	14.40	12.—	9.60	7.20	4.80	31.20	18.72
9	900—	1200	28.—	16.80	14.—	11.20	8.40	5.60	36.40	21.84
10	1200—	1600	32.—	19.20	16.—	12.80	9.60	6.40	41.60	24.96
11	1600—	2100	36.—	21.60	18.—	14.40	10.80	7.20	46.80	28.08
12	2100—	2700	40.—	24.—	20.—	16.—	12.—	8.—	52.—	31.20
13	2700—	3400	44.—	26.40	22.—	17.60	13.20	8.80	57.20	34.32
14	3400—	4300	48.—	28.80	24.—	19.20	14.40	9.60	62.40	37.44
15	4300—	5400	52.—	31.20	26.—	20.80	15.60	10.40	67.60	40.56
16	5400—	6700	56.—	33.60	28.—	22.40	16.80	11.20	72.80	43.68

17	6700— 8200	60.—	36.—	30.—	24.—	18.—	12.—	78.—	46.80
18	8200—10000	64.—	38.40	32.—	25.60	19.20	12.80	83.20	49.92
19	10000—12000	68.—	40.80	34.—	27.20	20.40	13.60	88.40	53.04
20	12000—14000	72.—	43.20	36.—	28.80	21.60	14.40	93.60	56.16
21	14000—16000	76.—	45.60	38.—	30.40	22.80	15.20	98.80	59.28
22	16000—18000	80.—	48.—	40.—	32.—	24.—	16.—	104.—	62.40
23	18000—20000	84.—	50.40	42.—	33.60	25.20	16.80	109.20	65.52
24	20000—22000	88.—	52.80	44.—	35.20	26.40	17.60	114.40	68.64
25	22000—24000	92.—	55.20	46.—	36.80	27.60	18.40	119.60	71.76
26	24000—26000	96.—	57.60	48.—	38.40	28.80	19.20	124.80	74.88
27	26000—28000	100.—	60.—	50.—	40.—	30.—	20.—	130.—	78.—
28	28000—30000	104.—	62.40	52.—	41.60	31.20	20.80	135.20	81.12
29	30000—32000	108.—	64.80	54.—	43.20	32.40	21.60	140.40	84.24
30	32000—34000	112.—	67.20	56.—	44.80	33.60	22.40	145.60	87.36
31	34000—36000	116.—	69.60	58.—	46.40	34.80	23.20	150.80	90.48
32	36000—38000	120.—	72.—	60.—	48.—	36.—	24.—	156.—	93.60
33	38000—40000	124.—	74.40	62.—	49.60	37.20	24.80	161.20	96.72
34	40000—42000	128.—	76.80	64.—	51.20	38.40	25.60	166.40	99.84
35	42000—44000	132.—	79.20	66.—	52.80	39.60	26.40	171.60	102.96
36	44000—46000	136.—	81.60	68.—	54.40	40.80	27.20	176.80	106.08
37	46000—48000	140.—	84.—	70.—	56.—	42.—	28.—	182.—	109.20
38	48000—50000	144.—	86.40	72.—	57.60	43.20	28.80	187.20	112.32
39	50000—52000	147.—	88.20	73.50	58.80	44.10	29.40	191.10	114.66
40	52000—54000	150.—	90.—	75.—	60.—	45.—	30.—	195.—	117.—
41	54000—56000	153.—	91.80	76.50	61.20	45.90	30.60	198.90	119.34
42	56000—58000	156.—	93.60	78.—	62.40	46.80	31.20	202.80	121.68
43	58000—60000	159.—	95.40	79.50	63.60	47.70	31.80	206.70	124.02
44	60000—62000	162.—	97.20	81.—	64.80	48.60	32.40	210.60	126.36
45	62000—64000	165.—	99.—	82.50	66.—	49.50	33.—	214.50	128.70
46	64000—66000	168.—	100.80	84.—	67.20	50.40	33.60	218.40	131.04

Werthsklasse	Gegenstandssumme von mehr als	bis einschließlich	10/10 § 9, § 13 Z. 1, 2, 3 Prozeß-Verhandlungs- u. Vergleichsgebühr, § 37 Abs. 3, § 56	6/10 § 19 Urkunden- und Wechselprozeß, § 55 Satz 1	5/10 § 13 Z. 4 Beweisgebühr, § 14 Abs. 1, § 16 Abs. 1, §§ 18, 20, 21, 22, 39 Satz 1, § 54	4/10 § 55 Satz 2	3/10 §§ 23, 37 Abs. 1, § 38 N. 1, § 39 Satz 2, §§ 40, 41 u. 47	2/10 §§ 24, 38 N. 2 u. 3, § 57	Revisionsinstanz 13/10	Revisionsinstanz 78/100
	ℳ	ℳ	ℳ ₰	ℳ ₰	ℳ ₰	ℳ ₰	ℳ ₰	ℳ ₰	ℳ ₰	ℳ ₰
47	66000—	68000	171.—	102.60	85.50	68.40	51.30	34.20	222.30	133.38
48	68000—	70000	174.—	104.40	87.—	69.60	52.20	34.80	226.20	135.72
49	70000—	72000	177.—	106.20	88.50	70.80	53.10	35.40	230.10	138.06
50	72000—	74000	180.—	108.—	90.—	72.—	54.—	36.—	234.—	140.40
51	74000—	76000	183.—	109.80	91.50	73.20	54.90	36.60	237.90	142.74
52	76000—	78000	186.—	111.60	93.—	74.40	55.80	37.20	241.80	145.08
53	78000—	80000	189.—	113.40	94.50	75.60	56.70	37.80	245.70	147.42
54	80000—	82000	192.—	115.20	96.—	76.80	57.60	38.40	249.60	149.76
55	82000—	84000	195.—	117.—	97.50	78.—	58.50	39.—	253.50	152.10
56	84000—	86000	198.—	118.80	99.—	79.20	59.40	39.60	257.40	154.44
57	86000—	88000	201.—	120.60	100.50	80.40	60.30	40.20	261.30	156.78
58	88000—	90000	204.—	122.40	102.—	81.60	61.20	40.80	265.20	159.12
59	90000—	92000	207.—	124.20	103.50	82.80	62.10	41.40	269.10	161.46
60	92000—	94000	210.—	126.—	105.—	84.—	63.—	42.—	273.—	163.80
61	94000—	96000	213.—	127.80	106.50	85.20	63.90	42.60	276.90	166.14
62	96000—	98000	216.—	129.60	108.—	86.40	64.80	43.20	280.80	168.48
63	98000—	100000	219.—	131.40	109.50	87.60	65.70	43.80	284.70	170.82
	u. s. w. je mehr 2000 ℳ z. B.		(je 2 ℳ)	(je 1.20 ℳ)	(je 1 ℳ)	(je 80 ₰)	(je 60 ₰)	(je 40 ₰)	(je 2.60 ℳ)	(je 1.56 ℳ)
68	108000—	110000	229.—	137.40	114.50	91.60	68.70	45.80	297.70	178.62

73	118000—120000	239.—	143.40	119.50	95.60	71.70	47.80	310.70	186.42
78	128000—130000	249.—	149.40	124.50	99.60	74.70	49.80	323.70	194.22
83	138000—140000	259.—	155.40	129.50	103.60	77.70	51.80	336.70	202.02
88	148000—150000	269.—	161.40	134.50	107.60	80.70	53.80	349.70	209.82
93	158000—160000	279.—	167.40	139.50	111.60	83.70	55.80	362.70	217.62
98	168000—170000	289.—	173.40	144.50	115.60	86.70	57.80	375.70	225.42
103	178000—180000	299.—	179.40	149.50	119.60	89.70	59.80	388.70	233.22
108	188000—190000	309.—	185.40	154.50	123.60	92.70	61.80	401.70	241.02
113	198000—200000	319.—	191.40	159.50	127.60	95.70	63.80	414.70	248.82
118	208000—210000	329.—	197.40	164.50	131.60	98.70	65.80	427.70	256.62
123	218000—220000	339.—	203.40	169.50	135.60	101.70	67.80	440.70	264.42
128	228000—230000	349.—	209.40	174.50	139.60	104.70	69.80	453.70	272.22
133	238000—240000	359.—	215.40	179.50	143.60	107.70	71.80	466.70	280.02
138	248000—250000	369.—	221.40	184.50	147.60	110.70	73.80	479.70	287.82
143	258000—260000	379.—	227.40	189.50	151.60	113.70	75.80	492.70	295.62
148	268000—270000	389.—	233.40	194.50	155.60	116.70	77.80	505.70	303.42
153	278000—280000	399.—	239.40	199.50	159.60	119.70	79.80	518.70	311.22
158	288000—290000	409.—	245.40	204.50	163.60	122.70	81.80	531.70	319.02
163	298000—300000	419.—	251.40	209.50	167.60	125.70	83.80	544.70	326.82

Die weiteren Gebühren können leicht dadurch bestimmt werden, daß man die Gegenstandssumme auf die nächste durch 2000 ohne Überschuß theilbare Ziffer erhöht, sodann von dieser Summe $^1/_{10}$ Prozent nimmt und 119 dazu addiert. Z. B. 387.540 auf 388000 erhöht, $^1/_{10}$ % ist = 388 + 119 = 507 ℳ ($^{10}/_{10}$).

Sachregister.

K.G. = Gerichtskostengesetz, G.V. = Gebührenordnung für Gerichtsvollzieher, R.A. = Gebührenordnung für Rechtsanwälte, Z. u. S. = Gebührenordnung für Zeugen und Sachverständige; die Zahlen bedeuten die Seiten, die kleinen Ziffern die Paragraphen der einzelnen Gesetze, die Sternchen bei denselben die Anmerkungen zu den Paragraphen; die fettgedruckten kleinen Ziffer bedeuten, daß diese Paragraphen das Hauptsächlichste enthalten.

A.

B.

C.

D.

F.

G.

H.

L.

M.

N.

O.

P.

S.

W.

FSC
www.fsc.org
MIX
Papier | Fördert
gute Waldnutzung
FSC® C083411

Kolibri 360 GmbH
Ferdinand-Jühlke-Straße 7
99095 Erfurt, Deutschland
produktsicherheit@kolibri360.de